北非地区高等级公路技术标准译解
（中法对照版）——道路工程

中国建筑第五工程局有限公司
谭孝足　易干明　陈代光　等　编译

中国建筑工业出版社

图书在版编目（CIP）数据

北非地区高等级公路技术标准译解（中法对照版）
——道路工程／中国建筑第五工程局有限公司，谭孝
足，易干明，陈代光等编译. —北京：中国建筑工业
出版社，2017.9
ISBN 978-7-112-21218-7

Ⅰ. ①北…　Ⅱ. ①中…　②谭…　③易…　④陈…
Ⅲ. ① 等级公路 － 道路施工 － 技术标准 － 北非
Ⅳ. ①U415.1-65

中国版本图书馆CIP数据核字（2017）第223093号

本书是中国建筑第五工程局有限公司对北非地区高等级公路规范
进行翻译的书，本书内容以道路工程为主，共7部分内容，包括施工准
备；土方–路基顶层；排水–管道网络–水资源保护；沥青路面；设备；
环境和景观；支撑。

本书可用于指导北非地区高等级公路施工，也可供国内外相关行业
参考借鉴。

责任编辑：徐　冉　张　磊
责任校对：焦　乐　王雪竹

北非地区高等级公路技术标准译解（中法对照版）——道路工程
中国建筑第五工程局有限公司
谭孝足　易干明　陈代光　等　编译
*
中国建筑工业出版社出版、发行（北京海淀三里河路9号）
各地新华书店、建筑书店经销
北京锋尚制版有限公司制版
北京圣夫亚美印刷有限公司印刷
*
开本：787×1092毫米　1/16　印张：30½　字数：705千字
2017年12月第一版　2017年12月第一次印刷
定价：88.00元
ISBN 978-7-112-21218-7
　　　（30824）

《北非地区高等级公路技术标准译解》
编委会

主　　编：谭孝足　易干明　陈代光

副 主 编：唐恩宽　胡　雷

编　　委：付　新　胡志刚　钟华湘　曾　置

　　　　　何威特　帅建国　陈鸿亮　刘　野

　　　　　刘　仁　周剑锟　王睿智　杨宏路

　　　　　付承涛　杨　峰　魏　嘉　梁向阳

　　　　　刘建雄　高海斌　李小二　陆文逸

　　　　　李　强　曹　阳　何　博　贺兴旺

　　　　　白东东　马兵强　杨　洋　石　涛

　　　　　李　信

校　　审：赵　琰　李玉普　何　露　唐秀萍

　　　　　随延峰

序

　　历史的画卷，总是在砥砺前行中绘就；时代的华章，总是在新的征程中谱写。随着党的十九大胜利召开，党和国家的历史翻开了崭新一页，也注定写下浓墨重彩的一笔。适逢中建五局编译的《北非地区高等级公路技术标准译解》即将付梓出版，这是对国际高等级高速公路标准的系统性、针对性、实用性、前瞻性的总结，必将为企业深度参与国际竞争，赢得国际市场注入强大动力。

　　中建五局作为全球最大投资建设集团——中国建筑的骨干成员，紧跟时代步伐，努力将自身作为中国建筑推进海外战略的践行者。在北非阿尔及利亚市场坚守15年，通过不辞辛劳的付出，一分一毫的积累，经受了逆境甚至困境的洗礼和锤炼，经历了房建与基建的换挡阵痛，凭借着长期坚守与默默耕耘，终于赢得了在阿国基础设施业务发展的春天。成功实施 TIPAZA 48公里公路项目，顺利取得中国建设工程鲁班奖（境外工程），极大的增强了中国建筑的市场竞争力和品牌美誉度。继而获得阿尔及利亚南北高速公路、Cherchell 绕城高速公路项目等一批基础设施重点项目并完美履约，这无不得益于中建五局对科技创新这一核心竞争力的打造。

　　"大厦之成，非一木之材；大海之阔，非一流之归"。中建五局通过对多个高速公路项目技术标准的不断总结、修正和完善，就中阿、中欧高速公路规范间的差异、中外高速公路规范融合、中国标准属地化、有效推动中国规范、中国装备、中国人才走出去等一系列问题进行了深入研究，系统编译了《北非地区高等级公路技术标准译解》一书，将有助于中资企业在北非地区的市场开拓。

　　该书作为一部可通用于整个北非地区高等级公路技术标准的丛书，共分为三册，即《通用总则与桥梁工程》、《道路工程》、《隧道工程》，并对各分项分部工程施工标准进行了详细说明。内容涵盖北非地区高速公路工程的各项标准，对加强中外标准融合、推动技术创新具有积极意义。它不仅仅是一部指导国际化施工的工具书，更是助力企业走出去的指南针；不仅仅是海外建设者日复一日辛勤付出和智慧结晶，更是一代又一代海外开拓者奉献青春传播梦想的时代赞歌与有力见证。

　　"知行相资以为用"，唯有在深刻理解基础上，用好标准这一应对国际市场竞争的制胜法宝，"知行合一、真抓实干"，中国建筑"走出去"的步伐将更加自信笃定，海外业务大发展、海外事业大作为的前景将更加广阔。

中国建筑工程总公司　　总工程师

2017 年 11 月 23 日

前　言

2017 年国务院发布的《国务院办公厅关于促进建筑业持续健康发展的意见》指出，"统筹协调建筑业'走出去'，充分发挥我国建筑业企业在高铁、公路、电力、港口、机场、油气长输管道、高层建筑等工程建设方面的比较优势，有目标、有重点、有组织地对外承包工程，参与'一带一路'建设。建筑业企业要加大对国际标准的研究力度，积极适应国际标准，加强对外承包工程质量、履约等方面管理，在援外住房等民生项目中发挥积极作用。"

"走出去"，是中国建筑产业实现现代化、一体化、全球化的必经之路；是我国过剩的产能在全球范围内的资源优化配置；更是建筑企业投身国际竞争、参与全球分工，掌握国际领先水平的必要途径。国家"一带一路"战略大船"出海"，这给建筑产业带来前所未有的机遇，国内大小企业纷纷跟随大船"下海"。

"积极开展中外标准对比研究，适应国际通行的标准内容结构、要素指标和相关术语，缩小中国标准与国外先进标准的技术差距，加大中国标准外文版翻译和宣传推广力度"。

不同于国内，北非地区建筑市场通行的建筑规范是基于欧洲标准——CCTP 特殊技术条款（Cahier des clauses thecniques particuliers），而 CCTP 技术标准与国内标准存在较大的差异，甚至冲突。为适应国际市场尤其是北非建筑市场标准要求，积极响应国家部委号召，与国外先进标准接轨，加强中外规范融合，带动技术进步，中国建筑第五工程局有限公司组织翻译与工程师团队通力合作，整理、翻译和注解了 CCTP 技术条款，并以此为基础编写了《北非地区高等级公路技术标准译解》一书。

本书一共分为三册，即《通用总则与桥梁工程》、《道路工程》、《隧道工程》。通用总则包括术语定义、工程内容的介绍和描述、工地的限制、施工准备和施工组织、工地建点、工地实验室、工地交通和在公共道路交通、地形测量、质量保证、环境保护、施工设计、场地恢复以及最终清理以及竣工资料归档等相关内容。桥梁工程分为桥梁综述和桥梁特别规定两个部分。道路工程内容包括施工准备、土方 – 路基顶层、排水－管道网络－水资源保护、沥青路面、设备、环境和景观、支撑。隧道工程由隧道综述、隧道照明、隧道信号、隧道消防及通风、隧道电力、隧道总控、隧道其他设置几方面组成。

　　本书由中国建筑第五工程局有限公司副总经理谭孝足、中建五局阿尔及利亚公司总经理陈代光、总工程师易干明同志任主编。中建五局阿尔及利亚公司胡雷、唐恩宽、胡志刚、钟华湘、曾置、何威特、帅建国、刘野、刘仁、周剑锟、王睿智、杨宏路、付承涛、梁向阳、刘建雄、李小二、陆文逸、李强、何博、贺兴旺、白东东、杨洋、石涛、李信；中国建筑股份有限公司阿尔及利亚公司付新、杨峰、魏嘉、高海斌、陈鸿亮、曹阳、马兵强等技术专家参与编写，赵琰、李玉普、何露、唐秀萍、随延峰等资深翻译人员参与校核，通过以上编译团队的辛苦付出和日夜操劳，才使本书得以顺利出版，在此表示衷心的感谢。

　　本书可作为在北非国家和地区建筑企业管理人员、建筑项目施工人员从事项目管理的指导用书，也可作为翻译人员学习了解公路工程相关术语和规范标准的辅导用书。

　　有梦想，何惧远方？中建五局阿尔及利亚公司作为敢于追梦的"海拓者"团队，秉承"同一条路，同一个梦"的理念，矢志成为"环地中海区域基础设施业务龙头"，将"中建蓝"洒满非洲、洒向世界。而具有首创意义的《北非地区高等级公路技术标准译解》，也仅仅只是个开端，相信接下来会有东非、中非、西非等各地区施工技术标准出台。

　　谨以此书献给在北非奋斗过的人们，望此书对中资企业在北非市场的高等级公路建设方面能起到借鉴指导作用，愿中非友谊万古长青，盼中国建筑行业早日步入世界领先水平。

　　限于语言文化差异，编译难免有纰漏之处，欢迎广大读者不吝指正。

目　录

B.1　Travaux préparatoires　施工准备

B.2　Terrassement–Couche de forme
土方-路基顶层

B.3　Assainissement–Réseaux–Protections hydrauliques
排水–管道网络–水资源保护

B.4　Chaussée　沥青路面

B.5　Équipements　设备

29

B.6　Environnement et paysage　环境和景观

B.7　Soutènement　支撑

B.1 Travaux préparatoires
施 工 准 备

Dans le présent livret, et à défaut de précisions complémentaires, le terme «Entrepreneur» ou « Entreprise » désigne l'Entreprise ou le groupement d'entreprises titulaire du lot comprenant l'exécution des prestations correspondantes.

在本册中，如果没有补充说明的话，"承包商"或"承包企业"一词系指中标承担相关标段工程施工的企业或企业集团。（以下统称乙方，业主则称甲方 – 译注）

1.0　QUALITÉ　质量

1.1　CONSISTANCE DU PAQ: PARTIE RELATIVE AUX TRAVAUX PRÉPARATOIRES　关于施工准备部分质量保证计划的内容

Le Plan d'Assurance Qualité (PAQ) devra traiter en particulier des travaux préparatoires suivants:

- états des lieux préalables;

- dépose et démolition (clôtures/bâtis/chaussées/constructions/ouvrages/équipements);

- protection des réseaux;

- débroussaillage, déboisement;

- nettoyage des emprises.

关于施工准备部分质量保证计划的内容：

- 预先了解施工地点的状况；

- 拆除工程（围栏、框架、路面、建筑物、结构物、设备）；

- 保护管线网；

- 清除杂草灌木、砍除树木；

- 清理路界用地。

1.2　POINTS CRITIQUES ET POINTS D'ARRÊT　控制点和停止点

Le Plan d'Assurance Qualité (PAQ) précisera les points critiques et les points d'arrêt. Il intègrera nécessairement les points définis dans le tableau ci–après. Cette liste figurant ci–après ne constitue qu'une liste minimum et non exhaustive; elle devra être complétée par l'Entrepreneur en période de préparation lors de l'établissement de son PAQ.

La levée des points critiques par le contrôle interne impliquera, le cas échéant, une intervention du laboratoire du groupement.

Les délais de préavis pour les points d'arrêt sont valables pour le contrôle externe et pour le Maître de l'ouvrage.

质量保证计划要确定控制点和停止点，并将下表确定的各点融入其中。下面的这个表格只是一个最基本的且不详尽的表格，要由乙方在施工准备期间拟定质量保证计划时进行完善。

通过（乙方）内部监督（检查）提出的控制点，必要时，可由联合体试验室参与。

停止点的预先通知期限，对（乙方）外部监督（检查）和甲方同样有效。

TACHES 任务（工程内容）	Points critiques levés par le contrôle interne 由（乙方）外部监督（检查）提出的控制点	Points d'arrêt levés par le contrôle externe 由（乙方）外部监督（检查）提出的停止点	Points d'arrêt levés par le Maître d'Ouvrage 由 甲方提出的停止点	Délais de préavis en jours ouvrés 预先通知期限工作日
Documents d'exécution: visa du Maître d'Ouvrage 施工文件甲方批准	×	×	×	Voir Livret A 见 A 册
Délimitation des zones par types de travaux 根据施工类型划定区域	×	×	×	5 j
Démolition ou rabotage de chaussées: contrôle du recompactage si scarification 路面耙松或铣刨：如经耙松，则需重新检测压实度	×			
Démolition de bâtiments: respect des réglementations, des con-traintes particulières et des réseaux existants 拆除建筑物遵循相关规定特殊限制，并考虑保护现有管线网	×	×		
Dépose et stockage d'équipements 拆除（标志号）设施	×			
Nettoyage des emprises, élimination des dépôts incontrôlés, fragments rocheux, branchages 拆除（标志号）设施和存放清理路界用地，清除废弃杂物、碎石、树枝	×	×	×	5 j
Démolition des réseaux abandonnés identification des réseaux et nature des travaux à réaliser, 拆除废弃管线，鉴定管线和要实施工程性质 démolition des réseaux 拆除管线网	× ×	× ×	×	5 j

2.0　ENVIRONNEMENT　环境

Les dispositions adoptées vis-à-vis du respect de l'environnement devront respecter les lois en vigueur.

所采纳的环境保护措施，应遵守现行法律规定。

3.0　ÉTUDES D'EXÉCUTION　施工设计

Les dispositions générales appliquées en matière des plans d'exécution et des notes de calcul sont décrites dans le livret A.

3

有关施工图纸和计算说明书所执行的一般规定，在 A 册中已作描述。

4.0 DOSSIER DES OUVRAGES EXÉCUTÉS 已完工工程文件

Le descriptif des pièces relatives aux ouvrages exécutés est fourni dans le livret A.

有关已完工工程文件的规定，在 A 册中已作描述。

5.0 CONSISTANCE DES TRAVAUX 工程内容

Les travaux préparatoires sont prescrits par le Maître de l'ouvrage, généralement sur proposition de l'Entrepreneur qui doit signaler et faire constater toutes les tâches de dégagement d'emprises nécessaires aux travaux objets du présent dossier.

Les plans de dégagement d'emprises (à produire par l'Entrepreneur) délimitent les emprises du chantier et précisent les différentes tâches de dégagement d'emprise à réaliser.

Les dégagements des emprises comprennent notamment:

– un état des lieux précis préalable au démarrage des travaux;

– le débroussaillage et l'enlèvement d'arbres;

– la démolition ou le rabotage des chaussées abandonnées ou situées dans l'emprise;

– la démolition de constructions et d'ouvrages;

– la dépose et le stockage de la signalisation et des équipements existants; le nettoyage des emprises;

– le nettoyage des emprises;

– la démolition des réseaux abandonnés.

Les prescriptions relatives aux installations de chantier et à la mise en place préalable du laboratoire sont décrites dans le livret A.

（施工）准备工程一般由甲方根据乙方的建议作出规定，乙方应该指明并确认本文件标段的工程必须清理路界的各项任务。

（乙方要编制的）施工用地范围清理计划，确定工程用地范围并说明用地范围内的各项清理任务。

用地范围内清理工程包括：

–工程开工时已事先说明的施工现场的状况；

–清除杂草灌木和砍除树木；

–耙松或洗刨用地范围内废弃路面；

–拆除建筑物和构造物；

–拆除、存放现有交通标志设施和其他设备；

–清扫路界用地；

–清除废弃管线网。

有关施工建点和预先建立试验室所需设备的规定，已在 A 册中作了描述。

6.0 ÉTAT DES LIEUX PRÉALABLE 预先（了解）施工现场的状况

6.1 RECOMMANDATIONS GÉNÉRALES 一般建议

L'Entreprise est réputée avoir visité les lieux avec la plus grande attention et pris l'exacte mesure des travaux à réaliser et des contraintes imposées par l'environnement. Elle ne pourra prétendre à aucun supplément, sous prétexte d'une méconnaissance quelconque de l'état des lieux, des abords, du voisinage, des clôtures, des accès, des ouvrages, des réseaux publics et autres à proximité des travaux.

乙方应特别注意查看施工现场，就要实施工程、周边环境所造成的限制（妨碍）采取切实可行的措施。不得借口对施工现场、周边环境、围栏、进出口道路、构造物、公共管线以及工程附近的其他各种因素不了解，而提出任何补偿要求。

6.2 ÉTATS DES LIEUX SPÉCIFIQUES 现场特殊状况

6.2.1 États des lieux avant démolitions de bâtiments et démolitions diverses 拆除建筑物和其他物件之前的施工现场状况

Les bâtiments, les chaussées et les ouvrages divers situés à proximité de ceux à démolir ne doivent en aucun cas subir de désordre, même léger, du fait des travaux de démolition. L'Entrepreneur prendra donc toutes les dispositions nécessaires et supportera toutes les conséquences des désordres qu'elle aurait causés. Il est donc impératif de faire un état des lieux contradictoire avec les différents responsables publics et privés avant le début des travaux.

Préalablement à toute activité de confinement et de retrait des produits dangereux ou toxiques dans les bâtiments et ouvrages divers, l'Entrepreneur devra procéder à une évaluation des risques permettant le choix du mode opératoire et de l'outil. Un plan de retrait sera établi et soumis à l'avis du Maître de l'ouvrage et les autorités responsables un mois avant le démarrage des travaux (Inspecteur du Travail de wilaya).

位于待拆除区域附近的建筑物、路面以及各种构造物，均不得因拆除工作受到任何扰乱，哪怕是轻微的干扰。因此，乙方应采取各种必要的措施，并承担可能造成扰乱的一切后果。所以，在开工之前必须与各公共财产和私有财产的负责人，共同到场确认其状况。

乙方要预先对建筑物和各种构造物中的危险和有害物质，采取各种隐蔽和疏散措施，并对其危险性作出评估，以选择适当的操作方式和工具。在工程开工前一个月应制定一份疏散计划，呈报甲方和有关当局（省劳动监督）审批。

6.2.2 États des lieux, des signalisations et équipements existants 现有标志标线设施及设备现场状况

L'Entrepreneur soumettra au Maître de l'ouvrage et selon le cas, au service technique de la wilaya, un état des panneaux, des glissières, des candélabres, des portails et des clôtures avant démontage.

乙方应在拆除前，将现有信号标志牌、安全护栏、金属灯柱、正门和围栏等的状况呈报甲方，并根据情况，呈送有关省政府的技术部门。

6.2.3 Dépose des clôtures existantes   拆除现有围栏

Toutes les clôtures se trouvant à l'intérieur de l'emprise des travaux seront déposées au démarrage du chantier.

Avant toute dépose ou ouverture de clôtures existantes dans l'emprise des travaux, l'Entrepreneur devra s'assurer d'installer d'autre clôture à la limite d'emprise afin que la continuité soient assurées sur les terrains hors emprise.

L'ensemble des matériaux constitués par la dépose de ces clôtures sera stocké sur des dépôts proposés par le Maître de l'ouvrage ou évacué aux décharges situées à l'extérieur du chantier.

所有位于公路用地范围内的围栏，均应在工程开工前拆除。

在公路用地范围内的现有围栏拆除或打开之前，乙方应保证在用地范围内建立另一围栏以保证在用地以外的围栏的连续性。

拆除围栏的所有废弃材料，将堆存于甲方指定的地点或清运至工地以外。

7.0   DÉBROUSSAILLAGE ET ENLÈVEMENT D'ARBRES   清除杂草灌木和砍除树木

Avant tout commencement des travaux, l'Entrepreneur reconnaîtra avec le Maître de l'ouvrage les surfaces à déboiser et balisera leurs limites. Les arbres et les taillis à conserver seront soigneusement repérés.

在工程开工之前，乙方和甲方共同确认要砍伐树木的范围（面积），并作出边界标记。要保留的树木和灌木丛也必须小心作好标记。

7.0.1 Débroussaillage   清除杂草灌木

Les broussailles, les taillis, les vergers, les haies et les arbres dont le diamètre du tronc à 1m du sol est inférieur à 0.20m seront arrachés puis rassemblés et brûlés sur place [moyennant application des mesures de sécurité prescrites par le Service d'incendie du wilaya concernant l'emploi du feu (périodes/conditions)] ou évacués en décharge ou dépôt au fur et à mesure de l'avancement des travaux.

L'Entrepreneur devra prendre à sa charge et sous sa responsabilité, les mesures de sécurité prescrites par le service local d'incendie qu'il consultera à cet effet.

荆棘、灌木、果园、篱笆以及树干直径小于0.2m（离地面1m处）的树木都应该清除，然后在现场集中焚烧（遵照省政府消防部门制定的关于用火<期限/条件>安全规定执行），或者随着工程进度将它们运走或另存。

乙方对于用于此目的的当地消防部门规定的安全规定负责。

7.0.2 Abattage d'arbres et dessouchage   砍树和刨根

L'Entrepreneur est chargé d'abattre, de débiter et de dessoucher tous les arbres dont le diamètre du tronc à 1m du sol est supérieur à 0.20m dans la zone des travaux.

Tous les arbres, arbres fruitiers, vignes, arbustes, broussailles et haies se trouvant à l'intérieur des emprises expropriées seront abattus, coupés ou arrachés.

Les produits restent la propriété du Maître de l'ouvrage. Le bois résultant de ces travaux sera débité sur place puis évacué vers une zone de stockage sur instructions du Maître de l'ouvrage.

Les bois seront soigneusement rangés sur les aires de stockage. Toutes les souches et les grosses racines situées dans l'emprise des travaux doivent être enlevées. L'Entrepreneur devra obligatoirement évacuer les souches en décharge.

Dans le cas où d'anciennes souches isolées seraient mises à jour par les travaux, l'Entrepreneur procédera également à leur extraction et leur destruction ou leur évacuation.

A l'occasion de ces travaux, toutes les précautions utiles seront prises par l'Entrepreneur pour ne pas endommager les lignes aériennes ou souterraines, les canalisations de toutes natures ou les immeubles voisins. Les arbres de gros diamètre seront tronçonnés de façon à permettre à l'administration une vente directe.

Tous les vides résultant des opérations décrites ci-dessus seront comblés jusqu'au niveau du terrain naturel décapé par:

– de grave soigneusement compacté sous l'assiette du projet lorsqu'il est en remblai, le compactage étant conforme aux prescriptions du présent CCTP;

– de la terre végétale hors assiette du projet.

乙方应负责砍伐工程范围内树干直径大于0.2m（离地面1m处）的树木，并锯断、刨根。征地范围内的所有树木，果树，葡萄树，小灌木，荆棘和篱笆应被砍伐，截断或拔根。砍伐后的木材所有权归甲方，所有树木均在现场锯断，然后遵照甲方指令清运至存放地点。木材应小心码放在存放场地内。施工路界范围内的所有树桩和树根均必须拔除。而且乙方必须将其清运至弃料场。在进行这些工程时，为了不损坏所有原有或邻近房屋的空中或地下的线缆和管道，乙方将采取有效的预防措施。大直径的树木切成段通过行政管理部门许可直接出售。

上述刨根所留下的坑洞应进行填土，填至与清除表土的自然地面平齐：

– 当属于填方路段时，路基以下用砂砾料小心填压，其压实应遵照本技术条款规定执行；

– 路基之外用腐殖土填平。

7.0.3 Dessouchage des vignes et des arbres fruitiers **葡萄树和果树拔根**

Les vignes seront dessouchées au moyen d'une sous-soleuse qui sectionnera les racines sous les ceps, les arbres fruitiers seront poussés au bull-doser de telle façon que la souche soit profondément arraché en même temps que le tronc, ainsi que la majeure partie des racines.

Après dessouchage des vignes et des arbres fruitiers et enlèvement de la terre végétale, on labourera au rooter en une seule passe de 30cm de profondeur des zones suivantes:

– en déblai, lorsque la hauteur du déblai sera inférieure à 0.60m, terre végétale comprise.

– en remblais, lorsque la hauteur du remblai sera inférieure à 2m, terre végétale non comprise.

挖掘葡萄树的根要采用深耕犁来选择葡萄株下面的根系，采用推土机的方式来推到果树，在拔除深根的同时树干也被拔除，同时大部分根系也被拔除。

在葡萄树和果树刨根之后去除腐殖土，以下区域用翻土机翻耕 30cm 的厚度：

– 挖方区，当挖方高度低于 0.60m 时，包含腐殖土。

– 填方区，在填方高度低于 2m 时，不包含腐殖土。

8.0 DÉMOLITION DE ET RABOTAGE DE CHAUSSÉES 旧路面耙松和铣刨

L'Entrepreneur devra procéder à la démolition des différentes couches des chaussées abandonnées ou situées dans l'emprise du projet.

Au droit des raccordements avec le réseau routier conservé, les chaussées à démolir doivent être préalablement découpées avec précaution sur 0.30m d'épaisseur moyenne par sciage pour la couche de roulement, par outils pneumatiques ou hydrauliques pour les couches de base, de fondation, etc.

Les plans de dégagement d'emprises (à produire par l'Entrepreneur) définissent les zones concernées par ces démolitions et rabotage de chaussées.

En ce qui concerne les chaussées situées dans l'assiette des remblais projetés, elles seront laissées en l'état lorsque la hauteur des remblais est supérieure à 2m (entre niveaux finis). Dans le cas contraire, elles seront:

– démolies ou rabotées si elles sont constituées d'enrobés;

– scarifiées et recompactées si elles sont constituées de GNT ou de bicouche.

Les matériaux provenant des démolitions ou rabotage de chaussée seront évacués en dépôt définitif ou provisoire selon les prescriptions du Maître de l'ouvrage.

Tout procédé de démolition conduisant à des épaufrements des bords de chaussée ou à des désordres dans les différentes couches de chaussée, est prohibé. En cas de désordres constatés, l'Entrepreneur aura à sa charge la réfection des structures pour remise en conformité avec l'état préexistant.

La démolition ne pourra démarrer qu'après la dépose de l'ensemble des dispositifs de signalisation et d'équipement de sécurité en place. Les dispositifs d'assainissement longitudinaux éventuellement détruits lors de la démolition devront être remplacés par des dispositifs provisoires permettant un assainissement dans des conditions acceptables.

Dans le cas de la scarification, les matériaux seront recompactés pour obtenir la qualité remblai ou couche de forme tel que précisée dans le présent CCTP, selon que l'arase supérieure de la chaussée existante est au niveau du remblai ou de la couche de forme.

Le contrôle du compactage sera réalisé avec des essais de plaque selon les mêmes principes que pour le contrôle du compactage des remblais et couche de forme.

乙方应对项目用地范围内废弃的旧路面各层进行（耙松）拆除。在与保留路网相接处，要拆除的路面应事先进行切割，切割厚度平均为 0.30m，路面行车层用锯切割，基层和底基层用气动或液压工具切割。公路用地范围内的清理计划（由乙方制定），将划定要耙松和铣刨的路面区域。

对于有关路面位于设计填方路段的底面时，当其填方高度大于 2m 时（按最终标高计算），保留其原状。反之，它们将：

– 如果是沥青混凝土路面，进行破碎和铣刨；

– 如果是未处理碎石料（GNT）路堤或者是双层表处，需进行耙松并再压实。

路面破碎或铣刨所产生的废料，应清运至甲方指定的永久或临时弃土场。

所有导致路面边缘被啃边或各层间错乱的拆除方法，将被禁止使用。如果出现了错乱状况，乙方必须负责重修结构层，以恢复其原有状况。

破碎工作只能在现场的所有信号设施和安全设备都全部拆除后才能进行。当进行路面破碎时，纵向排水设施很可能遭到破坏，必须用可以接受的临时设施替换，以保证必要的排水。

在路面耙松的情况下，按照现有路面上面层与填方标高或路基顶面层保持同一水平时，而材料要进行再压实，以保证本专门技术条款规定的填方或路基顶面层的质量。

压实度监督（检查），用平板试验进行，与填方和路基顶面层的压实监督（检查）原则一样。

9.0 DÉMOLITIONS DE CONSTRUCTIONS ET D'OUVRAGES
建筑物和构造物的拆除

9.1 NATURE DES TRAVAUX 工程的性质

Les principaux travaux à exécuter sont définis ainsi:

◆ démolitions de bâtiments:

démolition de tous les bâtiments, y compris sous-sols et caves éventuels;

◆ démolitions diverses:

– démolition de constructions de toute nature situées dans l'emprise des travaux, telles que maçonnerie, béton armé ou non, glissières en béton armé, perrés, murs en pierres sèches, gabions; celle-ci sera exécutée jusqu'à 0.50m sous le niveau de la plateforme des terrassements;

– démolition des réseaux abandonnés; celle-ci sera effectuée après l'accord du Maître de l'ouvrage.

Tous ces travaux de démolition comprennent en outre le tri et l'évacuation en décharge ou en dépôt (distance de transport inférieur à 3kilomètres) de tous les produits de démolition.

Ces travaux nécessitent la prise en compte de précautions vis-à-vis des riverains.

要实施的主要工程如下：

◆ 建筑物拆除

拆除所有建筑物，包括地下建筑和可能有的地窖。

◆ 其他拆除

－ 拆除公路用地范围内的各种性质的建筑物，包括圬工建筑、钢筋混凝土或素混凝土建筑、钢筋混凝土护栏、石砌护坡、干砌挡土墙和石笼（挡土墙）。拆除至土方路基以下 0.50m。

－ 拆除废弃管线网，需事先征得甲方同意。

所有的拆除工作，均包括拆除废料的分类和清运（运输距离小于 3km）。

这些工作必须采取预防措施，以免影响沿线居民。

9.2　MODE D'EXÉCUTION DES TRAVAUX　工程施工方式

9.2.1　Réglementation　管理规定

Les démolitions de bâtiments seront réalisées conformément aux prescriptions des textes de lois en vigueur au moment du début des travaux concernant l'hygiène et la sécurité des travailleurs et le transport et l'élimination des matières dangereuses et des déchets toxiques.

建筑物的拆除将遵照现行法律进行，包括劳动者卫生和安全相关的规定、危险和有毒废弃物运输和清除的规定。

9.2.2　Moyens　施工手段

L'emploi d'explosif est strictement interdit et les démolitions ne peuvent être réalisées que par des moyens manuels ou, lorsqu'il n'y a pas de risques vis-à-vis des tiers, mécaniquement à l'aide d'engins mécaniques (pelles, scies, carotteuses, pinces, etc.).

严格禁止使用炸药，所有拆除工作只能人工进行；在对第三方不会造成危险的前提下，可以借助机械拆除（挖掘机、锯子、地质钻机、钳子等）。

9.2.3　Contraintes particulières　特别限制

Tous les gravats, les déblais et autres produits de ces démolitions, de quelque nature que ce soit, doivent être triés et évacués en dépôt provisoire ou définitif ou en décharge, selon les prescriptions du Maître de l'ouvrage/BCS au fur et à mesure de l'avancement des travaux, ou éventuellement stockés en vue de leur réutilisation, à la demande du Maître de l'ouvrage/BCS (cas des murs en pierres sèches, des gabions, etc.). L'Entrepreneur doit s'acquitter de tous les frais, les taxes et les redevances de décharge nécessaires. Il n'est pas autorisé de dépôt provisoire des produits bruts de démolition de bâtiments sur le site. Ceux-ci doivent être triés immédiatement et évacués au fur et à mesure.

Les vides résultant des démolitions seront comblés jusqu'au niveau du terrain naturel décapé par:

－ du grave soigneusement compacté sous l'assiette du projet lorsqu'il est en remblai, le compactage étant conforme aux prescriptions du présent CCTP;

－ de la terre végétale hors assiette du projet.

Tous les bâtiments avoisinants non démolis sont occupés par des tiers qui en conservent la jouissance complète et qui ne doivent pas, de ce fait, subir de nuisances supérieures à celles que les lois considèrent comme normales, en particulier pour le bruit et la propagation de la poussière. Pour ce dernier point, l'Entrepreneur sera tenue de procéder à un arrosage des gravats.

L'accès pour les voitures particulières à tous les lieux occupés doit être maintenu pendant toute la durée des travaux, et leur largeur ne doit pas être inférieure à 3.00m.

L'attention de l'Entrepreneur est particulièrement attirée sur le maintien en état de propreté de toutes les voiries publiques et privées qui entourent le site.

L'Entrepreneur prendra toutes les dispositions nécessaires au respect des règles de sécurité liées à ces opérations de démolition (ainsi qu'à la protection contre les émissions de poussières pouvant nuire à l'environnement ou à la circulation).

所有拆除下来的建筑碎石料、废土和其他杂物，无论属于什么性质，都应该随着工程进展，遵照甲方要求进行挑选、清运至甲方 / 监理指定的临时堆放地或永久堆放地点或弃土场，或按甲方 / 监理要求为了以后再利用而堆存（如干砌石块挡土墙、石笼等）。乙方应承担所有的费用、税金和必要时废料场的租金等。不得将房屋拆除的废料临时堆放在施工现场，这些废料应随施工进度随时挑选和清运。

拆除后所留下的空洞要进行填土，填至与清除表土的自然地面平齐，做到：

– 在填方路段，路基以下填筑砂砾料并认真压实，压实要遵照本专门技术条款规定执行；

– 路基以外填筑植被土。

所有由第三者居住并享有所有权的邻近未拆除建筑物，不得受到超出法律规定标准的侵害，尤其是噪声和灰尘污染，对于灰尘扩散，乙方必须对废料洒水降尘。

在所有工程占用区域内供私人小车行驶的进出道路，在整个工程施工期间均应保持畅通，其宽度不得小于 3.00m。

乙方应特别注意让工地周围的公有和私有道路保持清洁。

乙方应遵照拆除作业安全规定，采取所有必要的安全措施，以避免工地尘土污染环境和影响交通。

9.2.4 Assainissement 排水

L'évacuation des eaux pluviales ou usées incombe à l'Entrepreneur pendant toute la durée des travaux. Cet assainissement doit s'effectuer dans les conditions acceptables. Les dispositions techniques doivent être soumises à l'agrément des services techniques des wilayas concernées. L'Entrepreneur ne pourra déverser dans les ouvrages publics que les eaux débarrassées de tous dépôts solides.

在整个施工过程中，排除雨水和废水是乙方的应尽义务。排水要在符合要求的条件下进行。技术措施必须经有关省政府技术部门批准。乙方只能向公共污水池倾倒从固体垃圾中清滤出来的废水。

9.2.5 Réseaux existants 现有管线网

L'Entrepreneur doit s'assurer avant dépose des réseaux d'alimentation des ouvrages à démolir (électricité, gaz, eau, etc.) que ceux-ci ne sont pas en charge ou qu'ils ne sont pas à conserver ou à protéger.

Il est précisé que si un réseau n'était pas identifiable de façon certaine d'après les éléments fournis par les gestionnaires de réseaux en début de chantier et par le piquetage spécial, l'Entrepreneur convoquera les gestionnaires en présence du Maître de l'ouvrage pour identifier le réseau sans pour autant pouvoir réclamer pour un éventuel arrêt du chantier.

Toutes les précautions doivent être prises par l'Entrepreneur pour la protection et le maintien des canalisations, des réseaux et des caniveaux techniques ou autres existants en limite de propriété.

Aucune plus-value n'est accordée pour toutes les sujétions en découlant (étaiement, reprise en sous-œuvre, remise en état, etc.).

在构造物的供应管线网（电、煤气、水）被拆除之前，乙方应保证这些管线网不再供电、供气、供水，也没有被保留或保护（的需要）。

要明确的是，如果按照管理人员在工程开工之前所提供的资料，管线网（位置）不能认定，并通过特别标桩也不能认定的话，那么乙方可要求管理人，并有甲方到场，对管线网进行认定，不能因此提出可能停工的要求。

乙方应采取各种措施保护地下管道、网线、电缆沟或其管辖范围内的其他现有设施。由此产生的各项（附属）工程（支撑加固、基础修复、恢复原状等），都不得要求任何追加费用。

10.0 DÉPOSE ET STOCKAGE D'ÉQUIPEMENTS （标志标牌）设施的拆卸和存放

À la demande du Maître de l'ouvrage, l'Entrepreneur procédera à la dépose soignée de la signalisation verticale et des équipements au fur et à mesure de l'avancement du chantier. Ces équipements comprennent les panneaux de signalisation de direction, de prescription, de danger et autres, et éventuellement, les glissières de sécurité, les candélabres, les clôtures et les portails.

Ceux qui seraient détériorés pendant le démontage ou le stockage seront remplacés par l'Entrepreneur à ses frais par des produits de qualité équivalente.

Les équipements seront nettoyés puis stockés soigneusement en un endroit sec spécifié par le Maître de l'ouvrage en vue de leur réutilisation future. En particulier, les panneaux seront démontés préalablement à la dépose des supports et les faces apparentes des panneaux de signalisation seront protégées de manière à éviter toute détérioration.

根据甲方要求，乙方应随工程进度，对垂直信号设施及设备进行小心拆卸。这些设施包括方向信号牌、指示牌和危险警示牌，通常还包括安全护栏、金属灯杆、围墙和正门。

在拆卸和存放过程中被损坏的设施，将由乙方自费以同等质量的产品更换。

这些设施将进行仔细清洗干净，然后小心存放到甲方指定的干燥存放处。以备将来再用。特别是信号牌，应先拆卸信号牌，然后再拆其立柱，而信号牌的正面应小心保护，以免各种损坏。

11.0　NETTOYAGE DE L'EMPRISE　用地范围内清理

L'emprise du projet sera nettoyée afin d'éliminer tout dépôt incontrôlé de matériaux de toute nature (ferrailles, carcasses diverses, engins de guerre non explosés, tas de terre et de matériaux divers, blocs rocheux, etc.). Les produits de nettoyage seront chargés et évacués en décharge ou éventuellement stockés en vue de leur réutilisation à la demande du Maître de l'ouvrage/BCS (cas de blocs rocheux, par exemple). Le nettoyage des emprises est inclus dans les prix du marché et notamment dans les prix de débroussaillage, d'installation de chantier, de démolitions diverses.

项目用地范围内必须清理，以清除所有未经检测的各种性质的废弃物（废铁、各种框架、未爆炸的导弹以及各种土堆和材料堆、石块等）。清除物应装运，运到弃土场或根据甲方/监理要求，存放起来，以备再用（比如石块）。用地范围内的清理，已包含在合同价格之中，尤其是包含在清除杂草灌木、建点和各种拆除工作的价格之中。

B.2 Terrassement-Couche de forme
土方–路基顶层

1.0 QUALITÉ 质量

1.1 PRINCIPES GÉNÉRAUX 基本原则

Les principes généraux sont définis au livret A du présent CCTP.

基本原则在本 CCTP A 册已作规定。

1.2 CONSISTANCE DU PAQ PAQ 内容

La consistance du PAQ est définie au livret A du présent CCTP.

En ce qui concerne le domaine des terrassements, les éléments spécifiques à préciser dans le PAQ sont les suivants:

l'organisation générale du chantier et notamment:

− le nombre d'ateliers d'extraction et de mise en œuvre des matériaux;

− la constitution des différents types d'ateliers;

− le rendement prévisible de ces ateliers;

− le planning de réalisation de la section;

− la provenance des matériaux de fourniture extérieure;

− l'organisation des transports.

− les moyens humains, en particulier:

− le personnel d'encadrement (dont les références seront fournies) pour les diverses tâches du chantier;

− les moyens en personnel d'exécution de l'entreprise et des sous−traitants.

les modalités du contrôle intérieur prévu sur les phases de travaux données ci−après (liste non exhaustive):

− reconnaissances préalables des déblais,

− projet de mouvement des terres,

− reconnaissance des sols supports de remblais,

− exécution des déblais,

− transport des matériaux,

− fournitures extérieures,

− mise en œuvre des remblais,

− mise en œuvre de l'arase.

➢les différentes procédures applicables, vis−à−vis notamment:

− du respect des consignes d'exécution garantissant le bon fonctionnement des ateliers,

− des modalités de vérification du bon exercice du contrôle intérieur pour les diverses tâches et travaux à exécuter,

− des opérations d'étalonnage et de contrôle du bon fonctionnement des matériels d'essais.

PAQ 的内容在本 CCTP A 册已作规定。

有关土方方面，PAQ 包括以下具体内容：

工地总体组织，特别是：

－ 挖方和填方作业组数量；

－ 不同类型作业组的组成；

－ 作业组的预计效率；

－ 每个施工段的实施计划；

－ 外供材料来源；

－ 运输组织。

－ 人员，特别是：

－ 工地各项任务的（管理）干部人员（提供相应的资质证明）；

－ 承包方和分包商的施工人员。

以下工程（未详尽列出）各个阶段内部监督（检查）的方式：

－ 挖方工程开挖前的预先勘察；

－ 土方调配计划；

－ 填方底层土质勘察；

－ 挖方施工；

－ 材料运输；

－ 外供材料（用品）；

－ 填方施工；

－ 整平施工。

➢各种能应用的方法，特别是：

－ 遵守确保各作业组正常运行的实施细则；

－ 对各项待实施工程和任务实施良好内部监督（检查）的方式；

－ 试验设备的校准工作和正常运行的监督（检查）。

1.3 POINTS CRITIQUES ET POINTS D'ARRÊT 控制点和停止点（报验控制点）

Le Plan d'Assurance Qualité (PAQ) précisera les points critiques et les points d'arrêt. Il intégrera nécessairement les points définis dans le tableau ci-après qui ne constitue qu'une liste minimum et non exhaustive. Cette liste devra être complétée par l'Entrepreneur en phase de préparation lors de l'établissement de son PAQ.

质量保证计划将明确控制点和停止点。并且必须将各点融入下表，但此表格只是最基本的且并不详尽的表格，需要承包方在制定其质量保证计划的准备阶段加以补充完善。

Tâches 任务（工程内容）	Points critiques levés par le CONTROLE INTERNE（乙方）内部监督（检查）提出的控制点（1）	Points d'arrêt levés par le CONTROLE EXTERNE（乙方）外部监督（检查）提出的停止点	Points d'arrêt levés par le MAITRE D'Ouvrage 甲方提出的停止点	Délai de préavis en jours ouvrés 预先通知期限 工 作 日（2）
Documents d'exécution: 施工文件 • visa du Maître d'Ouvrage-. 甲方批准		×	×	Voir le livret A du CCTP
Réception de matériaux et fournitures: 材料和用品的验收	×	×	×	2 j
Implantation et piquetage: 定线和标桩 • tracé 线路 • T.N. des profils en travers. 横断面的自然地面 • entrée en terre pour décapage 进入铲除表土	× × ×	× ×	×	5 j
Décapage de terre végétale: 铲除植被土 • contrôle épaisseur par puits. 挖坑监督（检查）厚度 • levé fond de décapage. 铲除表土底面测量	× ×	× ×	× ×	2 j
Déblais: 挖方 • reconnaissance: identification, teneur en eau. 勘察：（土壤）鉴定、含水量 • mise en décharge (décision). 运至弃土场（决定） • dépôt (décision) 弃方（决定） • purges (décision) 清淤（决定） • contrôle géométrique fond de forme. 路基顶面层几何测量监督（检查） • compactage fond de forme 路基顶面层压实 • contrôle de portance arase. 顶面层承载力的监督（检查）	× × × ×	 × × × × × ×	 × × × × ×	 2 j 2 j 2 j 2 j 2 j
Remblais: 填方： • reconnaissance: identification, teneur en eau • purges (décision). 清淤（决定） • contrôle géométrique fond de purges 清淤底部几何测量 • compactage remblai de purges 清淤后的填方压实 • compactage remblai courant. 普通填方压实 • compactage dernière couche de remblai 最终填方层压实 • contrôle géométrique dernière couche. 最终填方层的几何测量监督（检查） • contrôle de portance arase. 顶面层承载力监督（检查）	× × × × × × ×	 × × × × × ×	 × ×	 2 j 2 j
Merlons: 护堤 • compactage. 压实 • contrôle géométrique dernière couche. 最上层的几何测量监督（检查）	× ×	 ×		

18

续表

Tâches 任务（工程内容）	Points critiques levés par le CONTROLE INTERNE（乙方）内部监督（检查）提出的控制点（1）	Points d'arrêt levés par le CONTROLE EXTERNE（乙方）外部监督（检查）提出的停止点	Points d'arrêt levés par le MAITRE D'Ouvrage 甲方提出的停止点	Délai de préavis en jours ouvrés 预先通知期限 工 作 日（2）
Géotextile: 土工布： • implantation 铺设 • recouvrement. 搭接 • contrôle géométrique 几何测量监督（检查）	× × ×	 × ×		
Traitement des sols 土壤处治（改良） • acceptation des produits de traitement (nature) 处治产品（性质）的同意（接受） • réception des ateliers de traitement. 处治作业组的验收		× ×	× ×	

Note: Certains travaux, sans objet dans le cadre du présent dossier, figurent dans le tableau pour mémoire.

    1. La levée des points critiques par le contrôle interne implique le cas échéant une intervention du laboratoire du Groupement:

    2. Délai valable pour Contrôle externe et Maître de l'ouvrage.

注：某些工程在本文件里未加说明，列入此表以作备忘。

    1. 由（承包方）内部监督（检查）提出的关键点，需要时，可请联合体试验室参与。

    2. 外部监督和业主的有效期限。

2.0 ENVIRONNEMENT 环境

Les sujétions liées au respect de l'environnement dans le cadre du présent marché sont définies au livret A du présent CCTP.

本合同有关保护环境方面的工作，在本专用技术条款 A 册里已作规定。

3.0 PLANS D'EXÉCUTION ET NOTES DE CALCUL 施工图和计算说明书

L'organisation retenue pour l'établissement des documents d'exécution ainsi que leur consistance sont définies au livret A du présent CCTP.

施工文件编制的组织及其内容，均在本专用技术条款 A 册中已作规定。

4.0 DOSSIER DES OUVRAGES EXÉCUTÉS 已完工工程文件

Les documents à fournir par l'Entrepreneur pour constituer le dossier des ouvrages exécutés sont précisés au livret A du présent CCTP.

将由承包方提供的已完工工程文件，在本专用技术条款 A 册中已作明确规定。

5.0 MOUVEMENT DES TERRES 土方调配

5.1 PROVENANCE ET QUALITÉ DES MATÉRIAUX 材料来源及其质量

5.1.1 Prescriptions générales 一般规定

L'origine et les caractéristiques des matériaux pour terrassements (matériaux de remblai et matériaux sélectionnes pour couches de forme et pour remblaiements derrière les ouvrages d'art) seront soumises à l'agrément de l'ingénieur.

Autant que possible, les matériaux des déblais du projet seront réutilisés en remblai.

Au cas où ces matériaux ne sont pas suffisants du point de vue quantité ou qualité, on utilisera des matériaux de provenance d'emprunts agrées par le maître de l'ouvrage.

Le tableau ci-après fixe les provenances des différents matériaux à utiliser dans le cadre des travaux.

Les matériaux doivent être conforme aux recommandations du GTR et normes NFP 98-129 et catégories définis XP P 18-540.

土方工程材料（填方材料，结构层（CDF）用的精选材料，桥梁结构物后填方材料）的来源和特征需要获得监理工程师的批准。

挖方料尽可能的作为填方料再次利用。

如果挖方料的数量不够或者质量不佳，可以使用经业主批准的借土场。

下表规定了本工程要用的各种材料的来源。

各种材料必须遵照 GTR 建议、法国标准 NF P 98-129 和 XP P 18-540 所列分类执行。

Nature et utilisation des matériaux 材料性质及用途	Provenances (1) 材料来源 (1)	Prescriptions 规格	Observations 备注
Remblais courants 普通填方	Matériaux issus des déblais 移挖作填	Dmax≤500mm 最大直径≤500mm	
	Ou d'empruntes 借土填方	• autorisé selon GTR. 根据 GTR 规定，是许可的	
Remblais contigus O.A. 构造物附近填方		Provenances et prescriptions définies au livret C du CCTP. 材料来源及规格见专用技术条款 C 册规定	
Remblais de substitution: 换土填方： -Remblai pour décaissement au passage déblai/remblai Remblai pour substitution de 用于挖 / 填变点处的路槽填方 - 土方上部换土填方	Matériaux rocheux issus des déblais ou de provenance d'empruntes 用挖方中的石料或借土填方	Dmax ≤300mm selon GTR 根据 GTR 规定，最大直径≤300mm	

Nature et utilisation des matériaux 材料性质及用途	Provenances (1) 材料来源 (1)	Prescriptions 规格	Observations 备注
Remblaiement de purges: 清淤后填方 : –hors zone inondable 淹没区之外	Matériaux issus des déblais ou provenance d'empruntes 挖土材料或借土填方	Dmax ≤500mm Selon GTR 根据 GTR 规定，最大直径≤500mm	
Remblaiement de purges: 清淤后填方 : –en zone inondable 淹没区	Matériaux rocheux issus des déblais ou d'empruntes 用挖方中的石料或借土填方	Dmax ≤500mm Selon GTR 根据 GTR 规定，最大直径≤500mm	
Matériaux pour assise drainant. 排水底层用材料	Fourniture à la charge de l'Entrepreneur 由乙方负责提供	Dmax ≤300mm Selon GTR 根据 GTR 规定最大直径≤300mm	Nature et provenance agréées par le Maître d'Ouvrage 所有材料的性质及来源需经甲方同意
Matériaux pour masques drainants 盲沟排水用材料	GNT 0/63 fournie par l'Entrepreneur 由乙方负责提供 0/63 未处理碎石料	GNT A 0/63 A 类 0/63 的未处理碎石料	Nature et provenance agréées par le Maître d'Ouvrage 所用材料的性质及来源需经甲方同意
Matériaux pour éperons drainants et tranchées drainantes 堆垛排水和排水沟用材料	Fourniture à la charge de l'Entrepreneur 由乙方负责提供材料	Granulométrie 4/63 颗粒级配 4/63	Nature et provenance agréées par le Maître d'Ouvrage 所用材料的性质及来源需经甲方同意
Remblais pour merlons 护堤填方	Matériaux issus des déblais en terrains meubles 采用松土挖方材料		
Remblais pour modelés paysagers 景观造型用填方	Utilisation préférentielle de matériaux issus des déblais impropres à un réemploi en remblai routier 优先使用不能再用于道路填方的挖方材料		
Matériaux pour collecteurs drainants 集水管（盲沟）用材料	Fourniture à la charge de l'Entrepreneur 由乙方负责提供	Granulométrie 4/63 颗粒级配 4/63	Nature et provenance agréées par le Maître d'Ouvrage 所用材料的性质及来源需经甲方同意
Enrochements 填石（护坡）	Fourniture extérieure par l'Entreprise 由乙方外供	Définie dans sous livret B3 见 B3 分册规定	
Matériaux argileux pour bassins, fossés étanches, bassins divers 水池、防水截水沟和各种水池用黏土材料	Matériaux argileux issus des déblais 采用挖方中的黏土材料	Définie dans le présent souslivret 见本分册规定	

续表

Nature et utilisation des matériaux 材料性质及用途	Provenances (1) 材料来源 (1)	Prescriptions 规格	Observations 备注
Géotextiles 土工布	Fourniture extérieure par l'Entreprise 由乙方外供	Définie dans le présent sous livret 见本分册规定	Nature et provenance agréées par le Maître d'Ouvrage 所用材料的性质及来源需经甲方同意
Terre végétale 腐殖土	Produits de décapage des emprises 用路界内铲除的腐殖土		
Liants hydrauliques pour traitement des sols 用于处理土壤的水硬性结合料	Fourniture extérieure par l'Entreprise 由乙方外供	Définie dans le présent souslivret 见本分册规定	Nature et provenance agréées par le Maître d'Oeuvre 所用材料的性质及来源需经甲方同意

5.1.2 Qualité des matériaux 材料质量

5.1.2.1 Matériaux de remblai 填方材料

Au cas de disponibilité de matériaux de différentes propriétés, on préférera ceux avec des indices de plasticité faible (ou non mesurables) et des équivalents de sable élevés.

Les meilleurs matériaux disponibles seront utilisés pour les parties supérieures des terrassements (PST).

Les éléments plus grossiers seront inférieurs au tiers de l'épaisseur d'une couche de remblai compactée.

Le matériau constituant la couche supérieure d'un remblai ne comportera pas d'éléments supérieurs à 63mm et l'indice CBR à quatre (04) jours d'imbibition et à 98% de l'OPM sera supérieur à 35, l'indice de plasticité traité sera au plus égal à 20 ; le gonflement ne dépassera pas 1%.

Pour les remblais dans l'eau ou en zone inondable et jusqu'à 0.6m au-dessus de la nappe d'eau des matériaux grossiers seront utilisés. Leur teneur en éléments inférieurs à 80microns ne dépassera pas 5% et le pourcentage en éléments supérieurs à 2mm sera au moins de 30%.

如果有多种不同属性的材料可以选择的情况下，优先选择低塑性指数（或者塑性不可测量）的材料和砂当量较高的材料。

质量最好的材料用于土方顶层（PST）。

较粗的骨料应少于压实后填方层厚度的三分之一。

用于填方顶层的材料，不能包含粒径大于63mm的骨料，其4天浸泡后的CBR（承载比）指数，98%葡氏最佳修正指数（98% OPM）的CBR值（承载比）高于35，处理后的塑性指数≤20，膨胀率不超过1%。

在水中或在洪水淹没区至其水位以上 0.6m 的范围内进行的填方，需要使用粗骨料。粒径低于 80μm 的骨料含量不能超过 5%，粒径大于 2mm 的骨料百分比至少达到 30%。

5.1.2.2　Matériaux sélectionnés　**精选（精选）材料**

Sauf dérogation par l'ingénieur, les matériaux sélectionnés seront conformes aux exigences suivantes:

● Couche de forme en TUF ou TVO:

Les matériaux utilisés pour le Couche de forme seront matériaux non traités de type TUF ou TVO selon les caractéristiques spécifiques au fascicule 1 et 3 du Catalogue de Dimensionnement des Chaussées Neuves. Fiches techniques de dimensionnement de l'Organisme National de Contrôle technique des Travaux publics. Novembre 2001.

● Remblaiement des fouilles et derrière les ouvrages:

Matériau non-cohérent dont l'angle de frottement interne sera supérieur à 37.5°.

除非监理有特例允许，精细材料应符合如下要求：

● 凝灰岩（TUF）结构层或借河沙料（TVO）的结构层（CDF 层）

按照2011年11月公共工程国家技术监督部的尺寸技术卡片，新道路尺寸目录的第1,3分册规定的特征，结构层 (CDF 层) 使用未经处理的凝灰岩料（TUF）或来自河谷的材料（TVO）。

● 基坑和结构物后填方

内摩擦角大于 37.5° 的非粘结性材料。

5.1.2.3　Matériaux pour accotements　**用于路肩的材料**

Les matériaux pour accotements, seront des matériaux, granuleux provenant soit des gîtes ou d'emprunts excédentaires, soit d'extension de ces gîtes emprunts, soit de déblais réutilisables notamment les déblais des épaulements.

Le CBR à 98% de l'OPM sera au moins égal à 45 et l'indice de plasticité inférieur à 15%.

路肩使用的材料为来自矿层或借土场富余的砾石，或者是借土场开采的砾石，或者是再利用的挖方料，特别是路肩开挖的材料。

98% 葡氏最佳修正值的 CBR（承载比）值≥45，塑性指数低于 15。

5.1.3　Sources d'approvisionnement des matériaux　**材料供货来源**

5.1.3.1　Justification de provenance　**来源的证明**

L'entrepreneur sera tenu de justifier à tout moment, à la demande du Maître d'ouvrage/BCS, la provenance des matériaux dont il assure la fourniture au moyen de lettres de voiture, de factures, de bons de pesée ou toute autre pièce signée du fournisseur.

En aucune façon le lieu de provenance des matériaux ne pourra préjuger de leur qualité. Le recours à toute source de matériaux devra recevoir l'approbation du Maître d'ouvrage/BCS préalablement à tout début d'extraction et d'approvisionnement et soumission de tous les procès-verbaux d'essais et tous les échantillons nécessaires et certificats de conformités. Les matériaux ne seront acceptés que s'ils répondent aux prescriptions du Guide LCPC-SETRA de septembre

1992 (GTR) et aux spécifications du présent CCTP. Tout matériau ne répondant pas parfaitement à la destination prévue et à la qualité requise devra être enlevé et remplacé par l'entrepreneur à ses frais même après mise en place.

Le maître de l'ouvrage interviendra auprès des administrations concernées afin d'obtenir les autorisations d'exploitations.

L'entrepreneur procédera à la remise en état des lieux juste après exploitation.

承包方必须应业主或监理方（BCS）的要求，随时提供能够证明其材料来源的运单、发票、称重凭证或者由供货商签字的其他证明文件。

在任何情况下，材料的来源地对其质量不应产生任何影响。

在开始开采和交货之前，所用材料的来源必须事先得到业主方的批准。只有符合1992年9月颁发的法国道路桥梁中心试验室–法国道路和高速公路技术研究公司（LCPC–SETRA）指南（GTR）之规定和本专用技术条款规定的材料，才能被接受。一切不符合规定用途和质量的材料需由承包方自费清除和更换。

为了获得相应的开采权，承包商应与相关的政府部门进行协调。

在开采完毕后，由承包商负责进行正确的场地恢复。

5.1.3.2 Agrément des matériaux **材料的批准**

Les propositions d'agrément de chaque type de matériau à mettre en œuvre, devront être faites en temps voulu, pour ne pas retarder la préparation du chantier et l'exécution des travaux ou la livraison des fournitures.

Le nombre d'essais nécessaires à l'agrément de chaque type de matériau devra être proposé par l'Entrepreneur dans le cadre de son PAQ au Maître d'ouvrage/BCS, avant de démarrer toute campagne d'essais en laboratoire.

Le Maître d'ouvrage/BCS se réserve un délai de quinze (15) jours pour donner sa décision, ce délai courant à partir de la date à laquelle auront été fournis tous les échantillons de fabrication et tous les renseignements propres à justifier les propositions de l'Entrepreneur.

Les essais préalables à l'agrément des matériaux à fournir, seront exécutés par l'Entrepreneur et seront soumis aux règles suivantes:

Les frais correspondant au prélèvement, au conditionnement et à l'acheminement au laboratoire des échantillons à soumettre aux essais sont à la charge de l'Entrepreneur.

Le Maître d'ouvrage/BCS pourra conserver un échantillon de chaque matériau soumis aux essais d'agrément; la fourniture de ces échantillons est à la charge de l'Entrepreneur.

– Les matériaux ne pourront être approvisionnés sur le chantier au fur et à mesure des besoins qu'en cas d'autorisation expresse de l'ingénieur.

– Les matériaux devront être enlevés du chantier dans un délai de huit (8) jours. En cas d'inexécution dans ce délai, l'ingénieur fera procéder à cet enlèvement aux frais de l'entrepreneur sans qu'il soit besoin d'aucune mise en demeure.

– Le stockage des matériaux, fournitures et produits fabriqués sera rationnel pour éviter les avaries, dégradations, etc...

– Les éléments abîmés seront refusés et immédiatement enlevés du chantier.

为了不耽误施工准备、工程施工或者货物的交付，对每一种要使用的材料类型，（承包方）均应适时提交审批建议。

在开始进行各项试验室试验工作之前，承包方必须在其质量保证计划中就每一种材料需报批的试验次数，向业主方或监理方（BCS）提出建议。

业主方或监理方（BCS）应在 15 天内作出决定，这一期限通常自承包方提供所有的试样和能够证明其建议合理性的相关资料之日起计算。

要提交试验用样品的提取、包装和运送到试验室的相关费用，由承包方承担。

业主方或监理方（BCS）将对提交批准试验的每一种材料保留一份样品。这些样品均由承包方负责提供。

– 只有在获得监理工程师的批准情况下，按照工程需要，材料才能批准提供给工地。

– 所有的材料应在 8 天内从工地清理走。如果在此期限内未施工，监理工程师将会要求由承包商自费从工地将材料清理，而不需要任何通知。

– 为避免运输损失，损坏，应合理供应，存放材料和生产产品。

损坏的材料和产品将被拒绝并立即从工地清理走。

5.1.3.3 Réception des matériaux 材料的验收

Avant toute mise en œuvre, les matériaux seront soumis à la réception ou à l'acceptation provisoire du Maître d'ouvrage/BCS. Ils ne pourront être utilisés que si les résultats des essais sur chantier montrent qu'ils répondent bien aux prescriptions techniques précisées exigées.

L'Entrepreneur devra donc prendre toutes les dispositions nécessaires pour qu'un délai suffisant à l'application de cette procédure soit prévu entre l'approvisionnement d'un matériau et sa mise en œuvre, sans que cela n'implique de stockage provisoire systématique.

Toute la fourniture de matériaux inclus dans le présent CCTP et destinées à être incorporés aux ouvrages, les vérifications, les essais et les mesures nécessaires à la réception des matériaux permettant de contrôler la conformité aux prescriptions, sont à la charge de l'Entrepreneur.

在各种材料使用之前，材料都要经过业主或监理方（BCS）验收或临时验收。只有现场试验结果表明材料完全符合所要求的技术标准，这些材料才能使用。

因此，承包方必须采取一切必要措施，以保证在材料供应和使用之间有足够的时间进行验收。这个时间未包括计划临时存放的时间。

本 CCTP 中包含的各种用于工程的材料的供应，以及检验材料是否符合规定而进行的验收所必须的检查、试验和检测所产生的费用，由承包方承担。

5.1.3.4 Métré des quantités –Rémunération 工程量的测定（计量）– 工程款的支付

Les matériaux de remblai à la charge de l'Entrepreneur seront métrés selon les principes suivants:

– pour les ouvrages de terrassement nécessitant des matériaux dont l'approvisionnement est entièrement à la charge de l'Entrepreneur, les métrés seront réalisés sur la base des plans d'exécution,

– pour les ouvrages de terrassement qui ne pourront pas être approvisionnés entièrement à partir des déblais de chantier, les métrés seront réalisés sur la base de levés effectués contradictoirement avec le Maître d'Ouvrage juste avant et juste après la mise en oeuvre des matériaux fournis par l'Entrepreneur. A cet effet, l'Entrepreneur devra respecter les prescriptions suivantes:

justifier au Maître d'Ouvrage au moins deux semaines avant la mise en oeuvre la nécessité de recourir à des matériaux extérieurs et lui remettre un planning de mise en oeuvre sur lequ–el apparaîtra le début et la fin de mise en oeuvre ainsi que les quantités, lieux, et cadences,

la mise en oeuvre n'aura lieu qu'après accord du Maître d'Ouvrage et réalisation du premier levé contradictoire,

entre les deux levés contradictoires évoqués ci–dessus, mettre en oeuvre pour l'ouvrage ou la zone de travaux concernée uniquement des matériaux dont la fourniture est à sa charge, faute de quoi la prestation de fourniture correspondante ne sera pas rémunérée.

L'Entrepreneur devra organiser son planning général de terrassement en tenant compte de ces contraintes.

由承包方负责的填方材料，将按照下列原则进行计量：

– 对于其供料完全由承包方负责的土方工程所需的材料，按照施工图纸进行计量；

– 对于土方工程所需材料不能全部由现场挖方回填的，应有业主方和承包方同时到场，根据承包方所提供材料施工前后进行的测量计算。因此，承包方必须遵照以下规定：

在使用外供材料（借土填方）之前至少两个星期，必须向业主方证明使用外供材料的必要性，且提交一份使用计划，计划中包括材料使用的起止时间、数量，使用地点和使用进度；在得到业主方同意并由双方到场进行了使用前的测量后，才能进行施工；在上述两次双方到场测量期间，由承包方负责提供的材料，只能用于有关工程或工程相关区域，否则，其提供材料将不予计价。

因此，承包方在组织土方工程的总体施工计划时应考虑这些限制。

5.2 PRESCRIPTIONS SUR LE RÉEMPLOI DES MATÉRIAUX 关于材料再利用的规定

5.2.1 Principes généraux 一般原则

Les matériaux rencontrés en déblais de l'autoroute et en déblais d'emprunts seront identifiés à l'extraction selon la classification du Guide technique LCPC–SETRA sur la réalisation des remblais et des couches de forme de septembre 1992 (GTR).

Les éléments donnés dans les rapports géologiques et géotechniques joints au présent dossier, sont fournis à titre non contractuel.

Il appartiendra à l'Entrepreneur de compléter ces données par des reconnaissances et des analyses appropriées (en particulier teneurs en eau, IPI, Proctor/CBR) afin de pouvoir classer conformément au GTR l'ensemble des matériaux.

Les conditions de réemploi des sols sont fixées d'après leur nature, leur contenu en eau et les conditions météorologiques qui permettent de déterminer les conditions d'extraction, de réutilisation, de mise en œuvre et de compactage conformément au GTR, fascicule II.

Pour chaque type de matériaux l'Entrepreneur fournira une grille de décision comportant les rubriques E, G, W, T, R, C, H (cf. GTR).

遵照 1992 年 9 月 LCPC–SETRA 颁发的关于填方和路基顶面层施工技术指南所规定的分类，高速公路挖方和借方必须在开挖时就进行鉴定。

与本文件相关的地质和土工技术报告中的各种数据，将以非合同文本名义提供。

为能够按 GTR 规定对整个材料进行分类，承包方应进行相应的勘察和分析［尤其是对含水量、塑性指数（IPI）、葡式最佳含水量试验／加州承载比试验（Proctor/CBR）］，以便对这些数据资料进行补充完善。

土壤的再使用应根据土壤的性质、含水状态和天气情况而定，以能满足 GTR 第 II 分册规定的开采、再利用、施工和压实的要求。

对于每一种材料，承包方均应提供一份包括 E、G、W、T、R、C、H 栏目（参照 GTR）的决定分类表。

5.2.2　Prescriptions particulières　特别规定

Les matériaux rocheux issus des déblais dans les formations du substratum sain seront réservés à l'élaboration de matériaux pour couche de forme et pour les couches de remblai plus exigeantes.

从未风化下部底层层系中挖出的岩石材料将予以保留，以用于铺筑路基顶面层以及要求最高的填方层。

5.3　CONTRAINTES DU MOUVEMENT DES TERRES　土方调配的限制

5.3.1　Généralités　概况

Le projet de mouvement des terres devra intégrer les contraintes définies au CCAP ainsi qu'au livret A (Prescriptions Générales Communes) du présent CCTP.

Les volumes des terrassements de l'autoroute et des voies rétablies dont l'Entrepreneur pourra s'inspirer pour l'établissement du projet de mouvement des terres sont donnés à titre indicatif.:

Le projet de mouvement des terres tiendra compte notamment:

– du programme général des travaux,

– des délais indiqués à l'Acte d'Engagement,

– des sujétions liées à la Qualité et au respect de l'Environnement,

– des provenances des matériaux.

– des prescriptions de réemploi des matériaux définies au présent livret.

– des conditions de mise en œuvre des matériaux définis au présent livret,

– des tassements prévisibles,

– des foisonnements et contre foisonnements, et des coefficients de rendement qui devront être estimés par l'Entrepreneur,

– du matériel prévu, du nombre de postes etc,

– des rendements et des contraintes de traitement des sols tels que définis au présent livret,

– des conditions de transport définies au Livret A,

– de l'utilisation des dépôts tels que définis au présent livret,

– des dossiers géotechniques et des reconnaissances complémentaires réalisées par l'Entrepreneur,

– de la préparation du terrain préalablement aux travaux,

– de la réalisation de remblais ou déblais particuliers, de décaissements et purges sous remblais et aux points de passage déblais/remblais,

– de la blocométrie des matériaux,

– de la création de plate–forme et pistes diverses.

Les mouvements de matériaux devront être organisés de telle façon que les mises en dépôt provisoire soient le plus limitées possible.

土方调配计划应该与专用行政条款和专用技术条款中确定的限制条件结合在一起（考虑）。

承包方制定土方调配计划，可借鉴于高速公路和恢复道路的土方工程量，这些工程量示意性地给出如下：

土方调配计划特别要考虑：

– 工程施工总计划；

– 履约承诺书中规定的施工期限；

– 质量和环境保护相关的工作；

– 材料的来源；

– 本册中确定的材料再利用的规定；

– 本册中确定的材料使用条件；

– 预计土方工程量；

– 应由承包方测算的松方系数和抗松方系数以及施工效率系数；

– 预计使用设备及机械数量等；

– 本册中确定的土方处理效率及限制条件；

– A 册中确定的运输条件；

– 本册中确定的弃土场使用条件；

– 工程地质资料和由承包方补充完善的勘察资料；

– 工程施工前预先进行的场地准备；

– 实施填方或特殊挖方、填方下部和挖／填方变点处的挖槽与清理工作；

– 材料粒径；

– 路基及各种施工便道的建设。

材料调配必须很好地组织，以保证最大限度地减少临时弃方。

5.3.2   Contraintes particulières du mouvement des terres   土方调配的特别限制

Le projet de mouvement des terres devra de plus tenir compte des contraintes particulières suivantes:

－ réalisation simultanée d'autres travaux relatifs à la construction de l'autoroute dans le cadre d'autres marchés (cf. livret A du CCTP).

－ présence de stocks provisoires de matériaux laissés par les autres marchés.

－ utilisation des matériaux rocheux issus des déblais dans les formations du substratum sain en priorité pour l'élaboration de matériaux de couche de forme et pour les couches de remblai plus exigentes.

－ favoriser la valorisation des matériaux fins par traitement,

－ mise en dépôt définitif ou réutilisation en imperméabilisation des ouvrages de protection de l'environnement des argiles plastiques de classe A4 au sens du GTR.

土方运输调配计划还必须考虑下列的特别限制：

－ 与高速公路工程相关的其他合同项下的工程同时施工（参见专用技术条款 A 册）；

－ 出现其他合同项下临时堆放的材料；

－ 未风化地下层层系中开挖出的石质材料，将优先作为路基顶面层及要求最高的填方层材料使用；

－ 通过加工处理增加细粒材料的利用价值；

－ 最终堆存或再次利用对环境保护工程起闭封作用的 GTR A4 类塑性黏土。

5.4   PROJET DE MOUVEMENT DES TERRES   土方调配计划

Le projet du mouvement des terres remis par l'Entrepreneur fait partie intégrante du programme d'exécution des travaux (cf. livret A du présent CCTP).

Les volumes approximatifs des terrassements de l'autoroute, des échangeurs et des voies rétablies, et des emprunts dont l'Entrepreneur pourra s'inspirer pour l'établissement du projet de mouvement des terres sont donnés à titre indicatif.

L'Entrepreneur devra mettre en évidence par un mouvement des terres spécifique:

－ les volumes de terre végétale extraits et ceux réutilisés dans le cadre du présent marché,

－ les volumes de déblais extraits (dont déblais extraits à l'explosif) et la réutilisation en remblais, en PST, en couche de forme, etc...(qualité, quantité, lieu...),

－ les volumes de déblais non réutilisables en remblais ou en merlon et la mise en dépôt définitif.

Il soumettra ces projets à l'acceptation du Maître d'Ouvrage dans le délai fixé au Livret A du présent C.C.T.P.

En complément de son projet de mouvement des terres, l'Entrepreneur fournira des fiches techniques détaillées par ouvrage élémentaire établies suivant un modèle inspiré de celles données en pages suivantes.

L'Entrepreneur assurera un suivi permanent du mouvement des terres et adaptera son projet de mouvement des terres autant de fois que nécessaire en fonction des résultats obtenus sur le chantier.

En cas de modification du mouvement des terres en cours de travaux, l'Entrepreneur devra soumettre le nouveau projet à l'acceptation du Maître d'Ouvrage.

由承包方提供的土方调配计划系工程施工计划的组成部分（见本专用技术条款 A 册）。

承包方为编制土方调配计划，可借鉴的高速公路、互通、恢复道路以及取土的大概的土方量，作示意性地给出。

承包方必须对特定土方调配加以重点说明：

– 本合同内腐殖土开挖和再利用的土方量；

– 挖方（爆破挖方）和再利用于填方、土方上部、路基顶面层等的土方量（包括质量、数量、地点）；

– 挖方未用于填方或护墙的土方量及最终的弃方量。

承包方要将此计划按本专用技术条款 A 册中所规定的期限，提交业主方审批。

作为土方调配计划的补充，承包方要按照下面章节所附格式，提供分项工程的详细技术说明书。

承包方应保证在土方调配过程中的全程跟踪，并根据其施工现场所取得的结果，随时调整土方调配计划。

在施工过程中如需对土方调配进行调整，承包方应向业主方呈报新的计划再次审批。

SECTION EN REMBLAI 路堤（填方）段
PK:　　　　　　　　à PK:

- GEOLOGIE – GEOTECHNIQUE – HYDROGEOLOGIE ·

➢Géologie

– Formation(s) en place

– Faciès types

– Fracturation

- 地质 – 土工技术 – 水文地质

➢地质

– 现场（地质）层系

– 标准（岩）相

– 断裂

➢Géotechnique 土工技术

Couches identifiées 已鉴定层	Codif. 编号	Epaisseur 厚度	Classe GTR GTR 分类	Etat hydrique 含水量情况

➤Investigations réalisées 已做的勘探

	APS 简明初步设计（阶段）	APA 详细初步设计（分册阶段）	EXE 施工设计（阶段）
Sondages 钻探			

➤Hydrogéologie – Piézométrie 水文地质 – 压力测量

Présence nappe 地下水位出现

Relevés piézo 测压统计表	Sondage/puits 钻探 / 探井	Mini 最小	maxi 最大

- DONNEES GEOMETRIQUES
- PT type
- Hauteur
- maxi à l'axe
- maxi talus
- Risbermestalus droit
- talus gauche
- DONNEES GEOTECHNIQUES
- Tassements prévisibles
- Purges – Substitutions
- DONNEES PAYSAGERES ET ENVIRONNEMENTALES
- Modelés
- Merlons
- Protection des eaux
- HYDRAULIQUE – DRAINAGE
- Eaux de surface
- Eaux internes
- PST – ARASE – PLATE–FORME
- Couple PST/AR en place
- Couple PST/AR visé
- Substitution
- Couche de Forme
- （几何）测量资料
- 标准切入点
- 高度
- 离中心线最大（高度）
- 边坡最大（高度）

- 边坡护道边坡右侧
- 边坡左侧
- 土工技术资料
- 预计土方工程
- 清淤 – 换土
- 景观和环保资料
- 景观地形
- 护堤
- 水资源保护
- 地表排水 – 地下排水
- 地表水
- 地下水
- 土方上部（PST）–（土方上部）找平层（AR）– 路基（顶面层）
- 现场土方上部 /（土方上部）找平层，两项一组
- 批准土方上部 /（土方上部）找平层，两项一组
- 换土
- 路基顶面层

- DEBLAIS ASSOCIES 组合挖方

	Volumes 体积	Destination 用途
– Décapage 铲除表土		
– Déblai de purge 清淤		
– Déblai pour redans 台阶挖方		

- DECOMPOSITION DES BESOINS 工作分解

	Classe GTR GTR 分类	Origine 来源	Volumes 体积
– Remblai courant nat 自然地面普通填方			
– Remblai courant traité 处理地面普通填方			
– Remblai sélectionné 选料填方			
– Assise drainante 排水底面层			
– PST 土方上层			
–Merlons 护堤			
–Modelés et dépôts 自然景观地形造型和堆放			

SECTION EN DEBLAI 路堑（挖方）段
PK:　　　　　　à PK:

- GEOLOGIE – GEOTECHNIQUE – HYDROGEOLOGIE
➢ Géologie
– Formation(s) en place
– Faciès types
– Fracturation
- 地质 – 土工技术 – 水文地质
➢ 地质
– 现场地层
– 标准（岩）相
– 破碎

- Géotechnique 土工技术

Couches identifiées 已鉴定层	Codif. 编号	Epaisseur 厚度	Classe GTRGTR 分类	Etat hydrique 含水情况

- Investigations réalisées 已做的勘探

	APS 简明初步设计（阶段）	APA 详细初步设计（分册阶段）	EXE 施工设计（阶段）
Sondages 钻探			
Essais ech. rocheux 石质 ech 试验			
Essais ech. traité 已处理 ech 试验			

- Hydrogéologie – Piézométrie 水文地质 – 压力测量
Présence nappe 地下水位出现

Relevés piézo 测压统计表	Sondage/puits 钻探 / 探井	Mini 最小	Maxi 最大

- DONNEES GEOMETRIQUES
– PT type
– Hauteur
– maxi à l'axe
– maxi talus
– Risbermes
– talus droit
– talus gauche
– Piège à cailloux
– dimensions

- PK d'application
- DONNEES GEOTECHNIQUES
- Masques, éperons
- Dispositifs confortatifs
- DONNEES PAYSAGERES ET ENVIRONNEMENTALES
- Modelés
- Merlons
- Protection des eaux
- HYDRAULIQUE – DRAINAGE
- Eaux de surface
- Eaux internes
- PST – ARASE – PLATE–FORME
- Couple PST/AR en place
- Couple PST/AR visé
- Substitution
- Couche de Forme
- （几何）测量资料
- 标准切入点
- 高度
- 离中心线最大
- 边坡最大
- 边坡护道
- 右侧边坡
- 左侧边坡
- 卵石槽，Coté droit 右侧，Coté gauche 左侧
- 尺寸
- 实施桩号（PK）
- 土工技术资料
- 盲沟、堆垛排水
- 加固设施
- 景观和环境资料
- 景观造型
- 护堤
- 水资源保护
- 地表排水 – 地下排水
- 地表水
- 地下水

- 土方上部 – 土方（土方上部）找平层 – 路基（顶面层）
  - 现场土方上部 /（土方上部）找平层，两项一组
  - 批准土方上部 /（土方上部）找平层，两项一组
  - 换土（材料）
  - 路基顶面层

- VOLUMES EXTRAITS 挖方体积

	Section courante 普通路段	Accès service 现有道路进出口	Divers 其他路段
Décapage 清表			
Déblai grande masse 大体积挖方			
Déblai pour modelés 景观地形造型挖方			
Déblai de purge PST 土方上部清淤挖方			
Déblai pour masques/éperons– 盲沟 / 堆垛排水挖方			

- DESTINATION DES MATERIAUX 材料用途

Nature 性质		Volume 体积	Coefficientfoisonnement 松方系数	Coefficientrendement 效率系数
Couche de forme 路基顶面层				
Remblai sélectionné 选料填方				
Assise drainante et PST 土方上部和底面排水层				
R. courant 普通路段	+			
état naturel 自然状态	–			
R. courant 普通路段	+			
traité 已处理	–			
Merlons 护堤	+			
	–			
Modelés etdépôts 景观地形造型和堆放	+			
	–			

+ Hypothèse favorable 假设顺利
– Hypothèse défavorable 假设不顺利

6.0   DECAPAGE DE LA TERRE VEGETALE   清除腐殖土

6.1   Mode d'exécution des travaux   施工方式

6.1.1   Localisation des décapages et stockages de terre végétale   腐殖土清除和堆放地方

Les zones de décapage de la terre végétale seront figurées sur le plan des mouvements des terres végétales à établir par l'Entreprise.

Les zones de décapage de la terre végétale correspondent aux:

- zones de dépôts de matériaux (provisoires et définitifs, hors dépôts provisoires de terre végétale),

- emprises des terrassements,

- emprises des emprunts,

- emprises des pistes de chantier et de désenclavement,

- zones d'installations de chantier et d'élaboration de matériaux,

- emprisesau sol des ouvrages d'art,

- surfaces diverses susceptibles d'aménagement (ex.: bassin de rétention), sur prescription du Maître d'Ouvrage,

- emprises des merlons de toutes sortes.

L'Entrepreneur aura la responsabilité des dépôts provisoires de terre végétale tant que celle-ci ne sera pas réutilisée, et jusqu'à la fin du délai contractuel du présent marché.

承包方应在其拟定的腐殖土调配计划中，确定腐殖土的清除区域。

腐殖土的清除区域包括：

- 材料存放区域（临时存放和最终存放，不含腐殖土的临时存放）；

- 土方用地；

- 借土用地；

- 工地便道和连接线的用地；

- 工地建点范围和材料加工区域；

-（桥涵）构造物工程用地；

- 按照业主方要求需要平整的其他地面（例如：蓄水池）；

- 各种地面起伏景观用地。

承包方应负责腐殖土和不再利用的腐殖土的临时存放，直至本合同工期结束。

6.1.2 Piquetage 标桩

L'Entrepreneur devra piqueter les zones de décapage et de stockage sous le contrôle du Ma-ître d›Ouvrage.

承包方必须在业主方的监督（检查）下，对清除表土区域和堆放区域进行标桩。

6.1.3 Préparation initiale des terrains 场地的初期清理

Les zones à décaper seront dégagées de tous fragments rocheux de diamètre supérieur à 20cm, souches, branchages, huiles minérales et détritus divers. Il ne doit y avoir aucune circulation d'engins sur la terre végétale préalablement à son retroussement, sauf pour son traitement (cf. ci-après).

Les zones de stockage seront elles aussi préalablement nettoyées de tous éléments susceptibles de souiller la terre végétale (racines, rochers, branchages, ...).

Les détritus seront mis en décharge ou en dépôt. L'Entrepreneur fera constater au Maître d'Ouvrage que les zones ont bien été nettoyées et dégagées afin d'obtenir son accord préalable au démarrage des travaux de décapage.

L'Entrepreneur devra remblayer avec soin les fouilles résultant de l'arrachage des souches et des arbres.

Tous les vides, tels que caves, puits, carrières, fossés, excavations diverses, seront comblés avec des matériaux de remblai par couches d'environ 20cm d'épaisseur.

Ces matériaux d'apport seront compactés de façon que leur densité ne soit pas inférieure à 92% de la densité sèche de l'optimum Proctor modifié.

L'écoulement des eaux devra être assuré et la pente en tous points de la surface à décaper ne devra pas être inférieure à 0.5%.

需要铲除表土的区域必须清除所有直径大于 20cm 的石块、树根、树枝、矿物油和各种杂物。任何机械不得在开挖之前的腐殖土上通行，对腐殖土进行处理的机械除外（参考后面所述）。

堆放区域也必须提前清除所有可能污染腐殖土的杂物（树根、岩石、树枝 ..）。

杂物应运到弃土场或堆存，承包方应请业主方检查所有清理完毕的区域，以获取业主方同意来开始进行铲除表土的施工。

承包方应该对拔根和拔树留下的坑仔细填好。

所有的洼地，不管是地窖、井、坑、沟还是各种洼地，都应该被填方材料填充，并且按照每层 20cm 的厚度。

提供的这些材料应该被压实，使其紧密度不低于修订后最大干密度的 92%。

承包方必须保证水流畅通并保证清除表土表面上任何一点的坡度不得小于 0.5%。

6.1.4　Période de décapage　清表期

Il est impératif d'opérer le décapage par temps sec et avec une terre végétale ressuyée. Il est donc fortement conseillé aux entreprises de terrassement de programmer ces décapages le plus rapidement possible, suffisamment tôt avant le début de leurs terrassements. Dans le même souci, l'entreprise devra se réserver une marge dans son planning (ou délais de sécurité) pour réaliser les décapages dans les conditions météorologiques favorables.

Si une pluie d'intensité supérieure à 10mm/jour venait à tomber après le début des travaux de décapage, les opérations devront s'arrêter, au minimum, une journée entière.

铲除表土必须在旱季进行，并且取出干燥的腐殖土。因此，强烈建议土方施工企业尽快尽早地制定出铲除表土的计划，以便在土方施工前足够早的时间内完成清除表土。出于同样的考虑，承包方在制定计划时应留出一定的余地（或称为安全期），以便将清除表土工作调整到有利的天气条件下进行。

如果清表工作开工后，雨水强度大于 10mm/ 天，则清表工作至少需停止进行一天。

6.1.5　Opération de retroussement　铲除表土

Dans le planning travaux, les opérations de décapage de la terre végétale ne devront jamais précéder les travaux de terrassements de plus d'un mois.

L'Entrepreneur procédera au décapage de la terre végétale de l'assiette des remblais et de l'emprise des déblais sur une épaisseur forfaitaire fixée de 0.50m minimale. En pratique, l'épaisseur moyenne à décaper sera définie dans le cadre des reconnaissances complémentaires préalables, et avant tout commencement des travaux.

Pour les sols qui se trouvent au–dessous de la couche de terre végétale et qui soit nécessaire enlever à cause de leurs mauvaises caractéristiques géotechniques d'assise, sera évalué l'épaisseur de la purge à réaliser dans l'assise et celle sera fixée par ordre de service et payé aux prix de déblai meuble.

L'Entrepreneur et le Maître de l'ouvrage feront un état des lieux contradictoire des zones de décapage.

Le retroussement devra se faire en prenant toutes dispositions pour éviter de contaminer la terre végétale de terres stériles.

La préparation de décapage comprendra en outre le tri de la terre végétale, son chargement, son transport et sa mise en dépôt provisoire ou définitive.

Les dépôts de la terre végétale seront constitués par des tas de trois mètres de hauteur au maximum. Tout compactage devra être évité, y compris celui effectué par la circulation de voitures ou d'engins.

在工程施工计划中，清除表层腐殖土的时间不得早于土方工程施工前一个月。

承包方在清除填方路段的路基地面层腐殖土和挖方路段用地范围内的表层腐殖土时，清表厚度至少为0.5m。在实际的施工过程中，表层土的平均清除深度，将根据工程开工前所进行的补充（地质）勘察结果确定。

对于位于腐殖土层下方，因基底土工性能不佳而需要去除的土，需清除的土的厚度由开工令来确定，并按照普通土方价格支付。

承包方和业主方将共同确定要清除表层土区域的现场状态。

铲除时应采取一切必要措施，以避免腐殖土污染无菌土。

清表准备还包含挑拣出腐殖土、装载和运输和将其运往临时或最终存储地。

存放时，腐殖土的堆放高度不应超过3m。应避免所有的碾压，包括汽车或者机械的行驶。

6.2   DÉPÔTS DE TERRE VÉGÉTALE   腐殖土的堆放

Les produits de décapage seront mis en dépôt définitif ou en dépôt provisoire suivant qu'il s'agit de matériaux impropres (ex.: terres stériles) ou de terre végétale.

Les prescriptions particulières applicables aux dépôts définitifs de matériaux impropres et aux dépôts provisoires de terre végétale sont données au présent livret.

表层土开挖出的土料根据其为腐殖土或不适用土而进行临时堆存或最终堆放。本册中对不适用的土的最终堆放和腐殖土的临时堆存均有特殊规定。

6.3   Destination de la terre végétale   腐殖土的用途

La terre végétale issue du décapage sera réutilisée en revêtement des talus et surfaces suivantes:

– talus de remblais et de déblais de l'autoroute, à l'exception des talus de déblais subverticaux réalisés en terrains rocheux,

- risbermes,

- talus de remblais et de déblais des rétablissements de communications,

- modelés paysagers et merlons,

- dépôts définitifs de matériaux,

- délaissés et zones diverses prescrites par le Maître d'Ouvrage en cours de travaux.

清除出的腐殖土将被重新用于铺筑边坡和下列表面：

- 高速路挖方路段和填方路段边坡，几乎垂直的石质挖方边坡除外；

- 护道；

- 恢复交通的挖方路段和填方路段边坡；

- 自然景观地形和护堤；

- 土方的最终堆存；

- 施工过程中业主方指定的各弃土区域和堆存区域。

6.4 Contrôles 监督（检查）

6.4.1 Tolérances géométriques 几何测量允许误差

Tolérances en planimétrie：+ 0.10m，- 0.00m 平面测量允许误差

Tolérances sur l'épaisseur：± 0.05m. 厚度测量允许误差

6.4.2 Contrôle des prescriptions 规定的监督（检查）

6.4.2.1 Contrôles préalables 预先监督（检查）

Objet du contrôle 监督（检查）目标	Nature du contrôle 监督（检查）性质
- Epaisseur de décapage, justifiée par:les reconnaissances préalables. 清除表土厚度，施工前预先勘察确定	Interne + Externe + Extérieur（承包方）内部 + 外部 +（业主方）外面
-Plan d'extraction et Procédure pour: l'évacuation des eaux et le drainage. 开挖计划和方法：（地表）排水和地下	Interne（承包方）内部
- Phasages et Plannings prévisionnels 预定施工阶段和施工计划	Interne（承包方）内部
- Documents de suivi et procédure de circulation des documents 跟踪文件和文件流转程序	Interne + Externe + Extérieur（承包方）内部 + 外部 +（业主方）外面

6.4.2.2 Contrôles en cours d'exécution 施工过程中的检测

Objet du contrôle 监督（检查）目标	Nature du contrôle 监督检测性质
Vérification de l'application des procédures et de leur conformité 检查程序的执行情况及其是否符合规定	Externe + Extérieur（承包方）外部 +（业主方）外面
Vérification du respect des prescriptions particulières relatives: 检查是否遵照专门规定执行，包括： à la préparation des terrains, 施工现场的清理 à l'écoulement des eaux et au drainage, 排放和排水 - à la mise en dépôt. 运至堆存地	Interne + Externe + Extérieur（承包方）内部 + 外部 +（业主方）外面

7.0 Déblai 挖方

7.1 Généralités 概述

7.1.1 Définition et nature des déblais 挖方的定义和性质

Les déblais du présent Marché regroupent:

– les déblais de l'autoroute et des rétablissements de communications et déviations provisoires,

– les purges, décaissements et redans à réaliser au niveau des sols d'assise des remblais,

– les décaissements pour substitution de PST et d'arase,

– les déblais pour modelés des talus et des entrées en terre,

– les déblais pour la réalisation des masques ou éperons drainant.

Les déblais en petite masse pour ouvrages d'assainissement, bassins et ouvrages hydrauliques sont traités dans les sous Livrets correspondants.

Sur le chantier l'Entrepreneur rencontrera des terrains de différentes natures qu'il lui appartie−ndra d'apprécier à partir des dossiers géologiques, géotechniques jointes au présent march−é et par des reconnaissances et études complémentaires à sa charge et toutes les investig−ations qu'il jugerait utile d'effectuer.

En ce qui concerne la difficulté d'extraction des matériaux, le marché reconnaît trois types de matériaux de déblai:

本合同中的挖方工程包括：

– 高速公路、恢复交通的道路和临时改道的挖方；

– 实施填方路段底面所需进行的清淤、开槽和挖台阶；

– 用于土方上部和顶面层的开槽换土；

– 用于边坡景观地形造型和进出土路的挖方；

– 实施盲沟和堆垛排水的挖方。

有关排水工程、水池和水利工程等少量挖方，在相关分册中另行规定。

在施工过程中，承包方可能遇到各种性质的土壤，他将依据本合同所附的地质、土工资料对其进行鉴别，也可通过自己认为有必要的补充地质勘探和研究进行评估，费用自负。

对于材料开采所遇到的困难，合同承认三种性质的挖方材料。

7.1.1.1 Déblais en terrain meuble 普通挖方

Les terrassements seront exécutés mécaniquement par des moyens laissés au choix de l'Entrepreneur.

Sont considérés comme déblais meubles ceux qui ne nécessitent pas l'intervention d'un ripper à une dent portée par un engin de plus de 280chevaux au crochet ni l'usage d'explosifs.

Les tolérances d'exécution des profils et des talus sont les suivantes:

– talus avant revêtement de terre végétale: plus au moins dix centimètres (± 10cm),

– profil provisoire de la forme: plus ou moins cinq centimètres (± 5cm).

Si des purges ou des sur-profondeurs sont jugées nécessaires par l'Ingénieur, les excavations seront exécutées jusqu'à la profondeur fixée par l'Ingénieur; la cote théorique des déblais sera rattrapée par apport de matériaux remblai.

土方工程应该用承包方选择的机械作业。

不需要使用280马力以上的单齿松土器和炸药的挖方被认作是普通土方。

断面和边坡允许的误差是：

－在覆盖腐殖土前的边坡（±10cm）；

－路基面的临时断面（±5cm）。

如果工程师认为清理和超挖是必须的，应挖至工程师确定的深度。再用填方材料填至设计标高。

7.1.1.2 Déblais en terrains semi-dur 半硬土挖方

Sont considérés comme déblais en terrain semi-dur ou ripable, ceux qui ne rentrent pas dans la catégorie des déblais en terrain meuble, et peuvent être extraits au moyen d'un ripper à une dent portée par un tracteur de trois cent quatre-vingt (380) chevaux.

Sauf dérogation de l'Ingénieur les tolérances d'exécution des profils et des talus sont les suivantes:

◆ talus avant revêtement de terre végétale (ou à ne pas revêtir de terre végétale), plus ou moins dix centimètres (±10cm),

◆ profil provisoire de la forme: plus ou moins cinq centimètres (±5cm).

L'exécution des terrassements en terrain rocheux dur ne pourra être entreprise qu'après le relevé contradictoire des profils correspondants.

不包括在普通土开挖中，用380马力的拖拉机带动的单齿松土器挖出的就是半硬土挖方或者叫做可松动的挖方。

除非是工程师特许，对挖方断面和边坡的允许误差是：

◆ 对覆盖腐殖土以前的边坡（或者不需要覆盖腐殖土）（±10cm）；

◆ 路基临时断面（±5cm）。

硬岩石地面土方工程只有对断面共同测量、记录后才能实施。

7.1.1.3 Déblais en terrain rocheux dur 硬岩石挖方

Sont considérés comme déblais en terrain rocheux dur les déblais qui ne peuvent être extraits au ripper défini au paragraphe précédent, et nécessitent l'emploi des explosives.

L'exécution des terrassements en terrain rocheux dur ne pourra être entreprise qu'après le relevé contradictoire des profils correspondants.

En cas de recours à l'explosif, l'Entrepreneur devra établir puis adapter ses plans de tir de façon à obtenir directement au tir:

－ le dégagement au gabarit des talus de déblais et de la forme.

－ le plus grand fractionnement possible de la roche.

En outre, les plans de tir devront être spécialement étudiés pour supprimer tout risque de dégradation aux ouvrages situés à proximité.

Les tolérances d'exécution des talus sont les suivantes:

◆ Talus: plus ou moins 10cm dix centimètres (± 10cm).

用前面条款指出的松土器不能挖出，需使用炸药爆破的挖方就叫硬岩石挖方。

硬岩石地面土方工程只有对断面共同测量、记录后才能实施。

如果需要使用炸药，承包方应该编制爆破方案并且符合以下爆破结果：

－达到挖方边坡和路基设计尺寸；

－对岩石最大限度的破碎。

另外要对爆破方案进行特殊的研究，以避免周围构筑物遭受损害。

边坡施工允许误差如下：

◆ 边坡：10cm (± 10cm)。

7.1.1.4 Différenciation entre les différentes natures de déblai 挖方土质不同类型的区分

Pour éviter toute controverse sur les limites de nature de déblai, il sera procédé de la façon suivante:

－ les attachements seront pris contradictoirement par l'Entrepreneur et l'Ingénieur ou son représentant au fur et à mesure de l'exécution des déblais,

－ les déblais meubles seront extraits en premier au bull. ou au scraper le ripper interviendra en cas de nécessité.

Le premier niveau ainsi atteint après enlèvement des déblais meubles servira de limite séparative dans les attachements avec les déblais d'une autre nature.

Après constatation par l'Ingénieur que tous les déblais meubles ont bien été enlevés il sera mis en service un tracteur chenillé d'une puissance au moins égale à 280 KW au crochet, l'engin n'ayant pas plus de 3 ans d'âge et se trouvant en parfait état de fonctionnement ; ce tracteur sera équipé d'un ripper à une dent portée (et non tractée).

Tous les déblais venant ainsi au ripper qualifes de déblais en terrain semi–dur, et l'opération sera poursuivre jusqu'à ce qu'il soit impossible de faire fonctionner l'engin à un certain degré de compacité du rocher.

Le second niveau ainsi atteint après enlèvement des déblais en terrain semi–dur servira de limite séparative dans les attachements avec les déblais d'une autre nature.

Après constatation par l'Ingénieur, que tous les déblais en terrains semi–dur ont bien été enlevés, il sera procédé au fractionnement à l'explosif du rocher dur, puis à son extraction par un moyen que l'Entrepreneur jugera bon.

La limite inférieur à prendre en compte dans les attachements pour le rocher dur sera celle du fond de forme, même si l'Entrepreneur à crée involontairement des surprofondeurs qu'il devra d'ailleurs remblayer à ses frais.

Il est bien entendu que l'Entrepreneur garde toute aides latitude pour utiliser l'explosif en quantités modérées pour aidés le ripper même sur un terrain reconnu "rippable". Cette utilisation opportune mais non nécessaire de l'explosif n'ouvrira cependant pas droit au paiement du déblaiement comme rocher compact et sera considérés comme déblai en terrain semi–dur.

为避免在挖方类型的界限上产生分歧，应该按以下方式进行：

－随着挖方的进行，工程量应由承包方和工程师（或者其代表）共同确认。

－首先采用挖土机或者是刮土机铲除普通土挖方，需要时才能使用松土器。

清除普通土挖方后达到的第一个标高是与另外一种类型的挖方计量的分界线。

在工程师现场确认所有普通土挖方已经被清除了之后，可以使用一个配有履带、功率至少是 280kW 带钩的、使用期不超过三年并且状态完好的且带有单齿松土器（不被牵引的）的拖拉机。

这样能用松土机挖出来的挖方被定为半硬土挖方，一直挖至完整岩石使机械不能操作为止。

在清除了半硬土挖方后到达的第二个标高是与另外一种类型的挖方计量的分界线。

在工程师现场确认所有的半硬土挖方已经被清除后，使用炸药对硬岩石进行爆破，然后采用承包方认为合适的方式运走。

计量依据硬岩石开挖的地下深度即平台的基础深度，即使承包方无意中超挖，他还要自费填充这些超出的深度。

当然，承包方可以适当使用少量的炸药来配合松土器开挖，即使是可松动的土方。这种适当的但并非必须的使用（炸药）不能使此挖方的价格成为石质挖方的价格，它将还被认作是半硬土挖方。

7.1.2　Destinations des matériaux　**材料的用途**

Suivant leurs caractéristiques, les matériaux extraits des déblais seront, soit élaborés en matériaux pour couche de forme, soit réutilisés en remblais ou en merlons après mise en dépôt provisoire éventuelle, soit, mis en dépôt définitif ou utilisés pour la réalisation de modelés. Le choix des destinations sera effectué en référence aux dispositions du présent livret.

根据其特性，挖方材料将被用于路基顶面层，或经临时存放后重新用于填方或护墙，或被最终卸土堆放，或被用做地表形态景观。对于用途的选择，请参照本册中的有关规定执行。

7.1.3　Méthodes et moyens d'exécution des déblais　**土方开挖的施工方式和设备**

Les déblais seront exécutés par des moyens laissés à l'initiative de l'Entrepreneur pour chaque type de matériau rencontré et en fonction des contraintes et objectifs définis au CCAP et au présent livret.

En particulier, l'Entrepreneur définit au travers du mémoire technique repris dans les procédures du PAQ et au travers des sous–détails de prix des rendements qui n'engagent que lui.

Le Maître d'Ouvrage conserve toutefois la prérogative de refuser tel atelier de production ou tel procédé de l'Entrepreneur, qui ne donnerait pas satisfaction, tant du point de vue de la qualité des produits (en vue de leur réutilisation), que de la cadence d'exécution, ainsi que des nuisances qu'il pourrait engendrer.

Dans le cas où ces méthodes et moyens conduiraient à réaliser des stocks provisoires, l'Entr-epreneur ne pourra se prévaloir des sujétions qui résulteront des mises en stocks provisoire-s puis des reprises sur stocks pour prétendre à une rémunération supplémentaire ou pour faire appel à un supplément de fourniture extérieure.

土方开挖将根据专用行政条款和本册确定的目标和限制，以及所遇到的各种类型土质，用承包方提议的设备进行挖掘。

特别是，承包方必须按照质量保证计划操作规程中的技术报告书和其承诺的工效价格明细表来确定施工设备。

然而，如果这些作业组和方法无论在产品质量方面（从重新利用考虑）还是施工速度方面均不能令人不满意，甚至产生不良影响的话，业主方对承包方的施工作业组或施工方法保留拒绝的权力。

当这些施工方法可能会导致土方临时堆放时，承包方不得因为临时堆放然后再使用，而获得额外的工程款或者要求增加外部供料。

7.1.4　Reconnaissances préalables des déblais　挖方事先勘探

L'Entrepreneur fournira le matériel et le personnel de conduite nécessaires aux prélèvements des échantillons (sondeuse, tarière, pelle mécanique). Le laboratoire de l'Entrepreneur possédera l'équipement nécessaire à la réalisation des essais ci-avant cités. Son laboratoire sera soumis à l'agrément du Maître de l'ouvrage et devra être dimensionné pour réaliser les reconnaissances préalables dans les délais impartis. Son laboratoire aura pour mission, sous le contrôle du Maître d'ouvrage/BCS, d'effectuer les essais définis ci-avant et de définir les conditions de mise en œuvre des matériaux et de quantifier précisément les volumes et la géométrie des gisements de matériaux qui feront l'objet de destinations particulières (purges, redans, base de remblai, couche de forme, etc.).

承包方应提供取样所需的设备（小型钻机、螺钻、挖土机）和管理人员。承包方的试验室应该具备进行上述试验所必须的设备。其试验室必须得到业主方的认可，并具备在规定的期限内完成施工前勘察的能力。试验室的任务是，在业主方或监理方（BCS）的监督下完成前文所述试验，确定材料使用条件和精确提供料层的几何形状及储量，目的是确定这些材料各自的用途（清淤、台阶、填方路段的底基、路基顶面层等）。

7.1.4.1　Reconnaissances des déblais meubles et semi-durs　普通土挖方和半硬土挖方的勘察

Préalablement à l'exécution des travaux dans les emprises du projet, l'Entrepreneur réalisera à ses frais des reconnaissances à l'avancement des déblais par puits à la pelle mécanique ou à la benne preneuse à raison d'un sondage tous les 50mètres linéaires environ, en vue d'essais d'identification et mesures de teneur en eau des sols en place sur des prélèvements effectués tous les 0.75m de profondeur et à chaque changement de nature de matériau.

Les puits seront rebouchés au frais de l'Entrepreneur après relevés des coupes de sondages et prélèvements des échantillons.

Le suivi de ces reconnaissances sera assuré par le laboratoire de l'Entrepreneur. Si le déblai dépasse 5m de profondeur, la reconnaissance pourra avoir lieu en plusieurs phases en fon–ction de l'avancement des terrassements, et sera menée jusqu'à un niveau de 2m inférieur à l'arase. Il sera procédé à l'identification géotechnique des matériaux rencontrés à l'avancem–ent, et les résultats seront corrélés avec les valeurs obtenues lors des reconnaissances ant–érieures.

La fréquence des essais d'identification sera au moins la suivante:

– tous les 2 500m^3, et

– à chaque changement visuel de la nature des matériaux et de leur état (teneur en eau notamment),

– à la demande du Maître d'Ouvrage.

– Les essais à prévoir sont les suivants:

– une reconnaissance visuelle,

– une mesure de la teneur en eau,

– une analyse granulométrique par tamisage ou par sédimentométrie,

– un essai équivalent de sable ESV,

– la détermination des limites d'Atterberg,

– une valeur au bleu de Méthylène VBS,

– une mesure de l'IPI,

– un essai Proctor normal avec CBR immédiat (sur mélange de prélèvements de même nature).

Par ailleurs, le laboratoire de l'Entrepreneur procédera chaque jour et pour chaque type de matériaux à une mesure de la teneur en eau en vue de définir les conditions de réemploi (mise en dépôt provisoire des matériaux ou mise en œuvre directe).

Pour les matériaux sensibles à l'eau, par application du Guide LCPC–SETRA de septembre 1992 (GTR), il sera défini les critères d'état et les conditions de réemploi.

Au moment du prélèvement des matériaux, le laboratoire de l'Entrepreneur réalisera un double échantillonnage.

Il utilisera le premier échantillon pour réaliser ses essais. Il conservera le second, en prélève–ment conservatoire pour le Maître d'Ouvrage pendant 5 jours à compter de la date du prélèvement.

Les résultats des essais et des sondages seront communiqués parallèlement au Maître D'où–vrage dans un délai de 48 heures, et, en tout état de cause, avant le début des travaux conc–ernant la zone de sondages.

Chaque déblai fera l'objet d'un rapport de reconnaissances établi suivant les dispositions données au présent Livret.

项目路界范围内，承包方应在挖方施工前，使用挖掘机或抓斗随工程进度进行探井开挖勘察，每间隔约 50m 挖一个探坑，在所有探坑 0.75m 深处取样和在每一土质变化点处取样，进行现场土壤质量鉴定试验和测定其含水量，相关费用由承包方自行承担。

探井在进行钻探剖面测量和取样后由承包方进行回填，费用由承包方承担。

承包方的试验室将负责对勘探进行跟踪。如果土方开挖深度超过 5m，勘探将随土方施工的进度分阶段进行，勘测深度至路基底面层以下 2m。随施工进度对所遇到材料进行土工鉴定，勘探结果将与之前勘探所获得的数据进行对比。

鉴定试验次数至少应作到：

- 每 2 500m³，做一次；
- 每当目测土壤性质和状态（尤其是含水量）发生改变时，做一次；
- 应业主的要求做。

预计进行的试验如下：

- 目测；
- 含水量测定；
- 用筛分法或沉淀测量法进行颗粒级配分析；
- ESV 法砂当量试验；
- 阿氏极限值测定；
- VBS 亚甲蓝值；
- 塑性指数（IPI）的测定；
- 标准葡式最佳含水量试验和瞬间加州承载比试验（对同质试样混合物）。

此外，承包方试验室每天要对每一种土方材料进行含水量的测定，以确定重新利用（材料临时堆存或直接使用）的条件。

对于易受水影响的土方材料，遵照 1992 年 9 月 LCPC-SETRA 颁发指南（GTR）的规定，确定重新使用的条件和状态标准。

承包方试验室在土方材料取样时，一次要取两份试样。第一份试样用于做试验。第二份样品自取样之日起 5 天之内提交给业主方。

试验和勘探结果要在 48h 内同时报告业主方，不管怎样，必须在勘探区域内相关工程开始施工之前报告。

每一次土方开挖，都必须根据本册有关规定编制一份勘探报告。

7.1.4.2   Reconnaissances des déblais rocheux   岩石挖方的勘探

Préalablement à l'exécution des déblais rocheux, l'Entrepreneur réalisera à ses frais des reconnaissances:

- du matériau de recouvrement dans les conditions définies au paragraphe 7.1.4.1 du présent rapport relatif aux déblais meubles;

- de la formation rocheuse en place.

L'Entrepreneur proposera à l'agrément du Maître d'ouvrage les modalités des reconnaissances qu'il compte adopter. Elles comprendront au minimum deux (2) sondages carottés de reconnaissances par déblai et devront permettre d'identifier le rocher sur l'ensemble du déblai, afin de connaître notamment:

- sa nature pétrographique,

– ses caractéristiques géotechniques (densité, LA, MDE, coefficient de fragmentabilité (FR) sur deux prélèvements au moins par sondage),

– les discontinuités tectoniques qui l'ont affecté: failles, plis, diaclases, etc...,

– les circulations aquifères en son sein.

Les procédures de conservation d'échantillons et de remise des résultats d'essais seront identiques à celles pratiquées pour les matériaux des déblais meubles et décrites aux paragraphes 7.1.4.1 et 7.1.4.3.

Par ailleurs, un relevé des piézomètres existants et des mesures de niveaux d'eau dans les sondages seront effectués pour déterminer le niveau de la nappe dans chaque déblai avant exécution des travaux correspondants. Un relevé mensuel sera effectué jusqu'à l'extraction des déblais.

在石质挖方工程实施前，承包方要自行承担费用进行以下勘探：

– 对上述第 7.1.4.1 条有关松软土挖方规定条件中覆盖（土方）材料的勘探；

– 对现场的岩层系构成进行勘探。

承包方应将其拟采用的勘探方式提交业主方审批。每段挖方勘探方式至少要包括两次钻探取样，以对整段挖方中的岩石进行鉴定，尤其要了解以下内容：

– 岩石的特性；

– 工程地质特性［密度、洛杉矶磨耗试验、MDE、碎性系数（FR）、每次勘探至少对两个取样进行分析］；

– 影响地质构造不连续的情况：断层、褶皱、构造裂缝等；

– 岩石内部含水层水的循环。

试样的保留程序和试验结果的上报程序，应与松软土挖方工程执行的程序相同，并在第 7.1.4.1 条和第 7.1.4.3. 条中已作描述。

此外，在相关工程施工前，将在勘探中进行现有水压测量和水位测量，以确定相应工程开挖前每段挖方的地下水位。每月进行一次测量，直至挖方开始。

7.1.4.3　Rapport de reconnaissance　**勘察报告**

Pour chaque déblai, un rapport de reconnaissance d'exécution sera établi par l'Entrepreneur. Ce rapport comportera notamment:

– une vue en plan avec repérage des sondages,

– une coupe géologique faisant apparaître les différentes couches rencontrées,

– les fiches d'essai et les relevés piézométriques,

– une note technique précisant la nature, la classification, les conditions d'extraction et de mise en œuvre de chaque type de matériau rencontré, ainsi que les contrôles prévus,

– un tableau de synthèse donnant, pour le déblai considéré et pour chaque nature de matériaux identifiés, les éléments ci-après:

　● désignation du matériau,

　● classe GTR – état hydrique,

　● conditions météo lors du prélèvement,

• conditions d'utilisation en remblai,

• plages de teneur en eau pour réutilisation sans traitement avec ou sans humidification,

• PROCTOR de référence pour les sols fins,

• conditions de traitement et dosages en cas de traitement,

• type de compacteurs envisagés pour la mise en œuvre,

• objectifs de compactage (e, Q/S, nombre de passes) pour chaque type de compacteurs et type de sol.

Ce rapport devra être présenté sous sa forme définitive, dans un délai minimum de 5 jours avant tout début d'exécution des travaux dans la zone concernée. Ce rapport représente un point d'arrêt.

L'Entrepreneur devra adapter son plan de mouvement des terres et de mise en œuvre aux caractéristiques réelles des matériaux à terrasser et notamment par rapport aux conditions atmosphériques probables à l'époque prévisible du terrassement cela afin d'utiliser au mieux les conditions naturelles d'aération.

对于每段挖方工程施工，承包方都应编制一份施工勘探报告。其内容主要包括：

－带探井位置标示的平面图；

－标示施工中所遇各个地层的地质剖面图；

－试验记录卡和水压测量；

－一份技术说明书，详细说明所遇到每种材料的性质、分类、开挖和施工条件，以及预定的监督（检查）；

－对于每一种已考虑的挖方（材料）和已鉴定的每种材料性质，填报一份综合表格，内容包括：

• 材料名称；

• 材料 GTR 分类—含水状态；

• 取样时的气候条件；

• 作回填的使用条件；

• 需要或不需要进行加湿处理的再使用材料的含水量范围；

• 细土壤的标准葡氏（PROCTOR）参数；

• 处理条件和处理配比（用量）；

• 施工拟采用的压路机类型；

• 对于每种类型压路机和土壤，需要达到的压实效果（比如：Q/S，碾压次数）。

该报告必须在相关区域施工开始前至少 5 天，以正式形式提交。此报告即代表一个停工点。

承包方应该根据挖方材料的实际性质，尤其是土方工程施工期间可预测的气候条件，调整土方调配计划和施工计划，以更好地利用自然通风条件

7.2　MODE D'EXÉCUTION DES TRAVAUX　工程施工方法

7.2.1　Prescriptions générales applicables à l'exécution des déblais　一般执行要求

L'Entreprise est tenu de réaliser les travaux selon les modalités les plus appropriées permettant d'obtenir un équilibre du mouvement des terres et une réutilisation maximale des matériaux en fonction des objectifs de réutilisation et notamment en matière de valorisation des matériaux rocheux en couche de forme. En aucun cas, l'Entrepreneur ne pourra prendre l'initiative d'évacuer des matériaux en dépôt définitif sans l'acceptation du Maître d'ouvrage/BCS.Dans le cas où un traitement des matériaux est envisagé, la décision de traiter sera soumiseàl'accord préalable du Maître d'ouvrage/BCS. Le traitement s'effectuera dans les conditions définies au chapitre 10.

承包方必须按照最适合的方式实施工程，以能获得土方材料调配的平衡和按土方再使用计划，将土方材料使用率提到最高，尤其是提高石质挖方用于路基顶面层的使用价值。在没有得到业主或 BCS 许可的情况下，承包方无论如何都不能擅自将材料进行永久性弃除。如果准备对土方材料进行处理，该处理决定必须提前征得业主方或监理方（BCS）同意，并遵照第 10 章节中规定的条件进行。

7.2.1.1　Écoulement des eaux –Drainage interne　地表排水 – 地下排水

Dans le cas où des déblais recouperaient des écoulements naturels en surface et en profondeur, l'Entrepreneur fera en sorte de recueillir les eaux pour les acheminer vers des exutoires désignés par le Maître de l'ouvrage/BCS ou proposés par l'Entreprise et acceptés par le Maître d'ouvrage/BCS. Les eaux devront transiter au préalable par un bassin décanteur permettant la rétention des fines issues des terrassements (« filtre à foin ») qui devra être aménagé avant d'entreprendre les travaux de terrassements de ce secteur.

如果土方施工中截断了地表径流水或地下水，承包方必须将水流引向业主方或监理方 BCS 所指定的排水系统，或由承包方建议经业主方或监理方 BCS 同意的排水系统。水流必须先通过沉淀池，以便沉淀土方施工产生的细料（干草过滤器）。在该区域进行土方施工前，必须先要修建沉淀池。

(i) Avant déblaiement　挖方施工前

Préalablement à l'exécution du déblai à proprement parler, l'Entrepreneur devra exécuter les travaux d'assainissement définitifs prévus au projet, tels que fossés de crêtes, captage des écoulements naturels, exutoires, etc.

L'Entrepreneur est par ailleurs tenu d'exécuter à sa charge les ouvrages provisoires qui sont nécessaires à la bonne exécution des travaux, tels que les raccordements des dispositifs d'écoulement sur des fossés existants et les évasements de fossé pour rétention des fines issues des terrassements.

Les bassins de décantations provisoires munis de filtre à foins sont à réaliser afin de retenir les matières en suspension et éviter l'envasement des cours d'eau (voir le souslivret B6, Environnement Paysage), ces bassins provisoires seront rémunérés par le bordereau de prix du présent marché.

Les raccordements et, plus généralement, tous les exutoires de ces ouvrages seront soumis au préalable à l'approbation du Maître d'Ouvrage.

挖方施工前，承包方必须实施设计确定的最终排水工程，如截水沟、径流水导流沟、排水系统等。

此外，承包方必须为确保工程良好施工，要自费承担临时工程的实施，如现有边沟上排水设施间的连通和为沉淀土方施工粉尘而对边沟进行扩宽。

为了拦截悬浮物和避免水流的淤塞（见 B6 分册），临时沉淀池要配备草编过滤网。这些临时沉淀池将按本合同的单价表进行计费。

通常，这些排水工程的连通和过滤池，均需事先征得业主方同意。

(ii) En cours d'exécution　**挖方施工中**

L'exécution des travaux sera conduite de telle manière que l'écoulement gravitaire longitudinal et transversal soit assuré en permanence vers les exutoires existants.

Le dévers transversal devra être maintenu à 4% au minimum pendant toute la durée des terrassements.

L'Entrepreneur exécutera, ou assurera, à ses frais et en temps utile toutes les saignées, rigoles, fossés, ouvrages provisoires et pompages éventuels nécessaires à l'évacuation des eaux hors des excavations.

Certains travaux de drainage particulier pourront être demandés par le Maître d'Ouvrage en complément des dispositifs prévus au projet, compte tenu des constatations faites sur le chantier en cours de travaux. Leur exécution sera conforme aux prescriptions du paragraphe.

Les purges et décaissements ne devront pas constituer des pièges à eau. Un drainage latéral, aboutissant à des exutoires, pourra être demandé par le Maître d'Ouvrage. Pour le décaissement éventuel des zones de transition déblai/remblai, le drainage du fond de fouille sera s-ystématique.

工程施工过程中，应保证将横向和纵向的自流水流引向现有的排水设施。

在整个土方施工过程中，横向超高至少应保持为 4%。

在需要的时候，承包方要自费承担实施在土方工程中排水所需要的各种沟渠、边沟、临时（排水）工程以及可能必须的抽水，把水排出开挖地区。

在施工过程中，根据施工现场的具体需要，业主方可能会要求增设某些特殊的排水工程，以补充设计规定的（排水）设施。这些工程的施工要符合 7.2.2.5 章节的规定。

清淤和路基开槽不应该形成水坑。业主方可能会要求设置侧向排水设施将水引向排水系统。对于挖方/填方过渡区可能需要拉槽，槽底的排水要有计划地进行。

(iii) Périodes d'arrêt　**停工期间**

En cas d'arrêt des chantiers d'une durée supérieure à 4 heures, l'Entrepreneur devra prendre toutes les dispositions pour que la pente transversale de 4% minimum au niveau de la plateforme de terrassement soit nivelée puis fermée à l'aide d'un compacteur approprié.

如果工地停工超过 4h，承包方必须采取一切措施，以使得路基表面的横坡至少达到

4%。然后进行碾压封闭。

(iv) Après déblaiement　**挖方施工后**

Une fois le déblai exécuté, l'Entrepreneur prendra toutes les dispositions nécessaires à la protection de la plate-forme via notamment .

- l'exécution du drainage définitif prévu au projet avant la mise en place de la couche de forme,

- la réalisation de fossés latéraux provisoires dont l'exécution et l'entretien sont à la charge de l'Entrepreneur.

La mise en œuvre de la couche de forme tiendra compte des contraintes liées à la présence des drains et des regards laissés en attente.

一旦挖方结束，承包方要采取一切必要的措施，对路基进行保护，尤其是：

- 在路基顶面层施工前，实施修建设计确定的最终排水系统；

- 侧向临时排水沟，其施工和维护均由承包方负责。

路基顶面层施工，必须考虑到预留检测井和设置盲沟所带来的不便。

(v) Protection contre le ravinement des talus　**防止边坡冲刷**

L'attention de l'Entrepreneur est attirée sur les risques de ravinement des talus de déblais meubles et en particulier dans les marnes altérés. En conséquence, l'Entrepreneur devra préserver les talus par la réalisation anticipée des fossés de crête, la mise en oeuvre de cordons de matériaux en crête, la mise en œuvre de la terre végétale et l'ensemencement au fur et à mesure des travaux, ...

承包方应该注意到松软土路堑边坡的冲刷，尤其是风化的泥灰岩挖方边坡，存在被冲刷的危险。因此，承包方必须在边坡顶部提前实施截水沟、顶部边缘土埂并随工程施工进度摊铺腐殖土和播种植物，以对边坡进行保护。

7.2.1.2　Arases　**土方上部找平层**

Les prescriptions applicables aux arases de déblais sont développées à l'article 12 du présent livret, auquel il est fait renvoi.

适用于路堑底面的相关规定，在本册的第 12 条中有详尽的说明。

7.2.2　Prescriptions particulières applicables à l'exécution des déblais　**挖方施工的特殊规定**

7.2.2.1　Phasage d'exécution des déblais　**挖方施工的阶段**

Partout où les conditions le permettent, l'extraction des déblais sera conduite par couches en évitant, autant que faire se peut, le mélange de matériaux de caractéristiques différentes.

如果条件允许，挖方施工应分层进行，避免将不同性质的土方材料混在一起。

7.2.2.2　Mises en dépôt provisoire　**临时堆放**

En principe, seuls les matériaux pour remplissage meuble et la terre végétale utilisée pour les recouvrements de talus, bermes et TPC devraient être mise en dépôts provisoires.

Cependant, après accord ou sur la demande de l'Ingénieur, certains dépôts provisoires d'autres matériaux de remblai pourront être réalisés.

L'épaisseur des dépôts provisoires est laissée à l'appréciation de l'Entrepreneur.

L'emplacement de ces dépôts provisoires sera arrêté d'un commun accord avec l'Ingénieur et l'Administration, choisi de préférence dans les zones disponibles ci-après:

- emprises supplémentaires en pieds de remblai,
- zones expropriées en totalité telles qu'indiquées au plan parcellaire,
- boucles des échangeurs,
- installations annexes sauf celles utiles pour le stockage des matériaux.

Les prescriptions applicables aux dépôts provisoires de matériaux sont développées à l'article 11 du présent livret. Il est rappelé ici les points suivants:

- l'assiette des dépôts provisoires devra impérativement avoir été décapée avant toute mise en dépôt, à l'exception des dépôts de terre végétale; elle devra être assainie de telle sorte que la teneur en eau des matériaux stockés évolue, si possible, favorablement et que les eaux ainsi recueillies puissent être décantées avant rejet final;

- les dépôts provisoires devront être conçus en fonction du mode de reprise, leur hauteur ne pourra pas dépasser 5mètres, ils seront compactés si le mode de reprise ou les conditions de sécurité l'exigent.

原则上，只有普通土填方材料和用于边坡，路肩和中央隔离带的腐殖土才能进行临时堆放。

但是，在工程师同意并且要求下，某些其他的填方材料也可以临时堆放。

临时堆放的场地由工程师和业主共同确定，最好是处于下面合适的区域：

- 在填方脚底部扩充的场地；
- 全部征地区域，征地方案中标明的区域；
- 互通匝道；
- 除堆放材料以外的其他附属区域。

土方材料临时存放的相关规定在本册第11条中有详细的说明。在此就以下几点作提示：

- 在堆存之前，必须将临时存料场的表层土清除干净，但存放腐殖土的情况除外。料场应该设置排水系统，以满足储存材料含水量的需要。如有可能，这些汇集的水在最后排出之前进行沉淀；

- 根据其再使用方式进行临时堆放安排，临时堆存材料高度不能超过5m。出于安全和再使用方式的要求，临时堆存要进行压实。

7.2.2.3 Mises en dépôts définitifs 永久堆放

D'une façon générale, toute mise en dépôt, même prévue au programme ou à forfait nécessitée par des circonstances imprévues devra faire l'objet d'un accord écrit de l'Ingénieur ou de l'autorité territoriale compétente.

L'Entrepreneur sera tenu de faire son affaire de toute mise de dépôt définitif, aussi bien pour la mise en dépôt définitif des sols impropres à une réutilisation en remblai que pour la mise en dépôt définitif de tout déblai excédentaire.

Les conditions d'exploitation des dépôts seront proposées à l'agrément de l'Ingénieur compte tenu des précisions suivantes:

– L'Entrepreneur devra effectuer les travaux préparatoires de déboisement des lieux de dépôts ; les broussailles et taillis seront rassemblés et brûlés sur place.

– L'Entrepreneur devra prendre à sa charge et sous sa responsabilité les mesures de sécurité prescrites par le service local d'incendie qu'il consultera à cet effet. Les arbres seront rassemblés en bordure du dépôt, mais à l'intérieur de la zone occupée et resteront propriété de l'administration,

– L'Entrepreneur devra demander l'accord de l'Ingénieur sur les hauteurs des dépôts et les pentes des talus. La surface des dépôts fera l'objet d'un réglage sommaire.

– Pour les dépôts boisés, l'Entrepreneur devra laisser en place un écran de végétation naturelle entre la limite d'emprise du projet et le dépôt sur une largeur de 25mètres au moins.

– Les dépôts seront organisés de manière à assurer l'écoulement normal des eaux.

– En fin d'exploitation, l'Entrepreneur devra procéder à un réglage des terres non utilisées, suivi du réglage de la terre végétale provenant de la découverte.

通常情况下，不管是计划中有的，还是突发情况导致的部分，所有的堆放都应该得到工程师或者是土地主管部门的书面许可。

不适合用于填方的材料和多余的挖方，承包方负责永久堆放。

堆放地的布置情况应该交给工程师审批。他应注意以下细节：

– 承包方做堆放地的砍伐树木类的准备工作，灌木和矮林要集中在现场。

– 承包方有责任到当地火灾部门咨询并制定安全防火措施，将树木集中在被占区域内堆放地的周围，作为业主的财产。

– 关于堆放的高度和边坡的坡度，承包方应该征求工程师的同意。应对堆放地表面进行简单的整理。

– 对于位于林区的堆放地，承包方应该在此项目占地的边缘和堆放地之间设置一个至少 25m 宽的自然植被带。

– 整理堆放场地，确保不积水。

– 最后，对挖掘出来的腐殖土进行整理后，承包方应着手对未被使用的地面进行整理。

7.2.2.4 Déblais humides en zone aquifère 含水区域的潮湿土方开挖

L'exécution des déblais meubles humides situés en zone aquifère peut être compliquée par des difficultés de traficabilité des engins à pneus en raison des caractéristiques portantes très médiocres de certains sols lorsqu'ils sont saturés. Les dispositions suivantes sont par conséquent à prévoir:

– mise en œuvre d'une couche de forme provisoire,

– réalisation de rabattements au moyen de tranchées drainantes profondes,

– exécution du terrassement par demi plate–forme.

Les dispositions particulières à prévoir seront proposées par l'Entrepreneur et ne seront

ado—ptées qu'après accord préalable du Maître d'Ouvrage au vu des résultats des reconnaissances réalisées et des conditions réellement rencontrées en cours de travaux.

在含水区域的潮湿软土开挖过程中，由于土壤含水量饱和致使承载力较低，轮胎机械通过困难。因此，应采取以下措施：

- 铺设临时顶面层；

- 开挖深排水沟，降低水位；

- 进行半幅路基的土方施工。

根据所进行的勘探结果和在施工过程中遇到的实际情况，承包方可向业主方提出建议，并事先征得业主方同意后采取一些特殊措施。

7.2.2.5 DEBLAIS EN FAIBLE LARGEUR (INFÉRIEUR A 2.50METRES) 窄挖方（宽度小于 2.50m）

(i) Généralités 总则

Les travaux comprennent la réalisation des déblais nécessaires pour:

- les élargissements de chaussées et/ou accotements,

- la construction d'accotements dans le cas de renforcement de chaussée,

- la construction d'épaulement de chaussée.

L'Entrepreneur devra assurer l'évacuation des eaux de ruissellement recueillies par les déblais en tranchée, en ménageant, au moins à tous les points bas, les saignées nécessaires ou éventuellement par tout autre moyen soumis à l'accord préalable de l'Ingénieur.

L'ouverture d'une tranchée, son comblement et le compactage des matériaux de comblement, devront être effectués le même jour.

Dans le cas où ces travaux ne peuvent s'effectuer le même jours, l'Entrepreneur prendra ses dispositions pour la mise en place d'une signalisation diurne et nocturne adéquate ainsi que toute mesure de sécurité et d'évacuation des eaux suite aux grandes précipitations.

Les déblais devront être exécutés de façon à réaliser des tranchées dont la paroi, coté bord de plate—forme, soit dressée verticalement.

Les tranchées seront implantées avec une tolérance de plus ou moins cinq centimètres (±5cm).

La profondeur des tranchées devra être égale à celle portée sur les profils en travers types avec les tolérances suivantes: plus ou moins trois centimètres (±3cm).

Si ces tolérances ne sont pas respectées sur certaines sections, l'Ingénieur fera exécuter les déblais complémentaires nécessaires, ou refusera de payer à l'Entrepreneur les déblais et la masse de matériaux supplémentaires de remblai.

Les parois des tranchées, côté chaussée, devront être purgées des " " poches " " de matières inconsistantes ou être rabotées sur une largeur moyenne n'excédant pas cinq (5) centimètres, sur les sections désignées par l'Ingénieur en cours de travaux.

Sauf sur les sections ou l'Ingénieur le jugera inutile, le fond des tranchées sera compacté de façon à obtenir, sur une épaisseur de vingt (20) centimètres au moins, la densité maximale compatible avec les engins de chantier sans que celle-ci puisse être inférieure à quatre-vingt-dix (90) pour cent de l'optimum proctor modifié.

为完成下列项目所必须的挖方：

－ 路面和／或者路肩的扩宽；

－ 路面加固时的路肩填筑；

－ 路面护墙的建设。

承包方应该在所有低处点设置必要的排水沟保证挖方基坑的排水或任何其他工程师同意的方法。

基坑的开挖、填充和压实应该在同一天完成。如果这些工程不能在同一天完成，承包方应采取措施设置一个昼夜相适应的信号装置以及下大雨时的安全排水措施。

基坑开挖时应使基坑壁、平台边缘修整垂直。基坑定位的允许误差是 ±5cm。基坑的深度应该与标准横断面一致，允许误差是：±3cm。如果某些段落没有满足允许误差要求，工程师将要求补充必需的挖方或者拒绝支付承包方挖方和补充填方材料的费用。

靠路面一边的基坑内壁，不得有任何不密实的材料，或者在施工过程中工程师指定的地段修整一个不超过 5cm 的宽度。

除了工程师认为不需要压实的段落，基坑底部应该使用与最大密度相适应的施工机械压实至少 20cm，压实密度不低于最大干密度的 90%。

(ii) Réception **验收**

La réception du fond de déblai sera réalisée selon les conditions suivantes:

在下列条件下对挖方的底部进行验收：

a) Réception de compacité 压实度验收

Les mesures seront effectuées sur l'axe des tranchées à raison d'un point tous les 200m au moins. Le fond sera considéré comme recevable en compacité lorsque l'ensemble des résultats de toutes les mesures seront conformes aux exigences prescrites.

Le procédé de contrôle à utiliser (Densitomètre à membrane, gamma-densimètre et éventuellement essai de plaque) sera soumis à l'agrément de l'Ingénieur.

应按照间距至少每 200m 一点，对基坑的轴线处进行检测。如果所有检测结果都符合规定的要求，则基坑底部的压实度是合格的。使用的测试手段（薄膜密度仪，核子密度仪和可能用到的 EV2 测试）应提交给工程师审批。

b) Réception en nivellement et implantation 高程和平面的验收

La vérification en nivellement et implantation sera faite tous les dix (10) mètres au minimum. Le fond de déblai sera considéré comme recevable si tous les points vérifiés satisfont aux tolérances indiquées précédemment.

应该在至少每 10m 的距离内检查平面位置和高程。如果被检查的所有点都符合前述的允许误差，挖方底部则被认为合格。

7.2.2.6 Fouilles pour décaissement de chaussées **挖除路面**

Aux raccordements des voies diverses avec le réseau actuel, les chaussées de ce réseau seront démolies jusqu'au niveau de la forme de manière à permettre la réalisation de raccordements corrects.

L'Ingénieur indiquera sur place la limite des surfaces à démolir compte tenu de la nature du raccordement.

Après démolition des chaussées, le fond de forme sera reprofilé et réglé de manière à obtenir des pentes transversales égales à 4% ; il sera compacté de façon à obtenir sur une épaisseur de trente (30) centimètres au moins, une densité égale à quatrevingt-quinze pour-cent (95%) de l'optimum proctor modifié.

Les matériaux provenant des parties de chaussées démolies seront chargés, transportés et mis en dépôt aux décharges ou réutilisés en remblai si leur qualité le permet.

与目前的道路网相连的各种道路，其路面应该拆除至路基表面，以便顺利搭接。

工程师应考虑连接的类型，现场确定要拆毁的表面界线。

拆除路面后，应将路基重新调整到一个 4% 的横坡。压实厚度至少 30cm，压实度达到 95%。

拆除路面部分产生的材料应被装走运往弃土场，如果质量适合，可用来填方。

7.2.2.7 Masques et éperons drainants –Tranchées drainantes **盲沟和堆垛排水、排水沟**

(i) Masques et éperons drainants **盲沟和堆垛排水**

Les masques et éperons drainants seront réalisés selon les indices justifiant leur mise en place tels que venues d'eau ou désordres localisés seront identifiés en cours de travaux, leur exécution sera prescrite par le Maître d'ouvrage/BCS ou soumise à son accord préalable.

La mise en œuvre de la terre végétale et la pose des géotextiles seront réalisées selon les prescriptions données respectivement dans les articles 9 et 14.3 du présent livret.

Le matériau drainant, conforme aux spécifications de l'article 6.2.5 du livret B.3, sera mis en œuvre en couche d'épaisseur compatible avec les caractéristiques de l'atelier de mise en œuvre prévu.

L'Entrepreneur proposera à l'agrément du Maître d'ouvrage le type de compacteur en précisant notamment ses dimensions et sa puissance.

La compacité des différentes couches sera testée à partir de planches d'essais à la charge de l'Entrepreneur, qui permettront d'évaluer le nombre adéquat de passes du compacteur sur chaque couche pour obtenir un module de l'essai à la plaque (LCPC) supérieur ou égal à 50MPa.

Le réglage des masques et éperons drainants sera exécuté suivant les mêmes prescriptions que celles spécifiées pour les talus des déblais dans lesquels ils sont aménagés.

盲沟和堆垛排水，将根据施工过程中确认的水源或局部水流障碍所验证的指标来进行设置，其设置将由业主方或监理方（BCS）详细说明或事先征得业主方同意。

腐殖土和土工布的铺设，应分别按照本册第 9 条和第 14.3 条规定进行。

根据第B3册第6.2.5条规定，排水材料铺设层厚度应与设计的施工作业组特性相匹配。

承包方应将拟使用的压实机类型呈报业主方审批，尤其要明确压实机的尺寸和功率。

路面各层的压实度将由承包方负责进行平板试验测定，能够对每一层的碾压次数进行评估，以便获得大于或等于 50MPa 的（LCPC）平板试验模数。

盲沟和堆垛排水的整理，将按照与路堑边坡相同的规定实施。

(ii) Tranchées drainantes **排水沟**

Les prescriptions particulières relatives aux tranchées drainantes sont données à l'article 8.2.2.3 (ii) du présent livret, auquel il est fait renvoi.

有关排水沟的特别规定，本册第 8.2.2.3 (ii) 条已作出说明，对其同样适用。

7.2.2.8 Déblais équipés de risbermes **设置护道的路堑**

Dans les déblais de hauteur supérieure à 8m, il est prévu l'aménagement de risbermes dans les talus.

Ces risbermes, seront équipées de dispositifs de collecte des eaux.

Les prescriptions particulières relatives à protection étanche des risbermes sur terrains marneux sensibles à l'eau sont données à l'article 14.4 du présent livret.

当挖方高度超过 8m 时，应预先考虑设置边坡护道。这些护道将设置集水系统。有关对水敏感的泥灰岩地面的护道防水保护特别规定，本册 14.4 条款已作说明。

7.2.2.9 Mise au profil des talus **边坡成型**

Le réglage des talus sera fait au fur et à mesure de l'avancement des travaux.

Pour suivre l'évolution des terrassements, l'Entrepreneur sera tenu de mettre en place, par tranche maximale verticale de 2m, des gabarits permettant de vérifier la conformité du profil en cours de terrassement Chaque profil sera repéré par un jalon indiquant son numéro. En cas d'absence de ces gabarits, le Maître de l'ouvrage pourra les faire implanter par un géomètre de son choix aux frais de l'Entrepreneur.

Le Maître de l'ouvrage fera reprendre l'extraction si la tolérance n'est pas respectée.

Dans le cas où un talus serait affecté de désordres liés à des conditions de stabilité insuffisantes, le Maître de l'ouvrage pourra demander sa reprise afin que la bonne tenue de l'ouvrage soit assurée.

Les déblais issus de cette reprise seront évacués en dépôt provisoire ou définitif selon leur nature.

Il pourra par ailleurs être décidé par le Maître d'ouvrage/BCS une remise au profil projeté du talus après purge des matériaux instables par remblaiement méthodique, le cas échéant, après mise en place de drainages spéciaux.

为了跟踪土方工程的进度，承包方必须配置一些以最大为 2m 的坡度尺以检测土方工程施工过程中的坡面成型是否符合要求。每段坡面都要用标桩标明编号。在没有这些坡面坡度尺的情况下业主方将请他选择的（地形）测量员进行测定，相关费用由承包方承担。

如果坡面允许误差不符合规定，业主方将要求重新进行挖方。

如果由于稳定性不足而影响坡面不规则，业主方可以要求重新进行修整，以保证工程的良好稳定性。

重新修整的挖土材料，要根据其性质堆放到临时堆料场或最终堆料场。

此外，在清除不稳固材料进行有序回填之后，可能由业主方或监理方（BCS）决定恢复坡面成型。必要时，在设置了特殊盲沟设施后进行。

7.2.2.10 Arrondi de crête de talus de déblai 挖方路段坡顶的圆弧边坡

En crête des talus de déblais pentés à 2H/1V et à 3H/2V, l'Entrepreneur procédera à l'exécution d'un profil de raccordement au terrain naturel de forme arrondie.

L'arrondi sera constitué par un arc de cercle tangent d'un côté au plan du talus et de l'autre au plan du terrain, les points de tangence étant situés à 3 (trois) m de l'intersection théorique talus–terrain, figurant sur les profils en travers d'exécution. Les tolérances d'exécution sont celles applicables aux talus de déblai.

Les matériaux issus des terrassements de l'arrondi de crête seront évacués en dépôt provisoire ou définitif ou directement mis en œuvre en remblai suivant leur nature et leur état hydrique.

在坡度为 2H/1V 和 3H/2V 的挖方路段坡顶，承包方应进行圆弧形断面施工，以利于与自然地面的衔接。

圆的部分由圆弧形组成，一边与边坡坡面相切，另一边与地面相切。切点位于边坡 – 地面的理论交点 3m 处，并在施工设计横断面图上标出。施工允许误差应符合挖方边坡允许误差的相关规定。

取自顶部圆弧部分的土方工程材料，应按照其性质和含水量，堆放在临时料场或最终堆料场，或直接用于回填工程。

7.2.2.11 Déblais pour modelés de raccordement des entrées en terre 进出口土路连接景观地形的挖方

Au niveau des entrées et sorties des tranchées de déblai qui représentent un fort enjeu paysager, le projet prévoit la réalisation d'un modelé de raccordement du talus technique au terrain naturel. Ces modelés consistent à réaliser, au moyen d'un atelier de terrassement adapté, un déblai supplémentaire visant à créer une morphologie évasée et souple assurant la transition entre le plan du talus technique et la surface du terrain naturel.Suivant leur nature et leur contenu en eau (état hydrique), les matériaux extraits lors de l'exécution de ces modelés seront évacués en dépôt provisoire ou définitif, ou directement mis en œuvre en remblai.

位于重要风景区的挖方段进出口道路，设计要考虑实施一项和自然地面的起伏相连接的景观技术边坡。这些景观地表起伏带，主要是借助适合的土方作业组，进行补充挖方工程，形成一个流畅的喇叭口形地貌外观，以保证技术边坡面和自然地面之间的协调过渡。取自这些景观地表起伏带的土方工程材料，应按照其性质和含水量，堆放在临时堆料场或最终堆料场，或直接用于回填工程。

7.2.3 Prescriptions particulières applicables à l'exécution des déblais à l'explosif **适用爆破挖方的特别规定**

7.2.3.1 Définitions **定义**

Il appartient à l'Entrepreneur de définir les déblais qui sont concernés en partie ou en quasi-totalité par une extraction à l'explosif notamment à partir des éléments mis à sa disposition dans les dossiers « Géologie – Géotechnique » et des résultats des reconnaissances complémentaires qui sont à sa charge.

根据已有的"地质－土工技术"资料，特别是承包方自费补充勘察得出的结果，由承包方确定是部分挖方，还是几乎全部挖方要采用爆破开采。

7.2.3.2 Conditions générales d'utilisation des explosifs **炸药使用的一般条件**

(i) Généralités **概述**

L'utilisation des explosifs sur le chantier est subordonnée à l'accord du Maître d'Ouvrage.

Pour utiliser les explosifs, l'Entrepreneur devra:

◆ obtenir toutes les autorisations administratives et se soumettre à la réglementation en vigueur.

◆ disposer en permanence, sur le chantier, d'un technicien spécialisé titulaire du Certificat de Préposé au Tir et dont le nom et les qualifications devront être communiqués au Maître d'Ouvrage avant tout commencement d'exécution,

－ les options suivantes seront exigées au technicien responsable de tir:

－ "mines profondes",

－ "tir électrique",

◆ "Nitrate fuel" ou bouillie chargée en vrac par gravité.

◆ dans le cas de mise en œuvre de tirs à amorçage séquentiel, le technicien devra apporter la preuve de sa qualification pour la mise en œuvre de tirs séquentiels.

在工地使用炸药必须得到业主方的同意。

为使用炸药，承包方必须：

◆ 获得所有的行政许可证，遵守现行规定；

◆ 工地现场要常设一位持有爆破工作资格证的技术人员，并必须在施工开始前，将其姓名和资质证明报业主方；

－ 对爆破技术负责人员有如下要求：

－ 深孔炮眼；

－ 电雷管爆破。

◆ "重油硝酸盐"或重力散装糊状炸药；

◆ 如果实施顺序点火爆破，那么该技术员就必须拥有实施顺序爆破的资格证明。

(ii) Responsabilités de l'Entrepreneur **承包方的责任**

L'Entrepreneur sera entièrement responsable des dégâts provoqués par les explosions, sur les constructions et ouvrages aériens ou enterrés, autour du chantier.

◆ Ces dégâts peuvent être provoqués par des projections ou chutes de matériaux, et par les vibrations transmises par l'air ou par le sol.

◆ L'Entrepreneur devra prévoir les moyens d'intervention immédiate pour dégager sans délai les matériaux qui auraient pu atteindre, exceptionnellement, les routes, bâtiments, etc.

◆ L'Entrepreneur sera tenu de payer toute indemnité éventuelle pour trouble de jouissance.

承包方要对爆破造成的损坏，无论是空中、地下，还是工地周围的建筑物和构造物的损坏都将承担全部责任。

◆ 这些损坏可能是由于碎料抛射或坠落引起的，也可能是由于气流冲击或地面震动引起的。

◆ 承包方必须预先采取紧急干预措施，尽早清除可能意外冲击到道路或建筑等的物质。

承包方必须支付因侵犯休闲设施而可能产生的赔偿。

(iii) Acquisition et stockage des explosifs　**炸药的获取和存放**

L'Entrepreneur est tenu d'obtenir avant tous travaux y compris tirs d'essai un Certificat d'acq–uisition d'explosif délivré par le Wilaya concerné. Cette autorisation devra être demandée pour les quantités d'explosifs nécessaires à l'exécution de l'ensemble des travaux de déblai et pour des quantités journalières conformes au pla–nning d'extraction établi par l'Entrepreneur. Entrepreneur doit prendre toutes les mesures dans le cas de non utilisation totale ou partiell–e des explosifs livrés pour les placer en dépôt autorisé ou les faire évacuer du chantier par le fournisseur habilité. Aucun stockage sur le site des travaux n'est autorisé dans ce cas.De plus, les détonateurs ne pourront en aucun cas être stockés dans le même lieu que les explosifs. L'Entrepreneur devra également demander si cela s'avère nécessaire une autorisation de création d'un dépôt de détonateur.

承包方在所有工程开工之前（包括试验爆破），必须获得有关省政府颁发的炸药购买证明。

该许可证必须写明整个挖方工程施工所需要的炸药量和按照承包方起草的施工计划所要求的每天需要量。

承包方要采取一切措施，保护经允许存放在现场的未使用的全部或部分炸药，或由有资格的供货商将其运出工地。未经允许，工地上不得存放任何炸药。

此外，在任何情况下，雷管都不能和炸药存放在同一地方。

如果证实有必要，承包方同样需要申请一份建造雷管存放点的许可证。

7.2.3.3　Procédure préalable aux travaux à l'explosif　**爆破工程的预先程序**

(i) Dossier d'agrément　**批准文件**

Deux mois avant l'exécution du premier tir de mine, l'Entrepreneur soumettra au Maître D'ouvrage un dossier d'agrément qui devra comprendre les pièces suivantes:

◆ les pièces mentionnées à l'article 7.3.2.2ci–avant,

◆ en cas de sous–traitance des travaux à l'explosif, un dossier de demande d'agrément technique comprenant:

– le nom, la qualification et les références du responsable,

– le permis de tir signé par le Directeur de l'Entreprise sous–traitante,

– une attestation de l'Entrepreneur sous–traitant précisant qu'il a pris connaissance du présent marché.

◆ Le Maître d'Ouvrage se réserve le droit de refuser la candidature à la sous–traitance d'une Entreprise, dont la qualification ou les moyens techniques seraient jugés insuffisants, ou se seraient montrés défaillants dans le cadre de travaux antérieurs,

◆ le phasage et un planning prévisionnel des travaux qui nécessiteront l'usage d'explosif.

在第一次爆破实施之前两个月，承包方要向业主方提交下列资料，包括：

◆ 第 7.3.2.2 条所述文件；

◆ 在分包爆破工程的情况下，需提交审批的技术文件，包括：

– 负责人的姓名、资格和资历相关资料；

– 分包企业经理签字的爆破许可证；

– 分包企业已经了解本合同的证明书。

◆ 当分包企业的资质或技术手段被证明不足，或在以前承担的工程中出现过问题时，业主方保留拒绝分包企业候选资格的权力。

需要使用炸药工程的预先计划和施工阶段。

(ii) Note technique et méthodologique   **技术和工艺说明书**

Un mois avant l'exécution du premier tir, sur chacun des déblais, l'Entrepreneur proposera au Maître d'Ouvrage un responsable des travaux à l'explosif. Ce responsable présentera au Maître d'Ouvrage une note technique et méthodologique précisant:

◆ le phasage des travaux sur plans et profils,

◆ la situation et l'orientation des fronts d'attaque,

◆ une note technique sur le calcul des plans de tir: foration, type d'explosifs, amorçage, etc...,

◆ quelques plans de tirs types décrits sous forme de fiches,

◆ la liste des matériels de foration, de chargement et de transport des explosifs,

◆ le plan du dispositif de mesure des vibrations.

Cette note technique et les plans de tirs types devront satisfaire aux prescriptions concernan–t:

◆ la granularité maximale pour le réemploi des produits d'abattage,

◆ la protection de l'environnement: projections, bruits, vibrations, conformément à l'article 2 du présent livret et au CCAP,

◆ les effets sur la circulation publique (durée des coupures, signalisation),

◆ le plan de surveillance sur les maisons riveraines.

Dans le cas où le responsable désigné de l'Entrepreneur ne parviendrait pas à justifier sa méthodologie de déroctage à l'explosif, le Maître d'Ouvrage exigera de l'Entrepreneur qu'il s'assure le concours et l'assistance d'un Ingénieur spécialiste des travaux à l'explosif, agréé par le Maître d'Ouvrage.

在每一挖方段的第一次爆破之前一个月，承包方都要向业主方推荐一位爆破工程负责人。该负责人要向业主出示一份技术和工艺说明书，该说明书要详细说明：

◆ 平面和断面工程阶段的划分；

◆ 开挖作业面的位置和方向；

◆ 有关爆破平面的计算技术说明书：钻孔、炸药类型、起爆器等；

◆ 以技术记录卡的形式标明几种标准爆破方案；

◆ 钻孔设备、炸药装载及运输设备的清单；

◆ 震动测量装置的平面图。

该技术说明书和标准爆破方案必须符合下列规定：

◆ 开采材料再利用的最大粒径；

◆ 环境的保护：抛射物、噪声、震动，都要符合专用行政条款和本册第 B2 条的相关规定；

◆ 对公共交通产生的影响（中断交通期限、信号标志）；

◆ 对沿线住房的监护计划。

当承包方指定的负责人不能够论证其爆破采石的工艺时，业主方将要求承包方保证接受业主方指定的爆破工程专业工程师提供合作和协助。

7.2.3.4　Fiche de tir　**爆破技术记录卡**

Dans le cadre de son contrôle qualité, l'Entrepreneur établira pour chaque tir les fiches suivantes :

- plan prévisionnel et plan de tir comportant notamment :

• le plan de tir côté et positionné dans l'ouvrage (prévisionnel et réalisé),

• les difficultés rencontrées à la foration et au chargement,

• les écarts éventuels qui en découlent,

- fiche de tir comportant notamment :

• le résultat des enregistrements de vibration (effectués),

• l'état du front dégagé ou des talus,

• la granularité des matériaux.

Ces plans et fiches de tir devront être signées par le chef de chantier ou le mineur responsable du tir. Ces fiches, comme les plans de tir seront disponibles en permanence sur le chantier. Une copie sera transmise systématiquement au Maître d'Ouvrage.

在其质量监督（检查）方面，承包方要对每次爆破填制下列技术记录卡：

- 预先计划和爆破计划，特别要包括：

• 在施工中标定爆破面和爆破位置（预先计划的和实际情况）；

• 打孔和装炸药时遇到的困难；

• 可能发生的偏差。

－爆破技术记录卡尤其要包括：

● 震动记录结果（已实施的）；

● 剥离开挖面或边坡面的状况；

● 材料的粒径。

这些爆破计划和记录卡必须要工地负责人或爆破负责人签字。与爆破计划一样，技术记录卡要长期留在工地使用，其副本要定期送交业主方。

7.2.3.5 Tirs d'essai 爆破试验

Préalablement à l'extraction en grande masse, par minage, des tirs d'essais seront exécutés dans chaque déblai rocheux à la charge de l'Entrepreneur, sur des volumes de 500 à 1 000m³, afin de mettre au point les plans de tirs qui répondent le mieux aux objectifs recherchés, en particulier:

－ limitation des vibrations sur les habitations riveraines selon les critères définis à l'Article 7.2.3.8ci-après,

－ détermination de la vitesse en fonction de la charge instantanée et de la distance pour calcul de plans de tirs en grande masse,

－ découpage des talus,

－ blocométrie compatible avec les destinations de réemploi des matériaux envisagées.

Au vu des résultats, le Maître d'Ouvrage acceptera le plan de tir soumis à l'essai ou demand-ra la modification et la réalisation de tirs d'essais complémentaires afin de répondre aux spéc-fications.

在使用爆破进行大方量开挖之前，承包方必须在每一石质挖方段进行方量为500~1 000m³的爆破试验，以调整爆破计划，使其更加符合已进行研究的目标，尤其是：

－根据下述第 7.2.3.8 条的规定，减小对沿线居民的震动；

－对于大方量爆破计划计算，根据瞬间荷载和抛射距离来确定速度；

－边坡表面切割样式；

－根据石料再利用计划进行有关方量的测量。

依据爆炸试验结果，业主方或接受已经进行试验的爆破计划，或要求对爆破试验进行修改，或者进行补充爆破试验，以符合规定要求。

7.2.3.6 Prescriptions particulières à l'exécution des plans de tirs 实施爆破计划的特别说明

(i) Opérations topographiques 地形测量

L'Entrepreneur procèdera aux opérations topographiques particulières suivantes:

－ levé de la plate-forme dès la fin des opérations de déblai avec des engins et avant le début des tirs,

－ levé topographique de la plate-forme ou du talus après une tranche d'abattage ou de prédécoupage et avant de passer à la passe suivante et chaque fois que cela sera nécessaire pour préciser les phasages des tirs.

Des repères fixes et hors de la zone de minage seront matérialisés sur le terrain afin de les utiliser pour effectuer les implantations des forages par le mineur.

承包方特别要进行以下的地形测量：

– 一旦机械挖方作业结束，且在爆破开始之前，要对路基进行测量；

– 在一批开挖或预裂之后并在下一道工作开始前，要对路基或边坡进行地形测绘，而且在每次需要的时候，都要进行测量，以便确定爆破的各个阶段。

要在地面上标出固定的标记，在爆破区以外也标出标记，以便爆破人员利用这些标记进行钻孔定位。

(ii) Forages et amorçage　**钻孔和引爆**

L'amorçage sera réalisé en fond de trou, avec une série complète de détonateurs à micro retards de façon à améliorer le rendement du tir:

– fragmentation des matériaux,

– réduction des vibrations.

Compte tenu des contraintes de vibration, et, corrélativement, de la limitation des charges instantanées, le nombre de trous de mines pourra être limité à un (1) trou par numéro d'amorce disponible sur le chantier.

Il est donc conseillé d'approvisionner le chantier avec une série de microretards Zéro à Vingt (0 à 20).

L'utilisation du cordeau détonant à l'air libre entre les trous de forage est formellement interdite.

Le bourrage des trous de mine sera obligatoirement réalisé avec du gravier de granularité comprise entre 2mm et 6mm, dans les cas suivants:

– trous de pré–découpage ou de post–découpage des talus,

– réduction de la hauteur de bourrage sur une hauteur inférieure à la banquette,

– dans tous les cas où la poussière de foration (cuttings) serait humide et constituée en majorité de matériaux fins 0/1mm,

– nécessité d'améliorer le rendement des tirs pour réduire le pourcentage de blocs de taille supérieure à 500mm.

L'Entrepreneur adaptera les diamètres de foration à la maille, de façon à obtenir une bonne répartition des chargements, et une hauteur du bourrage supérieur qui n'excédera pas la banquette (épaisseur de la tranche de terrain à abattre).

La coordination entre les ateliers de terrassements et de forage sera conduite pour qu'un tir ne soit exécuté que lorsque le marinage du tir précédent aura été effectué dans le cas de déblai sur la section courante.

L'Entrepreneur est tenu de contrôler à l'avancement des tirs, le suivi topographique des profils, d'informer le Maître d'Ouvrage de ces contrôles, de prendre toute disposition pour corriger les dérives éventuelles.

A tout moment le Maître d'Ouvrage pourra demander des modifications des plans de tir si les résultats obtenus ne répondent plus aux prescriptions imposées.

引爆将在钻孔底部进行，使用毫秒迟发全系列雷管，以提高爆破效率。

－ 材料破碎度；

－ 减小震动。

考虑到震动的限制及相关瞬间荷载的限制，工地上爆破孔的数量可能被限制为，每个雷管可使用一个爆破孔。

因此，建议工地采用 0 ~ 20 的毫秒迟发系列雷管。

严禁在钻孔之间使用裸露导火索。

在下列情况下，钻孔的填堵必须使用 2 ~ 6mm 的细碎石：

－ 边坡上的预裂面钻孔或后裂面钻孔；

－ 在低于开采段厚度的高度上，降低填堵高度；

－ 当钻孔粉尘需要加湿且大部分粉尘粒径为 0/1mm 时；

－ 改善爆破效率以减少块径大于 500mm 的石块所占的比例。

承包方根据网眼调整钻孔直径，以便荷载分布更加均匀和装填炸药高度不超过开采段的厚度。

爆破作业组和土方开挖组之间的协调，只有在普通挖方路段的挖方和爆破清渣已经完成后，爆破挖方才能进行。

承包方必须监督（检查）爆破的进度、跟踪地形测量断面的变化，并通知业主方已作的这些监督（检查）结果，以及采取的各种措施，以纠正可能发生的偏差。

如果已取得的结果未达到规定要求，业主方在任何时候都可以要求对爆破计划进行修改。

(iii) Charges d'explosifs **起爆荷载**

Il n'existe pas de charges instantanées contractuelles. Toutefois, l'Entrepreneur devra tenir compte des résul-tats des tirs d'essais réalisés préalablement et particulièrement des conclusions concernant les lois d'estimation prévisionnelle des charges instantanées. Ces lois et les charges instantanées qui en sont déduites, pourront être adaptées en plus ou moins, en fonction des résultats des tirs d'essais et des enregistrements effectués en cours de travaux. La nature des explosifs devra être adaptée aux critères de vibration.

L'attention de l'Entrepreneur est attirée sur la sensibilité de certaines constructions et la limitation importante des charges instantanées qui pourrait en résulter, ainsi que sur la présence d'eau dans certains déblais.

合同中对于瞬间荷载没有明确规定。但是，承包方必须考虑预先实施的爆破试验的结果，尤其要考虑预计瞬间荷载的评估法的结论意见。评估法和由评估得出的瞬间荷载，可根据试验爆破结果和施工过程中所记录的数据进行调整。

炸药的性质必须符合振动标准。

承包方要注意到一些建筑的敏感度、由此引发的瞬间荷载限制以及一些挖方区水的存在。

(iv) Projections **抛射物**

La présence des voies de circulations, des bâtiments, de réseaux aériens et enterrés nécessitera des précautions spécifiques afin d'éviter toute projection.

En fonction de la sensibilité du site, l'Entrepreneur pourra être amené à prendre les dispositi−ns suivantes:

    − orientation des fronts d'abattage,

    − couverture de la zone de tir (bouclier métallique, nappe de protection, ...),

    − creusement d'un piège à cailloux.

对于临近交通道路、房屋建筑、空中管道和地下管道应采取特殊预防措施，以避免受到各种抛射物的破坏。

根据施工地点对爆破的敏感程度，承包方应采取以下措施：

    − 控制爆破面的方向；

    − 对爆破范围进行覆盖（金属挡板、防护网等）；

    − 挖一条沟，用于截留爆破碎石。

(v) Blocométrie des matériaux extraits **开挖材料的测量**

Dans le cas général, pour permettre le réemploi des matériaux extraits par minage conformé−ment aux prescriptions de l'Article 5 du présent livret, l'Entrepreneur devra prendre toute−s les dispositions nécessaires à l'obtention de matériaux dont les plus gros blocs n'excédero−nt pas 500mm dans toutes leurs dimensions. Les blocs de plus de 500mm devront être frag−mentés sur place avant chargement en vue de leur réutilisation.Pour certains usages (ex.: remblai de substitution de PST), la dimension des plus gros éléments étant fixée à 300mm, l'Entrepreneur pourra être amené à procéder à un écrêtage des produits d'abattage.

一般情况下，根据本册第 5 条中规定，为使爆破的挖方材料得以再次利用，承包方必须采取一切必要的措施，使得所开挖材料的最大块径不超过 500mm。对于块径大于 500mm 的材料，必须在拟重新使用装运前，就地进行破碎。

对于某些情况（例如：用于土方上部的换土填方），最大材料的块径可为 300mm，承包方可对开采材料进行级配化处理。

(vi) Obtention des talus – Tirs de prédécoupage **边坡成型 – 预裂法爆破**

➤L'abattage doit être organisé avec le souci constant de la stabilité des talus à leur profil prévu.

− En section courante, lorsque la pente du talus à obtenir est inférieure à 45° sous l'horizontale, la foration et le chargement seront impérativement descendus cinquante (50) centimètres au−dessous de la surface du talus théorique afin de constituer un masque régulier de pierres brisées facilitant le réglage du talus et l'homogénéisation des matériaux.

L'Entreprise définira les hauteurs des passes de déblai en fonction de son étude de stabilité et les soumettra au visa du Maître d'Ouvrage. L'Entreprise en tiendra compte dans son phasage d'exécution.

– L'Entrepreneur doit assurer la protection des talus contre les ébranlements causés par l'abattage, par un resserrement de la maille, par l'emploi de microretards dans un ordre judicieux ou par toutes autres mesures.

– Dans le cas de tirs en grande masse, aucun forage ne doit s'approcher à moins de cinq (5) mètres des futurs talus à parement subvertical.

– Par ailleurs, dans le but d'éviter au maximum la dégradation des caractéristiques mécaniques du massif rocheux, l'Entrepreneur devra mettre en oeuvre des techniques de minage limitant au maximum les effets arrière des tir au voisinage des talus à parement subvertical et au droit des ouvrages d'art.

A cet effet, les dispositions de principe ci–après seront appliquées et validées par les tirs d'essai:

– la hauteur maximale de découpage des talus est fixée en principe à 15m, afin de limiter les déviations de forages ;

– en fonction des résultats des tirs d'essais, l'abattage à l'explosif au droit des ouvrages d'art pourra être arrêté avant l'obtention du talus projeté (conservation d'un hors–profil saillant) ; la mise au profil du talus sera alors réalisée au BRH;

– le prédécoupage en site fermé est interdit ; le prédécoupage sera réalisé après l'ouverture et le terrassement du coeur de la tranchée et avant l'abattage de la dernière banquette devant le talus, banquette dont la largeur ne sera pas inférieure à 5m.

➤Un prédécoupage sera réalisé systématiquement sur le parement définitif des talus subverticaux lorsque leur hauteur dépasse 3.50m..

– Le diamètre des forages de prédécoupage sera adapté au type d'explosif utilisé.

– L'espacement des trous de forage sera en principe de l'ordre de dix fois le diamètre de fo–ration, mais cet espacement pourra être modifié en fonction de la nature des terrains et au vu des résultats des tirs d'essais.

– La tolérance de déviation des forages est de 2cm par mètre linéaire de forage.

– Les charges seront uniformément réparties le long des forages de prédécoupage.

– Les tirs d'essai permettront de déterminer les charges les mieux adaptées à la nature de la roche en place et en particulier de choisir la technique de prédécoupage la plus appropriée.

– Il est souhaitable de procéder au prédécoupage et à l'abattage de la banquette contiguë au cours du même tir, pourvu que le timing de mise à feu des diverses charges respectent le principe de l'antériorité du prédécoupage par rapport aux tirs d'abattage.

➤Un post-découpage sera réalisé pour les talus subverticaux de hauteur inférieure à 3.50mètres. L'espacement des trous sera de 10 fois le diamètre de foration et la banquette (épaisseur de la tranche à abattre) n'excédera pas 1.20m.

Pour l'abattage de la banquette en avant des talus, la maille de foration n'excédera pas $2.50m^2$ pour les deux rangées de forage situées à l'avant du découpage de talus.

➢（爆破）开采必须始终注意设计断面边坡（将来）的稳定性。

－ 在普通路段，当要取得的边坡坡度与路面平面的角度小于 45° 时，钻孔位置和装填炸药的位置，都必须低于理论边坡表面 50cm，以使破碎石块形成一个均匀的覆盖层，便于对边坡的调整和实现材料的均质化。

承包方必须根据其稳定性研究来确定每次开挖的高度，并呈报业主方审批。同时还必须考虑其在施工阶段的稳定性。

－ 承包方应该通过对（爆破）网眼紧缩、合理地使用毫秒迟发雷管或其他各种措施，确切保护边坡，以避免因开采引起（边坡）破坏。

－ 如果进行大方量的爆破，则任何钻孔均应距离未来近似垂直表面的边坡至少 5m。

－ 此外，为了最大限度地避免对岩石块的力学性能造成破坏，承包方必须采取爆破技术措施，来最大限度地控制爆破后坐力对临近近似垂直表面边坡和构造物正面造成影响。

如果进行大方量的爆破，则因此，以下原则性措施对爆破试验既适用也有效：

－ 为限制钻孔的偏离，边坡预切割最大高度原则上为 15m；

－ 根据爆破试验结果，在构造物处，在获得设计坡度之前，用炸药开挖要停下来，（即保留一个突出的外断面）；此时，边坡断面成型要按照 BRH 规定进行。

－ 禁止在封闭的施工现场进行预裂。必须在现场已经开工、在路堑段的中心石方已经完成之后，而且在边坡前的最后一道护道（该护道宽度不得小于 5m) 开挖之前，预裂方可进行。

➢当边坡高度大于 3.50m 时，预裂应在近似垂直边坡最终表面上有规则地进行。

－ 预裂的钻孔直径，要根据炸药类型确定。

－ 原则上，钻孔之间的距离为钻孔直径的 10 倍，但是钻孔间距可以根据地质情况和试验爆破结果进行调整。

－ 钻孔的允许偏差为钻孔每延米不大于 2cm。

－ 爆炸荷载（冲击力）均顺着预裂钻孔的方向均匀分布。

－ 爆破试验能够根据现场岩石的性质确定最佳的炸药装填量，尤其是选择最佳的预裂技术。

－ 最好能在同一爆破过程中，进行预先切割的同时对相邻的护道也附带进行开挖，因为各个装药点起爆的时间，均遵守预裂先于爆破挖方的原则。

➢对于高度低于 3.5m 的近似垂直边坡应进行后裂。其钻孔之间的距离为钻孔直径的 10 倍，护道要开挖段的厚度不超过 1.2m。

对于边坡前护道的开挖，位于其切割时的两行钻孔孔眼布置不超过 2.5m²。

7.2.3.7　Contrôle des vibrations et limitation des tirs　爆破震动监督（检查）和限制

Tous les tirs seront enregistrés (vitesses particulières) et les résultats transmis au Maître d'Ouvrage.L'appareillage de contrôle comprendra notamment l'installation de géophones tridimensionn–els placés sur les fondations des constructions ou les parties d'ouvrages dont la surveillance est prévue.

所有的爆破记录和爆破结果（特别是速度）都将上报业主方。检测仪器主要包括三维地音探测仪，安置于需要进行监测的建筑物和构造物的基础之上。

(i) Installation du dispositif de contrôle des vibrations　**震动检测设备的设置**

– l'Entrepreneur proposera un laboratoire spécialisé à l'agrément du Maître d'Ouvrage,

– l'Entrepreneur prendra en charge les dispositions nécessaires pour la mise en place et le fonctionnement des installations de contrôle des vibrations.

L'Entrepreneur doit prévoir les moyens nécessaires pour un fonctionnement permanent de l'installation, à savoir:

– scellement des capteurs sur ou à proximité immédiate des fondations ou des parties d'ouvrages à instrumenter: moyens d'accès et éventuellement de fixation et protection,

– passage des câbles de protection de ceux-ci jusqu'à la valise d'enregistrement,

– local présentant des conditions de sécurité suffisantes pour la mise en service permanente de la valise d'enregistrement.

L'Entrepreneur effectuera les déplacements de capteurs dans les divers sites. Il assurera le bon fonctionnement et l'entretien du matériel pendant toute la durée des travaux.

Un repérage sur plan de tous les capteurs mis en place pendant les travaux sera réalisé par le géomètre de l'Entrepreneur dans les deux jours qui suivront l'installation.

Aucun tir de mine ne pourra être mis à feu sans que l'Entrepreneur se soit assuré du bon fonctionnement du dispositif de contrôle des vibrations.

En cas de défaillance constatée du dispositif de contrôle, il ne sera procédé à la remise à feu du tir qu'après l'accord du Maître d'Ouvrage, la fiche de tir lui ayant été remise au préalable.

Des visites périodiques, par un agent du laboratoire spécialisé du Maître d'Ouvrage, permettront:

– de vérifier le bon fonctionnement de l'installation de surveillance,

– de prendre connaissance des fiches de tir que l'Entrepreneur tiendra à sa disposition sur le chantier,

– de contrôler les opérations de chargement des volées d'abattage et vérifier la conformité avec la fiche de tir correspondante.

En cas de discordance injustifiée entre les descriptifs mentionnés sur les fiches de tir et les chargements de tir réellement effectués, le Maître d'Ouvrage pourra arrêter provisoirement les opérations de minage et retirer l'agrément d'un éventuel sous-traitant. Il en sera de mêmeen cas de dépassement des seuils absolus.

– 承包方要向业主方推荐一个专门试验室，并征得业主方同意；

– 承包方负责采取必要措施以确保震动检测仪器的安装和运行。

承包方必须采取必要的措施以保证设备的持续运行，包括：

– 传感器的固定，嵌固在待检测构造物的基础上或其附近地方，或构造物的一些部位，出入方式，必要时，固定和保护方式；

– 传感器与记录仪器箱之间的保护电缆通道；

– 保证记录仪箱持续运转的安全位置。

承包方保证传感器在不同施工地点之间的运送。并确保在整个施工期间设备的正常运行和维修。

在施工期间，承包方的测量员应在传感器安置后的两天之内，在图纸上标注安装传感器的所有地点。

只有在承包方确保震动检测设备正常运行的前提下，才能进行点火爆破。

如果检测设备出现故障，只有在事先向业主方提交爆破技术登记卡并征得业主方同意后才能进行点火爆破。

业主方专门试验室的人员将进行定期检查，包括：

– 检查检测设备是否正常运行；

– 了解承包方在工地上所使用的爆破技术登记卡的执行情况；

– 对爆破装填炸药的操作进行监督（检查），并检查是否符合相应爆破技术登记卡规定。

如果实际的爆破装填炸药操作与技术卡片上的规定有出入，业主可以要求暂时停止爆破，并收回对分包的批准书。如果超过临界绝对值也将停止爆破作业。

(ii) Critères de contrôle des vibrations　　震动监督（检查）的标准

Il s'agit de vibrations provoquées par les tirs de mines ou par l'utilisation d'engins d'extraction (brise–roche) dont l'énergie de frappe est supérieure à 2500 joules par coup

该标准涉及到因爆破产生的震动或因使用挖掘机械（如破碎锤，每次冲击超过2 500J）引起的震动。

(iii) Critères de contrôle des surpressions　　超压检查标准

D'une manière générale, afin d'éviter la gêne due aux tirs de mines, le niveau de surpression acoustique de crête devra être inférieur à 125 décibels linéaires au niveau des bâtiments industriels et des maisons d'habitations.Pour garantir le respect des limites précédentes, l'entreprise devra conduire des essais préli–minaires de manière à préciser tous les paramètres du plan de foration et de tir ainsi que les détails de la mise en oeuvre.

一般情况下，为避免爆破造成的影响，对工业建筑和居民住房的声压峰值不得超过125 线性分贝。

为了保证上述限制规定的遵照执行，承包方必须预先进行试验，以确定爆破钻孔平面的各种参数和实施细则。

7.2.3.8　Structures surveillées et seuils des vibrations admissibles　　允许的震动极限和需监测的结构

(i) Ouvrages d'art construits à proximité de déblais à l'explosif　　待爆破挖方附近的已建桥涵构造物

Les tirs de mine sont proscrits sur une longueur de 30m de part et d'autre de ces ouvrages en construction ou achevés, et l'extraction sera réalisée au moyen d'engins de déroctage de type BRH ; ces travaux seront soumis aux critères de vibrations admissibles définis dans le présent article.

– les travaux de terrassements généraux de la section courante de l'autoroute nécessitant l'emploi d'explosifs devront être effectués sur une longueur minimale de 30m de part et d'autre de l'ouvrage de franchissement avant tout début d'exécution de l'ouvrage par l'Entreprise chargée de sa construction,

– l'ensemble des prescriptions et spécifications annoncées aux Articles précédents concernant l'utilisation d'explosifs sont applicables à ces tirs,

– après achèvement des tirs, une nouvelle inspection du site et de ses abords immédiats sera réalisée dans les mêmes conditions que celles précédant les travaux,

– les tirs de mine et les travaux de déroctage qui seront exécutés à proximité de ces ouvrages achevés seront soumis aux critères de vibrations admissibles définis dans le présent article.

– Dans le cas d'ouvrages en construction, des seuils spécifiques seront proposés par l'Entreprise au Maître d'Ouvrage pour tenir compte en outre de la sensibilité des bétons jeunes.

爆破地点与在建或已完工的桥涵构造物直线距离不得小于30m，开采使用BRH型岩石挖掘机械进行。这些工程必须符合本条规定的振动标准。

– 需要进行爆破施工的高速公路的普通路段土方工程，承包方应该在所有工程开工之前，在距离桥梁构造物至少30m处进行爆破。

– 上述各条中关于使用炸药所述全部规定和技术要求，均适用于这些爆破。

– 爆破完成之后，必须对爆破地点及其周边环境，按照上述工程要求的同等条件重新进行检查。

– 在这些已完工构造物附近要实施的爆破和礁石清除必须符合本章规定的允许振动标准。

– 若属于在建构造物，考虑到新浇混凝土对震动的敏感性，承包方应向业主方提出专门建议。

(ii) Prescriptions particulières vis-à-vis des conduites du pétrole et du gaz **有关石油管道、燃气管道的特殊规定**

Pour les travaux à l'explosif à réaliser à une distance inférieure ou égale à 50m d'un gazodu-c ou oléoduc, les tirs de mines devront respecter les quantités maximales d'explosif à déterminer en coordination avec les services spécialisés de SONELGAZ et de SONATRAC,

对于需要使用爆破施工的工程，如果与燃油管道、燃气管道的距离等于或小于50m，则爆破实施所需要装填的炸药，应遵照与SONELGAZ和SONATRAC公司专职部门协调后确定的最大限量。

7.3 Contrôles　监督（检查）

7.3.1 Performances et tolérances d'exécution　施工效果及允许误差

7.3.1.1 Portance et déformabilité　承载力和变形

Les stipulations correspondantes sont développées à l'article 12 du présent livret, auquel il est fait renvoi.

相应的规定，在本册第 12 条中已作详述，同样适用此处。

7.3.1.2　Tolérances géométriques　几何测量允许误差

Les déblais seront exécutés conformément au projet d'exécution approuvé par le Maître d'O-uvrage ; ils devront respecter les tolérances ci-après:

➢En section courante:

- nivellement des fonds de forme: plus ou moins cinq centimètres (± 5cm),

- largeur de demi plate-forme: plus ou moins dix centimètres (± 10cm),

- talus en terrain meuble: plus ou moins dix centimètres (± 10cm),

- talus en terrain rocheux: plus ou moins vingt centimètres (± 20cm).

➢Au droit des ouvrages d'art:

- nivellement des fonds de forme: plus ou moins cinq centimètres (± 5cm),

- largeur de demi plate-forme: plus ou moins dix centimètres (± 10cm),

- talus en terrain meuble: plus ou moins dix centimètres (± 10cm),

- talus en terrain rocheux: plus ou moins dix centimètres (± 10cm).

挖方必须遵照业主方批准的施工计划进行；其实施允许误差如下：

➢普通路段：

-（挖方）路堑底面水平测量： ± 5cm；

- 半幅路基宽度： ± 10cm；

- 软土边坡： ± 10cm；

- 岩石边坡： ± 20cm。

➢桥梁构造物处：

- 地基底面水平测量： ± 5cm；

- 半幅路基宽度： ± 10cm；

- 软土边坡： ± 10cm；

- 岩石边坡： ± 10cm。

7.3.2　Contrôle des prescriptions　对规定的监督（检查）

7.3.2.1　Contrôles préalables　预先监督（检查）

Objet du contrôle 监督（检查）对象	Nature du contrôle 监督（检查）种类
- Mouvement des terres préalable 土方的预先调配	Interne（承包方）内部
- Mouvement des terres d'exécution, justifié par: 施工土方的调配，需从以下几个方面加以论证： • les reconnaissances préalables, 预先勘探， • la vérification et l'adaptation si nécessaire des profilsgéotechniques en long et en travers, 在必要时，进行（纵、横）工程地质断面的检查和调整， • le repérage des points particuliers. 特殊点的标定	Interne + Externe + Extérieur（承包方）内部 + 外部 +（业主外面）

Objet du contrôle 监督（检查）对象	Nature du contrôle 监督（检查）种类
– Plan d'extraction et Procédure pour: 采掘计划和程序，包括： • l'utilisation des matériaux, 材料的使用， • le réglage des talus, 边坡的调整， • les dispositifs drainants (masques, éperons), 地下排水设施（盲沟，堆垛排水）， • l'amélioration des zones de faible portance en fond de forme, 路基底面承载力较差路段的改善， • l'évacuation des eaux et le drainage. 地表排水和地下排水	Interne（承包方）内部
– Phasages et Plannings prévisionnels 阶段划分和预测计划	Interne（承包方）内部
– Documents de suivi et procédure de circulation des documents 跟踪文件和文件传递方式	Interne + Externe + Extérieur（承包方）内部 + 外部 +（业主方）外面

7.3.2.2　Contrôles en cours d'exécution　施工中的监督（检查）

Objet du contrôle 监督（检查）对象	Nature du contrôle 监督（检查）种类
Vérification de l'application des procédures et de leur conformité 执行程序和合格性的监督（检查）	Externe + Extérieur（承包方）外部 +（业主方）外面
Vérification du respect des prescriptions particulières relatives: 是否执行以下特别规定的监督（检查）： – aux niveaux de vibration, 震动水平， – aux matériaux extraits, 开挖的材料， – à l'écoulement des eaux et au drainage, 地表排水和地下排水， – à la mise en dépôt, reprise sur stock. 存放，存料再用	Interne + Externe + Extérieur（承包方）内部 + 外部 +（业主方）外面
Vérification de la stabilité des talus et suivi de leur comportement 边坡稳定性的检查及其状况的跟踪	Externe + Extérieur（承包方）外部 +（业主方）外面
Vérification de la nature des sols rencontrés 所遇土质的检查	Interne + Externe + Extérieur（承包方）内部 + 外部 +（业主方）外面

7.3.3　Réceptions　验收

7.3.3.1　Géométrie　几何测量

Nature du contrôle: externe + extérieur.

La réception sera effectuée contradictoirement sur la base d'un profil en travers à établir par l'Entreprise:

– tous les 20m pour la section courante, à raison de 10 points levés minimum par profil, dont 3 points par talus unitaire et 4 points pour la plate-forme,

– tous les 15m pour les rétablissements de communication et déviations provisoires.

Ces résultats seront communiqués au Maître d'Ouvrage pour contrôle, avant réception de l'arase des terrassements. La réception sera effectuée sur la base des profils en travers d'exécution.

Le Maître d'Ouvrage fera reprendre, sans rémunération complémentaire, les profils pour lesquels la tolérance n'est pas respectée.

监督（检查）的种类：（承包方）外部 +（业主方）外面。

根据承包方要编制的横断面图，双方到场进行验收：

– 普通路段每隔 20m 进行一次验收，每个断面至少测 10 个点，其中一侧边坡上 3 个点，路基上 4 个点；

– 修复道路和临时改道每隔 15m 进行一次验收。

这些验收结果，均应在土方整平层验收之前通报业主方。验收应根据施工设计横断面进行。

如果断面超出允许误差，业主方可要求返工，不另计报酬。

7.3.3.2 Portance et déformabilité de l'arase 土方整平层的承载力和变形性

Nature du contrôle: externe + extérieur. Les contrôles à réaliser sur l'arase sont précisés à l'article 12 du présent livret, auquel il est fait renvoi.

监督（检查）种类：（承包方）外部 +（业主方）外部

对土方整平层将实施的监督（检查），在本册第 12 条中已作说明。

7.3.3.3 Drainage et écoulement des eaux 地下排水和地表排水

Nature du contrôle: externe + extérieur. Les contrôles de réception des ouvrages de drainage et d'écoulement des eaux sont développés dans le sous–livret B3 du présent CCTP.

监督（检查）种类：（承包方）外部 +（业主方）外面

地表排水和地下排水构造物的验收，在专用技术条款第 B3 分册里已作详细说明。

7.4 Prescriptions particulières applicables à l'exécution de certains déblais 适用于某些挖方的特殊规定

L'entrepreneur devra tenir compte des contraintes listées ci–après et des délais stipulés au Livret A du CCTP pour l'établissement de son programme de travaux et dans l'élaboration de son projet de mouvement de terres.

承包方在编制施工计划和土方调配计划时，应考虑下述各种限制条件和专用技术条款 A 册中规定的期限。

7.4.1 Reprise sur stocks de matériaux 存放材料的再利用

Dans le cadre des autres marchés de travaux, des matériaux pourraient être mis en dépôts provisoires (terre végétale et déblais) dans les emprises de l'autoroute. Ces zones seront recensées en début de travaux.

Ces matériaux sont repris pour être mis en remblais ou en dépôt définitif selon leur nature ou bien pour être remis en stock provisoire s'il s'agit de terre végétale.

Il est précisé que les stocks de matériaux à reprendre devront être levés contradictoirement avant le début des travaux de reprise.

La reprise sur stock sera organisée de telle sorte que les caractéristiques des matériaux ne soient pas diminuées et ne devra pas occasionner de perturbations du drainage de l'aire de dépôt provisoire.

其他工程合同范围内的材料（腐殖土和挖方土），可能临时存放在高速公路的用地范围内，这些区域应在工程开工之前进行统计。

这些材料根据其性质可能再用于填方，也可能作永久性堆存，如果是腐殖土可再作临时堆存。

需要明确的是：这些再使用的存料，在工程再使用之前，应由双方到场测量。

存料再利用必须很好安排，以至于材料的特性不被减弱，更不能影响临时堆料场地的排水系统。

7.4.2 Déblais réservés pour l'élaboration des matériaux de couche de forme **挖方材料用于铺筑路基顶面层**

Les matériaux rocheux issus des déblais dans les formations du substratum sain seront réservés à l'élaboration des matériaux de couche de forme.

在下部岩层挖方中获取的岩石材料，将用于铺筑路基顶面层。

8.0 REMBLAI **填方**

8.1 Généralités **概述**

Sont concernés par le présent article tous les remblais de la section courante et de rétablissements de communication, déviations provisoires, des sites de stockage des matériaux de couche de forme et de granulats de chaussés et autres ouvrages (merlons, ...) à réaliser dans le cadre du présent marché.Ils seront exécutés conformément aux plans d'exécution établis par l'Entreprise et approuve par le Maître d'Ouvrage.

本条涉及本合同范围内的所有填方，包括普通路段填方、恢复道路填方、临时改道填方以及路基顶面层材料和路面碎石料堆放地和其他待实施工程的填方。

填方将根据承包方编制、业主方批准的施工图进行。

8.2 Mode d'exécution des travaux **工程施工方式**

8.2.1 Prescriptions générales applicables à l'exécution des remblais **适用于填土施工的一般规定**

8.2.1.1 Documents à produire préalablement à l'exécution **施工前要编制的文件**

Huit jours avant le début de l'exécution de chaque ouvrage en remblai (ou de chaque partie d'ouvrage complexe à préciser), l'Entrepreneur devra obligatoirement remettre un descriptif prévisionnel de constitution des remblais ("plan d'ouvrage") mentionnant la nature, la localisation, la provenance et les conditions d'utilisation et de mise en œuvre de chaque type de matériau entrant dans la construction de chaque ouvrage en remblai.Ce descriptif devra être cohérent avec le programme d'extraction des déblais, leur reconnais-sance préalable et les profils en travers d'exécution des terrassements.

在每一项填方工程（或者复杂工程的每个部分）开工之前 8 天，承包方必须要呈送一份填方工程的预先施工说明书（"工程计划"），该说明书主要包括工程性质、所在位置、每项填方工程所用材料的来源、使用和施工条件等。

这份说明书还必须与挖方开采计划、预先勘探资料以及土方施工横断面图紧密结合在一起。

8.2.1.2 Prescriptions avant remblaiement **实施填方前的规定**

(i) Principes généraux **一般原则**

L'Entrepreneur est tenu d'exécuter, à sa charge, les ouvrages provisoires qui sont nécessaires à la bonne exécution des travaux afin que les eaux ne stagnent pas sous les assiettes de remblai, dans les purges et en amont de celles-ci.

为保证良好施工，承包方必须自费实施临时排水工程。以便填方基底、清淤坑及其上方不积水。

(ii) Reconnaissances complémentaires (ii) **补充勘探**

Préalablement à la réalisation des remblais, l'Entrepreneur réalisera une campagne de reconnaissance des sols en place en assise des remblais au moyen d'une pelle mécanique travaillant jusqu'à cinq (5) mètres de profondeur.

Au niveau des franchissements de vallées alluviales, ces reconnaissances seront complétée-s par des sondages pénétrométriques destinés à préciser les conditions de portance des so-ls d'assise de remblais.

Dans les puits à la pelle mécanique, des prélèvements d'échantillons seront réalisés afin d'évaluer l'épaisseur du décapage et d'effectuer des mesures de teneurs en eau tous les 0.50mètres.

Le nombre de puits et de sondages pénétrométriques sera déterminé en accord avec le Maît-re d'Ouvrage à raison d'un puits tous les cinquante (50) mètres linéaires environ, couplé à un sondage pénétrométrique au niveau des vallées. Le matériel et le personnel seront fourni-s par l'Entrepreneur.

Ces puits et sondages devront permettre par ailleurs:

– de caler plus précisément les résultats de l'étude géotechnique,

– de déterminer la nature et l'état des terrains rencontrés, niveau par niveau, en vue de définir l'épaisseur et l'extension réelles des purges.

Les résultats de ces reconnaissances devront être connus dans un délai de trois (3) mois à compter de la notification du marché.

在进行填方施工之前，承包方要对填方底面的土壤进行现场勘探，采用挖土机挖至5m深度。

在穿越冲积谷地时，需要进行补充贯入钻探勘察，以便确定填方底面层土壤的承载力。

用挖土机挖坑取样，以确定清除表土的厚度，每0.50m进行一次含水量测试。

探井的数量和贯入钻探勘察的数量，需征得业主方同意后确定，探井一般约每50米挖一个，要与冲积谷地的贯入钻探配合。所需设备和人员均由承包方提供。

此外，这些探井和钻探的目的还有：

－进一步确定土工技术研究结果；

－进一步确定所遇地层的性质和状态，分层确定，以便确定清挖的实际厚度和范围。

这些勘探结果必须在收到合同通知书后 3 个月之内做出。

8.2.1.3 Provenance et qualité des matériaux　材料的来源和质量

Les prescriptions relatives à la provenance et à la qualité des matériaux de remblais sont données à l'article 5.1 du présent livret, auquel il est fait renvoi.

有关填方材料的来源和质量方面的规定，已在本册第 5.1 条中作出说明。

8.2.1.4 Prescriptions en cours d'exécution　施工中的规定

L'Entrepreneur devra exécuter les remblais de façon à maintenir en permanence des pentes transversales de 4% minimum.

L'Entrepreneur sera tenu d'assurer l'écoulement des eaux superficielles en bordure de plate-forme de remblai et de les conduire jusqu'aux descentes d'eau provisoires qu'il aura exécutées à ses frais.

Dans les zones où les pentes transversales et longitudinales du terrain naturel sont élevées, les remblais seront ancrés dans ce terrain par des redans ou bêches.

承包方进行填方施工时，必须保持最小横向坡度为 4%。承包方必须保证填方路基边缘径流水的畅通，并引至其自费实施的临时边坡排水沟。在自然地面横坡和纵坡都较高的区域，填方要通过挖台阶或用铲挖翻的方式，与天然地面固定在一起。

8.2.1.5 Prescriptions en période d'arrêt　停工期的规定

En cas d'arrêt de chantier de courte durée (compris entre 4 et 24 heures), et au minimum à la fin de chaque journée, l'Entrepreneur doit niveler et fermer la plate-forme de remblai, il s'assurera du bon fonctionnement des ouvrages provisoires d'écoulement des eaux, en particulier les zones en remblais de grande hauteur seront équipées de bourrelets provisoires réalisés à la lame.En cas d'arrêt des chantiers de plus longue durée (congés, pannes, intempéries), l'Entrepre-neur doit soumettre au visa du Maître d'Ouvrage /BCS les dispositions qu'il compte prendre pour maintenir en bon état les ouvrages réalisés.

当工地要作短期停工时 (4~24h 之间)，承包方至少要在每天收工时，整平和封闭填方路基，并保证地表径流水临时排水构造物的畅通，特别是高填方路段需设置临时路埂。

当工地要作较长期停工时 (休假，故障，恶劣天气)，承包方必须为保证已实施工程的良好状态，将其拟采取的措施提交业主方或监理方（BCS）批准。

8.2.1.6 Prescriptions applicables à la plate-forme terminée　适用于已完工路基的规定

Les prescriptions correspondantes sont données à l'article 12 du présent livret, auquel il est fait renvoi.Les remblais sans dispositifs latéraux de recueil des eaux, seront équipés de bourrelets provisoires dûment compactés et de descentes d'eaux également provisoires.

有关规定，已在本册第 12 条里作出说明。

没有设置侧向汇集流水设施的填方路段，要设置按规定压实的路埂和临时排水沟。

8.2.2   Préparation d'assise, redans, purges   **土方整平层的清理，台阶，清淤**

8.2.2.1   Principes généraux   **一般原则**

La préparation initiale dans les zones de remblai comprend, suivant les cas, un décapage de la terre végétale, conformément aux dispositions de l'article 6 du présent livret sauf purges particulières ou remise en état (ex.: fouilles archéologiques, déboisement).Dans les zones boisées, la désignation «terre végétale» s'applique aussi à l'humus forestier.Les trous de toutes natures et les fossés doivent être comblés jusqu'au niveau du terrain nat-urel.Les fossés existants ne doivent être comblés qu'une fois la végétation enlevée et les écoule-ments rétablis par ailleurs.

除进行特别的清除或恢复原状外（例如：考古挖掘、砍伐树木），填方路段的最初清理工作，一般要根据本册第 6 条规定清除腐殖土。

在林区，"腐殖土"也可以叫作森林腐殖土。

所有的洞穴和沟渠，均必须填堵至自然土面平齐。

现有的沟渠只有在清除植被后，并恢复水流畅通，方可填堵。

8.2.2.2   Réglage et compactage de l'assise   **土方底面整平和压实**

Les opérations de réglage et de compactage de l'assise des remblais interviendront immédia-tement après le décapage de la terre végétale, le remblaiement des purges ou l'exécution des redans d'accrochage.Les assises de remblais ainsi préparées devront présenter une densité en place au moins égale à 95% de γ OPN, et une valeur du module à la plaque (LCPC) telle que EV2 ≥ 30 MPa.L'atelier de compactage devra être adapté à la nature des matériaux à compacter, de façon à respecter la valeur du module EV2, définie ci-avant.Il pourra le cas échéant être nécessaire de recourir au compacteur pneumatique lourd.Cette sujétion est réputée incluse dans le prix unitaire du Bordereau des Prix Unitaires.

在清除腐殖土后、必须立即对填方底面进行整平和压实，例如清淤回填、实施台阶连接等。已清理的填方底面，现场密度至少等于 γ OPN 95%，平板变形模量（LCPC），EV2 ≥ 30 MPa。

碾压作业组应了解要压实材料的性质，以达到上条规定的 EV2 值。

必要时，可使用重型轮胎压路机进行碾压。

该项工序已列入单价表的单价之中。

8.2.2.3   Drainage de l'assise   **土方底面的排水**

(i) Couche drainante   **排水层**

Le contexte d'aménagement en zone inondable justifie la mise en œuvre d'une couche drain-ante en base de remblai.Ceci concerne les ouvrages élémentaires mentionnés à l'article 8.2.4.7 § (ii).

在可能被淹没的区域，填方路段需铺设一层排水层，作为填方的基础。这涉及第 8.2.4.7 条第 §（ⅱ）节有关基础工程的规定。

(ii) Tranchées drainantes   **排水盲沟**

Des tranchées drainantes transversales, longitudinales ou en épis, pourront être exécutées, soit:

– pour améliorer la stabilité des remblais sur pentes transversales,

– pour capter les sources,

– pour le rabattement de nappes dans les zones de déblai,

– pour la stabilité des talus de déblai,

– pour stabiliser l'assise de certains remblais,

– pour le drainage éventuel de l'interface entre le terrain naturel et les matériaux mis en dépôt définitif,

– pour le captage des drainages agricoles

Les zones à équiper de tranchées drainantes, seront définies par le Maître d'Ouvrage sur proposition de l'Entrepreneur au fur et à mesure de l'avancement du chantier. Les matériaux extraits seront mis en dépôt définitif ou en remblai suivant leur nature et leur état hydrique.

Selon la nature des matériaux dans lesquels seront exécutées les tranchées drainantes, un blindage éventuel des fouilles est à prévoir.

Les tranchées seront remplies de matériaux drainants dont la nature et la provenance seront conformes aux prescriptions de l'Article 5.1 du présent livret.

Les tranchées seront équipées cu non de drains en cours de travaux selon les prescriptions du Maître d'Ouvrage.

Le type de drain sera soumis à l'agrément du Maître d'Ouvrage et correspondra aux spécifications définies du présent C.C.T.P

Les prescriptions applicables aux géotextiles sont données à l'article 14.3 du présent livret auquel il est fait renvoi.

横向、纵向排水马萨纳个沟，或人字排水沟可能将因以下目的而设置：

– 为改善横向坡度上填方路段的稳定性；

– 为截住水源；

– 为降低挖方路段的地下水位；

– 为了挖方边坡的稳定性；

– 为了某些填方基础的稳定；

– 为了某些自然地面和最终弃料堆界面之间的排水；

– 为了农田排水暗沟引流。

设置排水沟的区域，应由承包方随着工程的进度提出建议，由业主方确定。所挖出的材料根据其性质和含水状态决定其用途：或做永久性堆存，或用于填方。

根据排水沟所处的路段的土质，可能要对基坑做支护。

排水（盲）沟将用排水材料回填，排水材料的性质和来源，要符合本册第5.1条的规定。

施工期间排水（盲）沟是否配置排水暗管，将根据业主方指示执行。排水盲沟的种类应征得业主方的同意，并要符合本专用技术条款确定的技术要求。

有关土工布的规定，本册第14.3条里已作说明。

8.2.2.4 Instrumentation　机具配备

Sans objet. 无说明。

8.2.2.5 Exécution des redans d'accrochage　连接台阶的实施

Afin d'assurer un bon accrochage des remblais sur pentes, l'Entrepreneur réalisera des redans préalablement à la mise en œuvre des remblais, dès que la pente du terrain naturel sera supérieure à 15%.

Pour ce faire, après décapage de l'assiette et purge éventuelle, il réalisera des redans d'une hauteur au moins égale à l'épaisseur unitaire des couches à mettre en œuvre dans la zone considérée. Les redans devront être terrassés de telle sorte que la stabilité des fouilles soit garantie à court terme et que le remblai mis en œuvre présente un encastrement horizontal minimum de 2m dans l'entaille ainsi faite.

Les produits issus de l'exécution des redans pourront suivant leur nature, soit être réutilisés dans le remblai adjacent, soit être mis en dépôt définitif.

En terrain meuble ,ces redans auront au minimum 0.20m de profondeur et seronr espacés de 0.75m.

En terrain rocheux, les redans seront exécuté par ripage ou minage, leur profondeur et leur espacement seront soumis à l'agrément de l'ingénieur.

一旦自然地面的坡度大于15%，为了保证填方在斜坡上的良好衔接，承包方应在做填方之前先做台阶。

因此，在路基底面清除表土或偶有的清淤之后，将开挖台阶，台阶高度至少等于该路段所实施各层的单层厚度。这些台阶应堆土加固，以使基坑的稳定性能得到短期保证，而且所实施的填方呈现水平嵌入，这样做好的挖槽至少 2m。

在台阶施工中所挖出的材料，依据其性质，或用于邻近的填方，或作久性堆存。

对于普通土质地面，台阶至少为 0.20m 深，间距为 0.75m。

对于石质地面，通过松土或爆破来开挖台阶。台阶的深度和间距需征得工程师的同意。

8.2.2.6 Mise en œuvre de géotextiles　铺设土工布

En fond de zone purgée, d'assise drainante ou sur prescription du Maître d'Ouvrage, l'Entrep–reneur mettra en œuvre un géotextile dont les caractéristiques et les prescriptions de pose sont décrites à l'article 15 du présent livret, auquel il est fait renvoi.

在清淤区域的底部，在排水层底部，或者根据业主方的指示，承包方应铺设土工布，土工布的特性和铺设规定，已在本册第 15 条中作了说明。

8.2.2.7 Purges et substitutions　清淤和换土

Dans certaines zones de transition remblai/déblai, ainsi que dans les zones où sont présents des sols de faibles caractéristiques portantes en assise de remblai, il sera procédé à une purge et à une substitution par des matériaux de meilleure qualité, de façon à minimiser les tassements et à augmenter les conditions de stabilité de l'ouvrage.

Les purges seront exécutées après décapage de la terre végétale.

L'Entrepreneur soumettra à l'acceptation du Maître d'Ouvrage un projet définissant les emplacements et les épaisseurs des purges. Ces éléments seront fournis en complément du projet de mouvement des terres demandé à l'article 5.4 du présent CCTP.

En cours de travaux, l'Entrepreneur alertera le Maître d'Ouvrage lorsqu'il pressentira la néce-ssité d'effectuer des purges. Sur prescription du Maître d'Ouvrage, l'Entrepreneur procédera– à leur exécution, qui ne pourra avoir lieu qu'après décapage de la terre végétale. Les matér-iaux purgés seront mis en dépôt définitif.

Les matériaux de substitution seront mis en œuvre sur un géotextile non tissé, et devront correspondre (cf. article 5.1ci–avant)

– à un matériau issu de déblais rocheux lorsque l›assise purgée est naturellement bien drainée,

– à un matériau rocheux sain insensible à l'eau lorsque l'assise purgée est située en zone mal drainée ou soumise aux fluctuations de la nappe.Le remblaiement des purges sera effectué conformément aux prescriptions des articles 8.2.3 et 8.3ci–après, et aux dispositions indiquées dans le cahier des plans types du présent dossier.

L'Entrepreneur soumettra à l'approbation du Maître d'Ouvrage les dispositions qu'il prévoit de prendre pour assurer le drainage du fond de purge.

在某些填方/挖方过渡路段，或者填方底面层承载力低的情况下，应该清除质量低下的材料，并用较高质量的材料进行替换，以减小土方的下沉并增加工程的稳定性。

清淤应在腐殖土清理之后进行。承包方应将有关清淤位置和厚度的计划呈报业主方批准。这些资料作为土方调配计划的补充，在本专用技术条款第5.4条中已有要求。

在施工过程中，当承包方发现有必要进行清淤时，他必须向业主方报告。遵照业主方指示，承包方将进行清淤，但清淤必须在清除腐殖土之后才能进行。清除出的材料将作永久性堆放。

替换材料要摊铺在非编织的土工布上，并符合下列规定（参见上述第5.1条）：

– 当被清除的底层自然排水良好时，可使用岩石挖方材料；

– 当被清除的底层排水不畅或者处在地下水位波动之中时，应使用对水不敏感的未风化岩石材料。

清淤后回填，应该按照后述第8.2.3条和第8.3条中的规定和本文标准图手册中规定执行。

承包方应将其为保证清淤底部的排水而拟采用的措施，提交业主方批准。

8.2.2.8　Bêche d'ancrage　**防滑铲**

Dans certaines zones à pente forte, où sont présents des sols de faibles caractéristiques portantes en assise de remblai, il sera procédé à bêches d'ancrage au niveau de la base du talus de remblai, moyennant une purge des mauvais sols et à une substitution par des matériaux d'enrochement, de façon à minimiser les déformations des sols d'assise et à augmenter les conditions de stabilité de l'ouvrage.

L'enrochement à utiliser sera une grave GNT 0/100mm et les spécifications sont présentées aux articles 2.4 et 3.3 du livret C.2 ainsi qu'à l'article 9 du livret B.3

Les dimensions/dimensionnement concernant les bêches d'ancrage et les spécifications techniques des matériaux nécessaires sont à présenter au dessin des Études d'Exécution: «traitement de la plateforme de la pente forte».

当位于陡坡区域的填方基底处存在承载力差的土壤时，应该在填方边坡底部设置防滑铲，通过清除不良土壤再填制防冲乱石材料的方法来减少基底的变形，增加工程的稳固性。

所使用的防冲乱石为粒径为 0/100mm 的未处理碎石（GNT），对于其规格，C.2 册的 2.4 及 3.3 条款以及 B.3 册的第 9 条款已作说明。

防滑铲的尺寸以及必要的材料技术规格需在有关"陡坡路基处理"的施工设计图纸上说明。

8.2.3　Mise en œuvre　施工

8.2.3.1　Principes généraux　一般原则

(i) Méthode du remblai excédentaire　过量填方法

Tous les remblais seront réalisés par application de la méthode dite "du remblai excédentair-e".

Les dispositions suivantes seront adoptées:

− mise en place du gabarit d'implantation du pied de talus à une distance d'un mètre plus ou moins 0.10m à l'extérieur du pied de talus théorique préalablement au commencement du remblai,

− mise en œuvre du remblai en couches élémentaires compactées jusqu'au bord du talus provisoire conformément au gabarit posé,

− réglage des talus par enlèvement des matériaux excédentaires au profil théorique ; ces matériaux excédentaires seront utilisés en remblai.

S'il s'avère que la manœuvre de récupération des remblais en excédent risque de désorgani-ser le talus (ex.: matériaux rocheux à forte granularité), les matériaux excédentaires seront alors laissés en place ; ils ne donneront pas lieu à rémunération complémentaire. Le talus se-ra alors réglé au fur et à mesure de l'avancement de la mise en remblai.

La conservation des piquets d'axe ne dispense pas l'Entrepreneur du compactage de la parti-e centrale de la plate-forme.

所有的填方都将采用"过量填方法"。

并执行下列规定：

− 在填方开始之前，在理论边坡坡脚约 1m 处（正负误差 0.1m）设置坡脚定位样板。

− 根据安放的样板进行填土，并逐层压实，一直填至临时边坡坡边上。

− 根据理论断面对边坡进行修整，去掉多余材料；这些多余的材料将再用于填方。

如果多余填方料的回收会扰乱边坡的正常施工（例如：大粒径的岩石材料），那么多余材料丢弃原地；它们不会另计酬金。边坡修整将随着填方的进度逐步进行。

保留中心线桩，承包方不得借此推卸对路基中间部分的压实。

(ii) Régalage des couches　**填方层平整**

Pour les sols comportant des éléments grossiers (classes C – D – R du GTR) et présentant des risques d'hétérogénéité granulométrique et de ségrégation, l'attention de l'Entrepreneur est attirée sur la nécessité d'obtenir un indice des vides le plus réduit possible à la mise en œuvre par arrangement des matériaux avant compactage.

Pour cela, le déchargement des matériaux à mettre en œuvre en remblai et leur régalage seront organisés de façon à obtenir un matériau aussi homogène et aussi plein que possible.

A cet effet, les matériaux seront déversés sur la couche en cours de régalage légèrement en-amont de leur emplacement définitif et régalés en sifflet, au moyen d'un engin de type bouteur ou pied dameur avec lame non considéré comme moyen de compactage.

Par contre, si l'Entrepreneur désirait modifier les modalités d'exécution des travaux arrêtées à la suite de la planche d'essais (extraction ou régalage conduisant à une granulométrie diffé-rente, engins de compactage différents, dessiccation ou humidification importante des matériaux en cours de manutention) il serait tenu de procéder, à ses frais, à une planche d'essais complémentaire.

对于含有粗颗粒成分(GTR 的 C – D – R 等级)或颗粒混杂和有颗粒离析危险的土壤，承包方要注意，在压实前对土壤（结构）进行调整，以获得尽可能小的空隙率。

为此，对将用于填方的材料的卸料和平整需要很好的组织，以获得材料的均匀性和密实性。

所以，材料卸到位于最终位置上方一点正在平整的料层上，可使用推土机或者带刀片的羊角碾平整，但并非压实。

反之，如果承包方想修改试验路段后所确定的施工方式（导致用不同级配取料或者平整，不同的压实设备，运输过程中材料的过干或过湿），承包方必须自费实施补充试验路段。

(iii) Planches d'essai et planches de référence　**试验路段和标准参照路段**

a) Planche d'essais　**试验路段**

Pour chaque classe de matériau, et notamment pour les sols traités, les sols extraits sous l'e-au et les sols secs, et dont l'utilisation et la mise en œuvre pour un emploi donné ne sont pa-s explicitement prévues par le GTR ou peuvent entraîner des difficultés ou des dérives vis-à-vis des objectifs à atteindre (notamment de déformabilité à terme), des planches d'essai devront être effectuées par l'Entrepreneur.

Elles ont pour objet de vérifier l'adéquation de la méthodologie et des moyens proposés par l'Entrepreneur avec les performances à atteindre, et, si cette adéquation n'est pas démontré-e, de fixer la méthodologie et les moyens à retenir pour l'exécution des remblais concernés et plus précisément de déterminer:

– l'épaisseur nominale des couches,

– la nature, le type et le nombre des engins (y compris engins de scarification ou d'humidification),

– le nombre de passes optimal des engins de scarification,

– la vitesse des compacteurs,

– le nombre de passes minimal et maximal de compacteur en fonction des objectifs à atteindre,

– le plan de balayage des compacteurs et leur ordre d'intervention,

– le débit horaire théorique des engins,

– les paramètres de fonctionnement des engins, à savoir:

• fréquence et amplitude des vibrations pour les compacteurs vibrants,

• charge par roue et pression des pneus pour les compacteurs à pneus.

Chaque planche d'essais sera définie et positionnée par le Maître d'Ouvrage, sa dimension sera d'au moins 300m² pour une largeur utile supérieure ou égale à 3 fois la largeur utile du compacteur.

Elle sera réalisée sur support indéformable. L'Entrepreneur doit mettre à la disposition du Maître d'Ouvrage le personnel qualifié, les matériels de réglage, de compactage nécessaires ainsi que le matériel de traitement des sols éventuel.

Le contrôle de chaque planche d'essais sera fait contradictoirement avec le Maître d'Ouvrage.

Les objectifs à atteindre sont donnés à l'article 8.2.3.2ci–après.

Vingt mesures régulièrement réparties sur l'ensemble de la planche d'essai seront réalisées pour le contrôle de ces objectifs.

对于每一个等级的材料，特别是被处治的土壤、从水下提取的土壤和干燥的土壤，其使用和施工在 GTR 中没有明确的规定，或者会引起施工的困难或偏离了已确定的目标(特别是定期变形性)，这时应由承包方负责实施试验路段。

这些试验目的是检验承包方所建议的工艺和方法与要达到结果是否一致；如果未能达成一致，就需要确定有关填方的施工工艺和方法，更确切地说，要确定以下各项：

– 各层额定厚度；

– 机械的种类、型号和数量(包括耙松机械和加湿机械)；

– 耙松机械的最佳通过遍数；

– 压路机的速度；

– 压路机要达到目标的最少或最多通过遍数；

– 压路机的清扫计划和清扫范围；

– 机械的理论小时油耗量；

– 机械的运行参数，即：

• 振动压路机的振动频率和震动幅度；

• 轮胎压路机的轮胎的压力和轮载。

每个试验路段均业主方确定，并确定具体位置，其面积至少为 $300m^2$，其有效宽度要等于或大于压路机有效宽度的 3 倍。

试验路段应设置在不变形的承重层上。承包方应向业主方提供合格的人员、必须的平整机械和压实机械，以及可能进行土壤处理的机械。

每种试验路段的监督（检查），均应有业主方双方到场。

要达到的目标，见下述第 8.2.3.2 条中规定。

将在试验路段上进行均匀分布的二十个点的测量，以监督（检查）这些目标。

b) Planche de référence　标准参照路段

Après acceptation par le Maître d'Ouvrage de l'atelier de mise en œuvre et des dispositions retenues par l'Entreprise, une planche de référence sera réalisée par l'Entrepreneur.

Cette planche de référence sera exécutée sur une zone de remblai d'au moins 100m de long en pleine section courante et reconnue contradictoirement comme mise en oeuvre suivant la règle retenue.

Chaque planche de référence aura pour objectif de définir une série de résultats qui servira de référence pour le chantier.

Les mesures réalisées en cours de chantier seront ensuite comparées à ces valeurs de référence.

La série de référence sera composée de 30mesures régulièrement réparties et devra vérifier :

97% des valeurs>γ95

où γ95 désigne la valeur de la densité inférieure ou égale à 95% des valeurs obtenues à la planche d'essai.

承包方在其施工作业组和所采取的措施征得业主同意后，将实施一个标准参照路段。

该标准参照路段，在填方路段上，要实施的长度至少为100m，该路段为双方熟知的普通路段，并按照预定的规则进行施工。

标准参照路段的目标是，确定一系列的检测结果，为施工做参照。

在随后的施工过程中所进行的测量将与参照数值进行比较。

系列参照数值将在均匀分布的 30 个点上进行测定，以便验证：

97% 的数值 >γ95

式中，γ95 表明压实度值低于或等于试验路段上获得压实度的 95%。

(iv) Contrôle journalier de chantier　**工地上每天的监督（检查）**

L'Entrepreneur devra indiquer, au moins 24 heures à l'avance, son planning d'extraction et de réutilisation, accompagné des prévisions météorologiques. Le Laboratoire de l'Entrepren−eur, sous contrôle du laboratoire du Maître d'Ouvrage, déterminera journellement la nature et l'état des sols susceptibles d'être rencontrés au cours de la journée suivante

承包方应该至少提前24h说明其开挖计划和材料再使用计划，并附上天气预报。承包方的试验室应在业主试验室的监控之下，每天确定出在下一天施工过程中可能遇到的土壤的性质和状态。

8.2.3.2 Mise en œuvre des matériaux **材料的使用**

(i) objectifs visés **计划目标**

Les objectifs fixés pour définir les épaisseurs des couches lors des planches d'essais sont les suivants:

– matériaux meubles réutilisés à l'état naturel ou traités:

• teneur en eau au compactage W: 0.90 W_{OPN}< W < 1.10 W_{OPN}

• densité du fond de couche γ_{fc}:γ_{fc}> 95% γ_{OPN}

– autres matériaux:

• les objectifs à atteindre seront définis conformément au GTR 92 fasc. II.

Les valeurs de l'énergie de compactage exprimée par le rapport Q/S (défini ci–après) et de l'épaisseur des couches élémentaires (e) doivent respecter les valeurs indiquées dans l'ann–exe 3 du fascicule 2 du CCTG, minorées systématiquement de 20% pour ce qui est du rapport Q/S.

Le paramètre Q/S est défini comme le rapport des deux quantités:

Q = volume de sol compacté pendant un temps donné (mesuré après compactage),

S = surface balayée par le compacteur pendant le même temps donné (cette surface sera calculée en multipliant la distance parcourue par le compacteur par sa largeur de compactag–e).

L'évaluation de S tiendra compte du fait qu'une partie de la distance parcourue par le compacteur pendant son évolution n'a pas d'effet utile de compactage (manoeuvre, déplacement, etc.).

e = épaisseur élémentaire des couches à obtenir après compactage.

在试验路段期间，为确定各层厚度所规定目标如下：

再使用的软土材料：是以自然状态或者需要经过处理：

• 碾压时的水含量 W: 0.90 W_{OPN}<W< 1.10 W_{OPN}

• 层底密（实）度 γ_{fc}: γ_{fc}> 95% γ_{OPN}

其他材料：

• 要达到的目标将根据 GTR 92 第 II 分册的规定确定。

压实能量值用 Q/S 表示（定义见后），各层厚度应该遵照通用技术条款（CCTG）第二分册附件 3 的规定执行，但这些数值与 Q/S 相比，被低估了 20%。

Q/S 参数，根据下列两个数量的比例来确定：

Q = 在规定时间内压实土壤的体积（压实后测得）；

S = 在同一规定时间内，被压路机碾压过的面积（该面积用压路机碾压的距离乘以其压实宽度求得）。

S 的估算必须考虑在压实过程中，压路机的碾压距离中未得到有效压实的部分（操作、移动等）。

e = 压实后得出的各层厚度。

(ii) Matériel de mise en œuvre **施工机械**

a) Agrément　批准

Seuls seront agréés par le Maître d'Ouvrage, les compacteurs disposant de dispositifs de contrôle et d'enregistrement des paramètres de compactage.

L'Entrepreneur soumettra au visa du Maître d'Ouvrage:

– la liste et les caractéristiques des engins de régalage et de compactage qui seront utilisés pour chaque atelier de mise en œuvre,

– la marque, le type et les principes de montage des compteurs totalisateurs définis à l'alinéa (iii) ci-après.

Le choix du matériel de compactage devra être adapté à la nature et à l'état des matériaux à mettre en œuvre, par référence à la liste des compacteurs figurant en annexe du fascicule II du GTR. En particulier, l'Entrepreneur devra prévoir des compactages de façon à fermer la plate-forme.Lorsque le tableau des compacteurs ne comporte aucune indication pour le compactage des sols identifiés, les types de compacteurs sont considérés inadaptés.Dans ce cas, les engins de compactage appropriés devront être proposés au Maître d'Ouvra-ge, sur la base des résultats d'une planche d'essais, à la charge de l'Entrepreneur ; les modalités de compactage seront soumises à l'agrément du Maître d'Ouvrage.

Si des variations de la qualité des sols ou des rendements étaient notées par rapport aux prévisions, l'Entrepreneur soumettra à nouveau le matériel de compactage à l'approbation du Maître d'Ouvrage.

只有装有控制装置和压实参数记录仪的压路机将得业主方的同意。

承包方需向业主方提交：

– 每一个施工作业组所使用的平整机械和压实机械的清单和技术特性。

– 加法记录器的商标、型号和安装原则，见下述第 (iii) 段中规定。

压实机械的选择应该考虑所使用材料的性质和状态，参照 GTR 第 II 分册附件中关于压路机的清单。承包方应该特别注意是，其拟进行的压实要达到封闭路基（结束路基施工）的目的。

当压路机的仪表板不能显示所碾压土壤的任何指标时，该型号的压路机将不能使用。

在这种情况下，承包方应将经试验路段测试结果验证的可使用的压实设机械呈报业主方审批。其压实方法也要征得业主方同意。

如果土壤的质量或者压实效率与预测记录有差异，承包方要就所用压实机械重新提交业主方批准。

b) Rendement horaire　小时效率

Pour chaque engin de compactage, le rendement théorique horaire sera calculé d'après la relation:

$$Rth = Q/S \times I \times V \times K$$

Rth = rendement théorique en m^3 en place par heure

Q/S = défini au 8.2.3.2 § (i) ci-avant

I = largeur de l'engin

V = vitesse moyenne d'avancement en m/heure

K = coefficient d'efficience (qui pourra varier entre 0.6 et 0.8 et à définir en fonction des engins)

Le matériel de compactage proposé par l'Entrepreneur devra être tel que le rendement théor-ique de l'atelier, comprenant un ou plusieurs engins de compactage, soit supérieur à la cad-ence d'approvisionnement horaire maximum.

Si le rendement Rth est inférieur ou égal à la cadence d'approvisionnement, le Maître d'Ouvr-age imposera à l'Entrepreneur, soit un ou plusieurs engins de compactage supplémentaires, soit une cadence d'approvisionnement inférieure.

对于每台压实设备，每小时的理论效率将通过下列公式计算：

$$R_{th} = Q/S \times I \times V \times K$$

式中　　R_{th} = 每小时现场的理论效率，按立方米计；

　　　　Q/S = 见上述第 8.2.3.2 条第 § (i) 节规定；

　　　　I = 设备的宽度；

　　　　V = 平均行进速度，m/h；

　　　　K = 有效系数（在 0.6 ~ 0.8 之间变化，随所用设备而定）。

由承包方推荐的压实设备应该符合作业组理论效率，作业组包括使用一台或数台压路机，该效率要高于每小时最大供料量进度。

如果效率 Rth 低于或者等于供料量的进度，业主方可要求承包方或者增加一台或数台压路机，或者降低供料进度。

c) Vitesses de déplacement des engins　　压路机的碾压速度

Lors des opérations de compactage, les compacteurs ne devront en aucun cas dépasser les vitesses de déplacement suivantes:

在进行碾压时，压路机在任何情况下不得超过下列规定的行进速度。

Types d'engins 机械种类	Vitesse maximale 最大速度
Rouleaux à pneus (Pi) 轮胎压路机 (Pi)	6km/h
Rouleaux vibrants (Vi) 震动压路机 (Vi)	2km/h< V <3km/h
Rouleaux à pied dameurs (SPi) 羊脚碾 (SPi)	7km/h< V <10km/h

En cas de compactage intense, la vitesse maximale des rouleaux vibrants sera limitée à 2 km/h.Dans le cas où ces vitesses seraient dépassées, les vitesses moyennes d'avancement prise-s en compte dans le calcul de la surface balayée par l'engin seront les vitesses maximales indiquées dans le tableau ci-dessus.

在快速碾压的情况下，震动压路机的最大速度不得大于 2km/h。

在超过该速度的情况下，压路机碾压面积计算中所考虑的行进平均速度即为上表所列最大速度。

(iii) Modalités de contrôle de l'intensité de compactage   **压实强度的监督（检查）方法**

L'Entrepreneur devra s'assurer en permanence du bon fonctionnement des engins de comp-actage, de la bonne répartition de l'effort de compactage à la surface de la plate-forme de mi-se en œuvre et du respect de l'épaisseur maximale des couches fixées par le GTR et les pl-anches d'essai. A cet effet, il désignera nominativement le responsable de ce contrôle dans son P.A.Q.

Chaque engin de compactage devra être équipé d'un compteur totalisateur kilométrique (co-ntrôlographe) permettant l'enregistrement en continu des distances parcourues, des horaires de marche et d'arrêt, de la vitesse (tachygraphe à enregistrement journalier), et, le cas éché-ant, de la fréquence de vibration. Ce contrôlographe doit également permettre de distinguer les différentes affectations du compacteur (compactage proprement dit, reprise,...). Le com-pteur totalisateur devra être étalonné avant le démarrage du chantier. La clé du contrôlograp-he sera remise au Maître d'Ouvrage dès l'amenée des engins sur le chantier.

En cas de défaillance d'un contrôlographe, l'Entrepreneur doit procéder à son remplacement ou sa remise en état dans un délai de vingt-quatre (24) heures à condition que la couche mi-se en œuvre durant ce laps de temps ne soit pas recouverte. A défaut, le Maître d'Ouvrage peut exiger l'immobilisation du compacteur correspondant. Pendant le délai de remplaceme-nt, le contrôle est effectué par mesures de densité mises à la charge de l'Entrepreneur.

Le carnet journalier de suivi du compactage sera tenu journellement par l'Entrepreneur. Sur chaque fiche figureront notamment:

l'emplacement de l'(des) ateliers(s) de compactage,

– le(les) matériau(x) extrait(s) pour la journée considérée (nature, état, origine, destination),

– le type, le nombre et la classe des compacteurs utilisés sur le (les) chantier(s),

– les conditions atmosphériques et d'utilisation des sols,

– les quantités Q mises en œuvre (en mètres cubes) qui seront déterminées par des levés topographiques situant chaque couche en plan et en altimétrie,

– la surface S balayée (en mètres carrés),

– les valeurs du rapport Q/S prescrites et obtenues,

– les épaisseurs (e) constatées (en mètres),

– l'(les) incident(s) survenu(s) au cours de la journée,

– une appréciation sur la régularité du compactage et du balayage et sur la vitesse d'exécution de ce compactage. le nombre de passes appliquées,

– la vitesse moyenne et le rendement horaire moyen,

– le traitement à la chaux ou aux liants s'il a été réalisé précédemment.

Les fiches journalières seront signées quotidiennement et contradictoirement par un représentant de l'Entrepreneur et du contrôle du Maître d'Ouvrage. Les disques des contrôlographe-s seront joints aux fiches correspondantes. Chaque fin de journée, l'Entrepreneur devra faire connaître et remettre au Maître d'Ouvrage:

- la fiche de suivi de compactage

- le nombre de mètres cubes de chaque nature de sol mis en remblai et compacté pour chaque engin de compactage,

- les originaux des bandes ou disques enregistrés sur chaque engin et évoqués ci-dessus.

Les compteurs totalisateurs seront étalonnés périodiquement (à titre indicatif: 1 fois par moi-s) à la demande du Maître d'Ouvrage, aux frais de l'Entrepreneur.

承包方应该保证压路机的持续良好运行、在路基表面的压实作用力的均匀分布,并遵照 GTR 和试验路段所规定的各层的最大厚度。因此,承包方要在其质量保证计划中明确指定该项监督(检查)的负责人。

每台压路机上都必须装备一台公里加法计数器(控制记录仪),这个计数器可连续记录所行进的距离、运行的时间和停止的时间、速度(每天记录的转速记录仪),以及必要时记录震动频率。这个控制记录仪同样可分辨压路机所做的不同工作(是压实或是返程)。计数器应该在工程开工之前进行校准。一旦机械进入工地,计数器的钥匙就要交到业主方的手里。

在计数器出现故障时,承包方必须进行更换或者在 24h 内修复,条件是在这段时间内不再摊铺新的材料层。否则,业主方可强制要求不得使用该压路机。在更换期间,由承包方负责进行压实度测量。

每天跟踪记录压实情况的记录本由承包方持有。每张卡片上都必须记录:

碾压作业组的位置;

- 当天提取的材料(性质、状态、来源、用途);

- 工地上所使用压路机的类型、数量、等级;

- 气候条件和土壤的使用情况;

- 所碾压的数量 Q (m^3),将通过每层平面测量和高程测量求得;

- 碾压的面积 S (m^2);

- 所规定的和要取得的 Q/S 比例值;

- 所测得的厚度 (m);

- 一天中发生的事故;

- 对压实的平整度以及压实速度进行的评估;

- 所实施的碾压遍数;

- 平均速度和平均效率;

- 如果事先进行的石灰处治和结合料处治的情况。

每天的记录卡将由承包方代表和业主方监督(检查)代表双方签字确认。记录磁盘应和相应的卡片一致。每天收工时,承包方应将下列情况告知并提交业主方:

- 碾实跟踪记录卡;

- 每种性质土壤的填方数量(m^3)和每台压路机碾压的次数;

－上述每台设备的记录带或记录盘正本。

计数器需根据业主方的要求定期校准（如：一月一次），费用由承包方支付。

(iv) Modalités de contrôle de la qualité du compactage　**压实质量的监督（检查）方式**

a) Mesure de l'énergie de compactage　压实能量的测量

La qualité du compactage sera constatée par l'intermédiaire de la mesure de l'énergie de co-mpactage dépensée, au moyen du rapport Q/S, et de l'épaisseur des couches mises en œu-vre (e) pour toutes les catégories de sols.Les résultats seront transmis quotidiennement au laboratoire du Maître d'Ouvrage, engin par engin et zone par zone, et ce, au plus tard le lendemain de l'exécution des travaux concerné-s.Le Maître d'Ouvrage se réserve la possibilité d'effectuer des contrôles inopinés (densité ou essai de plaque).

压实质量将通过所消耗的压实能量测得，并通过 Q/S 的比例和所用各类土壤实施各层的厚度进行测定。

所测结果按逐台设备、逐个施工地点每天报送业主方试验室，最晚不得晚于相关工程实施的第二天。

业主方保留进行突然监督（检查）的可能性（压实度或者平板试验）

b) Contrôle de la répartition de l'effort de compactage　压实力分布的监督（检查）

L'Entrepreneur doit s'assurer en permanence de la bonne répartition de l'effort de compacta-ge sur l'ensemble de la surface de la plate-forme de mise en œuvre, et notamment sur les　bords de talus. En cours de travaux, l'Entrepreneur vérifiera, à la demande du Maître d'Ouvr-age, l'homogénéité du compactage à l'aide de constats sur profils en travers. Le responsabl-e de ce contrôle sera désigné dans le PAQ de l'Entrepreneur.

Les prescriptions à respecter sont les suivantes:

－ sur les sols fins de classes GTR A et B, les mesures de densité devront être telles que l'écart maximum sur un même profil par rapport à la valeur moyenne ne dépasse pas 2.5 % (6mesures minimum pour un profil), la compacité devant être d'autre part toujours supérieure ou égale à 95% de l'OPN,

－ sur les sols granulaires de classes GTR C et D, la bonne répartition sera évaluée à l'aide d'essais de plaques ; les mesures devront être telles que le rapport EV2 / EV1mesuré par l'essai avec la plaque de diamètre 60cm, ne devra pas varier de plus de dix pour cent (10%) par rapport à la valeur moyenne des mesures d'un même profil.

Le Maître d'Ouvrage demandera à l'Entrepreneur, et à ses frais, des reprises de compactag-e dans les zones insuffisamment compactées, et notamment si les résultats obtenus par le　rapport Q/S sont insuffisants ou si la répartition de l'effort de compactage a été mauvaise, ou si les résultats des essais de portance ou de densité ne sont pas satisfaisants.

承包方应该保证压实力在整个路基表面持久均匀的分配，特别是在边坡的边沿上的分布。在施工期间，承包方将根据业主方的要求，通过在横断面进行检测以验证压实的均匀性。该项监督（检查）的责任人将由承包方在其质量保证计划中指定。

要遵守的规定如下：

- 在 GTR 的 A 和 B 级的细土上，密实度的测量应该达到同一断面与其平均值的最大误差不超过 2.5 %（一个断面至少测 6 个点），另一方面，压实度应该大于或者等于标准葡式最佳含水量（OPN）的 95%。

- 在 GTR 的 C 和 D 级粒状土上，将使用平板试验对是否均匀分布进行评估；通过一块直径 60cm 的承载板试验所测出的 EV2 / EV1 比值，与同一个断面上测得的平均值相比，误差不得大于 10%。

业主方可要求承包方对压实不足的区域，特别是所获得的 Q/S 比值结果不足或者压实力分布不均，或者承载力或密实度试验结果不令人满意，将自费重新进行压实。

(v) Prescriptions relatives à l'épaisseur des couches et à l'intensité de compactage **有关各层厚度和压实强度的规定**

L'Entrepreneur devra s'assurer du respect de l'épaisseur des couches fixées dans le tableau d'utilisation des compacteurs.

Les tolérances relatives aux valeurs du rapport Q/S et des épaisseurs e sont données ci-après.

➢En cas de compactage faible:

Il veillera à assurer le régalage des couches de façon à ce que l'épaisseur constatée de la couche soit toujours inférieure à la valeur prescrite. L'écart entre la plus faible et la plus forte épaisseur sur une même couche devra rester inférieur à 15% de la valeur prescrite.

L'intensité de compactage devra être égale à la valeur prescrite à + 20% près:

$$1.0 < \frac{Q/S \; effectif}{Q/S \; objectif} < 1.2$$

➢En cas de compactage intense ou moyen:

Il veillera à assurer le régalage des couches de façon à ce que l'épaisseur constatée de la couche soit toujours inférieure à la valeur prescrite.L'écart maximum entre la plus faible et la plus forte épaisseur sur une même couche devra rester inférieur à 15%.

L'intensité de compactage devra être supérieure ou égale à 1.2 fois la valeur prescrite.

$$\frac{Q/S \; effectif}{Q/S \; objectif} \geqslant 1.2$$

Le Maître d'Ouvrage pourra faire effectuer uun contrôle extérieur de l'épaisseur des couches par la méthode du pénétromètre.

承包方应保证遵守压路机使用表格中所规定的各层厚度。

有关 Q/S 比值和厚度允许误差，见下述：

➢在压实不足的情况下

要注意保证各层的平整，以使土层确认的厚度始终低于规定值。在同一土层中最大厚度与最小厚度的差异，应该低于规定值的 15%。

压实强度应该等于规定值 +20%，即：

$$1.0 < \frac{Q/S\,\text{effectif}}{Q/S\,\text{objectif}} < 1.2$$

式中　　Q/S effectif = 实际压实能量值

　　　　Q/S objecti = 目标压实能量值

➢在压实良好或者一般的情况下：

要注意保证各层的平整，以使土层确认的厚度始终低于规定值。在同一土层中最小厚度和最大厚度的差异，应该低于规定值的 15%。

压实强度应该大于或者等于规定值的 120%，即：

$$\frac{Q/S\,\text{effectif}}{Q/S\,\text{objectif}} \geqslant 1.2$$

式中　　Q/S effectif = 实际压实能量值

　　　　Q/S objectif = 目标压实能量值

业主方可以使用贯入度仪的方法来对土层的厚度进行外面监督（检查）。

8.2.4　Prescriptions particulières applicables à certains remblais　**适用于某些填方工程的特殊规定**

8.2.4.1　Risbermes et banquettes　**护道和平台**

Les talus des remblais de hauteur supérieure à 8m seront équipés de risbermes, et certains remblais seront équipés de banquettes notamment pour améliorer leurs conditions de stabili–té. Ces aménagements particuliers font partie intégrante du remblai et seront obligatoirement édifiés en même temps que le corps de l'ouvrage.

填方高度大于 8m 的边坡需要设置护道，某些填方需要设置平台，尤其是为了改善其稳定性。

这些特别的设置将成为填方的一部分，必须与工程的主体同时筑成。

8.2.4.2　Merlons　**护堤**

Les merlons seront édifiés préférentiellement avec des matériaux dont les caractéristiques sont insuffisantes pour un réemploi en remblai routier, conformément aux dispositions prévu–es à l'article 5.1 du présent livret, mais pouvant être compactés suivant les prescriptions du GTR. Concernant les merlons accolés à des remblais de l'autoroute et réalisés avec des matériaux de même nature, ils seront édifiés par couches successives et dûment compactés au fur et à mesure de la montée du remblai adjacent.

根据本册第 5.1 条规定，修筑护堤优先使用那些用于道路回填性能不足的材料，但是其压实要符合 GTR 的压实规定。

而那些与高速公路填方紧密相连的护堤，必须使用与高速公路填方性质一样的材料。并连续分层铺筑，随着临近填方的升高，逐层按照规定压实。

8.2.4.3　Remblais rasants　**铲平（调整）填方**

Dans les zones définies par le Maître d'Ouvrage, lorsque la hauteur de remblai entre l'arase et le terrain naturel décapé est inférieure à 1.00m, il est prévu soit de réaliser un décaissem–ent de manière à obtenir un remblai d'une hauteur effective de 1mètre minimum, soit de pr-océder au traitement des sols en place à la chaux.Dans le cas d'un décaissement, les matériaux de substitution devront répondre aux spécifica-tions de l'Article 5.1 du présent livret.

在业主方指定区域内，当土方整平层和清除表土的自然地面之间的填方高度低于1m 时，就必须进行拉槽，以使填方的有效高度至少等于 1m；或者用石灰对地面进行现场处理。

在进行拉槽的情况下，换土材料应符合本册第 5.1 条的技术要求。

8.2.4.4 Remblais rocheux 岩石填方

L'Entrepreneur devra prendre toutes les dispositions nécessaires pour éviter la chute de mat-ériaux en pied de remblai. Il sera entièrement responsable, notamment vis-à-vis des tiers, des dégradations que la chute de blocs rocheux pourrait occasionner lors de la mise en œuv-re du remblai.Le déchargement des déblais rocheux à réutiliser en remblai et leur régalage seront organis-és de façon à éviter toute ségrégation et à obtenir un matériau aussi homogène et aussi plei-n que possible. A cet effet, les matériaux seront mis en œuvre conformément aux spécificat-ions de l'Article 8.2.3.1 § (ii) ci-avant.En fonction des épaisseurs des couches mises en œuvre, la dimension maximale admissible des blocs ne devra pas dépasser les deux tiers de l'épaisseur de la couche. Dans tous les cas, les blocs de dimension supérieure seront fractionnés sur le lieu d'extraction.

L'épaisseur admissible des couches, l'atelier de compactage et son mode d'emploi, l'arrosage éventuel et tout autre détail de la mise en œuvre seront déterminés sur la base d'essais de compactage. Sauf dérogation faite par l'Ingénieur, les plus gros éléments ne dépasseront pas la moitié de l'épaisseur d'une couche. Le matériau constituant la couche supérieur d'un remblai ne comportera pas d'éléments supérieurs à 63mm. Le compactage sera contrôlé au moyen d'essais de plaque de 600mm de diamètre à exécuter selon DIN 18134 ou une autre norme approuvée.

Les exigences seront déterminées lors de l'exécution de l'essai de compactage.

Sauf dérogation par l'Ingénieur, les tolérances d'exécution pour les talus et la plateforme seront les mêmes que pour les remblais non rocheux.

承包方应该采取各种必要的措施，以避免（石块）滚落到填方底部。因此，在进行填方施工时，承包方应对大石块滚落，尤其是要对第三者可能造成的损害负全责。

岩石挖方在用于填方时的卸料和整平要很好的安排，以避免产生任何离析并获得均匀且尽可能密实的材料。为此，石质材料应该按照上述第 8.2.3.1 条第 § (ii) 节中技术要求实施。

根据所实施材料层的厚度，可采用的最大石块尺寸不得大于层厚的三分之二。在任何情况下，大于规定尺寸的石块应在开采地进行破碎。

每层的容许厚度、压实工作组、使用方法、可能的洒水工作以及其他施工细节都应根据压实试验来确定。

除非工程师特许，最大的粒料不能超过层厚度的二分之一。

填方上层材料不应含有粒径大于 63mm 的物质。

压实效果应该根据 DIN18134 或其他的规范通过 600mm 直径的平板试验来检查。

应在进行压实试验的过程中明确要求。

除非工程师特许，边坡与路基的施工允许误差值应该与非石质填方一致。

8.2.4.5　Remblais contigus aux ouvrages d'art　在桥梁构造物临近处的填方

Les prescriptions correspondantes sont données dans le livret C auquel il est fait renvoi.

相关规定已在 C 册中作出说明。

8.2.4.6　Remblais sur sols compressibles　可压缩土壤（软土）上的填方

Certains remblais sont à aménager sur des sols de faible portance; Pour ces remblais, l'impl-antation des entrées en terre sera déterminée et exécutée en tenant compte des tassement-s prévisionnels. Par exemple, pour une pente de talus de 3H/2V, la surlargeur à introduire se-ra égale à 1.5 fois le tassement estimé (y compris le fluage éventuel) ; pour une pente de tal-us de 2H/1V, cette surlargeur sera égale à 2 fois le tassement estimé (y compris le fluage év-entuel).

某些填方要摊铺在承载力较低的土层上；对于这些填方，填土位置的确定和实施要考虑可预见的下沉。例如，对于 3H/2V 的边坡坡度，拟采用的加宽要等于预计下沉（包括可能的蠕变）的 1.5 倍；对于 2H/1V 的边坡坡度，拟采用的加宽要等于预计下沉（包括可能的蠕变）的 2 倍。

8.2.4.7　Remblais en zone inondable et en zone humide　淹没区域和潮湿区域的填方

(i) Remblai en zone inondable　淹没区域的填方

L'exécution de ces remblais ne pourra être entreprise que lorsque les purges, dispositifs de drainage, et travaux spéciaux éventuels prévus au niveau des sols d'assise auront été réalis-és et acceptés par le Maître d'Ouvrage.Concernant le matériau à utiliser pour le remblaient dans l'eau, aussitôt que le remblai s'élèvera au-dessus de la nappe d'eau, le compactage commencera au matériel léger approprié ; les couches ultérieures seront compactées à l'aide de matériel de plus en plus lourd de manière que le compactage des couches inférieures atteigne la densité la plus haute possible.

只有在（填方）底面层已进行清淤、已设置盲沟排水设施和可能设置的特殊结构物已经完成并通过业主方验收之后，方可进行这类填方施工。

一旦填方超出了水面时，应使用合适的轻型设备开始压实，之后要压实的层将使用越来越重的设备以便让下面的填层达到尽可能高的密实度。

(ii) *Remblais en zone humide* 潮湿区域的填方

Pour les remblais à réaliser au niveau de bas fonds humides, il est prévu la mise en œuvre en base de remblais et jusqu'à 50cm au-dessus du TN, d'une couche en matériaux rocheux insensibles à l'eau, le cas échéant associée avec des tranchées

8.2.4.8　Remblais traités　处治材料填方

Les prescriptions correspondantes sont données à l'article 10 du présent livret auquel il est fait renvoi.

相应的规定，参见本册第 10 条 8.2.4.9。

8.2.4.9 Remblais sous ouvrages 结构物下面的填方

Les passages réservés, sous certains OH, pour les piétons ou les animaux seront réalisés en matériaux de remblai courant de granulométrie compatible avec les engins de compactage utilisés.

对于位于某些水利结构物下方供行人或者动物使用的通道，应采用普通级配填方材料，并需与所使用的压实机械相匹配。

8.2.4.10 Protection des talus de remblai 填方边坡的保护

L'attention de l'Entrepreneur est attirée sur les risques de ravinement des talus des remblais réalisés avec des matériaux fins et notamment des schistes et marnes altérés. En conséq–nce, l'Entrepreneur devra préserver les talus par une maîtrise des écoulements (fossés, descentes d'eau, cordons, ...), par la mise en oeuvre de la terre végétale et son ensemencemen–t au fur et à mesure des travaux.

承包方要特别注意用细料作填方时对边坡造成冲刷的危险，尤其是片岩或变质泥灰岩填方边坡上被冲刷的危险。因此，承包方应该对边坡进行保护：水流疏导（设置截水沟、急流槽、导水长条土埂等）、随着工程进度植草皮或播撒种子。

8.2.4.11 Prescriptions applicables au remblaiement des puits et excavations diverses 适用于填井和各种挖掘的规定

En cas de rencontre d'excavations, puits ou caves dans l'emprise des travaux, l'Entrepreneur devra, soit à l'explosif soit par tout autre moyen à sa convenance effondrer le toit des excavations et les remblayer par couches successives.

如果在工程红线范围内遇到挖掘坑，井和洞，承包方应该通过使用炸药或其他合适的方式催垮这些挖掘地的顶部，并且分层填筑。

8.2.4.12 Arrêt saisonnier ou de longue durée dans l'exécution des remblais 填方因季节而停工或者是长期停工

Les remblais dont l'exécution devrait être interrompue pour cause de mauvais temps ou pour toute autre raison devront, à la reprise des travaux satisfaire aux prescriptions de compacité et de portance. Dans le cas contraire, la partie supérieure du remblai sera scarifiée puis compactée lorsque les matériaux présenteront une teneur en eau compatible avec la compacité prescrite. L'attention de l'Entrepreneur est attirée sur le fait qu'il a à sa charge la protection des remblais contre l'effet des eaux de pluies et que toutes les sujétions qui découlent de l'application du présent article sont forfaitairement incluses dans ses prix unitaires.

在因恶劣天气或者是其他任何因素被中断的填方施工，在重新开工时，要满足压实度和承载力的要求。否则，填方的上层部分应该重新刨松再压实，直到填料中的含水量符合压实要求。承包方应该注意负责对填方进行防雨保护，并且本条款的附属工程都全部包含在承包价中。

8.2.4.13　Géotextile comme élément séparateur des couches de remblai　**分隔填方层的**
土工布

Cette articule comprend l'application de géotextiles, comme élément séparateur intercalé
entre de différentes couches d'un remblai, afin d'éviter la contamination ou la perte de fines,
permettant en même temps le passage de l'eau

Les caractéristiques du matériel, devront permettre la réalisation de sa fonction résistance
(sans qu'il y ai de déchirure, au cours de la mise en place du remblai sur ce matériel), ainsi que
sa fonction de filtre. C'est pour cela que les valeurs suivantes sont spécifiées:

- Le grammage du géotextile ne sera pas inférieur à 300g/m^2.
- La résistance à la traction ne sera pas inférieure à 16kN/m, mesurée dans la direction
principale où la résistance est minime.
- Déformation à la rupture, 50−80%.
- Résistance à la perforation, ne sera pas inférieur à 2700 N.
- La perméabilité vertical à l'eau pour kN/m^2 , ne sera pas inférieur à 0.5cm/s.
- Le matériel sera entassé dans des lieux couverts, et une fois mise en place, on procédera à
son recouvrement avec le remplissage, dans un délai de deux jours.
- Le géotextile sera étendu sur une surface lisse, préalablement reprofilée et libre des
éléments tranchants et piquants. Les recouvrements entre les lames ne seront pas inférieurs
à 50cm, sauf que les unions entre elles se fassent avec cousu ou soudé, dans lequel cas le dit
recouvrement pourra être réduit à 10cm.
- Le déversement de la couche supérieure, généralement de matériel granulaire, se
réalisera avec soin spécial, afin de n'endommager pas le géotextile. La circulation des camions
directement sur le tissu sera interdite. La première couche étendue aura une épaisseur supérieure
à 40cm, et ne contiendra pas des éléments de plus de 200 de grandeur.

在本条中，土工布是作为插入在一个填方的各层间进行分隔的构件，用来防止污染
或者是细料的流失，并且同时能够透水。

该材料的性能是强度性能（在填方时土工布不要被撕裂）和过滤性能。为此规定了
下列值：

- 土工布的基本重量不得低于300g/m^2；
- 在受力最大、抗拉力最小的主要方向上的抗拉强度不得低于16kN/m；
- 断裂变形 50%～80%；
- 抗穿孔强度不低于 2 700N；
- 对于 kN/m^2 单位的垂直渗水不低于 0.5cm/s；
- 土工布应被堆放在有遮盖的场地，一旦被铺设，就应在两天内在其上面进行填方；
- 土工布应被摊放在一个光滑的事先被整理好的表面，并且不带有任何锋利和尖的物
体。土工布的搭接不少于 50cm，如果是缝起来或者是焊接起来的，搭接是 10cm；
- 铺上层的材料通常是骨料，应该特别小心，以避免损坏土工布，禁止直接在土工布

上面行车。第一层铺设厚度要大于 40cm，并且不包含超过 200mm 的骨料。

8.3 Contrôles 监督（检查）

8.3.1 Performances et tolérances d'exécution 施工特性和允许误差

8.3.1.1 Portance et déformabilité 承载力和变形性

Les prescriptions correspondantes sont données à l'article 12 auquel il est fait renvoi. L'Entreprise procédera au contrôle du compactage par mesure du module de déformation selon la norme NFP 94–117–1 (modules EV1 et EV2) ou par mesure de la densité sèche au gammadensimètre.Les valeurs requises sont les suivantes:

相应规定，参见本册第 12 条说明。承包方根据法国标准 NF P 94–117–1 规定（模数 EV1 和 EV2），通过测量变形模数或者用 γ 射线密度计测量干密度来对压实进行监督（检查）。规定数值如下：

Partie d'ouvrage concernée 有关部分工程	Densité sèche γdγd 干密度		Essai de plaque 平板试验		Déflexions 弯沉
	γdmoy (*)	γdfc (*)	EV2	EV2 / EV1	d (1/100mm)
PST (article 12) 土方上部（第 12 条）	≥97% γdOPN	≥95% γdOPN	≥ 50MPa	< 2.0	≤ 250
Corps de remblai 填方体	≥95% γdOPN	≥92% γdOPN	≥ 50MPa	< 2.0	≤ 250
Substitution de purge 清淤换料层	≥95% γdOPN	≥92% γdOPN	≥ 50MPa	< 2.0	≤ 200
Assise de remblai 填方底面层	≥90% γdOPN	–	≥ 30MPa	< 2.2	≤ 400

(*) γdmoy: densité sèche moyenne sur l'ensemble de la couche. 在整层上的平均干密度。
γdfc: densité sèche en fond de couche (8cm inférieurs). （填方）底面层 (8cm 以下处) 的干密度。

Dans le cas où le contrôle du compactage s'effectuera au moyen d'essais de plaque (diamètre 300mm ou éventuellement 600mm,) ceux–ci devront–être exécutés selon DIN 18134 ou une autre norme approuvée. On procédera d'abord à l'établissement des valeurs de référence (relation entre la densité et le module de déformation).

Le module de déformation E2 dépend de l'épaisseur de la couche à examiner, de la portance de son assise et du diamètre de la plaque.

La fréquence des essais sera au moins la suivante:

- PST: 1tous les 200m^2
- Forme de terrassement: 1tous les 250m^2
- Corps de remblai: 1tous les 500m^2
- Substitution de purge: 1tous les 250m^2
- Assise de remblai: 1tous les 500m^2

当用平板试验（300mm 直径或有可能是 600mm 直径）来检查压实效果时，该试验应该根据 DIN18134 或其他被批准的规范来操作。首先应该设置参考值（密度和变形模数之间的关系）。

变形模数 E2 取决于需检查的层的厚度，基底承载力，以及平板直径。

试验的次数至少等于：

- 土方上部：200m²/次
- 土方顶面层：250m²/次
- 填方体：500m²/次
- 清淤换料层：250m²/次
- 填方底面层：500m²/次

8.3.1.2　Tolérances géométriques　几何特性允许误差

La géométrie des remblais sera contrôlée à chaque profil en travers et devra respecter les tolérances ci−après:

- forme après décapage:
- profil: plus ou moins dix centimètres (± 10cm),
- pente transversale: plus ou moins deux pour cent (± 2%),
- profil sous couche de forme:
- plus ou moins quatre centimètres (± 4cm),
- pente transversale sous couche de forme:
- plus ou moins un pour cent (± 1%),
- talus avant revêtement de terre végétale:
- de zéro à plus quinze centimètres (− 0cm, + 15cm),
- talus à ne pas revêtir de terre végétale:

de zéro à plus dix centimètres (− 0cm, + 10cm).

填方的几何特性将在每个横断面上进行监督（检查），其允许误差如下：

- 清除表土后的形状：
- 断面：±10cm,
- 横坡：±2%,
- 路基顶面层下的断面：
- ±4cm,
- 路基顶面层下的横坡：
- ±1%,
- 摊铺腐殖土前的边坡：
- 0～15cm (− 0cm, + 15cm),
- 不摊铺腐殖土的边坡：

0～10cm (− 0cm, + 10cm)。

8.3.2 Contrôle des prescriptions 规定的监督（检查）

8.3.2.1 Contrôles préalables 规定的监督（检查）

Objet du contrôle 监督（检查）目标	Nature du contrôle 监督（检查）种类
– Descriptif prévisionnel de constitution des remblais: 路基填方构成的预先说明 • Sol support, corps de remblai, arase, etc ... 承重土、填方体、整平层等 • Vérification de la cohérence avec le mouvement des terres d'exécution. 进行施工土方调配的协调检查 .	Interne + Externe + Extérieur（承包方）内部 + 外部 +（业主方）外面
– Méthodologie, procédures et moyens d'exécution: 施工工艺、方法和手段： • Grilles de décision. 决议记录表	Interne + Externe（承包方）内部 + 外部
– Dispositions particulières: 特别规定： • Protection contre les eaux. • Accès. 防水保护 • Traficabilité. 进出道路 . 交通	Interne（承包方）内部
– Contrôle: 监督（检查）： • Planches d'essais et de référence. 试验路段和标准参照路段 . • Plan de contrôle. 监督（检查）：监督（检查）计划	Interne + Externe + Extérieur 承包方）内部 + 外部 +（业主方）外面
– Représentativité de la classification GTR des matériaux 材料的 GTR 分类代表性	Externe + Extérieur（承包方）外部 +（业主方）外面
– Documents de suivi et procédure de circulation des documents 跟踪文件和文件的传递程序	Interne + Externe + Extérieur 承包方）内部 + 外部 +（业主方）外面

Dernière couche du corps de remblai sous la PST. PST 下面填方体最上层。

8.3.2.2 Contrôles en cours d'exécution 施工中的监督（检查）

Objet du contrôle 监督（检查）目标	Nature du contrôle 监督（检查）种类
– Vérification de la bonne application de la méthodologie des procédures et du respect des dispositions particulières. 检查工艺、程序是否执行良好、特别规定是否得到遵守	Externe + Extérieur（承包方）外部 +（业主方）外面
– Planning d'exécution recalé – phasage des travaux. 施工计划是否修正 – 施工阶段	Interne + Extérieur（承包方）内部 +（业主方）外面
– Epure de constitution de l'ouvrage en remblai réalisé, levé des interfaces des différentes familles ou horizons de matériaux constituant l' ouvrage. 已完填方组成工程的详图，不同系列界面的测量或工程组成材料的范围	Interne + Externe + Extérieur（承包方）内部 + 外部 +（业主方）外面
– Stabilité et comportement des talus et du sol support 边坡和底层土壤的稳定性和性能	Externe + Extérieur（承包方）外部 +（业主方）外面
– Efficacité des drainages et compléments éventuels 盲沟排水效果和可能的补充排水设施	Externe + Extérieur （承包方）外部 +（业主方）外面

8.3.3 Réceptions 验收

8.3.3.1 Géométrie 几何特性

Nature du contrôle: Externe + Extérieur

Les contrôles à effectuer sur la géométrie sont précisés à l'article 7.3.3.1 du présent livret auquel il est fait renvoi.

监督（检查）种类：（承包方）外部＋（业主方）外面。

对几何特性要做的监督（检查），在本册第 7.3.3.1 条已作说明。

8.3.3.2　Portance et déformabilité de l'arase　路基顶面层的承载力和变形性

Nature du contrôle: Externe + Extérieur

Les contrôles à réaliser sur l'arase sont précisés à l'article 12 du présent livret, auquel il est fait renvoi.

监督（检查）种类：（承包方）外部＋（业主方）外面

对路基顶面层要做的监督（检查），已在本册第 12 条中作出说明。

8.3.3.3　Drainage et écoulement des eaux　地下排水和地表排水

Nature du contrôle: Externe + Extérieur

Les contrôles de réception des ouvrages de drainage et d'écoulement des eaux sont développés dans le présent CCTP.

监督（检查）种类：（承包方）外部＋（业主方）外面

对地下排水和地表排水构造物验收的监督（检查），在本专用技术条款已作说明。

8.3.4　Matériaux　材料

Nature du contrôle: Externe + Extérieur

Les vérifications porteront sur les paramètres suivants:

- Densité-compacité,
- Représentativité de la classification GTR du matériau,
- Homogénéité,
- Zone d'emploi du matériau en fonction de sa nature,
- O/D granulométrie,
- Caractéristiques mécaniques obtenues.

监督（检查）种类：（承包方）外部＋（业主方）外面

检查涉及下列各参数：

- 密度－压实度；
- 材料 GTR 分类的代表性；
- 均质性；
- 材料随其性质的使用范围；
- 颗粒级配；
- 所获得的机械性能。

9.0　MISE EN OEUVRE DE LA TERRE VEGETALE　摊铺腐殖土

9.1　Généralités　概述

Les prescriptions relatives à la provenance de la terre végétale sont données à l'article5.1 du présent Livret, auquel il est fait renvoi.L'exploitation des dépôts provisoires de terre végétale sera faite conformément à l'article 11.1 du présent Livret. A la fin de l'exploitation des dépôts, les éventuelles terres restante–s seront regroupées en tas de volume facile à mesurer.La terre végétale sera mise en oeuvre sur:

有关腐殖土来源的规定，在本册第 5.1 条中已作说明。

使用临时堆存的腐殖土，遵照本册第 11.1 中的规定执行。在使用结束后，可能剩下的腐殖土要重新堆成堆，以便于测量体积。腐殖土将摊铺于：

* tous les talus de remblai et les talus de déblais de pente ⩽ 34° de l'autoroute et de ses annexes selon les précisions apportées en cours de travaux par le Maître d'Ouvrage, 根据施工期间业主方的决定，在高速公路和其附属道路的所有小于或等于 34° 的填方边坡和挖方边坡	sur 0.20m d'épaisseur 厚度 0.20m
* tous les talus de remblai et de déblai des rétablissements de communication, à l'exception des déviations provisoires, 所有修复道路的填方边坡和挖方边坡，临时改道除外	sur 0.20m d'épaisseur 厚度 0.20m
* les modelés et merlons, 地表景观和护堤	sur 0.20m d'épaisseur 厚度 0.20m

– les dépôts définitifs sur une épaisseur minimale de 0.30m,

– les chaussées délaissées à remettre en culture et ce sur une épaisseur de 0.40m correspondant à l'assiette de la chaussée démolie qui a été préalablement évacuée en dépôt définitif,

– les talus extérieurs des bassins et des fossés végétalisés,

– les zones prescrites par le Maître d'Ouvrage au cours de l'exécution des travaux et selon des épaisseurs de 0.20m ou 0.30m,

– les zones d'installations de chantiers, pistes, etc. à remettre en état,

– l'accotement des rétablissements de communications.

Chaque talus concerné par une opération de revêtement en terre végétale devra être préala-blement réceptionné par le Maître d'Ouvrage avant tout début d'opération de mise en oeuvre de terre végétale.

– 在永久性堆放土堆上摊铺的腐殖土最小厚度 0.30m；

– 在要恢复耕种的废弃路面上需摊铺 0.40m 的厚度，并与已拆除旧路底面的规定相符，在底面上的永久弃土堆已预先清除；

– 集水池和种草边沟的外侧边坡；

– 在工程施工期间，由业主方指定的区域，其厚度根据不同情况，分别为 0.20m 或者 0.30m；

– 要恢复原状的建点区域、便道等；

– 恢复交通道路的路肩。

在进行腐殖土摊铺之前，应该由业主方预先对要摊铺腐殖土的边坡进行验收。

9.2　Mode d'exécution des travaux　工程施工方式

9.2.1　Prescriptions générales　一般规定

La terre végétale à exploiter devra être totalement ressuyée. Toutes les opérations devront impérativement être réalisées par temps sec. La terre qui présentera un état plastique marqu–é ne sera pas mise en œuvre. Elle ne devra pas adhérer naturellement aux outils. Par ailleu–rs, la terre ne devra pas être mise en œuvre tant que la surface du stock et/ou de la zone à traiter sera recouverte de neige.

Si un épisode pluvieux ou neigeux intervenait en cours d'opération entraînant l'apparition d'u–n état défavorable de la terre (voir ci–dessus), les travaux seraient momentanément suspendus jusqu'à ressuyage total du matériau.

La terre végétale sera déstockée à la pelle mécanique ou au chargeur. Aucun engin ne devr–a rouler sur le stock.

Sur les talus, la terre végétale sera mise en place à la pelle mécanique sans provoquer de tassement du matériau. On évitera notamment de lisser exagérément la surface du terrain avec l'envers du godet.

En cas d'accrochage insuffisant de la terre végétale sur les talus, la préparation des surface–s à revêtir et la mise en oeuvre de la terre seront réalisées au bouteur à chenille large dans le sens de la pente, perpendiculaire à l'axe de la voie.

要开采的腐殖土应该完全晾干。所有开采作业必须在干燥天气里进行，有明显塑性状态的土不能使用。土壤不能自然地粘在工具上。此外，只要堆存料表面和／或待处理区域覆盖积雪，将不能进行土料摊铺施工。

如果在实施过程中出现雨雪天气，以至出现地面不利状况（见上所述），施工将暂时停止，直到材料完全干燥。

腐殖土将用挖土机或装载机从料堆装运，任何机械均不得在料堆上行走。

在边坡上，腐殖土将用挖土机摊铺就位，不得发生料下沉。尤其要避免用铲斗的背面过多地推刮土壤的表面。

在边坡上的腐殖土尚未充分粘实的情况下，待覆盖表面的清理和腐殖土的施工，将使用宽履带推土机顺着坡度的方向、垂直于道路轴线进行摊铺。

9.2.2　Mise en œuvre　（摊铺）施工

Le répandage sur des ouvrages linéaire (accotements, bermes) sera assuré par déverseme––nt des camions soit en tas répartis linéairement (avec reprise et mise en œuvre à la pelle mécanique), soit dans le tapis alimentateur latéral d'engin de type " Spreader " (assurant la mi–se en œuvre grossièrement, avec réglage fin à la pelle mécanique).

La mise en œuvre de la terre végétale sera menée de la façon suivante:

– avant d'être répandue, la terre végétale devra être purgée des pierres, branches, racines,

– le répandage de la terre végétale sera exécuté avant mise en œuvre du béton bitumineux sur des voies rétablies,

– les ouvrages d'assainissement seront par contre réalisés avant la mise en œuvre de la terre végétale,

– l'Entrepreneur prendra soin de respecter les pentes transversales et longitudinales prescrites de manière à assurer l'écoulement des eaux superficielles,

– les raccordements avec la terre végétale des talus seront exécutés de façon à ce qu'aucun redans ni aucune cassure ne subsiste,

– l'Entrepreneur prendra soin de n'apporter aucune salissure à la couche de forme et aux chaussées. Si cela devait se produire, il devra procéder à leur élimination après réglage de la terre végétale, par lavage et balayage ou utilisation d'une aspiratrice suivant le degré de salissure,

– les tolérances de mise en œuvre en altimétrie sont les suivantes: – 0.02m, + 0.06m.

Les contrôles de conformité, essentiellement visuels, seront assurés par l'Entrepreneur dans le cadre de son contrôle intérieur. Si la mise en œuvre de la terre végétale ne respecte pas les prescriptions précédentes, le Maître d'Ouvrage prescrira l'enlèvement et la mise en déch–arge des produits incriminés, à la charge et aux frais de l'Entrepreneur.

Des contrôles inopinés seront effectués par le Maître d'Ouvrage, et l'Entrepreneur sera tenu de mettre en permanence à sa disposition les gabarits nécessaires à la vérification des profil–s théoriques.

在线状结构物（路肩、护道）上的摊铺，应由卡车呈线状小堆均匀卸料（再用挖土机摊开），或者卡车直接卸入摊铺机侧向传送带中再进行摊铺（先粗略摊铺，再用挖土机作精细调整）。

腐殖土摊铺将依照以下方式进行：

– 在摊铺之前，应该清除腐殖土中的石块、树枝、树根等；

– 腐殖土的摊铺应该在修复道路摊铺沥青混凝土之前完成；

– 排水构造物则应该在腐殖土摊铺之前完成；

– 承包方必须认真执行横坡和纵坡的有关规定，以保证径流水的畅通；

– 边坡腐殖土的连接，要做到既没有任何凸起也没有缺口；

– 承包方要细心施工，不要给路基顶面层和路面带来任何污秽。如果难以避免，就必须在腐殖土整平之后清除，可根据污点的不同程度采用洗、刷或者吸除；

– 在高度上，施工允许误差如下：– 0.02m，+ 0.06m。

合格性检查，主要由承包方在其内部监督（检查）的范围内，进行目视检查。如果腐殖土的摊铺未遵守上述规定，业主方可要求承包方将不合格的材料清除，其费用由承包方负责。

业主方可能进行突然检查，承包方必须随时向业主方提供检测理论断面所必需的样板。

10.0 TRAITEMENT DES MATERIAUX 材料的处治

10.1 Descriptions des travaux – Matériaux à traiter 工程的规定 – 待处治材料

Le guide technique "Traitement des sols à la chaux et/ou aux liants hydrauliques" du

LCPC–SETRA, projet octobre 1997 (GTS), sera appliqué pour étudier, réaliser et assurer la qualité du traitement des sols pour le présent marché.

Le Maître d'Ouvrage pourra prescrire le traitement des matériaux en vue de rendre possible leur réutilisation en assurant la commodité de l'exécution et de traficabilité des engins et la qualité et pérennité de l'ouvrage.

Ainsi le traitement permettra de compenser une teneur en eau trop élevée, ainsi que des conditions météorologiques défavorables (au moment de l'exécution) et/ou d'améliorer les caractéristiques mécaniques des matériaux.

Une planche d'essais et une planche de référence seront systématiquement réalisées pour la mise en œuvre de tous les matériaux faisant l'objet d'un traitement à la chaux et/ou aux liants hydrauliques.

L'atelier de traitement sera soumis à l'agrément du Maître d'Ouvrage dans sa globalité (stockage, épandage, malaxage et compactage).

En tout état de cause, la décision de traitement dans le déblai ou sur le remblai ne sera prise par le Maître d'Ouvrage qu'après les reconnaissances préalables.

Le choix du lieu de traitement découlera des circonstances suivantes:

– si l'état hydrique du sol nécessite d'être traité dans toute la masse du déblai, le traitement se fera dans le déblai,

– si la reconnaissance met en évidence que les teneurs en eau du sol dans le déblai se situent dans une plage étroite autour de la valeur limite pouvant permettre le réemploi sans traitement, le traitement éventuel se fera sur le remblai.

– le traitement se fera également sur le remblai, si la reconnaissance met en évidence une hétérogénéité de teneur en eau dans le déblai localisant des parties réutilisables sans traitement et des parties trop humides devant être traitées.

– si le sol support en remblai n'autorise pas la circulation des engins de répandage et de traitement, le traitement se fera dans le déblai.

法国道路桥梁中心试验室－法国道路和高速公路技术研究公司（LCPC–SETRA）1997 年 10 月颁布的《用石灰和／或水硬性结合料对土壤的处治》（GTS）技术指南，适用于本合同中对土壤处治的设计、施工和质量保证。

业主方可就材料的处治作出规定，以使材料能再次使用，并保证材料更适宜机械施工和通行，同时保证工程的质量和持久性。

土壤处治同样可以平衡含水量过高的情况，以及降低不利的气候条件（尤其在施工的时候）的影响，并可改善材料的力学性能。

试验路段和标准参照路段要系统地使用的所有材料，目的是验证石灰处治材料和／或水硬性结合料处治材料的效果。

处治作业组要得到业主方的全面认可（包括储存、摊铺、拌合和压实）。

在任何情况下，无论是挖方还是填方的土壤处治，都要经过预先勘察后由业主方作出决定。

处理场地的选择需要考虑下列情况：

－如果土壤的含水量状况需要在大面积挖方中进行处治。

－周围的小范围内偏高，其余的均不必处理即可使用，那么所需要的处治就在填方上进行。

－如果勘察了解到可重新使用的挖方料含水量不均匀，和应该处治的部分太潮湿，那么同样可在填方中进行处治。

－如果填方下面的承重土层不能允许摊铺机械和处理机械通过，那么处治就在挖方中进行。

10.2　Provenance et qualité des liants　结合料的来源和质量

10.2.1　Provenance　来源

Les liants sont fournis par l'Entrepreneur, leurs lieux de provenance sont soumis à l'approbat－ion du Maître d'Ouvrage.

结合料由承包方提供，其来源应征得业主方的同意。

10.2.2　Qualité des liants　结合料的质量

Le PAQ de l'Entreprise fera apparaître les moyens mis en œuvre pour contrôler et obtenir cette qualité.

承包方的质量保证计划，要阐明其监督（检查）和获得该项质量所采取的措施。

10.2.2.1　Chaux　石灰

(i) Spécifications (conformes à la norme NFP 98.101)

La chaux utilisée pour le traitement sera une chaux vive, aérienne et grasse répondant aux critères suivants:

－classe granulométrique: 0/2mm

－passant au tamis de 200 μm: ≥80%

－passant au tamis de 80 μm: ≥ 50%

－teneur en CaO libre global: ≥ 80%

－teneur en MgO: ≤8%

－test de réactivité à l'eau: la température finale minimale devra être de 60° au bout de 25minutes (modalités de l'essai conformes à la norme NFP98.102).

－Surface spécifique BLAINE sur le tamis à 80microns: voisine de 7 000cm^2/g.

(ii) Contrôles　监督（检查）

Les contrôles de la qualité de la chaux seront effectués par l'Entrepreneur, soit à l'usine prod－uctrice, soit sur le chantier. L'Entrepreneur fournira au Maître d'ouvrage le procès verbal de－s contrôles qui seront effectués à la fréquence d'un essai de chaque catégorie par approvisi－onnement d'une journée de chantier.

Les contrôles porteront sur:

－la granulométrie,

－la réactivité à l'eau,

106

– la teneur en chaux libre.

Le Maître d'Ouvrage se réserve le droit de faire exécuter par son propre laboratoire des essais complémentaires, en usine ou sur le chantier. Si le résultat de ces essais est inférieur au-x spécifications définies ci-dessous, le lot correspondant à une journée de travail serait rebu-té, le transport de la chaux hors du chantier et les frais occasionnés par ces essais étant à la charge de l'Entrepreneur.

Les bons de livraison de chaux seront fournis au Maître d'Ouvrage.

Ce dernier se réserve la possibilité de procéder à toute opération nécessaire à la vérification des quantités approvisionnées.

L'Entrepreneur est tenu de procéder toutes les 500tonnes à un contrôle d'adéquation entre les quantités relevées sur les bons de livraison et celles issues des contrôles d'épandage, ces données seront transmises au Maître d'Ouvrage.

(i) 技术要求（符合法国 NF P 98.101 标准）

处治土壤所用的石灰是符合下列的标准的气硬性、富含的生石灰：

– 颗粒级配范围：0/2mm；

– 200 μm 过筛量：≥80%；

– 80 μm 过筛量：≥50%；

– 总游离氧化钙（CaO）含量：≥80%；

– 氧化镁（MgO）含量：≤8%；

– 水活化反应性试验：在 25min 内最终最低温度应达到 60℃(测试方式要符合法国 NF P 98.102 标准规定)；

– 80μm 筛网的布莱恩（BLAINE）比表面积：7 000cm^2/g 左右。

(ii) 监督（检查）

石灰的质量监督（检查）由承包方负责，或是在生产厂内，或是在施工现场进行。承包方要向业主方提供监督（检查）纪要，检查次数为每个工作日所提供的每一种石灰做一次试验。

检查内容包括：

– 颗粒级配；

– 水活化反应性；

– 游离石灰含量。

业主方保留在工厂或工地由其试验室亲自做补充试验的权利。如果试验结果低于下述规定的技术要求，一天的工作的批量将被废除，且石灰运出工地以及相关的试验费用均由承包方承担。

石灰的交货单要提交给业主方。

业主方保留对所供材料数量进行必要查验的权利

承包方必须每 500t 石灰进行一次监督（检查），检查交货单上的数量与摊铺检查的数量是否一致，并将这些数据提交给业主方。

10.2.2.2 Ciment 水泥

Sans objet.

无说明。

10.2.2.3 Liants routiers 公路用结合料

L'Entrepreneur pourra proposer en variante un liant à usage routier.

(i) Spécifications

Les liants proposés devront de préférence faire l'objet d'Avis Techniques délivrés par le Com-ité Français pour les Techniques Routières (CFTR). Dans le cas contraire, les caractéristiqu-es techniques des produits seront soumises à l'approbation du Maître d'Ouvrage.

Une fois agréé, le liant sera considéré comme liant hydraulique de base. La provenance du liant retenu sera unique ; une seule usine sera proposée par l'Entrepreneur dès son offre et retenue par le Maître d'Ouvrage.

(ii) Contrôles

Les contrôles de la qualité du liant seront effectués par l'Entrepreneur soit à l'usine productri-ce, soit sur le chantier.

Deux prélèvements conservatoires systématiques sont à réaliser pour chaque livraison (2 × 5kg) en présence du Maître d'Ouvrage.

Le Maître d'Ouvrage se réserve le droit de faire exécuter par son propre laboratoire des ess-ais complémentaires, en usine ou sur le chantier. Si le résultat de ces essais est inférieur au-x spécifications, le lot correspondant à une journée de travail serait rebuté, le transport du li-ant hors du chantier et les frais occasionnés par ces essais étant à la charge de l'Entrepreneur. Les bons de livraison du liant seront fournis au Maître d'Ouvrage. Ce dernier se réserve la possibilité de procéder à toute opération nécessaire à la vérification des quantités approvisionnées.

L'Entrepreneur est tenu de procéder toutes les 500tonnes à un contrôle d'adéquation entre les quantités relevées sur les bons de livraison et celles issues des contrôles d'épandage.Ce-s données seront transmises au Maître d'Ouvrage.

Ces données seront transmises au Maître d'ouvrage.

承包方可推荐公路用结合料的比较方案。

(i) 技术要求

所推荐使用的结合料应该符合法国公路技术委员会 (CFTR) 颁发的技术通报规定。否则，产品的技术特性要征得业主方的同意。

一经同意，结合料即被视为基本水硬性结合料。所采纳的结合料来源只能是一家；该唯一的产家由承包方自其报价或后即作推荐并要得到业主方的认定。

(ii) 监督（检查）

结合料质量的监督（检查）由承包方负责，或者在生产厂里，或者在施工工地上进行。

每次交货时要当着业主方的面有次序地提取两罐试样（2 × 5kg）。

业主方保留在工厂或工地由其试验室亲自做补充试验的权利。如果这些试验结果低于上述规定标准，一天的工作批量将被拒绝，而且结合料要运出工地，相关的试验费用均由承包方承担。结合料的交货单要提交给业主方。业主方保留对所供结合料数量进行必要查验的权利。

承包方必须每 500t 石灰进行一次监督（检查），检查交货单上的数量与摊铺检查的数量是否一致，并将这些数据提交业主方。

这些数据应提交给业主。

10.2.2.4　Eau pour traitement des sols　土壤处治用水

La fourniture de l'eau pour le traitement des sols est à la charge de l'Entrepreneur.L'eau pour le traitement des sols devra être conforme aux spécifications fixées dans la norme NFP 98-100.

土壤处治用水的供应应由承包方负责。

土壤处治用水应该符合法国 NF P 98-100 标准规定。

10.3　Mode d'exécution des travaux　工程实施方式

10.3.1　Prescriptions générales applicables au traitement des matériaux. 材料处治的一般规定

10.3.1.1　Sécurité　安全

L'Entrepreneur prendra toutes les dispositions pour respecter la réglementation en vigueur concernant l'utilisation des liants. Il appliquera, notamment les règles pratiques visant la protection de l'environnement énoncées dans l'annexe 4 du GTS.

En particulier, il devra tenir compte des règles de sécurité suivantes:

- les transferts de liants seront effectués par un personnel expérimenté,

- la pollution du voisinage sera évitée par un choix adapté des installations de stockage et de vidange, et l'épandage de liants sera interdit en cas de vent supérieur à 40km/h à 1m du sol ou lorsque le transport éolien dépassant l'emprise du chantier de 50 à 80mètres peut être visible,

- le port de protections (gants, masque, lunette, cagoule, crème protectrice) sera exigé,

- des réservoirs d'eau claire seront installés sur chaque site de traitement et mis à la disposition de tout le personnel affecté aux travaux de transport, manipulation et mise en œuvre de liants,

- l'utilisation de cabines pressurisées avec légère surpression sera imposée avec filtre et climatisation.

承包方要采取各种措施以遵守有关结合料使用的现行规定，特别是要遵照 GTS 附件 4 中有关环境保护的规定。

特别是，承包方必须执行下列有关安全的规定：

- 结合料的转运要由有经验的人员进行；

- 要通过选择合适的储存和排放设备，以避免对周围产生污染，在离地面 1m 处风速大于 40km/h 时，或者在施工现场肉眼可见风力吹动幅度达 50～80m 时，禁止洒布结合料；

- 必须要穿戴防护用品（手套、面罩、眼镜、风帽、抹防护油）；

– 在每个处治地点要备有清水蓄水池，以供参与结合料运输、装卸和施工的所有人员使用；

– 所用轻微加压的增压室，需配备过滤器和空调。

10.3.1.2 Organisation du chantier 施工组织

Pour chaque famille de matériau et chaque type de liants et d'engins, l'Entrepreneur exécute–ra, à ses frais, un chantier d'essai sur une longueur de 200m (en déblai ou sur remblai). Ce chantier a pour objet, entre autres :

– d'apprécier et d'agréer les engins d'épandage des liants, de scarification, de malaxage et de compactage,

– de définir le nombre de passes,

– de vérifier la qualité du compactage obtenu avec les spécifications du GTR,

– d'apprécier l'évolution des sols fins après les traitements, humidification, aération (mouture, teneur en eau,...)

L'Entrepreneur proposera à l'agrément du Maître d'Ouvrage le programme de réalisation de chaque planche d'essai qui sera effectuée en présence du contrôle extérieur.

Le traitement sera effectué, soit dans le déblai, soit sur le remblai suivant les conditions éno–ncées à l'article 10.1ci–avant.

De même que l'épandage, le malaxage doit être interrompu dès que la vitesse du vent, mes–urée autant que possible sur le lieu de traitement à 1m du sol (ou à défaut à la station météo–orologique la plus proche du chantier), dépasse 40km/h, et lorsqu'un transport éolien dépassant l'emprise du chantier de 50 à 80mètres peut être visible.

Les traitements à la chaux sont également interdits lorsque la température est inférieure à 0 degrés Celsius, le matin à 8 heures (température mesurée au niveau du sol à traiter) ainsi qu'en cas de pluie.

A chaque interruption de chantier, même momentanée, les surfaces traitées ou à traiter devr–ont être fermées et lissées, les pentes prévues aux articles 7 et .8 relatifs aux déblais et remblais, seront respectées.

L'Entrepreneur veillera à ce que l'atelier de traitement soit compatible à la fois avec une prod–uction satisfaisante pour respecter les délais et avec une fermeture inopinée rapide du chan–tier.

对于每种类型的材料、每一种结合料和每一种施工机械，承包方都要自费修建一个200m 长的试验路段（在挖方或者填方段上）。该路段的目的如下：

– 评价并认可结合料撒（洒）布机械，耙松机械，搅拌机械和压实机械；

– 确定碾压的遍数；

– 用 GTR 标准检测压实质量；

– 评估经过处治、加湿、风干之后细土料的变化情况（粉尘、含水量等）。

承包方将向业主方提交每一个试验路段的实施计划，并征得其同意。做试验路段时，将有（业主方）负责外面（监督）检查的人员在场。

处治将遵照上述第 10.1 条规定，在挖方路段或填方路段上进行。

如同洒布一样，当测得离地面 1m 处风速（否则根据在施工现场最近处气象站的数据）大于 40km/h 时，或肉眼可见风力吹动达 50～80m 时，应停止进行搅拌。

当早上 8 点测得待处理地面温度低于 0℃时，禁止进行石灰处治，在下雨时也同样禁止进行。

每次工地停工，即使是短暂的，被处理的表面或待处理的表面均应封闭并压平，并遵照第 7 条和 8 条规定的挖方和填方坡度执行。

承包方要注意的是，其处理作业组既要满足遵照工期的足够生产量，又要能够突然迅速地封闭现场。

10.3.1.3　Approvisionnement – Stockage des produits de traitement　**处理材料的供应和储存**

(i) Approvisionnement

Les véhicules affectés au transport de la chaux et des liants se conformeront aux règles de sécurité et à la réglementation en vigueur, et aux prescriptions énoncées au CCAP.

Les liants hydrauliques seront livrés en vrac sur le chantier en containers étanches.

L'Entrepreneur s'engage à faire vérifier par son fournisseur l'état de propreté des containers servant au transport du liant routier.

Les livraisons sur le chantier devront se faire pendant les heures de travail de la majorité du personnel du chantier ou à un horaire accepté par le Maître d'Ouvrage.

L'Entrepreneur sera tenu de prévenir vingt quatre heures (24 h) à l'avance le Maître d'Ouvra–ge de chaque livraison. Chaque livraison sera accompagnée du bon de livraison de l'usine, dont un exemplaire sera destiné au Maître d'Ouvrage.

(ii) Stockage

Les emplacements de stockage comprenant une zone spécialement équipée pour les purge–s de citerne, seront soumis à l'agrément du Maître d'Ouvrage.

Les installations de stockage des produits de traitement doivent comporter pour chacun des produits prévus au moins deux (2) unités de stockage distinctes ayant chacune une capacité correspondant à au moins une (1) journée de travail aux dosages suivants: trois pour cent (3 %) pour la chaux et cinq pour cent (5 %) pour le liant routier.

Les silos seront équipés d'un dispositif de contrôle de remplissage et d'alerte en fin d'opérati–on.

La chaux sera stockée en vrac dans des silos horizontaux mobiles de type "banane".

La durée de stockage sur le chantier, dans le cas de la chaux, ne devra pas excéder dix (10) jours et trois (3) semaines dans le cas du liant routier.

En cas de stockage de chaux vive dépassant dix (10) jours ou de liant dépassant trois (3) se–maines, des prélèvements seront faits par l'Entrepreneur et à ses frais, pour mesurer la réa–ctivité de la teneur en chaux libre ou réaliser des essais de contrôle sur liants préalablement à leur emploi. Les procès verbaux de ces essais seront fournis au Maître d'Ouvrage. En cas de non respect des critères de réactivité définis au § 10.2, il sera procédé à l'évacuation hors chantier des produits concernés aux frais de l'Entrepreneur.

Les sites prévus pour le stockage des liants devront être équipés d'un thermomètre pour permettre de mesurer la température du liant à l'approvisionnement.

Le remplissage et le vidage des silos de stockage seront réalisés avec l'interposition d'un filtre antipoussières agréé par le Maître d'Ouvrage.

L'approvisionnement d'une unité de stockage en cours d'utilisation est interdit.

结合料的供应和储存，均由承包方负责。

(i) 供料

专门用于运输石灰和结合料的车辆，要符合安全规定和现行的规章制度，同时符合专用行政条款说明的规定要求。

水硬性结合料要用密封集装箱散装运至工地交货。

承包方负责让供货商检查用于运送路用结合料的集装箱的清洁状态。

在工地上交货的时间，应该是在工地大部分人员的工作时间或者业主方同意接受的工作时间。

每一次交货，承包方都必须提前24h通知业主方。每一次交货都应附有工厂的交货单，并将其中一份交给业主方。

(ii) 储存

储存场地应是一个配备了储料罐的专门区域，以便料罐的清洗。储存地点需事先征得业主方同意。

处理材料的储存装置，对于每种产品都将至少预备2个不同的储存单元（储料罐），并且至少都装有一天的工作用量，其配比分别为：石灰为百分之三 (3%)，路用结合料为百分之五 (5%)。

料仓要配备一个装满时的控制装置和操作结束时的警告装置。

石灰将以散装形式储存在一个"香蕉"形的水平移动的料仓里。

工地上的储存期限：石灰不得超过10天，路用结合料不得超过3周。

当生石灰储存时间超过10天，或结合料储存时间超过3周时，在它们使用前，承包方将自费取样，以检查游离石灰的含量，或者进行结合料检测试验。这些试验的纪要将提交给业主方。如果未遵守第§10.2条规定的活化性标准，承包方需自费将有关材料清除至工地以外。

结合料储存场地需配备一个温度计，以检测结合料交货时的温度。

储料仓的灌满和清空，都将通过在上面安装一个防尘过滤器进行。该防尘过滤器须经业主方同意。

在使用期间，禁止用一个储料单元供料。

10.3.1.4 Exécution des traitements   处治的实施

(i) Mise en œuvre des matériaux

a) Cas du traitement au remblai

L'épaisseur de régalage des couches de matériaux avant traitement sera égale à la profondeur de malaxage efficace diminuée de 10cm.

b) Cas du traitement au déblai et à l'emprunt

Le chargement des matériaux sera réalisé par couche d'épaisseur inférieure à la profondeur de traitement et de malaxage efficace.

L'épaisseur de régalage des matériaux traités sera déterminée en fonction de l'état du matér–iau et de l'atelier de compactage en référence au fascicule II du GTR.

(ii) Dosage des produits de traitement

Le dosage en liant sera proposé par l'Entrepreneur, consécutivement aux reconnaissances préalables des buttes, l'étude de traitement des sols fins faisant partie des reconnaissances à la charge de l'Entrepreneur avant tous travaux. L'Entrepreneur établira un dossier d'études spécifiques au traitement des sols fins à la chaux pour agrément par le Maître d'Ouvrage.

La diversité des sols à traiter à la chaux et/ou aux liants, tant pour ce qui concerne leur natur–e que pour leur teneur en eau, nécessite des études de traitement spécifiques en laboratoir–e. L'objectif de ces études, consiste à déterminer les liants à employer et les dosages à appli–quer.

L'étude comportera deux phases: étude géotechnique et étude de formulation de niveau II au sens du GTS.

L'étude de formulation pour le traitement des sols devra produire des abaques similaires à ceux mentionnés dans le GTS et donnant les dosages en chaux et/ou en liants à prévoir en fonction de la nature et de l'état hydrique des matériaux.

Le dosage des liants est défini pondéralement, il s'exprime en pourcentage de la masse de produit de traitement rapportée à la somme des masses de produits secs en présence dans le mélange.

L'Entrepreneur calculera la quantité de produits à répandre au mètre carré de surface compt–e tenu de la nature des sols à traiter, de l'épaisseur des couches et de la densité sèche du sol en place, en fonction des résultats des études de formulation et de l'appareillage qu'il co–mpte utiliser conformément à l'annexe 6 du GTS.

Cette quantité de produit au mètre carré sera soumise au visa du Maître d'Ouvrage avant to–ute opération de traitement.

L'Entrepreneur devra avertir le Maître d'Ouvrage de toute modification constatée de la natur–e ou de la teneur en eau du sol à traiter et soumettre à l'accord du Maître d'Ouvrage le nouv–eau dosage minimal à utiliser. En cours de travaux, le Maître d'Ouvrage pourra faire procéde–r à la modification du dosage initialement fixé, sur la base de résultats d'essais effectués su–r le chantier.

Le contrôle du dosage en liant hydraulique fera partie du contrôle externe de l'Entreprise.

(iii) Epandage

Le liant sera épandu sur une surface préalablement réglée et délimitée de manière à pouvoir– maîtriser le dosage effectif et la profondeur de traitement.

➤Matériel d'épandage

Le matériel d'épandage sera soumis par l'Entrepreneur à l'agrément du Maître d'Ouvrage ; il devra être conforme à la norme NF P 98–712.

Le Maître d'Ouvrage pourra à tout moment refuser tel matériel qui ne serait pas satisfaisant tant au point de vue de la sécurité, de la bonne exécution des opérations de dosage et d'épa–ndage ou qui aurait une capacité de production incompatible avec les délais ou les autres ateliers du chantier.

Le matériel d'épandage sera muni d'un système doseur réglable en fonction de la densité du liant employé et asservi à la vitesse d'avancement du véhicule épandeur et tel que le dosage du liant puisse être de 0.5% à 4% en poids par rapport au poids de sol sec traité.

L'atelier d'épandage du liant doit avoir une capacité compatible avec celui du malaxage.

Tout épandeur de surface doit comporter un dispositif de jupes souples canalisant le liant jusqu'au sol et en site sensible un système de brumisation d'eau.

La largeur d'épandage doit être au moins égale à celle du malaxage.

➤Etalonnage de l'épandeur

L'étalonnage est effectué par l'Entrepreneur, à ses frais, en présence du Maître d'Ouvrage/ BCS et avant l'utilisation de chaque liant. Il consistera en des essais préalables afin de vérifier la régularité du dosage à la fois transversal et longitudinal: coefficient de variation déterminé selon la méthodologie décrite dans le GTS annexe 5 ou par une méthode équivalente agréé–e par le Maître d'Ouvrage, inférieur à 10%.

L'étalonnage est aussi fonction de la température du liant. On vérifiera que le liant se trouve à la température ambiante du chantier. Cela peut nécessiter un stockage sur le chantier plus long que la durée définie au 10.3.1.3. Dans ce cas des prélèvements seront faits pour mesurer la réactivité de la teneur en chaux libre ou pour réaliser des essais de contrôle sur les liants.

Aucun engin ou véhicule n'est autorisé à circuler sur une surface venant d'être recouverte de produit de traitement. Cette règle vaut aussi pour l'épandeur lui même qui doit donc pouvoir dans toute la mesure du possible épandre en une seule passe la totalité de la masse surfacique recherchée.

➤Exécution de l'épandage

L'épandage doit être effectué par bandes parallèles adjacentes "bord à bord".

Le Maître d'Ouvrage peut, en fonction des conditions météorologiques limiter le délai s'écoul–ant entre l'épandage et le malaxage et, le cas échéant, interdire le répandage du liant. La limitation du délai s'écoulant entre l'épandage et le malaxage et l'interdiction du répandage de la chaux sont notamment fonction de l'intensité de la pluie ou du vent, et pour ce dernier, de l'exposition du site, des problèmes de sécurité du personnel et de l'environnement, notamment, dans le cas d'emploi de la chaux vive.

Dans le cas d'un traitement à la chaux et au liant routier:

－ l'épandeur du liant routier sera obligatoirement différent de celui utilisé pour la chaux,

－ le matériau est d'abord traité à la chaux et ensuite au liant routier,

－ le délai entre le traitement à la chaux et au liant routier est de quatre (4) heures minimum et de deux (2) jours maximum.

Les vérifications en cours d'exécution des travaux des masses de produits épandus seront conduites selon la méthode décrite dans l'annexe 5 du GTS ou par toute autre méthode esti-mée donner une précision équivalente agréée par le Maître d'Ouvrage.

Pour l'exactitude on retiendra une tolérance de ± 5% sur la masse de produit répandu par ra-pport à la valeur issue de l'étude de formulation.

Il sera réalisé au minimum une détermination de l'exactitude toutes les journées de traiteme-nt dans le cas de la méthode décrite dans le GTS ou dix mesures à la bâche de $1m^2$ par journée de traitement ainsi qu'un contrôle par bouclage avec les bons de livraisons. Il sera exigé- qu'un minimum de 90% des valeurs soient au moins égales au dosage théorique.

(iv) Malaxage

➢Matériel

Le matériel de malaxage sera conforme à la norme NF P 98-712.

Le malaxage doit être effectué à l'aide d'engins appropriés permettant un mélange homogène du liant et du sol sur toute la profondeur d'action. Il y aura obligatoirement adéquation entre l'épaisseur des couches élémentaires et la profondeur efficace du malaxage. Le matériel de malaxage sera soumis par l'Entrepreneur à l'agrément du Maître de l'ouvrage.

La nature des sols et les rendements nécessaires au respect des délais contractuels condui-sent à imposer un matériel de malaxage de puissance suffisante pour travailler sur des épais-sseurs importantes allant jusqu'à 50cm.

L'Entrepreneur est autorisé voire astreint en cas de teneur en eau trop importante, à procéd-er préalablement au malaxage à une scarification du matériau.

➢Exécution

➢Le malaxage est effectué par bandes successives avec un recouvrement de cinquante (50) centimètres de la bande contiguë déjà malaxée.

➢Le malaxage devra démarrer et se terminer 10m avant et après la zone d'épandage.

➢L'Entrepreneur veillera à ce que les pneumatiques (ou chenilles) des engins de malaxage soient en parfait état et propres de tout matériau extérieur au site traité.

➢Teneur en eau

Dans le cas où le malaxage est réalisé au pulvérisateur de sol (ou pulvimixer) l'humidification éventuelle sera réalisée par injection d'eau dans la chambre lors du malaxage.

➢Fragmentation

Le malaxage doit être poursuivi jusqu'à l'obtention d'un mélange de teinte uniforme et de granulométrie 0/50 en remblai et en PST (mouture) avec une plage de tolérance précisée dans les planches d'essai.

(v) Délais de mise en œuvre

Sauf accord préalable du Maître d'ouvrage, tout matériau sur lequel est répandu le liant doit être malaxé, nivelé et compacté le jour même.

En cas de pluie ou de menace de pluie, le compactage doit suivre immédiatement le malaxage.

L'organisation de chantier doit tenir compte de ces sujétions.

(vi) Réglage de la plate-forme

Les dispositions prévues aux paragraphes 7 et 8 relatives au réglage transversal pour évacuation des eaux en cours de travaux sont applicables.

(vii) Prescriptions générales pour le traitement aux liants hydrauliques (pour mémoire)

Le traitement des sols aux liants hydrauliques et la mise en œuvre de la couche de forme traitée seront prohibés entre le 15 Octobre et le 1er Mars de chaque année. De plus, ils seront interdits lorsque la température sera inférieure à 5 ℃.

（ⅰ）材料的使用

a：进行填方处治的情况

处理前材料层的平整厚度，应等于有效搅拌深度减小 10cm。

b：进行挖方和借土填方处治的情况

加铺材料层的厚度应小于有效处治和搅拌的深度。

处治材料的平整厚度，应根据 GTR 第 II 分册规定的材料状态和压实作业组来确定。

（ⅱ）处治材料的配比

结合料的配比，将由承包方在所有工程开工之前，针对细土料处理问题的研究所进行的预先勘探后提出。承包方将编制一份石灰处理细土料的专门研究文件，并呈报业主方批准。

用石灰处理和 / 或用结合料处理土壤的多样性，这不仅涉及它们的性质，还关系到它们的含水量，这都需要在试验室进行专门处理的研究。这些研究的目的在于确定待使用结合料的种类及其配比。

该项研究包括两个阶段：土工技术研究和 GTS 规定的 II 级水平的配比公式研究。

土壤处治的配比公式研究，应该得出与上述 GTS 中所列公式相似的计算图表，并根据材料的性质和含水状况，确定石灰的配比和 / 或结合料的配比。

结合料的配比按重量确定，用百分比表示，即处治材料重量（换算成干料重量）占混合材料总量的百分比。

承包方必须根据待处理土壤的性质、摊铺土层的厚度以及土壤现场干密度，计算待摊布材料的数量（m²），计算同时要考虑符合 GTS 附件 6 规定的拟采用的配比研究结果和相应的设备。

该材料数量（m²）必须在进行处理施工之前，报请业主方批准。

承包方应将其所证实的待处理土壤的性质和含水量的任何变化报告业主方，并将其拟用的最小新配比提交业主方批准。在工程施工期间，业主方可根据现场试验结果修改最初确定的配比。

水硬性结合料配比的监督（检查），是承包方外部监督（检查）的一部分。

（iii）撒布

结合料将撒布在预先规定和限定的面积上，以便有效控制配比和处治深度。

➤撒布设备

承包方应将所用撒布设备报请业主方批准；并应符合法国 NF P 98-712 标准规定。

业主方可随时拒绝使用那些因为安全问题或其配比和撒布不能保证良好施工的设备，或者其生产能力与工期不符，或与其他施工作业组不符的设备。

撒布设备要配备一个可调节的配料系统，该系统随所用结合料稠度变化而调节配料，并与撒布车辆前进速度同步，结合料配比的重量可为所处理干土重量的 0.5% ~ 4%。

结合料撒布作业组的能力必须与搅拌能力相一致。

所有地面撒布机均必须配备一个柔性裙板，以将结合料引至土壤上，在敏感地带还需配备喷水系统。

撒布宽度必须至少等于搅拌宽度。

➤撒布机的校准

在每一种结合料使用之前，由承包方自费对撒布机进行校准，校准时应有业主方或监理方（BCS）到场。校准主要是预先进行调试，以检查其横向和纵向用量的均匀性：根据 GTS 附件 5 规定的方法或经业主方同意的类似方法确定的变化系数，应该低于 10%。

校准同样应随结合料的温度而异。应该检查结合料在工地周围温度下（变化）的情况。这就要求工地上的储存时间比第 10.3.1.3 条规定的时间更长。在这种情况下，需要提取试样以检测游离石灰含量活化性，或者对结合料进行监督（检查）试验。

任何机械或车辆都不允许在刚刚被处治的表面上行驶。这个规定同样包括撒布机，因此，它应该尽可能地在整个宽度上一次撒布完毕。

➤撒布的实施

撒布必须按平行的两个相邻带进行，即"边缘挨着边缘"地进行。

业主方可根据气象条件限定撒布和搅拌之间的时间，必要时，可禁止进行结合料撒布。限定撒布和搅拌之间的时间和禁止撒布石灰，主要是根据降雨的强度和风力而定。对于后者，在使用生石灰的情况下，主要是考虑现场的弥漫、人员的安全，尤其是环境的污染。

在石灰处治和路用结合料处治的情况下：

- 路用结合料的撒布机必须不同于石灰撒布机；

- 材料首先选用石灰，其次才用路用结合料处治；

- 在使用石灰处治和路用结合料处治之间的时间，最少为 4h，最多为 2 天。

对于大批量撒布材料的施工过程中的监督（检查），要根据 GTS 附件 5 规定的方法，或者经业主方同意并具有相同精度的方法进行。

为了准确，已撒布材料的数量与配比公式研究确定的数量之允许误差为 ±5%。

按照 GTS 描述的方法进行施工的情况下，每个工作日至少要进行一次准确度的测定，或者每个工作日在 1m² 的消气池上进行十次检测，以及在每次交货进行循环监督（检查）。要求这些测量的结果至少 90% 达到理论配比。

（iv）搅拌

➤设备

搅拌设备要符合法国 NF P 98-712 标准规定。

搅拌要借助合适的机械进行，以使结合料和土壤在整个深度上进行均匀的搅拌。必须做到单层厚度和搅拌的有效深度完全一致。搅拌设备必须征得业主方同意。

土壤的性质和为遵守合同工期限而必须的效率，将要求使用足够功率的搅拌设备，以致搅拌深度达到 50cm

在含水量太高的情况下，允许承包方预先对材料进行耙松搅拌。

➤施工

搅拌分幅进行，两个相临搅拌带之间应搭盖 50cm。

搅拌应该在已撒布区域前后 10m 的地方开始启动和终止。

承包方需保证搅拌机械轮胎（或履带）处于完好状态并不带有工地的外来物质。

➤含水量

当搅拌需要用土壤粉碎机（或松土拌合机）时，可在搅拌时通过搅拌室内喷水加湿。

➤破碎

在填方和土方上部（碾碎）情况下，搅拌必须达到颜色一致和 0/50 级配均匀的混合，并达到了试验路段中确定的允许误差范围。

（v）施工期限

除经业主方预先同意的情况外，所有已经撒布结合料的材料都必须在同一天内搅拌、平整和压实。

在下雨或者将要下雨的情况下，压实应该紧随着搅拌进行。

施工组织必须考虑这些不利因素。

（vi）路基（顶面层）平整

第 7 和 8 节中有关横向平整需考虑施工期间排水的规定仍然适用。

（vii）适用于某些材料处治的一般规定（作为备忘）

每年从十月十五日到三月一日这段时间禁止处治水凝结合料以及对路基顶面层进行施工。此外，当温度低于 5℃时，这些操作也是禁止的。

10.3.2　Prescriptions particulières　特殊规定

10.3.2.1　Prescriptions applicables au traitement de certains matériaux　适用于某些材料处治的规定

La teneur en chaux minimale est fixée à 1% pour l'ensemble des matériaux traités utilisés dans les remblais autoroutiers.

用于高速公路填方的处治材料，其石灰最低含量定为 1%。

10.3.2.2　Traitement de la PST　土方上部的处治

Les prescriptions particulières applicables à une PST en matériaux traités sont définies à l'article 12 auquel il est fait renvoi.

适用于铺筑土方上部的处治材料的特别规定，已在第 12 条确定。

10.4　CONTRÔLE DES PRESCRIPTIONS　对规定的监督检查

Les tolérances géométriques et les critères de réception sont précisés aux articles relatifs aux remblais et PST (D8 et D12) auxquels il est fait renvoi.

Les contrôles à effectuer sont les suivants:

➢Contrôles du matériel et des réglages

L'Entrepreneur vérifiera l'état du matériel et d'épandage, le bon fonctionnement, les réglages du débit des liants, ainsi que les paramètres du malaxeur (vitesse de rotation, profondeur) selon les spécifications de l'article 10.3.

➢Contrôles de la teneur en eau

L'Entrepreneur vérifiera la teneur en eau des produits malaxés tous les 2 000m^3.

➢Contrôles de dosage

L'Entrepreneur vérifiera les quantités de produits répandus. Le dosage du liant sera déterminé selon la méthodologie décrite à l'annexe 5 du GTS ou par une méthode équivalente agréée par le Maître d'ouvrage.

Il sera exigé que 90% des valeurs soient au moins égales au dosage théorique.

➢contrôles de la granulométrie après malaxageL'Entrepreneur effectuera des contrôles granulométriques sur la mouture après malaxage et avant chargement ou compactage selon les spécifications de l'article 10.3.

Dans le cas où les prescriptions de l'article 10.3 ne seraient pas respectées quant à la dimension maximale des éléments, il sera demandé par le Maître d'ouvrage d'effectuer 1 ou plusieurs passes complémentaires de malaxeur jusqu'à l'obtention de résultats satisfaisants.

➢Contrôle extérieur

Le laboratoire du Maître d'ouvrage pourra effectuer ses propres mesures dans les mêmes conditions.

几何形状允许误差和验收标准，均在填方和土方上部 (D8 et D12) 的有关章节里明确规定。

监督（检查）将按下列要求进行：

➢设备和调整的监督（检查）

承包方将根据第 10.3 条中规定，监督（检查）设备和撒布的状态、运行是否良好、结合料流量的调整，以及搅拌机的参数（转速，深度）等。

➢含水量的监督（检查）

承包方要对搅拌材料的含水量进行检测，每 2 000m^3 检测 1 次。

➢ 配比的监督（检查）

承包方要检查已撒布材料的数量。结合料配比将根据 GTS 附件 5 中规定的方法，或者经业主方同意的相当方法来确定。

要求至少 90% 的检测结果必须与理论配比相等。

➢搅拌后的级配监督（检查）

根据第 10.3 条规定，在搅拌碾碎后和装车或者压实前，承包方要对拌合料进行级配监督（检查）。

当材料最大粒径不符合第 10.3 条规定时，业主方可要求再进行一遍或数遍补充搅拌，直到取得满意的结果为止。

➢（业主方）外面监督（检查）

业主方的试验室可在同等条件下自行检测。

11.0　EMPRUNTS　借方

11.1　LOCALISATION DES EMPRUNTS　借方位置

Les emprunts sont désignés dans le dossier géotechnique. Il appartient à l'Entrepreneur d'apprécier les résultats soit à partir de ce dossier, soit à partir des sondages complémentaires qu'il aura à réaliser. Les emprunts sont à la charge de l'Entreprise.

L'Entrepreneur proposera à l'approbation du Service contractant les emprunts qu'il compte exploiter.

Il aura à remettre pour chaque emprunt proposé un dossier comprenant:

- les accords pris avec les propriétaires et exploitants des terrains;

- les autorisations des administrations compétentes;

- le plan général d'exploitation et de remise en état après extraction;

- les méthodes d'exploitation et le matériel utilisé;

- les coupes des sondages de reconnaissance avec la classification des sols suivant la GTR;

- la réserve du gisement suivant la nature des matériaux;

- la destination des matériaux extraits intégrés dans le mouvement des terres;

- le tracé des pistes d'accès et les autorisations correspondantes.

En aucun cas, les matériaux d'emprunt ne peuvent être mis en œuvre sans l'accord préalable du Service contractant.

土方文件要对借土进行说明，由承包方借助文件或要进行的补充钻探来评价结果，承包方负责借土工作。

承包方准备使用的借土场需征得业主的同意。

每个借土场的文件需包括：

- 与地主及土地经营者达成的协议。

- 主管行政部门的许可。

- 挖掘后整体使用计划以及土地的恢复。

- 使用方法和使用设备。

－勘测钻探剖面并附带根据 GTR 对土质进行的分类。

－根据材料性质对矿层的保留。

－土方工程中所挖掘的材料的用途。

－进入便道及相关的许可。

在没有事先征得业主许可的情况下，不得使用借土材料

11.2 PRESCRIPTIONS COMMUNES À TOUS LES EMPRUNTS 借土的普通规定

Tous les emprunts, qu'ils soient autorisés au CCTP ou non, devront être exploités en tenant compte des dispositions suivantes:

－en zone boisée, l'emprunt fera l'objet d'un débroussaillage et d'un dessouchage général. Les arbres seront arrachés.

－les broussailles et les taillis seront rassemblés et brûlés sur place. L'Entrepreneur devra prendre à sa charge et sous sa responsabilité les mesures de sécurité prescrites par les services locaux d'incendie de la protection civile qu'il consultera à cet effet.

◆ les arbres et les souches seront rassemblés en dehors de la limite présumée du gisement mais à l'intérieur du périmètre occupé par l'emprunt. L'Entrepreneur devra réaliser préalablement avant toute extraction de matériaux les opérations suivantes:

－nettoyage du terrain;

－décapage de la terre végétale;

－protection éventuelle des réseaux existants;

－découverte éventuelle de matériaux impropres à une mise en remblai.

Les terres provenant de celle découverte seront mises en dépôt sommairement réglés en bordure du gisement tout en restant dans la limite des terrains occupés.

En zone boisée, comme en zone de culture, la découverte sera exécutée sur une épaisseur telle qu'il n'y ait plus de racine et jusqu'à ce que le matériau d'emprunt soit reconnu normal par l'Ingénieur.

A cet effet, l'Entrepreneur établira un plan d'exploitation de l'emprunt qu'il soumettra à l'agrément de l'Ingénieur quinze (15) jours avant l'ouverture de l'emprunt correspondant.

Les critères d'utilisation en remblai ou d'élimination des matériaux de déblais, seront applicables aux matériaux des emprunts.

A la fin l'exploitation le lieu d'emprunt ne devra présenter aucun point de pente supérieure à 2/3 et aucune cuvette ni fossé n'y devra subsister. Les terres végétales provenant de la découverte seront redéposées sur une épaisseur uniforme sur toute la surface de l'emprunt.

所有借土，无论是特殊技术条款中规定与否，都应该考虑下列规定：

－在绿化区，借土区应进行清除灌木和除根处理。树木应该被拔出。

－灌木和矮林在原地集中烧毁，承包方有责任按照安全防火部门的规定采取安全措施。

121

◆ 树木和树根应该要集中在被认为存在矿层的区域外，借土区外围内。在进行材料的挖掘之前，承包方要事先进行以下操作：

- 场地清理；
- 腐殖土的清表；
- 现存道路网的保护；
- 不适合用作填方的材料的挖掘。

被掘出的表层土应被简单处理后堆放在借土区内的外围。

在绿化区和在种植区一样，刨根要一直进行到不含树根的程度，直到借土材料被工程师认可为止。

因此，承包方应该制作一个借土开采计划，并且在相应的借方工程开始前 15 天递交给工程师审批。

用于填方的材料和应弃掉的挖方材料的标准适用于借土材料。

最后，被开采后的借土场不能有大于 2/3 的坡度，也不能存留任何凹地和沟槽。被挖出来的腐殖土应重新均匀地铺在表面。

11.3   SÉCURITÉ EN COURS D'EXPLOITATION   开采安全

Pendant l'exploitation, l'Entreprise prendra toutes les dispositions pour assurer la sécurité vis à vis de son personnel et de l'extérieur.

在开采过程中，承包方需采取一切措施保证其工作人员及外来人员的安全。

11.4   EMPRUNTS PRÉVUS AU MOUVEMENT DES TERRES   土方调配中规定的借土

Les emprunts prévus au mouvement des terres (acceptés par l'administration) ou expressément autorisés par l'administration seront payés conformément au bordereau des prix.

土方调配（业主同意）中规定的或者是业主特别批准的借土应统一按照单价清单付费。

11.5   EMPRUNTS NON PRÉVUS AU MOUVEMENT DES TERRES ET NON AUTORISÉS PAR L'ADMINISTRATION   土方调配中未考虑并且业主也未批准的借土

En dehors des emprunts prévus au mouvement des terres acceptés par l'administration, l'Entrepreneur pourra, s'il le juge utile pour la facilité d'une zone d'exécution, après accord de l'administration, ouvrir une zone d'emprunt au voisinage du secteur à remblayer, ce qui aura pour effet de réduire la distance de transport moyenne du mouvement des terres.

Un tel accord ne serait éventuellement donné que moyennant les conditions ci-après:

- l'Entrepreneur ne réclame aucun supplément de prix pour cette opération et la cubature n'est pas modifiée, les volumes extraits de l'emprunt n'étant pas prix en compte.

- il fait son affaire des déblais devenus excédentaires du fait même de l'emprunt non prévu dans la cubature et s'arrange pour leur trouver un lieu de dépôt sous emprise ou hors emprise sans nuire à la qualité ni à l'esthétique des ouvrages.

在被业主审批的土方调配的借方之外，如果承包方认为有利于一个施工地区，在业主审批后，可以在填方附近开辟一个借土区域，这样可以缩短土方调配的平均运输距离。

这种借土场的审批条件如下：

– 承包方不得要求追加费用并且工程量不被修改，所取的借土量不在考虑的价格内。

– 承包方自己负责在工程量之外的借土导致的多余的挖方，在工程占地内部或者外部找一个地方弃掉，并且不能有损工程的质量和美观。

11.6　REMISE EN ÉTAT EN FIN D'EXPLOITATION　开采结束后的恢复

En fin d'exploitation, l'Entrepreneur assurera la remise en état conformément aux dispositions agréées par le Service contractant lors de l'acceptation du lieu d'emprunt.

Ces dispositions devront comprendre au minimum, le rétablissement des écoulements naturels, un réglage général et un nettoyage, la remise en place éventuelle de la terre végétale préexistante, les dispositions (exécution de merlons, adoucissement des pentes de talus, etc.) destinées à assurer la sécurité des riverains et des animaux, ainsi que la reconstitution d'une couverture végétale analogue à celle préexistante, y compris le reboisement éventuel.

L'Entrepreneur devra remettre au Service contractant un quitus délivré par le propriétaire et l'exploitant du terrain où est situé l'emprunt avec l'acceptation formelle des autorités locales.

Une quantité de remblai en provenance d'emprunt sera retenue jusqu'à la réception de la remise en état. Cette quantité sera arrêtée par le Service contractant et dépendra du volume total des remblais d'emprunt.

在开采结束后，承包方应按照业主在审批借土场地时所提出的要求进行借土场的恢复工作。

恢复工作至少包括自然地表水的恢复、一般整理及清扫工作、对之前存在的腐殖土的恢复工作、确保附近居民、动物安全的措施以及重新恢复与之前类似的植被，包括必要的重新植树造林。

承包方应该交给业主一份由场地地主或使用者提供的并经当地部门正式许可的交割清单。

取自借土场的填方数量应统计至恢复验收后，该数量应由业主依据借土场填方料总量进行确定。

12.0　DÉPÔTS

12.1　LOCALISATION DES DÉPÔTS

Les lieux de dépôts définitifs et de dépôts provisoires pour terre végétale mis à la disposition de l'Entrepreneur seront précisés par le Maître de l'ouvrage.

Les emplacements de ces dépôts seront précisés à l'Entrepreneur un (1) mois avant l'exécution des travaux.

En cas de besoin, l'Entrepreneur pourra proposer des dépôts complémentaires à l'acceptation du Maître d'ouvrage. Dans ce cas, il aura à remettre pour chaque dépôt un dossier comprenant:

- une note justificative;

- les accords pris avec les propriétaires et exploitants des terrains concernés (convention visée par le Maître de l'ouvrage);

- les autorisations des administrations compétentes et des collectivités locales (dossier d'occupation temporaire);

- le plan général d'exploitation et d'aménagement des dépôts (clôture, drainage, modelage, etc.);

- en fin d'exploitation: un quitus du propriétaire des terrains concernés.

À noter que ces dépôts complémentaires pourront être refusés par le Maître d'ouvrage en fonction des études d'environnement.

En aucun cas, des matériaux ne pourront être stockés en dehors des lieux de dépôts retenus.

提供给承包方的永久性堆放和腐殖土临时堆方地点，将由业主方指定。

上述堆存地点应在开工之前一个月明确告知承包方。

如有需要，承包方可向业主方提议补充堆存地，并征得其同意。为此，承包方应就每个堆存地向业主方提交下列文件：

- 论证说明书；

- 与有关土地的所有人和经营者签定的协议书（经业主方认可的协定书）；

- 有关主管部门和地方政府的许可证（临时占用文件）；

- 堆放地的开发及布置总图（围墙、排水、堆放形状等）；

- 使用完毕时：相关土地所有人的交割清单。

应该注意的是：业主方出于对环境设计的考虑，可能拒绝承包方增加堆存地的建议。

无论如何，施工材料不能堆存在指定地点以外的任何地方。

12.2 PRESCRIPTIONS GÉNÉRALES APPLICABLES AUX DÉPÔTS DE TOUTE NATURE 适用于各种堆存的一般规定

Les dépôts recevront uniquement des terres ou matériaux provenant des travaux de construction de la présente autoroute et conformément au mouvement des terres soumis à l'agrément du Maître de l'ouvrage.

Préalablement à l'utilisation des dépôts, l'Entrepreneur aura à exécuter les travaux préparatoires tels que l'arrachage d'arbres et le déboisement sur l'ensemble de la surface utilisée. Ces produits seront évacués en décharge contrôlée par l'Entrepreneur.

L'Entrepreneur évacuera en décharge contrôlée les produits provenant des opérations de démolition, nettoyage des emprises (ordures, détritus, etc.).

L'évacuation des matériaux en décharge s'effectuera aux frais de l'Entrepreneur. Celui-ci devra notamment faire son affaire de toutes les démarches et autorisations, droits et indemnités pour l'utilisation de décharges contrôlées existantes, qu'elles soient gérées par des organismes publics ou privés.

　　堆存仅限于修建本高速公路所产生的土方或材料，并根据业主方同意的土方调配计划进行。

　　预先准备使用的堆放地，承包方将在进行准备工程时使用，诸如在整个用地范围内砍树伐木、清除灌木等。这些废料均由承包方负责清运至受其监督（检查）的弃料场。

　　承包方还将负责将拆除及清理场地过程中产生的废料（垃圾，废品等）清运至经过监督（检查）的弃料场。

　　承包方将承担清运材料至弃料场所产生的费用。尤其要负责进行上述活动所涉及的事务交涉、许可证的获得、税费的缴纳以及使用由公私单位管理的现有弃料场需要给的补偿。

Nature des matériaux à mettre en dépôt 待堆存材料的性质	Situation des dépôts 堆放位置
Dégagement des emprises (souches, clôtures) 路界范围内的清除物（树根，围栏）	Site de décharge proposé par l'Entrepreneur 承包方推荐的弃料场地
Matériaux de remblai en dépôts provisoires 临时存放的填方材料 Matériaux rocheux valorisables，有使用价值的岩石材料	Proposée par l'Entrepreneur dans les limites des emprises travaux 在公路用地范围内由承包方推荐
Terre végétale 腐殖土 Déblais impropres, produits de purges, curages, etc，不宜使用的挖方料、清污、清淤废料等 Matériaux excédentaires 多余材料	Définie par le Maître d'Ouvragesur plans 由业主在图纸上标定

　　Chaque dépôt ne pourra recevoir qu'une catégorie de matériaux: matériaux de nettoyage (souches, clôtures), terre végétale, matériaux impropres, matériaux en stockage provisoire.

　　Pour les dépôts définitifs, un décapage sera exécuté sur toute la surface, ceux-ci étant destinés à recevoir des matériaux provenant de déblais impropres. La terre végétale récupérée sera stockée à proximité pour permettre la remise en état du dépôt après exploitation.

　　Avant toute intervention sur les dépôts proposés par l'Entrepreneur, les épaisseurs de terre végétale seront levées contradictoirement en présence de l'exploitant ou du propriétaire.

　　L'Entrepreneur prendra toutes les dispositions nécessaires pour assurer le drainage provisoire du dépôt pendant les travaux comme le drainage définitif (fossés, buses, etc.).

　　Les dépôts seront montés par couches d'un (1) mètre d'épaisseur au maximum avec une pente transversale minimale de 6%, et seront mis en œuvre et compactés dans les conditions fixées par le GTR à l'exception du mètre supérieur qui ne sera pas compacté. La pente de talus de ces dépôts sera fixée par le Maître de l'ouvrage en fonction de la nature de ces matériaux.

　　Les dépôts définitifs accolés aux remblais, ainsi que certains dépôts définis en cours d'exécution par le Service contractant, seront mis en œuvre et compactés dans les mêmes conditions que celles retenues pour les remblais. La pente de talus de ces dépôts sera fixée par le Service contractant en fonction de la nature de ces matériaux.

En fin d'exploitation, les dépôts définitifs destinés aux matériaux impropres seront remis en forme conformément aux prescriptions du Maître de l'ouvrage (ou aux plans d'exécution).

La couche supérieure de matériaux mis en dépôt (0.50m minimum) ne pourra comprendre ni blocs, ni déchets; elle sera de préférence constituée de matériaux fins. Ces dépôts recevront ensuite une couche de terre végétale provenant, soit du décapage préalable, soit de la reprise de terre végétale stockée sur dépôt provisoire, d'une épaisseur minimale de 0.30m.

每个堆放点只能存放一种类型的材料：清除材料（树根，围栏）、腐殖土、不宜使用材料、临时堆放材料。

对于永久性堆存，应对整个堆存场地清除表土，用于堆存来自挖方的不宜使用的材料。腐殖土就近堆放，以便完工后用于存放地恢复原状。

在承包方推荐存放场地未动用之前，应在土地所有人或经营者到场情况下共同进行腐殖土厚度测量。

承包方应采取一切必要措施，以保证临时堆放场地在施工期间的临时排水，其设置应与永久性排水设施一样（边沟、涵管等）。

料堆逐层堆放，每层最大层厚不超过1m，且横坡至少为6%，并按照GTR所规定的条件进行压实处理，但上面层不需进行压实。业主方将根据堆放材料的性质决定料堆边坡的坡度。

用于填方料的永久堆放以及施工过程中业主规定的堆放应该按照填方工序进行施工和压实。堆放的边坡坡度应由业主根据材料的性质确定。

施工结束时，堆放不宜使用材料的永久性堆存的形状，将按照业主方的要求（或施工图）来做。

料堆的表层（至少0.50m）不能有大块材料或垃圾；最好铺盖细颗粒材料。然后覆盖一层厚度至少为0.30m的腐殖土，该腐殖土或者来自事先清除的表土，或者是来自临时存放腐殖土的再利用。

12.3   PROJET D'AMÉNAGEMENT   整治计划

Les dépôts recevront uniquement des terres ou matériaux provenant du présent marché.

L'Entrepreneur mettra en évidence, par un mouvement des terres spécifiques soumis à l'agrément du Maître de l'ouvrage, les volumes de matériaux impropres à mettre en dépôt et le cubage estimé par dépôt. Avant d'entreprendre les travaux, l'Entrepreneur soumettra à l'agrément du Maître de l'ouvrage un projet détaillé d'aménagement du dépôt.

un plan de modelage du dépôt à l'échelle 1：1000 établi en fonction du volume de matériau escompté;

– la description et l'implantation des travaux préparatoires décrits au paragraphe 12.2ci-dessus;

– la description des travaux et du phasage de réalisation de certains dépôts (prise en compte notamment du rétablissement provisoire de certains écoulements);

– la description de la remise en état.

Ce projet devra respecter les prescriptions de l'article 12.4ci–après.

堆存仅限于本合同施工所产生的土方或材料。

承包方应该通过经业主方同意的专门土方调配计划，明确要堆放的不宜使用材料的数量以及每个弃料堆的估计体积。

在施工开始之前，承包方应将堆存详细方案提交至业主方审批。

根据预计材料的体积，绘制比例为 1/1000 的堆放（景观）造型图。

－ 在上述第 11.2 条中规定的准备工程的描述及定位。

－ 某些堆放场地施工阶段确定和工程的描述（尤其要考虑到某些水流（通道）的临时恢复）。

－ 恢复原状的描述。

该计划应遵守后述第 11.5 条的具体规定。

12.3.1 Prescriptions particulières applicables aux dépôts de terre végétale 适用于腐殖土堆存的特殊规定

Les produits de décapage ne pourront en aucun cas être stockés en cordon le long des emprises, ni mis en dépôt ailleurs que sur les lieux indiqués sur les plans de dégagement des emprises sans accord préalable du Maître de l'ouvrage.

L'assiette des dépôts provisoires de terre végétale ne sera pas décapée, et un état des lieux précisant notamment l'épaisseur de terre végétale en place, sa valeur agronomique ainsi que la nature de la culture pratiquée sera établi par l'Entrepreneur en présence du propriétaire, de l'exploitant, du représentant du Maître de l'ouvrage. Après le déstockage, le terrain sera nivelé et décompacté en vue d'une remise en état de culture.

Les terres issues de deux zones différentes seront séparées les unes des autres sur le lieu de stockage; de même, pour la terre issue de deux couches de décapage différentes. Il sera interdit de mettre en contact avec le dépôt de terre un matériau de caractéristique agronomique différente. L'aire de stockage devra préalablement être nettoyée de tous les éléments étrangers indésirables: cailloux de taille supérieure à 20cm, branchages, souches, ferraille, etc. Un géotextile conforme aux spécifications de l'article 16.2.1sera mis en œuvre sur l'ensemble de la zone de dépôts avant le stockage de la terre végétale issue du décapage, afin d'isoler le stock de la terre végétale en place.

La terre décapée sera mise en stock à la pelle mécanique ; elle ne devra jamais être compactée et aucun camion ou engin ne devra circuler sur les dépôts.

Les dépôts de terre végétale seront réalisés en tas, de hauteur inférieure à 2.5m et de surface sommitale pentée « en toit » à 5%.

Les stocks de terre seront ensemencés.

Les stocks de terre seront clôturés et identifiés par un panneau indiquant l'origine du matériau. La numérotation fera apparaître le numéro de la zone et le numéro de la couche (si deux couches sont décapées).

Un cahier de gestion des stocks de terre végétale sera tenu par l'Entrepreneur.

Ce cahier indiquera pour chaque aire de stockage et chaque jour les qualités et volumes de terre végétale mis en stock.

L'utilisation de chaque stock sera soumise à l'approbation du Maître de l'ouvrage.

Les pistes d'accès à ces dépôts seront laissées en place jusqu'à la fin de réutilisation de ces matériaux.

En fin d'exploitation des dépôts non destinés au marché, l'Entrepreneur devra procéder à un décompactage par sous-solage et à la remise en forme du terrain par régalage des terres végétales restantes conformément aux instructions données par le Maître d'ouvrage et à l'enlèvement des pistes d'accès à ces dépôts.

清除表土所产生的腐殖土，在任何情况下均不能沿施工现场堆放，未经业主方预先同意，也不能堆放在公路用地清理范围图所示各地点以外的任何地方。

腐殖土的临时堆放场地不用清除表土，承包方要在土地所有人、经营者和业主方代表在场的情况下，共同对包括现场腐殖土的厚度、农业价值以及种植的农作物的种类等场地状况进行（评估）说明。在不再用于临时堆放场地之后，需对所用过的场地将进行平整和翻松处理，恢复其适于种植的状态。

来自不同地区的土方将在堆放场地分开堆存；同样，来自两个不同清除层的土方亦然。严禁将堆放的土方材料同其他农业材料相接触。堆放场地应事先进行清理，清除所有杂质：大于20cm的石料，树枝，树根或铁丝等。根据第15条规定，在存放腐殖土区域的地面上整体铺置土工布，以便将堆放的腐殖土和原地腐殖土进行隔开。

所清出的土方用挖土机进行堆放；不得进行任何压实，也不准任何车辆或机械在其上面行驶。

腐殖土成堆堆放，堆高不得高于2.5m，其顶面呈带坡"屋顶"形状，坡度为5%。

土方的堆放地可进行播种。

土方堆放地将用围墙隔开，并用标示牌标明其来源。其编号将能显示出其来源地区编号及土层编号（如果清除表土分为两层）。

承包方必须准备一本腐殖土堆放地的管理记录簿。

该记录簿将登记每个堆放场地每天堆放的腐殖土的质量及数量。

每个堆放场地的使用，均应事先征得业主方的同意。

进入这些堆放场地的便道，将保留至堆放材料被重新使用完毕之后。

工程完工时，未用于本工程的堆放材料，承包方应遵照业主方的指示，对堆放场地进行耕松平整处理，对剩下的腐殖土进行平整恢复原状，并拆除进入堆放场地的便道。

12.3.2　Prescriptions particulières applicables aux dépôts　适用于堆放的特殊规定

12.3.2.1　Prescriptions applicables aux dépôts définitifs　永久性堆存的规定

Les lieux de dépôts définitifs doivent être exploités de la façon suivante:

a) Préparation

Les lieux de dépôts définitifs seront préalablement délimités contradictoirement.

Les travaux préparatoires sont les suivants:

－ exécution des fossés définitifs et des ouvrages d'évacuation des eaux,

－ exécution éventuelle, après accord du Maître d'Ouvrage, de tranchées drainantes.

b) Régalage – Compactage

Les matériaux mis en dépôts seront régalés au fur et à mesure de leur déversement, en respectant les pentes et les hauteurs maximales définies sur le plan de modelage. Une fois la mise en stock des matériaux terminés, l'Entrepreneur assurera un réglage général et un nett-oyage qui permettra d'améliorer l'intégration du dépôt dans le site (arrondis, raccordement au terrain naturel, suppression des arêtes).

D'une façon générale, pour l'ensemble des dépôts définitifs, si l'Entrepreneur n'a pas respect-é la règle ci-avant de régalage au fur et à mesure du déversement, il ne peut prétendre à in-demnité pour tout apport supplémentaire ou enlèvement de matériaux stockés qui lui serait notifié par le Maître d'Ouvrage afin d'assurer une bonne insertion dans le site.

Les matériaux mis en dépôt seront compactés selon les dispositions précisées au paragraph-e 11.2ci-avant.

c) Phase de réaménagement

Les prescriptions relatives à la mise en œuvre de la terre végétale sont données à l'Article 9 du présent CCTP auquel il est fait renvoi.

Pour les dépôts remis en état en vue d'un usage agricole, il sera procédé au phasage suivan-t:

－ dernière couche (exempte de blocs) nivelée puis "griffée" à la sous-soleuse pour enlever notamment les traces de passage d'engins (avec sous-solage croisé si dépôt argileux),

－ mise en place par temps sec et sur terrain ressuyé de la terre végétale (épaisseur initiale décapée),

－ aucun engin à roue ne devra circuler après sous-solage pour éviter tout compactage en profondeur.

Après le sous-solage de la dernière couche, ce réaménagement agricole s'effectuera par bandes à l'avancement selon la méthode suivante:

－ dépose en tas de terre végétale,

－ régalage par une pelle travaillant en poussée puis en rétro.

永久性堆存场地应以下列方式进行：

a）准备

永久性堆放场地应事先由双方到场共同确定。

其准备工作为：

－实施永久性边沟和排水构造物。

－征得业主方同意后，可能需要设置盲沟。

b）平整—压实

堆放材料，在堆放时要遵守堆放造型图要求的坡度及高度，并随着材料的倾卸随时进行平整。一旦堆放完成，承包方要进行一次总的调整和清理，保证堆存材料同周围环境融为一体（堆成圆形，同自然地面融合，削平尖顶）。

总之，对于永久性堆放，如果承包方未能遵照上述堆放规定（应随着材料的倾卸随时进行调整），他不能因业主方为了保证场地的融合而要求对已堆存材料进行补充或清除工作而申请补偿。

堆存材料应按照上述第 11.2 条规定进行压实。

c）调整阶段

对于腐殖土施工的相关规定，在专用技术条款第 9 条已作说明。

对于可用于农业要恢复原状的堆放土，将进行以下处理：

－对最上一层堆放材料（除去块状物）进行平整，然后用深耕犁进行"插入"（耙松），以清除机械经过的痕迹（如果堆放材料为黏土，用交叉形深耕犁进行）；

－施工必须在干燥时间进行，或将腐殖土进行干燥处理后进行（起初表土的厚度层已清除）；

－在深耕后，任何带轮的机械不得进入已经耙松的土地，以免土地被压实。

对最后一层堆放材料进行深耕处理后，农用调整将按下列方式分幅向前推进：

－腐殖土成堆堆放；

－使用正、反铲挖土机整平。

12.3.2.2 Prescriptions applicables aux dépôts provisoires 临时堆放规定

Les modalités d'exploitation de ces dépôts doivent être soumises au visa du Maître d'Ouvrag-e. Les dépôts provisoires doivent être accessibles par tout temps depuis la plate-forme de l'autoroute. Les emplacements des dépôts provisoires seront protégés contre la venue des eaux extérieures par la création de fossés provisoires. Au droit de l'accès, le franchissement des fossés, provisoires ou définitifs, sera assuré par des buses provisoires.

Les matériaux argileux plastiques de classe GTR A4 utilisés en revêtement des bassins, cun-ettes, fossés seront éventuellement stockés par l'Entrepreneur à proximité des ouvrages à protéger sur des sites proposés à l'agrément du Maître d'Ouvrage. Ces dépôts ne devront pas dépasser une hauteur de 3m.

Après exploitation, les emplacements des dépôts provisoires devront être totalement nettoyés, décompactés par sous-solage et les terres végétales issues du décapage régalées. Les matériaux éventuels non utilisés seront évacués en dépôt définitif.

这些材料堆放方式应得到业主方同意。所有临时堆放场地必须在任何时候都能方便进出（自高速公路修筑路基时起即可进入）。临时堆放场地必须修建临时排水沟，以避免外来流水侵蚀。在便道入口处，跨越临时或永久性的边沟时，要设置临时涵管。

对于用于水池、小水沟或边沟覆盖层的 GTR A4 级的塑性黏土材料，通常由承包方堆放于经业主方同意的施工现场附近的场地。这些堆放材料高度不得大于 3m。

施工结束后，这些临时堆放场地必须全面进行清理，用深耕法耙松。清理出的腐殖土和可能未使用的堆放材料，将被清理出场并做永久性堆放。

12.4 PRESCRIPTIONS PARTICULIÈRES APPLICABLES AUX MODELÉS PAYSAGERS 适用于景观造型的特殊规定

En raison de leur fonction et de leur emplacement particuliers le long du tracé, ces modelés devront être réalisés suivant les schémas de principes définies par le Paysagiste du Maître d'Ouvrage, Ces schémas seront notifiés à l'Entrepreneur avant le commencement des trava-ux de modelage.

Le projet d'exécution sera établi en fonction de prescriptions du Maître d'Ouvrage et des qu-antités à mettre en dépôt.

Après mise en stock des matériaux, la surface sera modelée pour assurer une bonne insertion dans le site et en particulier un raccordement progressif des aménagements au terrain na-turel. Les matériaux stockés seront régalés au fur et à mesure du déversement de façon à se rapprocher progressivement de la forme définitive.

D'une façon générale, pour l'ensemble des dépôts définitifs, si l'Entrepreneur n'a pas respecté la règle ci-avant de régalage au fur et à mesure du déversement, il ne peut prétendre à indemnité pour tout apport supplémentaire ou enlèvement de matériaux stockés qui lui serait notifié par le Maître d'Ouvrage afin d'assurer une bonne insertion dans le site.

根据其用途以及道路沿线的特殊位置，这些造型将按照业主方的园林设计师提供的示意图实施。这些示意图将在景观造型工程开工之前提交给承包方。

根据业主方的规定和待堆积材料的数量制定施工计划。

堆放完毕后，堆放材料表面应加以造型，以保证同周围环境的和谐，尤其要渐进地同自然地面相连接。堆放材料应随着倾倒土方随时进行平整，以逐步形成最终要造成的形状。

总之，对于整个永久性堆放场，如果承包方未能遵守上述堆放规定（随着倾倒土方即时进行平整），他不能以业主方要求他为保证现场的融合，而增加堆存量或对已堆放材料进行的清除为由而申请补偿。

13.0 FINITION DE LA FORME 路基的收尾

13.1 Forme en remblai ou en déblai meuble ou semi-dur 填方或者是挖方或者是半硬土挖方路基

La forme sera réglée et compactée de telle manière que:

• la densité sèche sur les vingt centimètres supérieurs en remblai ou en déblai atteigne 96% de la densité sèche de l'Optimum Proctor Modifié,

• la forme définitive respecte les tolérances suivantes: plus ou moins trois centimètres (± 3cm).

Ces spécifications s'appliquent aussi pour une forme constituée de matériaux meubles ou semi–dur en place (déblai) que pour une forme constituée matériaux de remblai (remblai ou déblai avec surprofondeur).

路基应平整和压实至：

- 填方或者是挖方上面的 20cm 的干密度达到最大干密度的 96%。
- 对永久的路基遵照下述的容许误差：(± 3cm)。

这些要求也适用于由普通土或者是半硬土材料组成的路基，还适用于填方材料组成的路基 (填方或者是超深挖方)。

13.2   Finition de la forme en déblai rocheux   石质挖方路基的收尾

Sauf dérogation de l'Ingénieur, la forme sera réglée grossièrement sans apport de matériaux de manière à respecter les tolérances suivantes: plus sept ou moins trois centimètres (+ 7cm ou – 3cm). La méthode utilisée est laissée au choix de l'Entrepreneur.

除非工程师更改，不经填方的路基表面应该大概平整至下面的允许误差值：(+7cm 或 –3cm) 由承包方来选择使用的方法。

13.3   RÉCEPTION   验收

a) Réception de compacité

Les mesures seront effectuées sur l'axe des chaussées ou accotements à raison d'un point tous les 20mètres.

La forme sera considérée comme recevable en compacité lorsque toutes les mesures effectuées donnent des résultats conformes aux exigences. Les méthodes de contrôle applicables sont traitées dans l'article 16.5.

b) Réception en nivellement

La vérification en nivellement sera faite tous les: 50m pour R > 3 000m et 20m pour R ⩽ 3 000m.

c) Réception en implantation

La vérification de l'implantation sera faite selon le même pas que le nivellement. Les tolérances sont de plus ou moins cinq centimètres (± 5cm) par rapport à l'implantation prescrite.

a）对压实度的验收

按每 20m 的间距在路面或者路肩中心进行检测。

如果检测结果符合要求，路基的压实度就算通过。检测方法在 16.5 已作规定。

b）对平整度的验收

是当 $R > 3\,000$m 时，每 50m 进行平整度检测；对于 $R \leqslant 3\,000$m，每 20m 进行检测。

c）对定位的验收

定位检测间距是与平整度一样，其允许误差是 ± 5cm。

13.4   DÉVERS DE LA FORME DE FONDATION   基础平台的倾斜

Le dévers de la forme fondation ne sera nulle part inférieur à 2.5%. Les changements de dévers de la forme de fondation passant par le dévers de 0%, s'étendront sur la longueur d'une (1) largeur chaussée. En dessous des voies de roulement, les épaisseurs des couches du corps de chaussée ne seront nulle part inférieures aux épaisseurs prescrites, sans que les quantités supplémentaires qui résultent de la différence des dévers de la chaussée et de la forme de fondation, soient payées à l'Entrepreneur. Pour la bande d'arrêt, l'épaisseur de la couche de fondation pourra être diminuée en fondation de la différence de dévers.

基础平台在任何地方的倾斜度都不能低于 2.5%。从倾斜度 0% 变化要经过一个路宽的长度来变化。

在行车车道下面，路面主体层厚度不能低于规定厚度，路面和基础层倾斜度发生偏差导致的额外工程金额将不会支付给承包方。对于停车带，基础层的厚度可以根据倾斜度的不同来相应减小。

14.0　PARTIE SUPÉRIEURE DES TERRASSEMENTS (PST)　土方上部（PST）

14.1　GÉNÉRALITÉS　概况

En référence au GTR, on désigne par PST la zone supérieure (environ 1m) des terrains en place (dans le cas des déblais) ou des matériaux rapportés (dans le cas des remblais). La plate-forme de la PST est l'arase de terrassement (AR).

根据 GTR 规定，挖方地面（路堑段）的上部（约 1m）或者填方的上部（路堤段），为土方上部（PST）。土方上部的路基则是土方的找平层（AR)。

14.2　PROVENANCE ET QUALITÉ DES MATÉRIAUX　材料来源和质量

14.2.1　PST des déblais　挖方路段的土方上部

14.2.1.1　PST substituée　换土（路段的）土方上部

Les matériaux utilisés pour réaliser la PST substituée proviendront des déblais ou d'emprunts et devront être conformes aux spécifications de l'article 5.1 du présent livret.

用于土方上部施工的换土材料，或来自挖方回填，或是借土填方，均应符合本分册第 5.1 条的技术要求。

14.2.1.2　PST traitée　经过处治的土方上部

Dans le cas de la PST traitée, les matériaux seront revalorisés en place par traitement à la chaux et humidification éventuelle. La chaux ou les liants routiers devront répondre aux spécifications et contrôles décrits à l'article 10.2 du présent livret.

对于需要进行处治的土方上部，材料应通过使用石灰处治或加湿处理，在现场重新使用。

石灰或路用的胶粘剂，应符合本册第 10.2 条的规定和监督（检查）标准。

14.2.2 PST des remblais (y compris les rétablissements) 填方路段的土方上部（包括恢复交通路段）

Les matériaux constituant la PST des remblais proviendront des déblais de l'autoroute ou des zones d'empruntes. Dans le cas d'une PST en matériaux traités, la chaux ou les liants routiers devront répondre aux spécifications et contrôles décrits à l'article 10.2 du présent livret.

填方路段用于填筑土方上部的材料，来自高速公路的挖方或借土填方。

当土方上部是用处治材料筑成时，石灰或路用粘结剂均应符合本册第10.2条的技术要求和监督（检查）标准。

14.3 Mode d'exécution 施工方式

14.3.1 Prescriptions générales applicables à la réalisation de la PST 适用于土方上部施工的一般规定

14.3.1.1 PST en matériaux de substitution 使用换土材料做土方上部

Dans le cas d'une PST en matériaux de substitution, les terrassements des déblais et des zones de transition " remblais–déblais " devront être réalisés en tenant compte de la surprofondeur de déblai sur toute la largeur de l'arase.

Les matériaux substitués seront évacués en dépôt définitif ou en remblai après agrément du Maître d'Ouvrage.

Les prescriptions applicables à la réalisation de la substitution sont données au paragraphe 8.2.2.7 auquel il est fait renvoi.

Les substitutions seront réalisées sur une épaisseur minimale de 0.50m ; les caractéristique-s d'exécution de ces substitutions seront soumises à l'approbation du Maître d'Ouvrage avant tous travaux d'exécution du déblai.

当使用换土材料做土方上部时，挖方的土方和移挖作填过渡区的土方，将按挖方地面整幅宽度的超深度挖方计算。

被替换的材料在征得业主方同意后，进行清除并作永久堆存或用于填方。

有关换土材料的施工规定，已本册第8.2.2.7节中作出说明。

换土材料的施工厚度至少为0.50m。在所有挖方之前，这些换土材料的特性需征得业主方同意。

14.3.1.2 PST en matériaux traités 使用处治材料做土方上部

Les prescriptions des articles 8 et 10.3sont applicables avec les compléments suivants:

− le malaxage sera précédé d'une scarification du matériau si son état hydrique ou ses caractéristiques le justifient;

− le malaxage sera impérativement réalisé par un pulvérisateur de sols (ou pulvimixers) ayant une profondeur d'action minimale de 50cm;

− l'humidification éventuelle sera réalisée par injection d'eau dans la chambre lors du malaxage;

− l'épaisseur minimale de traitement est de 0.50m en une passe. En cas de sol de portance localement inférieure, le Maître de l'ouvrage pourra prescrire une augmentation de l'épaisseur de matériaux à traiter.

Sauf accord préalable du Maître d'Ouvrage, tout matériau sur lequel est répandu le liant doit être malaxé, nivelé et compacté le jour même.

En cas de pluie ou de menace de pluie, le compactage doit suivre immédiatement le malaxage.

第 8 条和第 10.3 条的规定均适用，同时补充以下规定：

- 如果材料的含水状态及其特性均证明有必要，就应在材料耙松前进行搅拌混合；
- 拌合必须使用搅拌深度至少达到 50cm 的土壤粉碎机（或松土搅拌机）；
- 如果需要加湿，应在搅拌时由搅拌室内喷水完成；
- 每一遍的最小处治厚度为 0.50m。

当土壤局部承载力较低时，业主方可要求增加要处治材料的厚度。

除业主方事先同意的情况外，已洒有粘结料的所有材料均应在当天进行拌合、平整和压实。

如果遇上下雨或将要下雨的情况，搅拌后必须立即进行碾压。

14.3.2 Prescriptions particulières applicables aux PST 适用于土方上部的特殊规定

14.3.2.1 En déblai 在挖方路段

L'Entrepreneur devra prendre toutes les dispositions nécessaires pour ne pas déstructurer le sol en place au droit de la ligne d'arase de terrassement, par le passage des engins lourds de chantier, et la concentration des transports.

L'Entrepreneur prêtera son attention aux éventuelles venues d'eau en fond de décaissement et y remédiera par l'installation de dispositifs de drainage appropriés.

Dans les déblais réalisés à l'explosif, la foration et le chargement seront impérativement descendus cinquante (50) centimètres au-dessous de la PST théorique afin de constituer un masque régulier de pierres brisées facilitant le réglage et l'homogénéisation des matériaux.

Le drainage sera réalisé avant la mise en place de la couche de forme, et selon les prescriptions du livret B.3: Assainissement. Réseaux, protection hydrauliques.

L'Entrepreneur est interdit de déstructurer le sol en place au droit de la ligne d'arase du terrassement par le passage et le cisaillement d'engins lourds et la concentration des transports.

承包方应采取一切必要的措施，避免工地重型机械通过以及集中运输，对现场土方找平层（表面结构）造成破坏。

承包方要注意，在挖方拉槽路段底面可能出现地下水，要通过设置相应的排水设施，来进行补救。

在使用爆破挖方时，钻孔及装填炸药，均必须低于理论土方上部 50cm，以形成一层规则的碎石覆盖层，便于材料的调整和均质化。

排水沟将根据本册第 B3 条有关地下排水和地表排水的规定，在路基顶面层施工之前完成。

禁止重型车辆通行以及集中运输对土方整平线处的土进行破坏。

14.3.2.2 En remblai 在填方路段

Le mètre supérieur des remblais sera constitué de matériaux permettant d'obtenir les critères de portance et de déformabilité fixés pour la PST. Dans le cas de remblai rocheux éventuel, la partie supérieure sur un mètre d'épaisseur, doit être réalisée avec un matériau très homogène dont la dimension maximale des blocs ne dépassera pas quinze (15) centimètres.

填方上部的材料应该要能确保 PST 在承载力和变形方面达标。当涉及石质填方时，上部 1m 厚的部分应该要用同类材料填制，石块的最大尺寸不得超过 15cm。

14.3.2.3 Profils rasants et des faibles remblais 调整剖面与低填方

Quand la hauteur de remblai sous la couche de forme est inférieure à 1.00m par rapport au terrain naturel, il sera mis en place une PST d'épaisseur un (1) mètre minimum constituée de matériaux rapportés permettant d'obtenir les critères de portance et de déformabilité fixés pour celle-ci, si la nature du sol support la nécessite. Cette opération nécessite d'exécuter un décaissement.

当路基顶面层下的填方高度低于原地面 1m 时，将设置最小厚度为 1m、由填方材料构成的 PST 层，使土壤基底达到承载力和变形性的标准。

该操作需要进行拉槽。

14.3.2.4 Au point de passage déblai/remblai 挖方－填方的过渡点

En fonction de la nature des matériaux rencontrés, le Maître d'Ouvrage pourra demander une surépaisseur de substitution associée ou non à une tranchée drainante.

根据所遇到材料的性质，业主方可要求加大换土材料的厚度，并配合设置或不设置排水盲沟。

14.4 CONTRÔLES 检查

14.4.1 Performances et tolérances d'exécution 施工效果和允许误差

14.4.1.1 Objectifs visés 计划目标

Les performances en matière de portance et de déformabilité visées pour les arases terrassements sont définies dans le tableau ci-après:

关于土方顶面承载力及变形性能的数据由下表确定:

Emplacement 位置	Essai de plaque 平板试验		Déflexion d(1/100mm) 弯沉 (1/100mm)	Densité sèche γ d (*) 干密度 γd (*)
	EV2	EV2/EV1		
En déblai 挖方路段	≥40MPa	< 2.2	≤300	γdfc≥95% γd OPNγdmoy≥97% γd OPN
En remblai 填方路段	≥50MPa	< 2	≤250	

(*) γdfc: densité sèche en fond de couche (8cm inférieurs). 层底（8cm 以下）干密度。
γdmoy: densité sèche moyenne sur l'ensemble de la couche. 整个土层的平均干密度。

14.4.1.2 Tolérances géométriques 几何测量允许误差

Les tolérances d'exécution de l'arase sont:

en altimétrie:

• plus ou moins cinq centimètres (± 5cm) par rapport à la cote théorique pour une PST non traitée, avec la moyenne des écarts égale à 0 ± 2cm,

• plus ou moins trois centimètres (± 3cm) par rapport à la cote théorique pour une PST traitée, avec la moyenne des écarts égale à 0 ± 1cm.

en planimétrie:

• de zéro à plus dix centimètres (–0.00m; + 0.10m) par rapport à la largeur théorique de la demi plate–forme.

土方找平层的施工允许误差：

高程测量：

• 相对于理论标高，未经处治的土方上部允许误差为正负 5cm（ ± 5cm），平均误差为 0 ± 2cm；

• 相对于理论标高，经过处治的土方上部允许误差为正负 3cm（ ± 3cm），平均误差为 0 ± 1cm。

平面测量：

• 相对于半幅路基的理论宽度，允许误差为零到 10cm (–0.00m; +0.10m)。

14.4.2　Contrôle des prescriptions　**对规定的监督（检查）**

14.4.2.1　Contrôles sur les matériaux (fourniture extérieure)　**材料的监督检查（外部供料）**

Pour chaque provenance, l'Entrepreneur devra réaliser les contrôles suivants:

– Classification: 1 par 10 000t

– Granulométrie: 1 par 5 000t

Chaque lieu de provenance recevra une attestation provisoire de la part du Maître d'Ouvrage.

En cas de non respect des spécifications définies, le lot correspondant sera rebuté et l'Entrepreneur devra proposer un autre lieu de fourniture pour acceptation provisoire.

对于每一种来源的材料，承包方均应做如下监督（检查）：

• 分类：1 par 10 000t

• 级配：1 par 5 000t

每一个料场都将由业主方出具临时证明。如果未遵守此项规定，相关批次的材料将不能使用，承包方要提供新的供料场地并要获得临时同意。

14.4.2.2　Portance et déformabilité　**承载力及变形性能**

Les prescriptions relatives à la portance et à la déformabilité de l'arase devront être atteintes quelle que soit la saison aussi bien en remblai qu'en déblai.

Les contrôles à réaliser sont les suivants:

– contrôle de la portance,

– contrôle de la déformabilité,

– contrôle de la densité.

Ces contrôles seront réalisés aux frais de l'Entrepreneur suivant une fréquence de deux (2) essais par profil de plate–forme distants de 20mètres.

无论在什么季节，无论是挖方还是填方，有关土方找平层的承载力和变形性能，均应达到规定要求。

要进行的监督（检查）如下：

– 承载力的监督（检查）；

– 变形性能的监督（检查）；

– 密度的监督（检查）。

上述监督（检查）按路基断面每隔 20m 进行两次的次数进行，费用由承包方承担。

14.4.2.3 Géométrie 几何测量

La réception de conformité sera effectuée contradictoirement sur la base d'un profil en trave-rs :

– tous les 20m pour la section courante, à raison de 6 points levés minimum par profil, dont 3 par demi plate-forme (largeur et nivellement),

tous les 10m pour :

– les bretelles unidirectionnelles d'échangeur et des aires de repos, à raison de 4 points levés minimum par profil,

– les bretelles bidirectionnelles d'échangeur à raison de 4 points levés minimum par profil.

– tous les 20m pour les voies rétablies à raison de 3 points minimum par profil.

Cette réception topographique sera effectuée aux frais de l'Entrepreneur à l'aide d'un matéri-el compatible avec celui du Maître d'Ouvrage.

En cas de non respect des tolérances définies à l'article 12.4.1.2, l'Entrepreneur propose-ra au Maître d'Ouvrage une méthode pour une mise en conformité. Les travaux de mise en conformité resteront à sa charge.

合格验收将以横断面为基础双方到场进行测量：

– 普通路段每隔 20m 测一次，每个断面至少测 6 个点，即半幅路基测 3 个点（宽度和测平度）。

每隔 10m 测一次的路段有：

– 立交单向匝道及休息区（服务区），每个断面至少测 4 个点；

– 互通式立交双向匝道，每个断面至少测 4 个点；

– 恢复道路，每隔 20m 测一次，每个断面至少测 3 个点。

该项测量验收将由承包方使用同业主方相同的仪器进行，费用由承包方负担。

如果未能遵守第 12.4.1.2 条规定的允许误差，承包方应向业主方推荐一种合格的方法。该项合格施工的费用由承包方负责。

14.4.3 Réception 验收

La réception sera effectuée au plus tôt deux (2) semaines avant le début des travaux de mise en œuvre de la couche de forme ; à cet effet l'Entrepreneur fournira les résultats des cont-rôles régulièrement.

Par lot de 1000 mètres linéaires minimum en section courante , la PST sera jugée conforme si pour les critères de réception, 95% des résultats vérifient les valeurs prescrites, et si, pour l'altimétrie, la moyenne des écarts respecte la tolérance fixée (cf. article 12.4.1).

Si les valeurs de performances ne sont pas atteintes par lot de contrôle, le Maître d'Oeuvre prescrira une substitution et le remplacement du matériau, à la charge de l'entreprise y com-pris le contrôle complémentaire.

验收应在路基顶面层施工之前两周进行，为此，承包方将按规定提交监督（检查）的结果。

土方上部的验收，普通路段每隔 1 000m 至少进行一次，如果检测结果的 95% 符合规定数值，则视为合格，对于路面高程测量，其平均误差符合规定的允许误差（参见第12.4.1 条），即符合标准。

如果批次检测结果未能达到规定要求的性能，业主方将要求更换材料，并进行重新检测，其费用由承包方负担。

15.0 COUCHES DE FORME 路基顶层

15.1 COUCHE DE FORME EN MATÉRIAUX NATURELS 天然材料

15.1.1 Description des travaux et généralités 工程描述及概述

Une couche de forme en matériaux naturels correspondant à une GNT 0/63sera mise en œuvre sur la PST de l'autoroute et des voies rétablies.

L'épaisseur de couche de forme à mettre en œuvre sera entre 0.30m et 0.50m de façon à vérifier au moins une classe de plate-forme PF2.

高速公路或重建道路的 PST 上面将施工一层 GNT 0/63 构成的路基顶层面。

要铺设的（路基）顶面层的厚度应为 0.30~0.50m，至少要达到 PF2 级的路基标准。

15.1.2 Provenance et qualité des matériaux 材料的来源及质量

Les prescriptions relatives à la provenance et à la qualité des matériaux sont données à l'article 5.1 du présent livret, auquel il est fait renvoi.

Il est précisé les points suivants:

(i) Provenance des matériaux

Une partie de couches de forme de l'autoroute, et des voies rétablies seront réalisées à part-ir de matériaux rocheux issus des déblais du chantier, préalablement élaborés conformémement à l'article 13.1.3.1 du présent livret.

Pour les voies rétablies et pour les déviations provisoires qui seront réalisées avant que n'ait débuté la production de couche de forme à partir des déblais rocheux, les matériaux de couches de forme seront fournis par l'Entrepreneur. Dans ce cas, chaque provenance envisagé-e sera soumise à l'acceptation du Maître d'Ouvrage avant approvisionnement ; elle devra fai-re l'objet d'un dossier préalable de demande d'agrément auprès du Maître d'Ouvrage comportant notamment les éléments suivants:

• Qualité du gisement

L'Entrepreneur doit justifier que le gisement proposé est en mesure de fournir des matériaux conformes aux prescriptions du présent C.C.T.P. Il doit de plus justifier que le gisement pro–posé a une capacité compatible avec les besoins du présent marché.Le dossier de demande d'agrément doit comporter pour chaque lieu de production, une cart–e du front de taille, (datée de moins de 3mois), à l'échelle 1/1000 ème, avec délimitation des zones exploitables, représentation de l'état d'avancement des fronts, localisation des altérations, failles ou variations de nature pétrographique.

Si ces éléments peuvent impliquer un risque de variation de la qualité des fournitures, le Maî–tre d'Ouvrage se réserve la possibilité de demander à la charge de l'Entrepreneur des inves–tigations complémentaires susceptibles de lever toute indétermination.

• Stocks préexistants

Dans le cas où l'Entrepreneur dispose de stocks existants, qu'il compte utiliser pour tout ou partie de la fourniture, il doit certifier que ces stocks ont été constitués selon les règles. Il devra de plus fournir les origines et les résultats des essais exécutés au fur et à mesure de la constitution des stocks et garantir que la qualité des matériaux des stocks est conforme aux spécifications du présent C.C.T.P. Dans le cas contraire, tout le stock sera refusé.

(ii) Qualité des matériaux

– Les matériaux pour couche de forme seront issus de GNT ou mélange de GNT et TVO(lavé et concassé) ;roches concassées ; ils devront respecter les critères de granularité de la norme NF P 98–129 ; les caractéristiques minimales des matériaux seront mes–urées conformément à la norme XP P 18–540:

– granulométrie: GNT 0/63mm ou 0/31.5mm (NF P 98.129),

– caractéristiques intrinsèques: catégorie E (XP P 18–540),

– propreté de la grave: catégorie b (XP P 18–540).

– Les spécifications du géotextile éventuellement prévu sous la couche de forme sont dé–finies à l'article 15 du présent livret, auquel il est fait renvoi.

– TVO doit être traité afin de satisfaire l'exigence de granulométrie et sa charge doit répo–ndre aux Normes de structure de chaussée et l'exigence des études.

有关材料的来源及质量的规定，在本册第 5.1 条里已作说明。

现明确以下几点

（i）材料来源

高速公路或者恢复道路的路基顶面层的一部分，将使用现场挖方中的石质材料，这要按照本册第 13.1.3.1 条规定预先制定。

对于要施工的修复道路和临时改道，在路基顶面层施工前，当顶面层材料由承包方提供为岩石挖方材料，则在这种情况下，每次供料前，材料的来源必须提交业主方认可；需预先提交业主方认可的申请材料包括下列内容：

● （岩石）矿脉的质量

承包方应该证明他所推荐的矿脉，能够提供符合本专用技术条款规定的材料，而且还要证明所推荐矿脉储量，能够满足是本合同所需材料的数量。提交业主方审批的申请文件，应该包括每个料场的开挖面的地图（日期至少 3 个月以前），比例为 1/1000，并包括开采区域的限界、介绍开采作业面的进展情况、岩层风化的位置，断层或者岩石性质变化情况。

如果上述材料显示有可能造成供料质量变化的危险，业主方有权要求承包方进行可能的补充勘探，以消除所有的不确定因素。

● 预先已有的存料

如果承包方有预先存料，并打算全部或者部分用于施工，他必须证明这些存料符合规定条件。并提供存料的来源和在堆存过程中所进行试验的结果，并保证所存材料质量符合本专用技术条款的规定。否则，所有存料将被拒绝使用。

（ⅱ）材料质量

● 垫层材料使用 GNT 料或者 GNT 和（清洗、破碎过的）TVO 混合料，破碎岩石；这些料必须符合 NF P 98-129 规范规定的对骨料的要求标准；材料的最低规格依照 XP P 18-540 测量：

● 级配标准：GNT 0/63mm 或 0/31.5mm（NF P 98.129）。

● 固有参数：E 类（XP P 18-540）。

● 砂砾石属性：B 类（XP P 18-540）。

● 垫层下面的可能的土工布的规格在本册的第 15 条款里做了规定。

● TVO 必须进行处理，以满足对级配的要求，加载量必须符合路面结构规范和设计的要求。

15.1.3　Mode d'exécution　**施工方式**

15.1.3.1　Elaboration de la couche de forme　**路基顶面层的准备**

(i) Cadre de l'intervention

Les installations nécessaires à la production des matériaux de couche de forme à élaborer sur le site feront objet d'un dossier de demande d'autorisation au nom de l'Entrepreneur dan-s le cadre de la réglementation Algérienne sur ce type d'installations.

(ii) Nature des matériaux à concasser

Les matériaux destinés au concassage sont extraits des déblais du présent marché. Il s'agit principalement du calcaire massif et grés.

(iii) Caractéristiques des matériaux à produire

Les matériaux devront répondre aux spécifications définies à l'article 5.1 et vérifier les critères de qualité définis à l'article 15.1.2 (ii) ci-avant.

Les notions suivantes sont applicables à la granularité des produits à élaborer.

➤Fuseau de tolérance

A l'issue des épreuves de convenance de fabrication définies à l'article 13.1.3.1 (iv) ci-après, l'Entrepreneur proposera à l'agrément du Maître d'Ouvrage une courbe moyenne de fabrication des produits.

Les ouvertures de fuseau de tolérance qui sont indiquées dans le tableau ci-après, permettront d'établir à partir de la courbe moyenne de fabrication, le fuseau de tolérance du produit.

（ⅰ）涉及范围

拟用于路基顶面层的材料生产场地所必须的建点，将以承包方的名义按阿尔及利亚就这类建点的规定，向业主方提交申请许可证材料。

（ⅱ）待轧碎材料的性质

待轧碎的材料均为本工程合同中路面挖方材料。主要是大块的石灰岩和砂岩。

（ⅲ）待生产材料的特性

材料应符合第 5.1 条规定的技术要求，并按照前面第 13.1.2 条第 (ii) 节规定的质量标准进行检验。

下列定义适用于将拟定的材料级配：

➤允许偏差范围

根据下面第 13.1.3.1 条第（ⅳ）节中规定的生产适用性试验结果，承包方必须向业主方呈交一份材料生产平均曲线，提请业主审批。

下表列出的允许误差范围的开度，可根据生产平均曲线制定材料的误差允许范围。

Tamis (mm) 筛孔	Plage de tolérance autour de la moyenne de fabrication 生产平均值的允许误差范围
40	± 5%
6.3	± 7.5%
0.08	± 3%

• Fuseau de fabrication

Toutes les analyses granulométriques effectuées lors du contrôle de fabrication doivent s'inscrire à l'intérieur du fuseau de tolérance établi comme indiqué ci-dessus.

(iv) Opérations préalables au concassage

a) Dossier d'agrément

Pendant la période de préparation et avant tout début de travaux l'Entrepreneur soumet à l'agrément du Maître d'Ouvrage un dossier comprenant:

− un plan au 1/1000 figurant les lieux d'installation de chantier, les plate-formes de concassage, les lieux de stockage des produits élaborés ou non, les lieux de stockage des matériaux non utilisables (terre végétale, stériles,...) les pistes d'accès, l'amenée des réseaux,....,

− un plan au 1/200 figurant les installations de production des matériaux, les aires de stockage y compris accès, bascule, emplacement et emprise des stocks...,

− un plan de circulation,

– une notice descriptive technique détaillée de l'ensemble des matériels constituant les installations de production des matériaux (concassage, criblage, stockage, transport,...),

– une note décrivant les dispositions que l'Entrepreneur compte adopter pour l'élaboration des matériaux:

– cadences de production des différentes chaînes de concassage,

– planning détaillé des opérations d'exploitation et de traitement des matériaux.

Ce dossier sera conforme aux dispositions prévues dans le dossier de demande d'autorisation et sera mis à jour régulièrement par l'Entrepreneur. Les modifications ou compléments d'informations sont transmis au Maître de l'ouvrage. Tout changement remettant en cause les principes approuvés précédemment par le Maître de l'ouvrage lui sont soumis à nouveau pour acceptation.

b) Épreuves de convenance préalables à la fabrication

Les épreuves de convenance comprennent:

– les essais préliminaires de réglage;

– les essais préalables de fabrication.

➢Les essais préliminaires de réglage

Elles ont pour objet le réglage de l'installation en vue de déterminer notamment:

– les points de l'installation à mettre sous surveillance particulière pendant toute la durée de la fabrication,

– l'aptitude de l'installation à fabriquer des matériaux à la granularité et à la propreté satisfaisantes,

– les conditions optimales de fonctionnement de la centrale pour obtenir une régularité dans la production,

– l'agrément définitif de l'installation.

Ces essais ne pourront être entrepris qu'après:

– l'amenée, le montage et la mise en état de fonctionnement de tout le matériel constitua–nt l'installation,

– la présentation de la notice de réglage et d'entretien de l'installation établie par le const-ructeur ou, à défaut, par l'Entrepreneur,

– la vérification par le Maître d'Ouvrage et l'Entrepreneur du bon état des matériels la co-nstituant.

➢Les essais préalables de fabrication

Porteront sur:

– les débits instantanés à chaque stade de fabrication,

– la granularité à chaque stade et en final,

– l'aptitude au compactage.

Les réglages de l'installation seront effectués à l'initiative de l'Entrepreneur et en présence du Maître d'Ouvrage. Les essais seront réalisés par le laboratoire de l'Entrepreneur et à ses frais sous le contrôle du Maître d'Ouvrage.

Les matériaux produits lors de ces essais préalables de fabrication, après constatation d'une non–conformité, seront mis en stock distinct à proximité de l'installation par l'Entrepreneur et à ses frais.

La durée de ces essais est de minimum cinq (5) jours dans des conditions normales de fabrication. Ils doivent permettre de réaliser entre vingt (20) et trente (30) analyses granulométriques pour obtenir un fuseau représentatif de chaque classe granulaire.

L'aptitude au compactage du matériau sera appréciée sur la base des planches d'essai réalisées dans les conditions définies à l'article 13.1.3.3 (ii) ci–après.

Les installations d'élaboration seront considérés comme étant réglées, lorsque les différents résultats obtenus satisferont aux spécifications fixées par l'article 13.1.3.1. (iii).

A l'issue des essais de réglage et de fabrication, l'Entrepreneur remettra au Maître d'Ouvrag–e un rapport de synthèse comprenant:

– tous les procès–verbaux d'essais effectués,

– les courbes moyennes de fabrication résultant des granulométries effectuées,

– les fuseaux de tolérance déduits des courbes moyennes de fabrication par application des tolérances de fabrication indiquées à l'article 13.1.3.1 (iii) ci–avant.

Après acceptation de ce rapport de synthèse par le Maître d'Ouvrage, la fabrication en grande masse pourra débuter.

(v) Installation de traitement des matériaux (v)

L'Entrepreneur fournira et mettra en oeuvre les matériaux nécessaires à la réalisation des plates–formes et des accès des installations de traitement des matériaux.

Il sera autorisé à utiliser les matériaux du site à l'exception des matériaux valorisables en couche de forme.

Les installations spécifiques aux sites d'élaboration des matériaux seront organisées de façon à:

– laisser libre la circulation générale du chantier,

– assurer une circulation en circuit fermé entre l'installation de concassage, la pesée et   le stockage,

– permettre la mise en place d'un stock tampon minimum équivalent à 5 jours de production.

L'installation de traitement des matériaux doit être conçue de façon à pouvoir respecter le programme des travaux, et notamment à permettre la production des matériaux 0/63 pour couche de forme.

L'installation de concassage/criblage doit comporter un ensemble alimentateur/précribleur ré–alisant la coupure du brut d'abattage 0/500, permettant de vérifier les spécifications des matériaux élaborés donnés ci—avant tout en réduisant la proportion de stériles au minimum. A tit—re indicatif, on prévoit une coupure à une maille voisine de 50mm, pouvant représenter jusqu'à 15% du matériau brut. Toutefois, le choix de la dimension optimum de la maille de cou—pure se fera pendant les essais de convenance préalables à la fabrication tels que définis à l'article 15.1.3.1 (iii) b) ci—avant.

Pour chaque site d'élaboration, les installations doivent être dimensionnées de façon à pouv—oir traiter au minimum 400t/h de matériau 0/500.

Le repliement et la remise en état des sites de ces installations devront être réalisés dans le—s délais fixés au livret A du CCTP.

(vi) Stockage des matériaux bruts

Au cas où une mise en stock provisoire du brut 0/500serait nécessaire, celle—ci s'effectuera sur le site d'élaboration conformément aux dispositions prévues par le dossier d'agrément.

Les matériaux bruts seront alors repris sur stock puis déversés dans l'alimentateur primaire. Cet approvisionnement sera régulé par l'intermédiaire de feux bicolores commandés depuis le poste de conduite ou par tout autre procédé apportant des garanties équivalentes.

(vii) Stériles de concassage

Les stériles de concassage produit à l'installation primaire ne sont pas rémunérés. Leur prise en considération est effectuée au niveau des prix de matériaux élaborés. On admet que le pourcentage de stériles pourra atteindre 15% du volume du brut d'abattage, et l'Entrepreneu—r ne pourra pas élever de réclamation dans cette limite.

Il n'est pas admis de stock tampon de stériles au niveau des installations de précriblage. L'E—ntrepreneur devra assurer leur évacuation, en stock provisoire sur l'aire de stockage, en remblais ou en modelage, selon les demandes du Maître d'Ouvrage, au fur et à mesure de leur production.

(viii) Stockage et gerbage des granulats

Chaque classe de granulats est stockée à part, conformément aux emplacements définis su—r les plans d'occupation des aires, et matérialisés avant tout approvisionnement. Chaque emplacement de stockage doit être signalé par un panneau de 80 x 80cm sur lequel est indiquée la granularité du matériau.

Le schéma de gerbage et le matériel utilisé doivent être soumis à l'agrément du Maître D'où—vrage. Les manutentions de granulats s'effectuent en réduisant au minimum la hauteur de chute qui ne doit jamais dépasser deux mètres afin d'éviter la ségrégation.

Le stockage doit être réalisé par couches horizontales d'épaisseur maximum égale à deux m—ètres en commençant par le côté exposé aux vents dominants – chaque couche est réalisée en déversant le contenu de la benne tas contre tas.

Lorsque les matériaux sont agréés par le contrôle extérieur, l'Entrepreneur doit régulariser la surface de chaque couche avant de commencer la couche suivante. Cette opération consist—e

145

à remplir les vides entre chaque tas à l'aide d'un engin à pneus ; l'utilisation d'engins à chenilles est interdite sur les stocks.

La plus grande propreté des pneus des camions et engins ayant accès aux aires de stockag–e est exigée ; leur nettoyage doit être éventuellement envisagé afin d'éviter toute pollution des matériaux stockés.

En cas de pollution accidentelle des stocks ou des rampes, le Maître d'Ouvrage pourra exige–r l'enlèvement et la mise en dépôt des granulats pollués. Cette opération donnera lieu à repri–se, chargement, pesée et évacuation des matériaux aux frais de l'Entrepreneur et les quant–ités correspondantes seront déduites des quantités de matériaux prises en compte par le Maître d'Ouvrage. Il en sera de même pour les pieds de stock qui devront être protégés de la pollution causée par la circulation des engins. En outre, le sablage des rampes d'accès aux stocks est vivement déconseillé ; il ne pourra être envisagé qu'après accord du Maître d'O–uvrage et sera subordonné aux propositions de l'Entrepreneur concernant la nature du sabla–ge et les conditions de mise en place et d'enlèvement du sable.

(ix) Aménagement et entretien des aires de stockage et de concassage

L'Entrepreneur implantera les installations de concassage, et les aires de stockage sur les sites

L'entrepreneur implantera les installations en tenant compte des contraintes d'exploitation et d'environnement. L'aménagement de ces sites donnera lieu aux opérations suivantes:

– implantation des stocks, des pistes d'accès et des installations, dégagement des empri–ses,

– décapage et mise en dépôt provisoire de la terre végétale,

– mise à niveau des aires de stockage, réglage et compactage de l'arase,

– mise en place d'une couche de matériaux concassés sur une épaisseur de 40cm com–pactée et réglée.

– mise en place des voies de circulation, de leur signalisation et d'un réseau d'assainisse–ment assurant la mise hors d'eau des stocks et des voies de circulation,

– gardiennage des stocks et mise en place d'un éclairage permettant une parfaite vision –nocturne de tous les emplacements de circulation et de stockage.

(x) Protection de l'environnement

Les installations de production des matériaux font l'objet d'un arrêté d'autorisation du Wilaya sollicité par le Maître d'Ouvrage. L'Entrepreneur a à sa charge le respect de l'ensemble des exigences administratives et techniques figurant au dossier de demande d'autorisation d'inst–allation, dans l'arrêté du Wilaya régissant cette installation.

Les principaux dispositifs de protection de l'environnement à mettre en oeuvre sont:

– mise en oeuvre sur la totalité de la surface concernée par les activités de concassage stockage d'un géotextile anticontaminant,

– création d'un fossé périphérique étanche et d'un bassin de décantation équipé d'une lame de déshuilage,

– capotage des bandes transporteuses,

– installation au-dessus de la chute des matériaux dans les concasseurs giratoires d'un boîtier équipé de bavettes coiffant le broyeur,

– protection de la chute des sables et gravillons dans les casiers de réception des matériaux par installation de boîtier en bout de transporteur, muni de bande caoutchouc entourant l'espace de chute,

– lors des périodes chaudes et sèches, arrosage fin des matériaux issus des concasseurs primaires et des pistes,

– réalisation d'un merlon de protection acoustique haut de 5m en bordure de la plate-forme de concassage avec les matériaux issus des déblais en terrains meubles,

Ces travaux de protection sont à la charge de l'Entrepreneur (Inclus dans le prix d'installation de chantier).

(xi) Bascule de pesage

L'Entrepreneur doit installer sur l'aire de fabrication un pont-bascule, permettant la pesée de chacun des camions en une seule fois, dont il est tenu d'assurer la gestion et la maintenance sous le contrôle du Maître de l'ouvrage.

La pesée des matériaux servira au contrôle des quantités.

Le pont-bascule doit être équipé d'un indicateur de pesage avec horloge permettant la mémorisation des poids, des tares, des dates et heures, et être capable de délivrer chaque jour une liste récapitulative.

Le pont-bascule doit préalablement au démarrage des travaux être vérifié par le Service Algérien des Poids et Mesures; le procès-verbal correspondant doit être remis au Maître de l'ouvrage.

La précision du pont-bascule doit être de 1% à la portée maximale.

Le pont-bascule peut être vérifié régulièrement, aux frais de l'Entrepreneur, par le Maître de l'ouvrage ou son représentant. Cette opération est réalisée par pesées successives d'un même camion, chargé d'au moins dix (10) tonnes de matériaux sur le pont-bascule de chantier et sur le pont-bascule public le plus proche.

Si les bons de pesée obtenus diffèrent de plus de un pour cent (1%):

– l'Entrepreneur est tenu dans les 24 heures d'adresser au service des Poids et Mesures une demande d'intervention dont copie est remise au Maître de l'ouvrage;

– il est tenu compte de l'anomalie constatée jusqu'à l'intervention ci-dessus.

(xii) Prise en compte quantitatif des matériaux stockés

L'Entrepreneur est responsable qualitativement et quantitativement des matériaux livrés sur les aires de stockage. L'Entrepreneur a à sa charge les frais de gardiennage de l'aire de stockage. La prise en compte des matériaux élaborés a lieu au fur et à mesure de leur pesage sous réserve de leur acceptation qualitative.

L'évaluation des quantités de GNT pour couche de forme aura lieu au fur et à mesure de leur pesage sous réserve de leur acceptation qualitative.

Les opérations de pesage doivent se dérouler de la façon suivante:

– les camions utilisés sont pesés à vide avant toute opération de transport. L'entreprise établit un fichier des engins de transport, indiquant le poids à vide, le poids maximum en charge et le numéro d'immatriculation,

– chaque camion est pesé sur une bascule appartenant à l'Entrepreneur et enregistrant automatiquement le poids, l'heure et l'identification du camion par carte magnétique. La pesée est également effectuée par l'Entrepreneur.

Chaque transport fait l'objet d'un bon, portant le numéro du camion, l'heure et la nature ainsi que le poids des matériaux.

Chaque semaine, il est effectué, à partir des bons de pesage, un attachement contradictoire du tonnage des matériaux livrés.

Les opérations de pesage sont contrôlées par le Maître de l'ouvrage; il appartient à l'Entrepreneur de prendre toutes les dispositions pour participer contradictoirement à ce contrôle. L'immobilisation et les frais de fonctionnement des véhicules ainsi que la mise à disposition du personnel et du matériel de l'Entrepreneur durant ces vérifications sont inclus dans les prix du marché.

(xiii) Essais et contrôles

a) Dispositions générales

L'Entrepreneur doit désigner un responsable du contrôle externe placé sous la responsabilité du responsable assurance qualité du marché et qui a pour mission d'assurer:

la participation à la rédaction du plan d'assurance qualité pour la partie concassage/criblage,

le réglage des installations,

le contrôle de la qualité de la fabrication.

Ce responsable doit disposer du personnel, du matériel et des locaux nécessaires à la réalisation des essais et contrôles définis au présent CCTP.

b) Dispositions particulières

Trois semaines après l'ordre de service initial, l'Entrepreneur doit soumettre au visa du Maître de l'ouvrage:

le plan d'assurance qualité,

le plan des installations de contrôle,

la qualification du personnel.

Les fournitures nécessaires aux prélèvements ainsi que les frais de fonctionnement des installations pendant la durée des essais préalables et préliminaires sont à la charge de l'Entrepreneur.

Les essais et contrôles de fabrication sont à la charge de l'Entrepreneur.

Chaque essai doit faire l'objet d'un procès verbal qui est remis en deux exemplaires au Maître de l'ouvrage au plus tard 24 heures après son exécution. En cas de défaut de conformité, il doit être mentionné lesmesures prises pour y remédier.

Le contrôle extérieur du Maître de l'ouvrage se réserve le droit de vérifier et superviser les essais et contrôles de l'Entrepreneur.

Ces contrôles portent sur:

• l'état du matériel,

• le respect des modes opératoires,

• les procédures de contrôles (lieux et époques de prélèvements, adéquation des essais, etc.).

En cas d'anomalie dans le fonctionnement du contrôle externe de l'Entrepreneur, à savoir:

◆ retard ou non fourniture des essais prévus au CCTP,

– écarts entre les résultats des essais fournis par le contrôle externe de l›Entrepreneur et ceux réalisés par le Maître de l›ouvrage.

– Le Maître de l'ouvrage peut interrompre le chantier jusqu'au règlement du litige avec éventuellement appel à l'arbitrage d'un laboratoire tiers.

– Les retards ou interruptions de chantier qui en résultent sont entièrement à la charge de l'Entrepreneur. En cas de mauvais fonctionnement persistant, le Maître de l'ouvrage peut exiger que tous les essais soient réalisés dans un laboratoire de son choix, aux frais de l'Entrepreneur.

A la fin de la production, le contrôle externe doit établir un dossier de récolement décrivant le déroulement de la production et précisant, après analyse statistique, les caractéristiques de qualité des matériaux élaborés.

c) Essais et contrôles

– Le contrôle externe doit être en mesure d'exécuter les essais suivants conformément aux normes:

– prélèvement des matériaux en cours d'écoulement NF P 18.552

– préparation d'un échantillon pour essai NF P 18.553

– mesure de la teneur en eau des gravillons NF P 18.554

– mesure de la teneur en eau des sables NF P 18.555

– analyse granulométrique par tamisage NF P 18.560

– essai Los Angeles NF P 18.573

– essai Micro–Deval humide NF P 18.572

– mesure du coefficient d'aplatissement NF P 18561

– détermination de la propreté superficielle NF P 18.591

– essai au bleu de méthylène sur fraction 0/2mm pr. EN 933–9

- Détermination de la propreté des sables
- Equivalent de sable à 10% de fines NF P 18.597
- Equivalent de sable NF P 18.598
- Essais et contrôles de fabrication

Les essais de contrôle continu seront exécutés par le laboratoire de l'Entrepreneur sous le contrôle du Maître de l'ouvrage pendant la durée de la production. Les essais définis dans le présent article serviront à la fois d'essais de contrôle de fabrication et d'essais de réception.

Les prélèvements et les essais seront effectués par l'Entrepreneur en présence du Maître de l'ouvrage.

Le contrôle de la fabrication comprendra:

a) Le contrôle continu des réglages de l'installation et de ses conditions de fonctionnement

A cet égard, l'Entrepreneur devra consigner toutes les vérifications des réglages et les conditions de fonctionnement sur un registre tenu à la disposition du Maître de l'ouvrage.

L'installation de concassage sera réputée déréglée lorsque la moyenne propre à une spécification établie sur une série de dix (10) essais de même nature au moins aura varié de plus de cinq (5) pour cent par rapport à la moyenne déterminée lors des essais préalables (fuseau granulométrie de fabrication).

Dans ce cas, l'Entrepreneur sera tenu de procéder à une révision de ses installations et aux aménagements nécessaires pour retrouver les conditions de fabrication initiales.

b) Le contrôle continu de la production

Toute modification des réglages ou des circuits de l'installation devra être justifiée auprès du Maître de l'ouvrage dans l'heure suivant cette modification. Le Maître de l'ouvrage se réserve le droit de faire modifier les conditions de fonctionnement de chaque élément de la chaîne de fabrication si ces dernières diffèrent de celles arrêtées lors des essais préalables de fabrication ou si la production ne répond plus à l'une ou l'autre des spécifications définies dans le présent marché.

c) Pour chaque installation, le contrôle continu de la production sera conforme aux fréquences suivantes

生产加工范围

在生产监督（检查）中所进行的所有级配分析，应该在上表制定的允许误差范围内。

（ⅳ）轧石前的准备工作

a）报请审批的文件

在所有工程开始之前的准备期间，承包方要向业主方报请审批的文件包括：

- 一份比例为 1/1000 的平面图，图上标有工地建点的地点，轧石平台，已设计或未设计的材料存放场地，无用材料的堆放地（腐殖土，贫瘠土等），进场便道，水电供给网络等。
- 一份比例为 1/200 的平面图，图上标有材料生产的设施，堆放场地，包括进出便道、磅站、堆放场地和用地范围等。

－一份交通图。

－一份材料加工全套设备的详细技术说明书（包括轧石、筛分、存放、运输等）。

－一份承包方拟用于材料制备的操作规定说明。

－各条轧石线的生产能力。

－石料开采和加工处理的详细计划。

这些文件必须符合已征得业主方同意的申请文件中的相关规定，并由承包方按规定加以修改。如有变更或补充均应报送业主方。任何对已征得业主方同意的原则的变更，必须重新提交业主方批准。

b）生产前适用性试验

相关试验包括：

－初步调试试验。

－生产前试验。

➤初步调试试验

设备调试之宗旨是确定以下内容

－便于确定在整个生产期间进行特别监测的安装地点。

－能获得满足待生产材料级配和清洁度要求的安装性能。

－能获得均匀生产的轧石机运行的最佳条件。

－能获得安装的最终批准。

上述试验必须在完成下列步骤后才能进行：

－所有设备的进场、安装及调试至正常运转状态。

－出示生产商提供的设备调试、维修说明书（如果没有，由承包方提供亦可）。

－由业主方和承包方共同检测设备运行的良好状态。

➤生产前的试验

生产前的试验包括：

－每个生产阶段的瞬间产量。

－每个阶段和最后阶段的级配。

－压实性能。

设备的调试由承包方负责进行，业主方到场。所有的试验均由承包方的试验室负责进行，并承担其费用，由业主方进行监督（检查）。

当这些预先试验证明所生产材料不符合要求时，承包方应自费将这些材料运至附近单独堆放。

在正常生产条件下，这些试验的期限至少为 5 天。应该进行 20~30 次级配分析，以获得对每个粒度等级有代表性的级配范围。

材料的压实性能，将按照下述第 13.1.3.3 条第（ii）节规定的条件在试验路段上进行测试。

当所获得的各种试验结果都符合第 13.1.3.1 条第（iii）节的规定时，生产设备将被视为已通过调试。

在调试试验和加工试验结束后，承包方将向业主方递交一份综合报告，其中包括：

- 所有已进行试验的记要。

- 从所进行的粒度分析试验中得出的平均曲线。

- 通过执行上述第 13.1.3.1 条第（iii）节规定的生产允许误差，得出的生产平均曲线里推导出的允许误差范围，

在业主接受该份综合报告后，大宗材料的生产即可开始。

（v）石料处治设备

承包方将提供铺筑轧石机平台及进出便道所需材料，并进行施工。

允许使用现场材料，但可用于铺筑路基顶面层的材料除外。

石料制备现场的专门设备，将按以下方式进行组织：

- 保持工地的交通通畅；

- 保证轧石设备、称重和存放场之间形成封闭式交通；

- 保证备有一个至少足够存放 5 天加工量的储料场地。

石料处理设备应能满足施工计划要求，尤其是能满足路基顶面层所需的 0/63 料的生产。

轧石及筛分设备应包括一套进料及预筛装置，以实现 0/500 的毛料开口，并能检测如前所述的材料性能，以最大限度地减少产生废料的比例。为示意说明，可考虑网眼在 50mm 附近开口，能够占毛材料的 15%。但是，选择网眼开口最佳尺寸，根据上述第 13.1.3.1 条第（iii）节 b）款规定，要在生产前的适用性试验阶段作出。

在每一个制备场地，其设备应按照能每小时至少加工 400t 0/500 石料的能力来进行配套。

这些设的撤除和现场恢复原状，将按照专用技术条款 A 册中规定的期限执行。

（vi）毛料堆放

当需要临时存放 0/500 的毛料时，将按照审批文件中有关规定在开采场地存放。

毛料将从临时存放地再取出后倒入初级进料机。这项供料将通过控制台的双色控制灯或者其他相应的方法来进行控制调节。

（vii）轧石废料

初轧产生的废料不计算报酬。它们已在开采石料的价格里作了考虑。可以接受废料的比例为开采毛料量的 15%，在此限内，承包方不得提出要求。

不允许在预筛分装置处堆放废料。承包方应根据业主方的要求，在石料的加工过程中，保证将其清除或者临时堆放于储料场，或者用于填方或景观造型。

（viii）石料的存放及堆垛

根据场地图纸所示位置，每种等级的石料将分别堆放，在其供货之前均被码放成型。每个堆放场地均应设置一个 80cm×80cm 的标志牌，并标有石料的级配。

码放简图及所用设备，均应征得业主方的同意。石料的装运应尽可能降低其高度，不得超过 2m，以避免产生离析。

石料堆放应分层进行，每层最大厚度为 2m，从顺风一侧开始堆放 – 每层均用自卸车倾卸，一堆挨着一堆。

当材料已通过（业主方）外面监督（检查）时，承包方在开始下一层的堆放前应调

整好每层的表面。该项操作主要是借助于轮胎机械来填满料堆之间的空隙，严禁在料堆上使用履带式机械。

进入石料场的卡车和机械设备的轮胎要尽可能地干净；通常在进入前要进行清洗，以避免对堆放材料造成污染。

如果对堆放场地或者进入坡道偶然造成了污染，业主方可要求进行清除并将污染石料另行堆放。该项操作要求承包方自费重新进行处理、装运、称量和清除，相应的数量应从业主方已经认可的石料数量中扣除。同时，石料堆的底部应进行防污染保护，以避免运输车辆经过时造成污染。此外，进入堆放场地的坡道不宜铺砂；除非征得业主方同意后方可以考虑，而且还取决于承包方建议使用的砂子的性质、摊铺和清除砂料条件。

（ix）轧石及存料场地的整治及维护

承包方要在现场安装轧石设备，并修建存料场地。

承包方安装设备时应考虑开采的限制条件及周围环境的限制。平整这些场地时应进行下列工作：

- 设置堆放场地，修建进出便道，安装轧石设备，清理用地范围；
- 清除腐殖土并进行临时堆存；
- 整平储料场地，并对其顶面进行调整、压实；
- 摊铺一层厚度约为 40cm 的机轧碎石层并压实、整平；
- 修筑交通道路，设置信号标志和排水设施，以保证堆料场地及交通道路的排水畅通；
- 堆放场地的看守及安装照明，安装照明可保障所有交通及堆放场地良好的夜间视觉。

（x）环境保护

石料生产设备（的使用），要由业主方向省政府提出要求，由省政府颁发许可证的指令。承包方自费执行省政府指令中关于设备许可申请资料规定的所有行政及技术要求。

要实施的环境保护措施主要有：

- 在轧石和储料场地的整个地面上铺置一层防污染的土工布；
- 在这些场地周围修筑一条排水沟和一个配有滤油板的沉淀池；
- 在输送带上加外罩；
- 在圆锥破碎机卸料口上方，安装一个外罩，外罩里装上围裙，套在破碎机上；
- 在传送带末端安装一个外壳，并在坠落区围一圈橡胶带，以保护砂子及碎石落入石料接收箱里；
- 在干热季节，需要对初轧石料及便道上的石料进行细洒水；
- 在轧石机平台周边设置隔音围墙，高 5m，使用软土挖方材料。

这些防护性工程的施工费用均由承包方承担（已包括在建点费内）。

（xi）称重磅

承包方应在碎石场内设置一台地磅，以便于给每一辆卡车一次称重，并必须保证在业主方的监督（检查）下进行管理和维护，通过对材料的称重来控制数量。

地磅应配备一个重量显示器和时钟，可以记录重量、自重、日期及时间，可以每天打出一份汇总表。

在工程开工之前，必须由阿尔及利亚的度量衡部门进行核准；并将有关纪要提交给业主方。

地磅的精确度应在最大称重量的 1% 范围内。

地磅应定期由业主方或其代表进行核准，费用由承包方承担。该项核准是用同一辆装载至少 10t 石料的卡车，在工地过磅站和离工地最近的公用过磅站上连续称重。

如果称重单差别大于 1%：

－承包方必须在 24h 之内向重度量衡部门提交介入申请（核准），并将副本呈报业主方。

－必须重视所发现的地磅异常现象，直至上述部门参与（核准）。

（xii）堆存石料数量的认可

承包方要对运送到堆放场地上的石料的质量及数量负责，并自费负责场地的安全保卫。在石料的质量得到认可的前提下，称量后的石料才被视为可用石料。

用于路基顶面层未处理砂砾料的数量估算，是在质量被接受的前提下称重后进行的。

称重操作应按下列方式进行：

－在各项运输工作开始前，要对所使用的货车进行空车称重。承包方要制定一张运输机械情况登记表，该表说明运输车辆的空车重、载重时最大重量及车牌号。

－每辆卡车由承包方的过磅站进行称重，由磁卡自动记录重量、时间及车牌号。称重由承包方进行。

每次运输做一次称重单，单上记录卡车编号、时间、运输材料的性质及其重量。

每周，根据这些称重单，做一份双方认可的供料数量的工地日志。

称重工作由业主方监督进行。承包方要采取各种措施，以便双方共同参与此项监督工作。在监督检查期间，承包方所动用的运输车辆的运行费用和停驶费用，以及提供人员和设备的使用所产生的一切费用，都已包括在工程合同价格之中。

（xiii）试验及监督（检查）

a）一般规定

承包方应指定一名外部监督（检查）负责人，受合同质量保证负责人的领导，其任务是：参与编写轧石／筛分部分的质量保证计划；调试设备；检查生产质量；负责人应配备必要的人员、设备、工作室来进行本 CCTP 规定的试验和检查。

b）特殊规定

初始开工令下达三周后，承包方应就下列文件提交业主方审批：质量保证计划；检查设备计划；人员资质。

在预先试验期和初步试验期间，抽样必要的设备以及设备运行费用均由承包方负责。

生产试验和检查由承包方负责进行。

每次试验均应做试验记录，一式两份，必须在 24h 之内呈交业主方。如果试验结果不合格，（承包方）应该要说明采用的补救措施。

业主方的外面监督（检查）保留核查和监督承包方所做试验的权力。

这些检查包括：设备状态；遵守操作方式；检查程序（抽样地点和时间，试验的一致性）。

在承包方外部监督运行发生异常时，即：延迟或不能提供 CCTP 规定的试验结果。

－承包方通过外部监督（检查）提供的试验结果与业主方进行的试验结果有差别。

－业主方可以让承包方中止施工，直至纠纷的解决，必要时可能请第三方试验室进行裁决。

－由此所引起的工程延误或施工中断，完全由承包方负责。如果错误的运作持续出现，业主方可以强制要求由他自己选择的试验室进行所有的试验，其费用全部由承包方承担。

石料生产结束后，（承包方）外部监督（检查）应编制一份竣工文件描述生产过程，在通过统计分析后，明确说明所开采石料的质量特性。

c）试验及监督（检查）

－（承包方）外部监督（检查）应遵照下列标准进行以下试验：

－在河流中提取材料；

－用于试验的试样准备；

－细粒碎石的含水量测定；

－砂子的含水量测定；

－筛分级配分析；

－洛杉矶试验；

－微－狄法尔湿法试验；

－扁平系数测量；

－表面清洁度测定；

－断面 0/2mm 亚甲蓝试验；

－砂子清洁度确定；

－含 10% 细料的砂当量；

－砂当量。

生产试验和监督：

在生产期间的连续检查试验，将在业主方的监督下由承包方的试验室进行。本条中规定的各种试验，可同时作为生产监督（检查）试验和材料验收试验。

取样和试验均应有业主方在场，由承包方进行。

生产监督（检查）包括：

a）设备调试及其运行状态的连续监督（检查）

为此，承包方应将所有的调试检查及运转情况，记录在由业主方掌握的登记簿上。

轧石设备在经过至少 10 次同样性质的系列试验所得出的平均值，与预先试验中确定的平均值（生产级配范围）之间的误差大于 5% 时，则被视为调试失败。

在这种情况下，承包方应采取措施对设备进行检修和必要的装配，以恢复到最初的生产状态。

b）生产持续控制

所有关于设备的调试及环路（流程）的变更，都必须及时向业主方作出论证。如果生产流水线中的每个元件的工作状态不同于预先试验时所规定的条件，或者其生产量不符合本合同规定，业主方有权要求更改生产流水线的各元件的工作状态。

c）对于每台设备，生产连续监督（检查）要符合下列次数：

ESSAIS ET CONTROLES SUR MATERIAUX ELABORES 材料试验及监督（检查）	FREQUENCE 次数
➢ Un contrôle de granularité pour 粒径监督（检查）	2.000m³ avec un minimum de 2/jour 每 2 000m³，至少每天 2 次
➢ Un essai de teneur en eau pour 含水量试验	1.000m³ avec un minimum de 2/jour 每 1 000m³，至少每天 2 次
➢ Une mesure d'essai au bleu (sol) 亚甲蓝测定（土壤）	2.000m³ avec un minimum de 2/jour 每 2 000m³，至少每天 2 次
➢ Los Angeles 洛杉矶试验	10.000m³ avec un minimum de 1/sem 每 10 000m³，至少每周 1 次
➢ Micro Deval humide 微 – 狄法尔湿法试验	10.000m³ avec un minimum de 1/sem 每 10 000m³，至少每周 1 次

Les prélèvements qui seront effectués au titre de ces essais seront répartis de manière homogène sur la masse et la durée de fabrication. Les résultats seront transmis quotidiennement au Maître de l'ouvrage.

对于这些试验的取样，将在石料中和生产期间按均匀分布提取。每天将向业主方呈报试验结果。

15.1.3.2 Prescriptions générales applicables à la mise en œuvre 适用于施工的一般规定

(i) Travaux préalables à la mise en oeuvre

La couche de forme sera mise en oeuvre sur une arase de terrassement préalablement réceptionnée en nivellement et en portance, conformément au paragraphe 12 du présent livr–et.

Conformément à l'article 7 du présent livret, le drainage sera réalisé avant la mise en oeuvre de la couche de forme et après ou en cours de réalisation de la PST suivant la nature de la PST. Le drainage sera contrôlé en nivellement.

Dans le cas où des prescriptions imposées à l'arase de terrassement ne seraient pas respectées localement, l'Entrepreneur devra exécuter préalablement à la mise en place de la couc–he de forme, des purges et substitutions dans les conditions de l'article 12 du présent liv–ret.

(ii) Mise en œuvre et compactage des matériaux

Sur l'autoroute et ses annexes, la couche de forme sera mise en place deux semaines au plus tard après réception de la PST.

Le géotextile éventuel sera mis en oeuvre conformément aux prescriptions définies à l'article 15, auquel il est fait renvoi.

L'atelier de mise en oeuvre et le programme d'exécution seront soumis à l'acceptation du Maître d'Ouvrage. Ce dernier fera apparaître l'ordre d'exécution des couches de forme et tiendra compte des contraintes de circulation et autres contraintes définies au livret A du prése–nt CCTP.

Une planche d'essais sera réalisée en début de chantier pour chaque type de matériau et ép-aisseur de couche de forme, de façon à vérifier que l'atelier de mise en oeuvre et de compac-tage permet d'obtenir les caractéristiques fixées au paragraphe 13.1.4.1ci-après et la   densification maximale compatible avec le matériel, le matériau utilisé et les cadences prévu-es.

(iii) Protection superficielle de la couche de forme

A l'exception des couches de formes des voies rétablies, pour lesquelles il est prévu une mis-e en oeuvre des structures de chaussées dans la foulée des terrassements, l'Entrepreneur mettra en oeuvre, directement après compactage et réglage de la couche de forme, une protection superficielle de type enduit monocouche ou bicouche dont les caractéristiques sont dé-finies au présent CCTP.

La protection superficielle sera de type enduit bicouche sur toutes les zones où l'Entrepreneur prévoit d'utiliser la plate-forme pour le transport de matériaux et de type enduit monocouc-he partout ailleurs.

En fonction des circulations de chantier, l'Entrepreneur établira un repérage des zones qui nécessitent la mise en oeuvre d'un enduit bicouche qu'il soumettra à l'agrément du Maître d'Ouvrage.

(iv) Remise en place des repères

Durant la période des travaux, l'Entrepreneur sera tenu de remettre en place les axes et rep-ères nécessaires aux contrôles effectués par le Maître d'Ouvrage.

Avant la réception des couches de forme, l'Entrepreneur sera tenu de réimplanter les axes de référence de l'autoroute et de ses annexes.

Cette implantation consistera en la mise en place de piquets numérotés à l'emplacement de chaque profil en travers.

（ⅰ）施工准备工程

路基顶面层，将按照本册第 12 条规定，对土方顶面的测平度及承载力已经事先验收的基础上进行施工。

根据本册第 7 条规定，盲沟排水设施应该在路基顶面层施工之前，或在土方上部施工之前或施工过程中（根据其土壤性质而定）完成。盲沟排水系统应对其测平度进行监督（检查）。

当对土方顶面的某些强制性规定未被全面执行时，承包方应在路基顶面层施工之前，根据本册第 12 条规定，预先进行清淤及换土。

（ⅱ）材料摊铺及碾压

高速公路及其附属设施，路基顶面层必须在完成土方上部验收后两周之内进行施工。

遵照第 15 条中规定，可能要铺设土工布。

施工作业组和施工计划，将要提交业主方同意。业主方将对路基顶面层施工下达开工令，同时还要考虑交通给施工带来的影响（限制）以及专用技术条款 A 册所确定的其他方面给施工带来的影响（限制）。

对于路基顶面层所用的每一种材料及路基顶面层的每一种厚度，在开始施工的时候，都将进行平板试验，以检查（摊铺）施工作业组及碾压作业组能够获得后述第13.1.4.1节规定的技术特性参数、与所用设备和材料相一致的最佳压实度以及所预定的进度。

（iii）（路基）顶面层表层的保护

除恢复道路（这类道路在土方施工时已预先铺筑了路面结构层）的路基顶面层外，承包方将在路基顶面层压实和平整之后，直接摊铺单层表处或双层表处，以作表面保护，其技术特性在本专用技术条款里已作规定。

对于表层保护，在承包方准备用其路基来承担运料的所有路段，要作双层表处，其他路段则为单层表处。

根据工地的交通状况，承包方将在需要实施双层表处的路段，划出中心线和其他必要的标线，并征得业主方的同意。

（iv）设置标记

在施工期间，承包方要标示出业主方实施监督（检查）所必须的路面中心线和标记。

在路基顶面层验收之前，承包方必须重新给高速公路和其附属道路的中心线定线。

该项定线主要是给每一个横断面打桩、编号。

15.1.3.3　Prescriptions particulières　**特殊规定**

(i) Compactage

La composition de l'atelier de compactage et les modalités d'exécution de celui-ci seront soumises à l'acceptation du Maître de l'ouvrage et définies à la suite d'une planche d'essais.

En plus des compacteurs vibrants, l'atelier de compactage comprendra au moins un compacteur à pneus de type P2.

La teneur en eau de compactage sera réglée de telle sorte qu'elle permette d'obtenir une densité égale ou supérieure à la densité optimale obtenue sur planche d'essais.

L'Entrepreneur est tenu de remplacer immédiatement, et avec un engin de la même catégorie, tout engin de compactage qui tomberait en panne.

(ii) Planches d'essais et de référence

a) Planche d'essais

Avant tout démarrage de mise en œuvre de la couche de forme, l'Entrepreneur sera tenu de procéder à ses frais à la réalisation d'une planche d'essais.

Le but de cette planche est de vérifier que les prescriptions de l'article 15.1.4.1ciaprès sont respectées.

De plus, elle est destinée à fixer:

- la composition des ateliers de transport et de mise en oeuvre en nombre et type d'engins,

- les modalités d'utilisation de ces ateliers.

- L'Entrepreneur proposera au Maître d'Ouvrage:

- le lieu de réalisation de la planche d'essais,

- les moyens mis en oeuvre pour la réalisation de cette planche d'essais (transport, répandage, arrosage, compactage, réglage).

– Les dimensions minimales des planches d'essais sont en longueur 100m et 5m de large.

– Deux types de planches d'essais seront effectués:

– Des planches d'essai permettant d'obtenir le module intrinsèque du matériau, et qui auront une épaisseur de 2m. Les matériaux seront compactés selon les spécifications du GTR. L'évolution des caractéristiques de portance (EV2) en surface, en fonction du compactage effectué, sera analysée.

– Des planches d'essais avec la PST, et l'épaisseur de couche de forme retenue.

Des essais à la plaque statique selon la norme NFP 94–117–1, et des essais de déflexion à la poutre selon la norme NFP 98–200–1seront réalisés avec un nombre minimum de 6 essais sur la planche d'essai.

La réception de la planche d'essai est un point d'arrêt.

Si les résultats des essais n'atteignent pas les spécifications définies à l'article B2–13.1.4.1 l'Entrepreneur proposera toutes modifications utiles qu'il mettra en oeuvre sur une nouvelle planche d'essai et ce, jusqu'à apporter la preuve objective que les performances et résultats visés seront effectivement obtenus sur le chantier.

Ces planches d'essais devront en outre définir les conditions permettant d'aboutir au réglage géométrique précisé à l'article 15.1.4.1.

Si l'Entrepreneur désirait modifier les modalités d'exécution des travaux arrêtées à la suite de la planche d'essai, il serait tenu de procéder, à ses frais, à une planche d'essai complémentaire.

Selon les résultats obtenus, les planches d'essais seront conservées ou détruites (opération– à la charge de l'Entrepreneur).

L'obtention des objectifs déclenchera l'acceptation de la chaîne de transport, répandage, compactage, réglage.

b) Planche de référence

À la suite de l'acceptation par le Maître de l'ouvrage de l'ensemble de la chaîne de transport, répandage, compactage, réglage, l'Entrepreneur procédera à ses frais à l'exécution d'une planche de référence.

Une telle planche sera réalisée le premier jour de production à cadence normale du chantier.

Cette planche de référence a pour objectif:

– d'assurer l'adéquation entre les capacités de production des divers ateliers constituant la chaîne (transport et mise en oeuvre),

– de définir la méthodologie qui sera appliquée pour l'ensemble des contrôles:

– topographiques du support et de la mise en oeuvre,

– d'épaisseur,

– de teneur en eau,

– de compacité.

Au cas où des changements seraient apportés par l'Entrepreneur à l'organisation du chantier (cadences de transport, modification de l'atelier de mise en œuvre et de compactage), celui-ci serait tenu de procéder, à ses frais, à une nouvelle planche d'essais correspondant aux nouvelles conditions d'application.

（ⅰ）压实

压实作业组及其施工方式均需呈报业主方批准，并通过试验路段来确定。

除要有振动式压路机外压实作业组至少还要有一台 P2 型轮胎压路机。

压实时的含水量要不断地进行调节，以达到或超过在试验路段上获得的最佳密实度。

承包方必须在压路机出现故障时，立即更换同种类型的压路机。

（ⅱ）试验路段和标准参照路段

a）试验路段

在路基顶面层施工开始之前，承包方要自费实施一段试验路段。

该试验路段的目的，在于检测是否符合下述第 13.1.4.1 条中的规定。

另外，它还用于确定：

– 运输作业组的组成、运输车辆的数量以及车辆的类型；

– 运输作业组的调配方式；

– 承包方将向业主方建议；

– 实施试验路段的地点；

– 试验路段的实施设备（运输、摊铺、洒水、压实、平整）；

– 试验路段的最小尺寸为：长 100m，宽 5m。

将实施两种试验路段：

– 试验路段可以获得材料的固有模数，试验路段厚 2m。其材料将依据 GTR 的规定进行压实。表面承载力（EV2）特性的变化，将根据所进行压实进行分析。

– 土方上部的试验路段，保持路基顶面层的厚度。

根据法国标准 NF P 94–117–1 进行的静力承载板试验，和根据法国标准 NF P 98–200–1 进行的（贝克曼）梁弯沉试验，均将在试验路段上至少进行 6 次试验。

试验路段的验收是一个停止点。

如果试验结果未能达到第 B2–13.1.4.1 条规定的技术要求，承包方将向业主方提出实施一段新的试验路段将采取的各种有效改进，直至有客观证据表明，在试验路段上确实获得了所要求的性能和结果。

此外，这些试验路段还应确定，可按第 15.1.4.1 条说明的线形调整的各项条件。

如果承包方想要修改在经过试验路段后确定的施工方式，他必须自费重新做一段试验路段。

根据所获得的试验结果，决定试验路段是保留还是毁掉。（由承包方负责）

试验路段的目的达到后，即获得运输，摊铺，辗压及平整生产链的批准。

b) Planche de référence   参考板

继业主方对整个运输，摊铺，辗压及平整的生产链接受后，承包方将自费实施一段标准参照路段。

标准参考路段在工地以正常节奏生产的第一天进行。

该标准参照准路段的目的在于：

－保证各个施工作业组之间生产能力的协调（运输及摊铺）；

－保证各个施工作业组之间生产能力的协调（运输及摊铺）；

－承重层及实施层的测量检查；

－厚度检查用；

－含水量检查；

－压实度检查。

当承包方要对工地施工组织进行调整（运输速度，调整摊铺作业组及碾压作业组）时，他必须自费按照新的施工条件重新实施一个试验路段。

15.1.4　Contrôles　**检查**

15.1.4.1　Performances et tolérances d'exécution　**施工结果和允许误差**

Les contrôles de performance et de tolérances d'exécution sont à la charge de l'Entrepreneur.

施工结果和允许误差的监督（检查），由承包方负责。

(i) Performances

De façon à obtenir une classe de plate-forme au moins égale à PF2, l'objectif de densificatio-n visé pour le compactage des couches de forme est le suivant:

－γdmoy $\geqslant$ 98.5% γdOPN,

－γdfc $\geqslant$ 96% γdOPN.

Le niveau de portance à atteindre est:

－EV2 $\geqslant$ 80MPa

－EV2/EV1 < 2

－Déflexion d$\leqslant$ 150/100mm

Ces niveaux de portance sont à atteindre sur la plate-forme terminée avant mise en oeuvre de l'enduit de protection superficielle.

Pour les Rétablissements de faible trafic（voiries rurales et communales de TMJA <500):

－EV2 $\geqslant$ 50MPa

－EV2/EV1 < 2.2

(ii) Tolérances

Les tolérances sont les suivantes:

（i）**施工结果**

为了获得至少等于 PF2 级的路基等级，（路基）顶面层的压实目标为：

－γdmoy$\geqslant$98.5% γdOPN；

－γdfc$\geqslant$96% γdOPN.

承载力要达到：

－EV2$\geqslant$80MPa

- EV2/EV1 < 2
- 弯沉值 $d \leqslant 150/100$mm

该承载力,是在已完成的路基上在做摊铺表面处治保护层之前,就要达到。

对于交通流量不大的恢复道路(TMJA <500 的乡镇道路),承载力:

- EV2 ≥ 50MPa
- EV2/EV1 < 2.2

（ii）**允许误差**

允许误差如下:

désignation 名称	altimétrie 高程测量	planimétrie(largeur de la demi plate-forme) 平面测量（半幅路基的宽度）	pente transversale 横向坡度
Autoroute 高速公路			
Rétablissement de communication 恢复交通的道路	-- 2cm; +2cm [1]	– 0cm; +5cm	± 1.5%
Déviation provisoire 临时改道			

注： [1] avec la moyenne des écarts égale à 0 ± 0.5cm

平均误差为 0 ± 0.5cm。

15.1.4.2 Contrôle des prescriptions 规定的监督（检查）

Le contrôle des prescriptions est conduit conformément aux dispositions du Plan d'Assuranc-e de la Qualité et selon les précisions ci-après.

(i) Matériaux

a) Matériaux du chantier

Les fréquences et la nature des essais sont définies au paragraphe 13.1.3.1. ci-avant.

b) Fourniture extérieure

- Analyse granulométrique   1 par 1 000m^3
- Teneur en eau   1 par 1 000m^3
- Equivalent de sable ou valeur au bleu   1 par 1 000m^3
- Los Angeles   1 par 5 000m^3
- Micro Deval humide   1 par 5 000m^3
- Essai Proctor Normal   1 par 2 000m^3

(ii) Mise en oeuvre

a) Caractéristiques

Les contrôles à réaliser sont les suivants:

- teneur en eau
- densité sèche en place
- module de déformation
- contrôle continu du compactage

162

Ces contrôles seront réalisés aux frais de l'Entrepreneur suivant une fréquence de deux (2) essais par demi-profil de plate-forme tous les vingt (20) mètres linéaires.

Le contrôle des densités sèches en place sera fait à l'aide de gammadensimètres.

Le contrôle de portance par mesure des modules de déformation sera fait à l'essai de plaques selon le mode opératoire LCPC.

La compacité moyenne devra être au moins égale à quatre-vingt-dix-huit pour cent (98%) de l'Optimum Proctor Normal. Cette compacité devra être obtenue pour au moins quatre-vingt-quinze pour cent (95%) des mesures effectuées.

Si les prescriptions concernant les résultats de l'essai de plaque (cf. § 15.1.4.1) n'étaient pas respectées, l'Entrepreneur reprendrait à ses frais la zone incriminée.

b) Géométrie

Les contrôles de nivellement, épaisseur, flaches et planimétrie seront effectués sur la base de profils en travers tous les vingt mètres linéaires (20ml). Les points levés seront répartis comme suit:

－ en section courante (1/2 profil en travers):

• 1 à l'axe de la chaussée,

• 1 au bord intérieur de la chaussée,

• 1 au bord extérieur de la chaussée,

• 1 au bord extérieur de la bande d'arrêt d'urgence.

－ Ces points seront complétés par un point supplémentaire dans les zones particulières (présence de voies d'accélération ou de décélération).

(iii) Performances

Les mesures de déflexion seront réalisées selon une fréquence de deux (2) mesures par demi-profil de plate-forme à raison d'un profil tous les dix (10) mètres.

规定的监督（检查），将根据质量保证计划规定和下述要求进行。

（i）材料

a）工地用料

试验的次数及种类，在前面第 13.1.3.1. 节中已有规定。

b）外供材料

－级配分析　　　　　　　1 次 1 000m³
－含水量　　　　　　　　1 次 1 000m³
－砂当量或亚甲蓝值　　　1 次 1 000m³
－洛杉矶试验　　　　　　1 次 5 000m³
－微荻法尔湿式试验　　　1 次 5 000m³
－标准葡式试验　　　　　1 次 2 000m³

（ii）施工

a）技术特性

需进行的监督（检查）如下：含水量；现场干密度；变形模量；辗压的连续检测。

这些检测的次数，由承包方按半幅路基每 20 延米进行两次。

现场干密度用伽马密度仪进行检测。

承载力检测根据 LCPC 操作方式，使用平板试验测量变形模数来确定。

平均压实度应达到最佳葡式含水量压实度的 98% 以上。该项压实度（在现场）所测定的数值至少要达到 95%。

如果有关平板试验的结果（参见第 15.1.4.1 节）不符合规定，承包方将自费重新修筑不合格区段。

b）几何测量

水平测量、厚度、弯沉和平整度检测，将在路基横断面上每隔 20m 进行一次。其测量点分布如下：

– 在普通路段（1/2 的横断面）：

● 路面中心线上 1 个点；

● 路面内侧边沿 1 个点；

● 路面外侧边沿 1 个点；

● 紧急停车带外侧边沿 1 个点。

– 在特殊区域（设有加速道或减速道），将增加一个测试点。

（iii）施工结果

弯沉的测量次数，将在半幅路基上按每隔 10m 进行两次测量。

15.1.4.3　Réception　验收

La réception de la couche de forme comportera deux étapes:

– une réception préalable réalisée avant mise en oeuvre de l'enduit de protection superficielle et portant sur l'ensemble des critères définis ci–avant (cf. 15.1.4.1); par lot de 1 000 mètres linéaires minimum en section courante ou par ouvrage élémentaire si le linéaire est inférieur à 1 000mètres, la couche de forme sera jugée conforme si 95% des résultats vérifient les valeurs prescrites, et si, pour l'altimétrie, la moyenne des écarts respecte la tolérance fixée (cf. 15.1.4.1),

– une réception définitive réalisée à la fin du marché sur la base de contrôles de nivellement et planimétrie à raison de 5 points levés tous les 20ml sur l'ensemble des zones circulées, de contrôles des flaches et de l'orniérage effectués à la règle de 3m tous les 20ml avec une tolérance de ±2cm, et de contrôles de performance sur les zones ayant fait l'objet de reprises.

路基顶面层的验收分两步进行：

– 预（先）验收，应在对路基顶面层表处保护层施工之前，按上述确定的全部标准进行（参见第 13.1.4.1 节）；对于普通路段最少可按每段 1 000m 或者如果少于 1 000m，按每项工程进行预验收；如果 95% 的检测结果证实达到规定的数值，而且其高程测量平均误差在第 13.1.4.1 条规定允许误差的范围之内，路基顶面层验收即视为通过；

– 最终验收，在合同结束时，在通车路段按每 20 延米 5 个点进行测平度和平面测量的基础上，在使用 3m 直尺按每 20m 允许误差为 ±2cm 的标准对弯沉和车辙进行检测，以及在对返工路段的结果进行检测的基础上进行最终验收。

15.2 COUCHE DE FORME EN MATÉRIAUX TRAITÉS 处治材料修筑的路基顶面层

Sans objet.

无说明

16.0 TRAVAUX PARTICULIERS 特别工程

16.1 CONFORTEMENT ET PROTECTION DE TALUS 边坡加固与保护

16.1.1 Déblais 挖方

Les ouvrages de confortement concernent certains talus de déblais comprennent des mesures de protection, soutènement et renforcement:

- végétalisation;
- béton projeté avec treillis, clous et/ou épingles;
- revêtement des risbermes avec béton armée;
- grillage boulonné (pour le roc);
- gabions;
- géotextiles alvéolaires (géogrilles);
- enrochements;
- parois composites;
- atalus;
- maçonnerie moellons;
- filet de haute énergie.

Toutes les spécifications concernant ces ouvrages sont présentées au livret B.7, bien que les géosynthétiques soient présentées ci-dessus dans le présent livret.

一些挖方边坡的加固工程包括保护、支撑、加固措施：

- 植被；
- 喷注混凝土并安装金属网、钉子和 / 或针；
- 护道钢筋混凝土覆盖层；
- 用螺栓固定的金属网（岩石处）；
- 石笼；
- 蜂窝状土工布（土工金属网）；
- 防冲乱石；
- 复合隔板；
- 桶状预制块；
- 砾石砌体；
- 高强度细网。

所有关于这些工程的规定在 B.7 册中已作说明，本册已对土工材料进行了介绍。

16.1.2 Remblais **填方**

Les ouvrages de confortement concernent certains talus de remblai comprennent des mesures de protection, soutènement et renforcement:végétalisation; renforcement par géotextile;murs en béton;terre armée;atalus;bêche d'ancrage .

Toutes les spécifications concernant ces ouvrages sont présentées au livret B.7, bien que les géosynthétiques et le bêche d'ancrage soient présentées ci-dessus dans le présent livret.

一些填方边坡的加固工程包括保护、支撑、加固措施：植被；土工布加固；混凝土墙；金属加固地面；桶状预制块；防滑铲。

所有关于这些工程的规定在 B.7 册中已作说明，本册已对土工材料和防滑铲进行了介绍。

16.2 MATÉRIAUX GÉOSYNTHÉTIQUES **土工材料**

16.2.1 Géotextiles **土工布**

16.2.1.1 Généralités **概况**

Les caractéristiques des géotextiles à utiliser seront conformes aux recommandations établies par le Comité Français des Géotextiles et Géomembranes (CFGG) ainsi qu'à la note d'information n° 71 de mars 1992 du SETRA « Chaussées – Dépendances » complétée par son annexe. Les conditions de mise en œuvre précisées dans ces mêmes recommandations devront être respectées.

土工布特征应符合法国土工布与土工膜委员会（CFGG）提出的要求以及 1992 年 3 月 71 号 SETRA《道路－附属内同》的信息通知规定。还应遵守这些要求里提出的施工条件。

16.2.1.2 Provenance et qualité des matériaux **材料的来源与质量**

(i) Provenance

Les géotextiles seront soumis à l'acceptation du Maître de l'ouvrage.

Les types de géotextiles à utiliser sont décrits à l'article 14.3.4ci-après.

Les géotextiles devront satisfaire aux exigences suivantes:

− disposer d'un certificat de qualification;

− être marqués.

− Tous les géotextiles devront être marqués dans leur masse de manière régulière, au moins une fois à tous les 5mètres selon le sens de production. L'identification du produit devra toujours être possible jusqu'à son recouvrement par une quelconque couche de matériaux.

Le marquage comprendra obligatoirement l'appellation et la référence commerciale ainsi que la qualification ASQUAL.

(ii) Spécifications sur les produits

Les valeurs exigées, ci-après, sont les valeurs nominales annoncées par le producteur (VNap) et portées sur le certificat de qualification pour les géotextiles certifiés.

Dans le cas de produits non certifiés, le géotextile devra présenter des caractéristiques telles que 95% des échantillons testés aient des caractéristiques supérieures (ou inférieures suivant le sens de variation) aux valeurs ci-dessus spécifiées.

Le tableau suivant définit les caractéristiques minimales (ou maximales selon les cas) des géotextiles selon leur type qui fait référence à une utilisation particulière:

- type 1: fond de purge, assise de remblai drainant, enrochement,

- type 2: éperons drainants, masques drainants, collecteurs drainants,

- type 3: sous dépôt de terre végétale,

- type 4: sous couche de forme.

Ils n'incluent pas les géotextiles de renforcement à placer à l'assise des remblais à forte pente. Les spécifications de ces géotextiles sont présentées ci-après.

（i）来源

土工布应征得业主的许可。

关于土工布类型，下面 14.3.4 条款已作规定。

土工布需满足以下条件：

－具备合格证；

－有标签；

－所有的土工布都应以正规方式做出标记，至少根据产品的含义每 5m 标示 1 次。因此，直至被覆盖上任何一层材料，仍然可能进行产品的鉴别；

－标记必须含有名称、商品号以及 ASQUAL 的质量认证。

（ii）产品规格要求

下述值是 Vnap 生产者规定的标准值，需包含在符合土工布的合格证里。

当产品不合格时，即 95% 测试样品性能都应大于或小于上述规定值。

下表根据其类型所对照的一种特殊用途，确定了土工布的最低（或根据情况，最高）的技术要求：

－类型 1：清淤底面、填方排水底面、填石（排水）底面；

－类型 2：堆垛排水、盲沟、汇集排水；

－类型 3：腐殖土的堆放场地底面；

－类型 4：路基顶面层底面。

其中未包括用于高陡坡填方基底的加固型土工布类型。下面对土工布技术要求进行了说明。

caractéristiques 技术要求	utilisation 使用			
	Type 1	Type 2	Type 3	Type 4
Résistance en traction en kN/m, SP et ST (suivant norme NF EN ISO 10319) 抗拉强度：kN/m，SP 及 ST（根据法国标准 NF EN ISO 10319）	≥20	≥16	≥12	≥16
Allongement en % SP et ST (suivant norme NF EN ISO 10319) 延伸率 SP 及 ST（根据法国标准 NF EN ISO 10319）	≥45%	≥45%	≥45%	≥45%
Résistance au poinçonnement en kN (suivant norme NF EN ISO 12236) 抗冲击强度：kN（根据法国标准 NF EN ISO 12236）	≥1.2	≥1	≥0.6	≥0.8

caractéristiques 技术要求	utilisation 使用			
	Type 1	Type 2	Type 3	Type 4
Permittivité en S^{-1} (suivant norme NFG 38016) 渗透度：S^{-1}（根据法国标准 NF G 38016）	⩾ 0.2	⩾0.1	⩾0.1	⩾0.1
Ouverture de filtration en μm (suivant norme NF G 38017) 过滤孔：μm（根据法国标准 NF G 38017）	⩽200	⩽80	⩽100	⩽100
Transmissivité en m^2/s sous 50kPa (suivant norme NF G 38018) 传递性能：在 50kPa 压力下，m^2/s（根据法国标准 NF G 38018）	⩾10^{-7}	⩾10^{-7}	⩾10^{-7}	⩾10^{-7}
Perforation dynamique en mm (selon norme NF EN 918) 动力穿孔，mm（根据法国标准 NF EN 918）	⩽16	⩽20	⩽25	⩽25
Souplesse e/b en m/m ($\phi = 300$mm. $\sigma = 60$kPa) (suivant norme NF G 38021–2) 柔韧度：e/b ($\phi = 300$mm, $\sigma = 60$kPa)（根据法标准 NF G 38021–2）	⩾0.5	⩾0.5	⩾0.5	⩾0.5

Remarque importante：

En sus des spécifications exigées pour chaque type, les géotextiles devront présenter une mouillabilité suffisante pour pouvoir se saturer en cours de fonctionnement. Le produit sera considéré comme satisfaisant si, au cours de l'essai de mouillabilité (selon norme NF G 38.020), la charge ne dépasse pas 5millimètres et si toute la surface des dix échantillons testés est mouillée.

Les géotextiles devront également présenter une souplesse ou conformation suffisante, pour épouser, sans faire de plis, des surfaces gauches plus ou moins complexes.

(iii) Spécifications du géotextile de renforcement dans les remblais à forte pente

L'utilisation de ce type de géotextile de renforcement est préconisé pour les grands remblais (H>10m), considérés comme des ouvrages importants, qui soient réalisés sur de fortes pente (i>15°).

Ces géotextiles seront à placer sur les redans d'accrochage en se prolongeant sur les couches de base des remblais, de manière à augmenter l'adhérence entre le remblai et le trrain naturel.

L'Entreprise proposera au Maître d'ouvrage un produit avec des références d'emploi, des notes de calcul pour des ouvrages spécifiques et de performance reconnu dans des chantiers routiers semblables.。

Les spécifications techniques concernant les renforcements par géotextile sont à présenter au dessin des Études d'Exécution: «traitement de la plateforme de la pente forte».

(iv) Spécifications de mise en oeuvre

La mise en oeuvre des géotextiles sera conforme aux normes en vigueur (NF G 38.060 et selon utilisation NFG 38.061, NF G 38.063) et aux recommandations établies par le Comité Français des Géotextiles et Géomembranes.

重要提示：

除每一种类型所必须的技术要求外，土工布还应具有足够的可湿润能力，以便在运行过程中能自我饱和。如果在可湿润性的试验中，在不超过 5mm 水头压力下，其 10 个测试试件表面都被润湿，（根据法国标准 NF G 38.020）该产品则被视为符合规定。

土工布还应具备足够的柔韧度和一定的形状，来与稍有点复杂的左侧表面进行拼接而不产生折痕。

（iii）陡坡填方加固土工布的规格

被认为是重点工程的高填方（H>10m），且位于陡坡上（i>15°），应使用加固型土工布。

土工布应放置于粘合台阶上，并一直延伸至填方的基层上，以加强填方与原地面的粘合。

承包方向业主推荐的产品应具备使用说明，特定工程的计算书以及类似道路工地认可的性能。

关于土工布加固的技术说明在《陡坡平台处治》中已作规定。

（iv）施工技术要求

土工布的使用，将严格按照现行标准（法国标准 NF G 38.060 及使用标准 NFG 38.061, NF G 38.063）执行，并要符合法国土工布和土工膜委员会（CFGG）的建议要求。

16.2.1.3 Stockage et manutention **存储与搬运**

Les géotextiles seront conditionnés en éléments facilement manutentionnables soit manuellement, soit à l'aide d'engins de chantier courants.

Lorsqu'ils sont conditionnés en rouleaux, les géotextiles seront enroulés sur un mandrin suffi-samment résistant pour assurer la manutention de la totalité du rouleau.

Lorsqu'ils sont conditionnés sous une autre forme (palette, paquet, panneaux...), les conditio-ns de leur manutention seront précisées sur une fiche technique ou notice accompagnant le bon de livraison.

Les rouleaux de géotextiles seront stockés sur chantier sur une aire aplanie et parfaitement drainée relativement rigide pour ne pas entraîner des déformations importantes des rouleaux. Ils devront être protégés du rayonnement solaire. Cette protection sera assurée par une env-eloppe opaque.

L'Entrepreneur s'assurera que les rouleaux de géotextiles sont stockés de manière à éviter toute imbibition prolongée qui rendrait leur manutention moins aisée et pourrait, en cas de ge-l conduire à un déroulement ou à une mise en place difficile.

Le Maître d'Ouvrage exigera en cas de stockage défectueux d'un rouleau, l'élimination des parties détériorées ou ne pouvant plus assurer la fonction recherchée (en cas d'absence ou détérioration de la protection opaque par exemple, les 2 ou 3 premières spires du rouleau seront éliminées).

土工布将被包装成易于搬运的单件，便于一般工地机械搬运或人工搬运。

当其被包装成卷时，土工布要被卷在一个足够坚硬的轴棒上，以保证能整卷搬运。

当其被包装成其他形式时（托盘，捆，卷板等），其搬运条件必须在附在交货单里的技术说明书或通知书上加以明确说明。

土工布卷将存放在工地平坦、排水非常好且相对坚硬的场地上，以避免造成捆卷严重变形。要避免太阳直射。该项保护要通过覆盖一层不透明篷布来实现。

乙方应保证土工布卷贮存在能防止任何浸水的地方，否则将会给搬运带来不便，在霜冻的情况下，还会造成展开或铺设困难。

在贮存不当的情况下，甲方可要求清除掉已被损毁或不能保证其设计功能的部分（如未采取防太阳直射或防护方法不当的情况，上面的第 2 或 3 卷将被要求清除掉。

16.2.1.4　Préparation du sol　**场地准备**

La surface du sol destinée à recevoir le géotextile devra être aplanie et débarrassée de tous les éléments contondants apparaissant en surface (souches, éléments rocailleux de toute nature avec arêtes vives, déchets solides...). Lorsque le géotextile sera posé directement sur le sol naturel, la végétation herbacée pourra être conservée à l'exception des arbres ou arbustes qui devront être sciés le plus près possible du sol.

将用于贮存土工布的场地地面应该平坦且清除掉所有可能导致土工布损伤的杂物（树根、带锋利棱角的各种石块、固体垃圾等）。当土工布被直接放置于自然地表时，除树木或灌木要被锯到尽可能与地面平齐外，其他的草本植物可以保留。

16.2.1.5　pose et assemblage　**安装和拼接**

Avant exécution des travaux, l'Entrepreneur soumettra à l'acceptation du Maître d'Ouvrage un plan de pose (calepinage) des nappes définissant la disposition relative des bandes de gé-otextiles, leur implantation et orientation et leur ordre de mise en place fixant le sens de superposition en fonction du sens de déversement des matériaux de recouvrement.

Les géotextiles seront posés manuellement par déroulement dans le cas des rouleaux ou pa-r déploiement dans le cas des autres formes de conditionnement (panneaux), la pose devant se faire conformément au plan de calepinage.

Pour les géotextiles assurant un rôle de renforcement, l'orientation des nappes et leur anisotropie mécanique devra être conforme avec la direction des sollicitations exercées sur le géotextile. Le marquage du géotextile garantit à cet effet sa bonne utilisation.

D'une manière générale, la pose des nappes de géotextile sera réalisée avec le minimum d'-avance sur la mise en oeuvre du matériau de recouvrement afin de limiter les éventuels déplacements des nappes par l'action du vent. Des dispositions seront prises pour assurer un ancrage de chaque nappe sur le sol immédiatement après la pose (lestage avec blocs, matériaux divers) à l'exclusion de l'épinglage qui risque de provoquer des amorces de rupture du géotextile.

L'assemblage des géotextiles assurant des rôles de séparation de drainage et de filtration, se fera par recouvrement d'une nappe sur l'autre sur une largeur minimale de 0.30m pour un sol de portance moyenne. A la demande du Maître de l'ouvrage, cette largeur de recouvrement pourra être augmentée en fonction de la déformabilité du sol support, de la fonction du géotextile et de l'importance des sollicitations qu'il subit.

Pour les géotextiles assurant un rôle de renforcement, l'assemblage pourra s'effectuer par recouvrement tel qu'indiqué ci-dessus à condition que les efforts ne s'exercent pas perpendiculairement aux bords des nappes. Dans le cas contraire, l'assemblage sera réalisé par couture en usine ou sur chantier. Un chevauchement minimum de 0.20m devra être respecté pour réaliser cette couture qui ne devra pas introduire une diminution des caractéristiques fonctionnelles du géotextile.

La couture sera réalisée conformément à la norme NF EN ISO 10321.

D'autres modes d'assemblages (agrafage, bande autoagrippante) ne seront autorisés qu'après acceptation par le Maître d'ouvrage.

在工程施工之前，承包方将向业主方提交各层的铺设计划（铺装图），以征得业主方的同意，该计划将确定有关土工布带的布局，铺设位置及方向，以及根据覆盖材料的倾倒方向确定的重叠拼接方向所安排的铺设顺序。

土工布将由人工滚动展开（圆柱形包装）或人工铺开（其他包装形式，如卷板），铺设应符合所提交的铺装图规定。

起加固作用的土工布，其方向及力学各向异性，均应和土工布所承受的应力方向一致。为此，在土工布上作标记，将保证其更好地使用。

总之，铺设土工布，应尽可能在实施覆盖材料前最短的时间内完成，以免造成可能由风引起的移动。要采取各种措施，以保证对铺设在地面上土工布立即进行固定（用石块或其他材料压住），不能用别针夹固定，以免造成土工布的断裂。

土工布的拼接是为了保证盲沟排水和过滤分开的作用，在中等承载力的地面上，两个接头间的搭接宽度至少为0.30m。根据业主方的要求，搭接宽度可根据承载地面的变形性能、土工布的特性以及其将承受的应力大小变化而加宽。

对于起加固作用的土工布，当其承受的应力不垂直作用在其边缘上时，即要按上述方法进行拼接。否则，其拼接将在工厂缝合或者在工地上缝合。重叠部分至少为0.20m，以保证该缝合不会造成土工布的性能减弱。

缝合将遵照法国 NF EN ISO 10321 标准进行

其他的拼接方式（别针别，自动粘贴带）只有经业主方同意后方可使用。

16.2.1.6　Circulation des engins　**机械的通行**

Toute circulation d'engins ou camions directement sur le géotextile est interdite.Toute détérioration de nappe due au non-respect de cette prescription entraînera son enlèvement et son remplacement, à la charge de l'Entrepreneur.

严禁任何机械或车辆直接在土工布上通行。不遵守上述规定而造成土工布的任何毁坏，均由承包方负责进行拆除和更换。

16.2.1.7　Mise en œuvre des matériaux de recouvrement　**覆盖材料的施工**

Le matériau de recouvrement sera mis en œuvre à l'avancement, les engins d'approvisionnement circulant sur la couche mise en œuvre et dont l'épaisseur minimale sera au moins de 0.40m. Dans tous les cas, le sens de déversement et de réglage du matériau de recouvrement devra être en accord avec celui de la superposition des nappes défini dans le plan de pose.

覆盖用的材料摊铺逐步向前推进，供料车行驶在已摊铺的覆盖层上，其最小厚度应不小于 0.40m

在任何情况下，覆盖材料的倾倒和调平方向，均应与铺设图上确定的土工布重叠方向一致。

16.2.1.8　Contrôle des prescriptions　　**规定的监督（检查）**

Le contrôle des prescriptions se fera conformément à la norme NF G 38.060.

Les caractéristiques des géotextiles fournis doivent être conformes aux spécifications du pré-sent C.C.T.P.

Les rouleaux (ou autre forme de conditionnement) de géotextiles livrés sur chantier seront soumis à l'acceptation du Maître d'Ouvrage.

Le contrôle des géotextiles livrés sur chantier comprendra:

l'identification du produit: l'acceptation sera prononcée après simple vérification de la concordance des spécifications du présent CCTP. et des valeurs des caractéristiques portées sur le certificat de qualification,

Le Maître de l'ouvrage procédera au contrôle des caractéristiques des géotextiles suivant la fréquence d'essais définie dans la note d'information du SETRA N°　33 de janvier 88.

Les essais porteront sur les vérifications des spécifications du présent CCTP. Les essais seront réalisés, aux frais de l'Entrepreneur par un laboratoire agréé accepté par le Maître de l'ouvrage.

Si les résultats des contrôles des caractéristiques ne confirment pas les valeurs annoncées par le producteur sur la fiche technique du produit, les géotextiles seront refusés et évacués du chantier.

规定的监督（检查）应遵照法国 NF G 38.060 标准执行。

所提供的土工布的技术特性，应符合本专用技术条款中的技术要求。

提供到工地上的土工布卷（或其他包装方式），应征得业主方的同意。

提供到工地上的土工布的监督（检查）包括：

产品鉴定：只要对本专用技术条款的技术要求和产品质量证书上所规定的技术特性数值进行简单的核实后，即可宣布同意接受；

业主方将按照 SETRA 88 年 1 月颁发的第 33 号通知规定的试验次数，对土工布的技术特性进行监督（检查）。

试验主要涉及本专用技术条款规定的各种检测。试验将由一家业主方同意接受的试验室来进行，费用由承包方承担。

如果检测结果不符合生产商在技术说明书上规定的数值，土工布将被拒绝使用并清除出工地。

16.2.2　Géomembranes　土工膜

Géomembranes traité anti-UV, conforme aux normes NF P 84500 et NF EN ISO 10318. L'Entreprise proposera au Maître d'ouvrage un produit avec des références d'emploi, des notes de calcul pour des ouvrages spécifiques et de performance reconnu dans des chantiers routiers semblables.

土工膜经防紫外线处理后，需符合法国 NF P 84500 和 NF EN ISO 10318 的规范。承包方向业主建议的产品需带有使用说明、具体工程计算书。并且其性能已在同类公路工程中得到认可。

16.2.3　Géogrille (Nappes antiérosion tridimensionnelles)　土工格网（三维防侵蚀层）

Les talus de déblais marneux sont sensibles à l'eau et nécessiteront une protection étanche afin de garantir leur stabilité épidermique.

Un complexe étanche est à réaliser sur ce type de talus composé par Nappe polyéthylène flexible.

L'Entreprise proposera au Maître d'ouvrage un produit avec des références d'emploi, des notes de calcul pour des ouvrages spécifiques et de performance reconnu dans des chantiers routiers semblables.

Le géogrille sera comblé avec terre végétale ensemencé (engazonnement).

Éventuellement le revêtement en terre végétale pourra être remplacé par un revêtement minéral de granulométrie 150/300mm.

L'Entreprise sera notifiée concernant les talus à étanchéifier et le type de revêtement à mettre en place, en cours de travaux par le Maître d'ouvrage.

泥灰岩挖方边坡对水敏感，需要进行防水保护来保证表面稳定性。

这种边坡需铺设由柔性聚乙烯层构成防水复合层。

乙方应该向业主方推荐一种带使用说明和计算书的产品，并且其性能已在同类公路工程中得到认可。

土工格栅网需填充撒有种子的腐殖土（植草）。必要时，腐殖土铺设可由 150/300mm 级配的矿物铺设所替代。

在施工过程中，业主应通知承包方需要进行防水措施处理的边坡和需进行的铺设类型。

16.3　STRUCTURES DRAINANTS　排水结构

Il y a des éléments de drainage qui sont utilisés pour la protection et stabilisation des talus et assises:

- ◆ tranchée drainante;
- ◆ assise drainant;
- ◆ masque poids drainant;
- ◆ éperons et épis drainants
- ◆ drains subhorizontaux.

Toutes les spécifications concernant ces structures drainantes sont présentées aux livrets B3,

B7, C2 et D2.2, et à l'article 8.2.2.3 du présent livret.

用于基底保护和稳定的排水结构有：

- ◆ 排水管沟；
- ◆ 排水基底；
- ◆ 排水重力面罩；
- ◆ 排水堆垛和人字形沟；
- ◆ 近水平型沟。

有关排水结构的规定，B3、B7、C2 和 D2.2 册以及本册 8.2.2.3 款已作规定。

16.4 REVÊTEMENT DES RISBERMES 护道铺设

Les risbermes des talus en déblais en marnes seront protégées contre l'infiltration des eaux, pour éviter l'effet nocif d'altération des marnes et d'amollissement des argiles, avec une couche de revêtement en béton de 10cm d'épaisseur. Cette dalle en béton sera armée d'un treillis soudé HA6150 × 150mm (ϕ6). La mise en place de cette protection dans chaque risberme devra être évaluée par l'Entrepreneur et agréé par le maître d'ouvrage/BCS.

挖方边坡护道应该要防止水的浸入，通过铺设一层 10cm 厚的混凝土层来避免泥灰岩风化及黏土软化的不良影响。

该混凝土板将配备 HA6 150mm × 150mm（ϕ6）焊接金属网。承包方应仔细考虑每个护道上采取的此种保护措施，并要征得业主方或监理方（BCS）的同意。

B.3 Assainissement-Réseaux-Protections hydrauliques
排水－管道网络－水资源保护

1.0 QUALITE 质量

1.1 Principes généraux 一般原则

Les dispositions générales appliquées en matière de qualité sont décrites dans le livret A du CCTP.

有关质量方面的一般规定，已在专用技术条款 A 册里作了描述。

1.2 Consistance du PAQ 质量保证计划的内容

Le plan d'Assurance de la Qualité devra traiter en particulier des travaux d'assainissement, réseaux enrochements suivants:

Exécution des fouilles et des déblais en petite masse,

Mise en oeuvre des canalisations – Remblaiement et compactage des tranchées,

Mise en oeuvre de buses, fourreaux,... remblaiement et compactage,

Réalisation des regards, avaloires et puisards,

Réalisation des chambres de tirage,

Réalisation des fossés et des cunettes,

Réalisation des caniveaux en béton,

Réalisation d'ouvrages divers (bourrelets, descente d'eau, ouvrages d'entonnement, ouvrages de tête, ouvrages de brise énergie),

Mise en place de matériaux drainants, de géotextile,Mise en oeuvre d'enrochements,

质量保证计划，特别要处理以下排水工程和石砌管线网络工程：

开挖基坑和少量挖方；

铺设管道—管沟回填和压实；

铺设涵管、套管等，回填和压实；

设置检查井，落水口和汇水井；

设置通风井；

修筑边沟和排水沟；

修筑混凝土排水沟；

其他结构物施工（路缘档水、跌水、喇叭口、端墙、消力坎）；

铺设排水材料，土工布；

填石工程。

1.3 Points critiques et points d'arrêt 控制点和停止点

Le Plan d'Assurance Qualité (PAQ) précisera les points critiques et points d'arrêt. Il intégrera nécessairement les points définis dans les tableaux ci–après.

Ces tableaux ne constituent qu'une liste minimum et non exhaustive ; Ils devront être complétés par l'Entrepreneur en phase de préparation lors de l'établissement de son PAQ.

La levée des points critiques par le contrôle interne impliquera, le cas échéant, une intervention du laboratoire du groupement.

Les délais de préavis pour les points d'arrêt sont valables pour le contrôle externe et pour le Maître d'Ouvrage.。

质量保证计划将确定控制点和停止点，并必须包含下表所列各点。

该表所列各点仅为其最基本的，而且并不详尽的清单。须由乙方在施工准备阶段拟定质量保证计划时进行完善。

（乙方）内部监督（检查）提出的控制点，必要时，可请联合体试验室参与。

停止点的预先通知期限，对（乙方）外部监督（检查）和甲方同样有效。

Tâches 任务	Points critiques levés par le contrôle interne （乙方）内部监督（检查）提出的控制点	Points critiques levés par le contrôle externe （乙方）外部监督（检查）提出的停止点	Points d'arrêt levés par le Maître de l'ouvrage 甲方提出的停止点	Délai de préavis en jours ouvrés 预先通知期限工作日
Documents d'exécution: 施工文件 • visa du Maître de l'ouvrage visa du Maître d'Ouvrage 业主批准	×	×	×	Cf. livret A 见 A 册
Réception de matériaux et fournitures: 材料和供货的验收 • qualité 质量	×	×		
Reconnaissance géotechnique supplémentaire éventuelle 可能的土工技术补充勘探	×	×		
Implantation et piquetage du tracé avec analyse des interférences éventuelles avec le piquetage des réseaux existants 线路定线、标桩，并带可能发生的干扰的分析与对现有管线的标桩	×	×		
Mise en place de la signalisation des fouilles à ouvrir 为待开挖基坑设置信号标志	×			
Exécution des fouilles: 开挖基坑				
• implantation 定位	×			
• compactage fond de fouille 坑底压实	×	×		
• blindage de fouille pour tranchée de hauteur H>1.30m 基坑支护 – 排水沟深 >1.3m	×	×		
• épuisement – rabattement 抽水 – 降低水位	×			

177

续表

Tâches 任务	Points critiques levés par lecontrôleinterne（乙方）内部监督（检查）提出的控制点	Points critiques levés par le contrôle externe（乙方）外部监督（检查）提出的停止点	Points d'arrêtlevés par le Maître de l'ouvrage 甲方提出的停止点	Délai depréavis en jours ouvrés 预先通知期限工作日
Mise en place des éléments préfabriqués: (buse, dalot, regard, tête...), 安置预制件（管涵、箱涵、检查井、管线、端墙等）	× × ×			
• exécution du lit de pose: contrôle Fil d'eau et compactage. 实施管沟底床（监督检查）（路面）排水沟并压实 • Mise en oeuvre des éléments 安置各预制件 • Contrôle des Fils d'eau et compactage 监督（检查）排水沟和压实	×	×		
Remblaiement des fouilles / contrôle nature des matériaux, géométrie et compactage 基坑回填、检验材料性质，几何特性和压实				
• Bloc technique 技术填方段, • Partie située au-dessus du bloc technique (y compris cavaliers de protection éventuel) · 技术填方段顶部（包括可能的保护性材料堆）	× ×	×		
Pose des drains dans les tranchées: 在排水沟里安置盲沟管: • Mise en place géotextile et exécutiondu lit de pose 铺设土工布和安置管沟底床	× ×	×		
• Positionnement des drains-contrôle fil d'eau 盲沟管就位—监督（检查）排水沟情况 • Mise en oeuvre matériau drainant tassé et fermeture par géotextile en recouvrement. 摊铺成堆的排水材料和用土工布覆盖封闭	×	×		
• Remblais au-dessus de la chaussette: contrôle nature matériau et compactage, 盲沟管套上部回填: 监督（检查）回填材料性质和压实	×			
• Mise en place signalisation de la tranchée 设置盲沟的信号标志	×			

178

续表

Tâches 任务	Points critiques levés par lecontrôleinterne（乙方）内部监督（检查）提出的控制点	Points critiques levés par le contrôle externe（乙方）外部监督（检查）提出的停止点	Points d'arrêtlevés par le Maître de l'ouvrage 甲方提出的停止点	Délai depréavis en jours ouvrés 预先通知期限工作日
Réalisation des Fossés et cunettes 修筑截水沟和小排水沟				
Implantation 定位	×			
Exécution forme fossé 截水沟基础施工	×			
Si mise en place terre végétale (contrôle qualité, épaisseur) 如果使用腐殖土（监督检查其质量、厚度）	×	×		
Si mise en place béton – contrôle formule, slump, air occlus, épaisseur, géométrie 如果使用混凝土 – 检测形状、坍落度、气泡、厚度等	×	×		
Si mise en place éléments préfabriqués: 如果铺设预制件				
– béton de propreté 垫底混凝土	×			
– pose éléments et blocage 铺设预制件和固定	×			
– remblaiement soigné 细心回填	×			
Réalisation caniveaux béton, bourrelets, descentes d'eau: 修筑混凝土排水沟、路缘拦水、跌水				
Implantation 定位	×			
Compactage assise 底基压实	×			
Eléments préfabriqués: 底基压实				
– béton de propreté 预制件	×			
– pose éléments et blocage 垫底混凝土	×			
– remblaiement soigné 铺设预制件和固定	×			
– Eléments coulés en place 细心回填				
Contrôle formule, slump, air occlus, épaisseurgéométrie · 现浇构件检测形状、坍落度、气泡、厚度等	×	×		
Eléments coulés en place (dalots, têtes, regards et massifs divers): 现浇结构物（箱涵、端墙、检查井和其他混凝土块）				
Compactage sol de fondation 底基土压实	×	×		

179

续表

Tâches 任务	Points critiques levés par lecontrôleinterne （乙方）内部监督（检查）提出的控制点	Points critiques levés par le contrôle externe（乙方）外部监督（检查）提出的停止点	Points d'arrêtlevés par le Maître de l'ouvrage 甲方提出的停止点	Délai depréavis en jours ouvrés 预先通知期限工作日
Béton de propreté 垫底混凝土	×			
Réception coffrage / ferraillage模板 / 钢筋验收	×	×	×	2 j
Autorisation de remblaiement 7 jours après le bétonnage 浇筑 7 天后允许回填	×	×	×	1 j
Enrochements（防冲）填石				
Implantation 定位	×			
Compactage fond de fouille · 基坑底部压实	×			
Exécution du lit de pose 整理底床	×			
Exécution du matériau drainant 摊铺排水材料	×			
Mise en oeuvre des blocs 填置石块	×	×		
Mise en oeuvrebéton · 浇注混凝土	×	×		
Essais d'étanchéité et d'écoulement 密封试验和排水试验	×			

2.0   ENVIRONEMENT   环境

Les dispositions adaptées vis–à–vis du respect de l'environnement devront respecter les spécifications détaillées du livret A du CCTP.

保护环境所采取的措施，应遵守专用技术条款 A 册中详细技术要求。

3.0   ETUDES D'EXECUTION   施工设计

Les dispositions générales appliquées en matière de plans d'exécution et de notes de calcul sont décrites dans le livret A du CCTP.

有关施工设计图纸和计算说明书方面执行的一般规定，已在专用技术条款 A 册中提供。

4.0   DOSSIER DES OUVRAGES EXECUTES   已完工工程文件

Le descriptif des pièces relatives aux ouvrages exécutés est fourni dans le livret A du CCTP.

已完工工程的有关文件，已在专用技术条款 A 册中描述。

5.0   PRESCRIPTIONS GENERALES   总则

5.1   Généralités   概述

Tous les matériaux entrant dans la constitution des ouvrages de drainage et d'assainissement seront fournis par l'Entrepreneurà l'exception des matériaux de remblai, de la terre végétal. Tous les matériaux devront faire l'objet de propositions d'agrément par l'Entrepreneur au Maître d'Ouvrage.

L'Entrepreneur sera tenu de justifier à tout moment la provenance des matériaux au moyen de lettres de voiture signées du fournisseur ou par toute autre pièce en tenant lieu.

L'Entrepreneur prendra toutes les précautions nécessaires pour qu'aucun dommage ne soit causé aux réseaux souterrains existants de toute nature. Il devra éventuellement prendre toutes les mesures nécessaires pour le soutien de ces canalisations et de ces conduites.

Les épuisements de toute nature, quel que soit l'afflux d'eau pendant la pose de canalisation, sont à la charge de l'Entrepreneur.

Les prescriptions de la dernière édition connue du Guide technique du SETRA – «Remblayage de Tranchées» seront appliquées, sauf celles qui seraient en contradiction avec des recommandations spécifiques définies dans ce livret.

所有用于地下排水和地面排水构造物的材料，均由乙方提供，但用腐殖土作填方材料的情况除外。所有材料都必须由乙方向甲方提出建议，并征得其同意。

乙方必须随时提交供货商签字的运货单或者其他可替代文件，以证明材料的来源。

乙方需采取各种必要措施，以保证不会对各种性质的现有地下管网造成破坏。必要时，可采取各种相应措施保护这些管道和管线。

在铺设管道时，不管有多大的水流量涌现，也不管是什么性质的排水，均由乙方负责。

除了与该册确定的专门建议相抵触的情况外，将执行最新版本 SETRA 技术指南中"盲沟回填"之规定。

5.2   Provenance et qualité des matériaux   材料来源和质量

5.2.1   Généralités   概述

Les matériaux à mettre en œuvre seront systématiquement soumis à l'approbation du Maître d'Ouvrage. Pour ce faire, l'Entrepreneur présentera au Maître de l'ouvrage les fiches techniques, les certificats de conformité aux normes et les résultats d'essais complémentaires qui pourraient s'avérer nécessaires. De façon générale, il appartiendra à l'Entrepreneur et à ses frais de justifier que les matériaux qu'il souhaite mettre en œuvre ont les qualités requises pour leurs emplois.

要使用的所有材料都必须系统地提交甲方批准。为此，承包商要向甲方提交技术说明书、符合标准的合格证书，以及可能必要的附加补充试验结果等。总之，乙方将负责验证其拟用材料的质量是否符合使用要求，费用由乙方自己承担。

5.2.2   Ouvrages en béton préfabriqués en usine   工厂预制混凝土结构物

Les éléments préfabriqués proviendront obligatoirement d'usines agréées et seront soumis à l'agrément du Maître de l'ouvrage.

Chaque élément de collecteur, buse, de tête de collecteur et de regard portera une marque indélébile qui indiquera:

- ◆ le nom du fabricant ou de l'usine,
- ◆ la série des éléments,
- ◆ la date de fabrication,
- ◆ la date à partir de laquelle il peut être mis en œuvre (28 jours minimum après la date de fabrication).

Certains ouvrages préfabriqués (buses, caniveaux) devront faire l'objet de notes de calcul justifiant leur résistance aux charges de remblais et surcharges suivantes:

- ◆ charge type chantier défini par les directives DELTA 70 du SETRA (engins de 23m³ de capacité),
- ◆ convoi militaire M120sous autoroute et ses accès.

La fissuration sera considérée comme préjudiciable.

De façon générale, l'Entrepreneur fournira, des produits porteurs de la marque NF, ou des normes reconnus suite à l'acceptation du Maître d'Ouvrage.

Les éléments présentant des épaufrures, des fissures ou autres défauts seront évacués sans délais par les soins de l'Entrepreneur et à ses frais.

混凝土预制件必须出自甲方认可的工厂，并提交甲方审批。

- ◆ 制造商名字或厂名；
- ◆ 预制件批次；
- ◆ 生产日期；
- ◆ 可以投入使用的日期（至少浇筑后 28 天）。

其中某些预制构造物（涵管、排水沟）必须做计算说明书，以验证其对填土负荷的承载力和对下列超载的承载力，包括：

- ◆ SETRA 颁发的 DELTA 70 规范中的施工标准荷载（载重 23m³ 的机械设备）；
- ◆ 在高速公路及其连接道上的军用车队 M120 荷载。

出现裂纹即视为有缺陷的。

总之，乙方要提供带有 NF（法国标准）标志或者经甲方同意的其他知名标准标志的产品。

乙方必须立即撤出有残缺、裂纹或者其他缺陷的预制件，并承担其费用。

5.2.3　Ouvrages coulés en place　**现浇结构物**

Les ouvrages suivants seront concernés par ces spécifications:

- ◆ têtes de buse ou de collecteurs, regards, puisards et autres dispositifs de raccordement,
- ◆ massifs d'assise pour ouvrages préfabriqués,
- ◆ regards,
- ◆ Ouvrages divers en béton coulé en place,

◆ caniveaux, fossés,

◆ etc,⋯

La nature et la qualité des bétons et des mortiers sont décrites dans le livret C2. Les prescriptions relatives aux caractéristiques techniques des bétons et des divers composants employés sont similaires à celles décrites dans le livret C du CCTP. On veillera notamment à prendre en compte les exigences en matière de:

◆ Parements ordinaires pour les faces cachées, côté remblais des ouvrages,

◆ Parements fins pour les faces vues et/ou à l'intérieur des ouvrages,

◆ Prévention vis à vis de l'alcali–réaction,

◆ Prévention vis–à–vis de l'agressivité des eaux.

Pour les ouvrages hydrauliques coulés en place, le mortier qui sera mis en oeuvre est défini dans le tableau fourni en annexe de le livret C2.

Le calibre des enrochements sera adapté à l'épaisseur des ouvrages concernés.

Les blocs pourront provenir des zones d'empruntes, ou de carrière ou de lit de cours d'eau.

适用于这些规定的结构物如下：

◆ 子管或集水管端部、检查井、汇水井和其他连接设施；

◆ 预制结构物的底座；

◆ 检查井；

◆ 其他现浇混凝土结构物；

◆ 排水沟、边沟；

◆ 其他。

水泥混凝土和水泥砂浆的性质和质量，详见 C2 册的规定，与混凝土和其他组成成分的技术特性有关的规定，与专用技术条款 C 册的规定相似。要特别注意考虑对以下方面的要求：

◆ 结构物的填方一侧，隐藏面可用普通砌面；

◆ 外侧面和 / 或结构物内侧面使用精加工砌面；

◆ 预防碱化反应；

◆ 预防水侵蚀。

对于现浇水工结构物，所用砂浆，遵照 C2 册中的规定执行。

抛石尺寸的大小应随有关结构物的厚度而定。

块石可以取自借方区、采石场或者河床。

5.3　Mode d'exécution　施工方式

5.3.1　Fouilles en tranchée et déblais en petite masse　开挖基坑和少量挖方

5.3.1.1　Prescriptions communes　通用规定

Les fouilles ne pourront démarrer qu'après le décapage du terrain naturel, l'exécution du piquetage spécial (cf livret A) et analyse des interférences éventuelles avec les ouvrages existants et ceux à réaliser dans le cadre des travaux.

L'emplacement des fouilles doit être matérialisé de façon continue sur le terrain avant exécution. Le contrôle externe réceptionnera l'implantation.

Les fouilles sont ouvertes de l'aval vers l'amont. Le sol de fondation est réglé de façon à permettre l'exécution du lit de pose et assurer, en permanence, l'évacuation des eaux. Toute constatation de désorganisation du terrain causée par le matériel d'exécution à proximité des ouvrages doit être immédiatement signalée au Maître de l'ouvrage.

L'utilisation d'engins de forte puissance ne doit pas mettre en cause la stabilité des ouvrages aux abords de la zone de déblai.

Les matériaux extraits seront suivant leur nature et après l'accord du Maître de l'ouvrage, évacués en dépôt (provisoire ou définitif) ou réutilisés en remblais courant dans les conditions définies dans le livret B.2.

◆ Mise en sécurité

L'entrepreneur doit prendre toutes les précautions en vue d'éviter les éboulements et d'assurer la sécurité du personnel.

Il procédera, si nécessaire, au talutage des parois selon un angle compatible avec la nature du terrain et les surcharges éventuelles ou au blindage des parois verticales par tous les moyens adaptés à la nature du sol. Dans le cas de fouilles d'une profondeur supérieure à 4m, l'Entrepreneur devra réaliser des préfouilles dont le mode d'exécution devra être soumis au Maître de l'ouvrage.

◆ Epuisement – Rabattement

Les fonds de fouilles seront maintenus en permanence à sec par gravité ou pompage éventuel, Tout rejet direct d'eau chargée sans dispositif de traitement (décanteur, filtre à paille ou autres) agréé par le Maître de l'ouvrage sera proscrit.

Est considéré comme épuisement, l'évacuation par pompage direct en fond de fouille, des eaux souterraines, afin de permettre l'avancement et la bonne exécution des travaux.

En cas de venues d'eau, l'Entrepreneur doit procéder à sa charge à des épuisements.

En fonction de la granulométrie, l'Entrepreneur prévoira éventuellement la mise en place d'un géotextile au niveau du puisard pour éviter l'entraînement des éléments fins du sol.

S'il apparaît au cours des travaux que les dispositifs adoptés pour les épuisements doivent être renforcés pour répondre à leur objectif, l'Entrepreneur doit, s'il y a urgence, prendre les mesures nécessaires et en rendre compte au Maître de l'ouvrage ou, s'il n'y a pas urgence, les lui soumettre avant exécution.

◆ Purges et matériaux de substitution

L'entrepreneur est tenu de procéder à l'enlèvement et à la purge de tous les éléments, les poches ou lentilles susceptibles de provoquer des désordres dans l'ouvrage et au comblement des vides ainsi créés par un matériau de substitution dont les prescriptions sont définies dans le sous–livret B2. Il préviendra préalablement le Maître de l'ouvrage qui vérifiera la nécessité de la purge et définira son épaisseur.

◆ Compactage du fond de fouilles

Les fonds de fouilles seront énergiquement compactés afin d'obtenir les caractéristiques suivantes:

EV2 > 30MPa ou densité > 95% de l'Optimum Proctor Normal

在施工范围内，基坑开挖，必须在清除自然表土、实施特殊标桩（见 A 册）、分析现有构造物和新建构造物之间可能有的干扰后方能进行。

施工前，基坑位置必须在地面上用连续方式标桩定位。（乙方）外部监督（检查）将对定位进行验收。

基坑应从下游往上游开挖，底基土要进行平整，以便于为放置管道的基床的施工，并保证持续排水。所有因施工机械导致临近结构物的土层坍塌，均应立即向甲方报告。

使用大功率机械时，不得对挖方区域周边的结构物稳定性造成影响。

挖出的材料将根据其性质，并征得甲方同意后清运堆存（临时的或永久性的堆放），或者根据 B2 分册规定条件再用于普通填方。

◆ 安全施工

乙方必须采取各种预防措施，防止任何坍塌，保证人员的安全。

为此，在需要的情况下，可以根据土壤的性质和可能的超载，根据适当的角度修筑坑壁边坡，或通过各种与地面土壤性质相宜的手段，对垂直坑壁进行支护。在基坑深度超过 4m 的情况下，乙方应该做预开挖（试验）段，其施工方式必须报业主批准。

◆ 抽水—降低水位

基坑底部必须在水自流下持续保持干燥，或（必要时）可采用水泵抽水。没有经过甲方认可的设施（沉淀池，草束过滤器或其他设备）处理的任何水流，不得直接排出。

所谓抽水，即用水泵直接排除基坑底部的地下水，以保证工程施工顺利进行。

当有水流出现时，由乙方自费负责抽水。

根据土壤级配的变化，必要时，乙方应在汇水井面上铺一层土工布，以防止地层细小物质的渗入

工程实施过程中，如果出现必须增加排水设备才能满足需要时，在紧急情况下，乙方应先采取必要措施，随后报告甲方，如果情况不紧急，则应先呈报甲方批准后再进行。

◆ 清除和更换材料

乙方必须去除和清除所有可能影响结构物性能的坑洼、扁豆体和不利材料，同时使用更换材料填充空隙，其规定见 B2 分册详述。需要事先报请甲方，由甲方审查清除的必要性和确定换土的厚度。

◆ 坑底压实

坑底要充分压实，以达到以下技术参数：

EV2> 30MPa 或者压实度 > 标准葡式最佳（含水量）值的 95%。

5.3.1.2　Nature des fouilles et prescriptions spécifiques　**基坑特性和专门规定**

Toutes les parties de fouille ne nécessitant pas le recours à la brise roche hydraulique sont considérées comme fouilles en terrain meuble.Les blocs rocheux éventuellement rencontrés dans les fouilles seront dégagés par fractionnement à la brise−roche hydraulique.

基坑的所有部位均不需要使用液压破碎机破碎，即视为松软土质基坑。

基坑中可能遇到的石块将使用液压破碎机破碎后清除。

5.3.2　Ouvrages coulés en place　现浇结构物

5.3.2.1　Sol de fondation　底基土

Le sol de fondation est le sol support de l'ouvrage plus une zone entourant le sol support, à définir pour chaque ouvrage (de l'ordre de 2m de chaque côté), et à soumettre au visa du Maître d'Ouvrage.

Il peut être en déblai ou en remblai.

Il sera compacté de façon que sa densité sèche atteigne 95% de l'OPNsur 0.20m de profondeur.

L'Entrepreneur doit signaler au Maître de l'ouvrage toute baisse de portance avant la pose.

Le Maître de l'ouvrage se réserve le droit de faire procéder à tout moment à des essais de portance. Ces essais seront aux frais et à la charge de l'Entrepreneur.

底基土系指结构物的承重土加上其周边土层，每个结构物的底基范围（周边各为 2m 左右）的确定，需提交甲方审批。

底基土可能是在挖方段也可以是在填方段。

其压实度在 0.20m 深度上需达到标准葡式最佳值的 95%。

底基土承载力不足时，乙方必须在安置管道之前报告甲方。

甲方保留在任何时候要求进行底基土承载力试验的权利。所有试验和费用均由乙方承担。

5.3.2.2　Béton de propreté, béton, armature et coffrage　素混凝土（垫底混凝土），混凝土，钢筋和模板

L'Entrepreneur soumettra à l'agrément du Maître de l'ouvrage, les plans de coffrage et de ferraillage des divers ouvrages à réaliser. Il devra également fournir les documents relatifs au projet des ouvrages provisoires.

L'Entrepreneur fournira la preuve que les machines à coffrage glissant bénéficient d'une autorisation d'emploi en vigueur.

La machine à coffrage glissant acheminée sur le chantier sera soumise à l'agrément du Maître de l'ouvrage à l'appui des résultats de campagnes précédentes (linéaire mis en œuvre, conclusions du contrôle interne). Le rythme des cadences et les capacités d'adaptation de la machineà des variations du profil en long et du tracé en plan seront notamment précisés.

L'interface entre le coffrage intérieur (boudin gonflant, coffrage perdu en dévers, etc.) et le coffrage des joues et des deux(2) formes de pentes supérieures sera précisé et justifié notamment en regard des tolérances de pose assignées ci−après.

L'épaisseur minimale des parois de béton entre le contour enveloppe carré ou trapézoïdal et la génératrice intérieure cylindrique sera de quinze (15) centimètres.

Le traitement des joints de retrait des caniveaux coulés en place sera précisé par l'Entrepreneur. Le pas ne sera pas supérieur à 10mètres. Le produit de remplissage du joint sera réputé résister aux hydrocarbures, sels de déverglaçage, gel ou autres matières issues de la combustion des moteurs à explosion.

Les conditions de raccordement sur les avaloirs et sur ouvrages préfabriqués seront également présentées par l'Entreprise.

Selon l'indication du Maître de l'ouvrage, certains tronçons des caniveaux à fente seront renforcés pour résister à des charges roulantes préalablement définies.

乙方必须将待实施的各项结构物的模板图和钢筋布置图呈报甲方批准。同时还必须提供有关临时建筑物的设计文件。

乙方还需提供证明滑模机符合现行规定的许可证文件。

运抵工地的滑模机需要提交甲方批准，其支持文件是上一工地的使用情况（实施方法、内部监督检查的结论等）。特别要明确机器的工作效率和随纵断面和横断面变化的适应性。

内模（膨胀充气模、斜面一次使用模等）和侧模以及两种斜面形状的模板之间的接触面，将要明确说明，尤其要证明符合后述规定中的安装允许误差。

正方形或梯形混凝土壁面和圆筒形内部母线的最小调整垫片尺寸为15cm。

现浇排水沟的收缩缝处理由乙方说明。收缩缝的间距不得大于10m。收缩缝的填充材料必须能够抵抗油料、化冰盐、冰冻以及内燃机燃烧产生的其他物质的腐蚀。

出水口与预制件结构物之间的连接条件也由乙方提出。

根据甲方的指示，为能承受预先确定的车辆荷载，某些有裂缝的排水沟需要进行加固。

5.3.2.3　Revêtement en béton　**混凝土铺面**

Les carrefours hydrauliques à l'amont et à l'aval des collecteurs transversaux pourront êtrerevêtus selon les prescriptions du Maître de l'ouvrage. Les parties revêtues des fossés seront bloquées en amont et en aval par des blocs (Dmin150mm – Dmax300mm) sur une épaisseur de 0.45m et une longueur définie sur les plans types.

在横向集水管的上游或下游的水流交汇处（的汇水井），可根据甲方的要求设置铺面（盖板）。边沟覆盖部分将在上游或下游用直径 150～300mm 的石块铺面，铺面厚度为0.45m，其长度按标准图规定执行。

5.4　Contrôles　**监督（检查）**

5.4.1　Contrôle des fouilles en tranchée et déblais en petite masse　**对排水沟开挖和少量挖方的监督（检查）**

Le tableau ci-dessous récapitule les tolérances affectées à l'exécution des fouilles: 下表汇总列出了基坑开挖中允许的误差：

Tolérance 误差 Tâche 项目	Altimétrique 高程测量	Planimétrique 平面测量	Compacité 压实度
Exécution des fouilles 基坑开挖	± 3cm	Axe ± 5cmLargeur tranchée 基坑宽度 ± 5cm	EV2 > 30MPaou densité> 95% OPN EV2 > 30MPa 或压实度 > 95% OPN

5.4.2　Contrôle des ouvrages coulés en place　现浇结构物的监督（检查）

Le bétonnage de ces ouvrages fera l'objet d'un point d'arrêt levé par le Maître de l'ouvrage qui vérifiera la conformité du coffrage / ferraillage mis en place.

La qualité du béton sera validée par les épreuves de contrôle décrites dans le livret C ; le nombre de prélèvements à effectuer pour les différents lots d'emploi est fixé, soit par le nombre de prélèvements (décrits ci–après), soit par le nombre de bétonnières supposées de 6m³ :

Liste récapitulative des lots d'emploi

Massifs d'assise d'ouvrages type Buse coulés en une：Seule phase de bétonnage: 3 prélèvements

Regard pour chaque phase de bétonnage: 1 prélèvement,

Partie de tête de collecteur coulée en une seule phase: 1 prélèvement,

Les tolérances d'exécution des ouvrages en béton extrudé seront conformes à celles indiquées dans ce livret.

这些结构物的混凝土浇筑，是甲方提出的一个停工点，甲方将检查现场使用模板和布筋是否符合要求。

混凝土的质量，将采用 C 册中说明的检测试件的方法进行检测；不同批次要做的取样数量是固定的，可以按取样数量计（见后述），也可以按假设 6m³ 的混凝土搅拌机的搅拌次数计：

使用批次汇总表：

一次浇筑成型的混凝土标准管涵底座 3 次取样。

每个浇筑阶段检查井：1 次取样。

一次浇筑成型的排水干管端墙 1 次取样。

模压成型混凝土结构物的施工允许误差，必须符合本册说明的要求。

6.0　COLLECTEURS, DRAINS ET OUVRAGES ANNEXES　集水管，排水管和附属构造物

6.1　Généralités　概述

Le chapitre définit les prescriptions de réalisation des différents composants des ouvrages hydrauliques transversaux et longitudinaux:

collecteurs (buses béton, PVC, métalliques),

drains,

regards – puisards,

têtes de collecteurs.

本章规定横向和纵向排水结构物各组成部分的实施规定：集水管（混凝土管、PVC管、金属管）；盲沟；检查井－汇水井；集水管端部。

6.2　Provenance et qualité des matériaux　材料来源和质量

6.2.1　Collecteurs circulaires en béton Armé　钢筋混凝土圆形集水管

Les tuyaux seront titulaires de la marque NF,ou d'un certificat de qualité attribué par un organisme agréé par le Maître d'Ouvrage.

La résistance, l'étanchéité et la qualité des productions devront être conformes au cadre fixé par la norme.

Chaque tuyau portera une marque indélébile qui indiquera:

le nom du fabricant ou de l'usine,

la classe ou la série du tuyau,

la date de fabrication,

la date à partir de laquelle il peut être mis en œuvre. 可 Tout élément qui sera livré sur le chantier non conforme ou en mauvaise état (imperfections, blessures, fêlures) sera évacué sans délai par les soins de l'entrepreneur et à ses frais.

Les séries utilisées seront les suivantes:

Série 90 A pour les petits diamètres uniquement <600mmSérie 135 A minimum dans les cas courants,

Séries renforcées enrobées de béton dans les cas particuliers: grande hauteur de remblais ou recouvrement en phase travaux insuffisant (inférieur à 0.80m),

L'Entrepreneur devra soumettre à l'agrément du Maître de l'ouvrage la note de calcul justifiant le choix d'une série, ou l'enrobage d'un tuyau.

管道必须具有 NF（法国标准）标志，或者具有甲方认可的机构颁发的质量证书。

产品的强度，密封性和质量必须在标准规定范围之内。

每节管道都要有不可抹掉的标记，标明以下内容：制造商名字或厂名；管道等级或系列号；生产日期；可以投入使用的日期。

所有运达工地的不符合标准或损坏（有缺陷，裂缝，裂纹）的结构物，乙方必须马上清运出场，并承担其费用。

使用的系列如下：

90A 系列，直径小于 600mm。

通常情况下，至少使用 135A 系列。

特殊情况下，要使用混凝土裹覆层的加强系列：高填方或施工期间覆盖层厚度不够（小于 0.80m）的情况。

乙方必须向甲方提供论证其选型或使用保护层的计算说明书，以征得甲方同意。

6.2.2 Tuyaux PVCPVC 管子

Les tuyaux seront en polychlorure de vinyle (CPV) non plastifiés de la série 1. Ses caractéristiques seront conformes à la norme NFP16.352. Ils proviendront d'usines certifiées par l'AFNOR ou équivalent et agréées par le Maître de l'ouvrage. Chaque tuyau portera une marque indélébile qui identifiera le nom du fabricant, la classe du tuyau, la date de fabrication. Les raccords seront également conformes à la norme NFP 16.352. L'assemblage sera réalisé par collage avec une colle spéciale C.P.V. rigide.

PVC 管子为非塑化的 1 系列聚氯乙烯管，其技术参数要符合法国 NF P16.352 标准，来自法国标准化协会（AFNOR）认证或者同等机构和甲方认可的厂家。每根管子都要有不可抹去的标记，标明制造商名字、管子等级和生产日期。

接头也要符合法国 NF P 16.352 标准。使用特殊的刚性 PVC 粘结剂连接。

6.2.3 Collecteurs métalliques 金属集水管

Les collecteurs seront en fonte ductile spéciale AEP certifié NF ou équivalent.

特殊延性铸铁集水干管，要确认符合法国标准（NF）或同等标准。

6.2.4 Drains CPVCPV 排水（暗）管

Les tuyaux drainants seront en polychlorure de vinyle non plastifiés à cunette plate et conformes à la norme NF P 16–351. L'intérieur des tuyaux sera lisse et non ondulé. Leur diamètre minimum nominal sera de 100mm

Ils seront prémanchonnés pour emboîtement et les tuyaux de raccordement seront en matière plastique rigide de la série assainissement sous pression et conformes à la norme NF P 16–352.

Leur résistance à l'écrasement sera telle qu'enterrés à 0.80m de profondeur, ils puissent sans aucun dommage résister à la charge engendrée par le passage du convoi M 120.

L'Entrepreneur soumettra à l'agrément du Maître de l'ouvrage les différents types de collecteurs drainants à mettre en oeuvre.

排水管采用非塑化带平直底座的聚氯乙烯管，符合法国 NF P 16—351 标准。管子内部光滑无波纹。最小直径为 100mm。

排水管事先套入连接用套管，连接管使用硬质塑料制造，属承压排水系列，符合法国 NF P16—352 标准。

其抗碎强度将达到：在埋置于 0.80m 深度时可以承受 M120 车队通过时所产生的荷载，而没有任何损坏。

乙方必须向甲方呈报要使用的各种盲沟（排水）管类型，并征得其同意。

6.2.5 Matériaux de remblais et d'assise 填方材料和路基底面材料

Le tableau ci-dessous définit la qualité des matériaux de remblais entrant dans la construction des ouvrages de drainage et d'assainissement.(Les catégories fournies sont conformes à la norme NF P 18–540).

下表确定了修筑（地下）排水结构物和（地表）排水结构物所用填方材料的质量要

求（提供的等级要符合法国 NF P 18—540 标准）。

Domaine d'utilisation 使用范围	Qualité des matériaux 材料质量
Lit de pose des canalisations et drains et d'enrobage des canalisations CPV 排水干管和排水盲沟管铺设底床和 CPV 排水干管的保护层	Sable 0/4, passant à 80 μm< 5% ; Catégorie a 砂 0/4, 80μm 过筛量≤5%，a 类
Lit de pose en terrain aquifère 含水地层的管道铺设底床	(matériau de granularité comprise entre 5 et 30mm) 粒径 5～30mm 之间的粒料
Matériaux drainants pour drains 盲沟用排水材料	Grave 4/60 - Catégorie D III 碎石，4/60—D III 类
Matériaux drainants divers 其他排水材料 Cavaliers éventuels et remblais au-dessus du bloc technique ou du remblai de protection 可能有的堆填，技术填方或保护性填方之上部的填方 Remblaiement autour des regards, puisards et ouvrages de raccordement；检测井，汇水井和连接结构物周边的填方	Grave 0/60grenues issues du concassage de roches massives 碎石，0/60，大块岩石破碎而成的碎石 GNT 0/60 au sens de la norme NF P 98-129Catégorie E III b 未处理砂砾料 0/60，法国 NF P98—129 标准，E III b 类
Assise pour ouvrages divers 其他结构物的底面 Remblais techniques et remblais de protection des buses béton et CPV 其他结构物的底面混凝土管涵和 CPV 管道的技术性填方和保护性填方 Fondation artificielle et remblais des buses métalliques 金属管涵的人工基础和填方	Grave 0/31,5grenue issue du concassage de roches. GNT 0/31,5 au sens de la norme NF P 98-129 - Catégorie D III b 碎石，0/31.5，岩石破碎而成未处理砂砾料 0/31.5，法国 NF P98—129 标准，D III b 类

L'identification de la nature et la détermination des caractéristiques des matériaux sont à la charge de l'Entrepreneur et seront réalisés conformément aux normes mentionnées.

这些材料性质的鉴别和技术参数的测定，均由乙方负责承担，并按上述标准实施。

6.2.6 Têtes de collecteurs 集水管端部

Lorsque les collecteurs sont longitudinaux, c'est-à-dire parallèles à l'axe de la voie qu'ils longent, leurs têtes seront équipées de barreaux transversaux (Tête de buse de sécurité). Ces têtes seront de préférence préfabriquées en usine.

当集水管为纵向，即平行于道路中心线时，集水管端部将安装一道横向隔栅（保护管涵端部）。这种端部隔栅最好在工厂预制。

6.2.7 Ouvrages annexes 附属构造物

Les différents types de regards à mettre en œuvre sont les suivants:

regards circulaires surmontés soit de tampons (étanches ou non), soit de grilles carrées, soit de grilles circulaires,

puisards (carré ou rectangulaire) surmontés de caillebotis,

Tous les regards visitables dont la profondeur au fil d'eau est supérieure à 1.20m seront munis d'échelons. Ils comporteront une canne de manœuvre. Les échelons et les cannes seront en acier galvanisé ou fonte ductile et proviendront d'usines agréées par le Maître de l'ouvrage.

Lorsque les regards seront aménagés provisoirement, en attente de la réalisation de la chaussée, des dispositifs seront mis en place pour protéger les ouvrages et éviter les accidents ces dispositifs seront à la charge de l'Entreprise.

将要实施各种类型的检查井如下：

抬高的圆形检查井或是带盖的（密封或不密封的），或是带方形或圆形篦子的检查井；

抬高的带格子盖板的汇水井（方形或长方形）；

所有可探视的其深度超过路面排水沟 1.20m 的检查井，均要设置梯子。还应设置操纵杆。梯子和操纵杆只能使用甲方认可工厂出产的镀锌钢制或者有延性的铸铁杆。

当这些检查井属于临时设置、以等待路面的实施时，为保护这些构造物，避免事故发生，乙方将采取保护措施，并承担其费用。

6.2.8 Géotextile anticontaminant pour fouilles pour collecteurs drainants **集水管基坑用防污染土工布**

Le géotextile employé devra être certifié par l'ASQUAL et posséder les caractéristiques définies dans le sous–livret B.2 pour ce type d'ouvrage.

使用的土工布必须得到 ASQUAL 认证，并要具有 B .2 分册中该类结构物确定的技术特性。

6.2.9 Canalisation PEHD PEHD **排水管道**

Les tuyaux proviendront d'usines agréées.

Les caractéristiques des canalisations sont les suivantes:

Canalisations PEHD, séries 16 bars, en touret ou en barres, joints par électrosoudage ou soudage "bout–à–bout".

排水管道必须来源于认可的工厂。

这类排水管道的技术特性如下：PEHD 管道，16 巴系列，呈卷装或条装，使用电焊接缝或者"头对头"焊接。

6.3 Mode d'exécution 施工方式

Soumettre à l'agrément du Maître de l'ouvrage.

施工方式需呈报甲方审批。

6.3.1 Fouilles en tranchées et déblais en petite masse **排水沟开挖和少量挖方**

Se rérérer aux prescriptions générales.

见一般规定。

6.3.2 Lit de pose / Fondation artificielle **铺置管道的底床和人工基础**

6.3.2.1 Collecteurs en béton et CPV et fonte **混凝土、CPV 铸铁集水管**

L'épaisseur du lit de pose est égale au minimum à 0.10m plus surépaisseurs dues aux collets des canalisations. En cas de risque d'entraînement de fines issues du sol environnant, il sera nécessaire d'envelopper le lit de pose par un filtre géotextile.

铺置底床的厚度至少为 0.10m，再加上管道接头的超厚部分。

为了防止基坑周围细小物质渗入，需要在底床之上铺设一层过滤土工布。

6.3.3　Mise en place des collecteurs, drains, ouvrages annexes; remblais correspondants

铺设（筑）集水管，排水管和附属构造物；以及相应的填方

L'Entrepreneur soumet au Maître de l'ouvrage les dispositions qu'il compte prendre afin de permettre:

l'approvisionnement et le déversement des matériaux dans la tranchée,

le réglage par couches tenant compte des blindages,

la remontée des blindages coordonnée avec la mise en place des couches de matériaux et de leur compactage,

le compactage des matériaux en recherchant la qualité remblais courants sauf la sous-chaussée où le compactage doit avoir la qualité remblais supérieurs sur les 60cm supérieurs. A ce titre, il proposera l'épaisseur maximale des couches élémentaires à obtenir, fonction du matériel prévu, pour chaque nature de matériau à mettre en œuvre.

乙方需向甲方提交以下施工拟采取的措施：

盲沟内用材料的供应和卸料；

考虑（沟壁）支护，进行分层调平；

在材料分层摊铺和压实时协同提升所用支护；

材料的压实，要达到普通填方的质量，但路面之下压实度需达到大于 60cm 填方质量。为此，乙方应根据拟使用材料的特性，提出可实现的单层最大厚度。

6.3.3.1　Collecteurs en béton armé　**钢筋混凝土集水管**

Une fois la buse mise en place sur le lit de pose, le vide laissé entre celui-ci et la génératrice extérieure de la canalisation est comblé par du matériau d'assise et compacté à l'aide des perches jusqu'au diamètre horizontal de la buse.

Dans les sections où il existe une circulation d'eaux internes, les risques d'entraînement du lit de pose et des fines du terrain adjacent sont neutralisés par la mise en place, à tous les 10 à 15mètres d'un berceau en béton sous un élément de canalisation.

Des dispositions spéciales doivent être prises lorsqu'un risque de tassement induit par le remblai de recouvrement peut avoir lieu.

Aucune coupe de buse (mise à la longueur, biseautage) ne devra être effectuée sur le chantier. L'Entrepreneur fera son affaire de l'ajustement des ouvrages aux longueurs théoriques, soit par coupe en usine, soit par le choix de longueurs d'éléments adéquates. Les différences en plus ou en moins sur les longueurs théoriques seront l'objet d'un rattrapage sur la géométrie des têtes ou les pentes des terres.

La pose de buses en béton, s'effectuera conformément aux principes définis sur les plans types. Cette pose comportera les opérations suivantes:

Implantation par l'Entrepreneur des cotes fil d'eau intermédiaires (tous les 10mètres),

Les canalisations sont alignées, l'extrémité mâle orientée vers l'aval, suivant le profil en long prévu avec une tolérance en tous points de 1cm en altitude, sous réserve que dans tous les cas, l'écoulement soit assuré,

Juste avant l'emboîtement des tuyaux, l'extérieur des joints souples et l'intérieur de l'about femelle sont badigeonnés avec un savon spécial non caustique,

L'Entrepreneur doit soumettre à l'approbation du Maître de l'ouvrage le dispositif qu'il compte utiliser pour exercer l'effort d'emboîtement à la mise à joint. Cet effort ne doit pas excéder l'effort préconisé par le fabricant.

La manutention et la pose des tuyaux devront bien évidemment respecter les recommandations du fabricant.

Le remblai de protection sera compacté. La distance minimale à respecter entre la canalisation et la partie active du compacteur sera conforme aux recommandations du paragraphe II.2 du Guide technique –Remblayage des Tranchées du SETRA.

Le compactage des matériaux du bloc technique et du remblai supérieur devra assurer la qualité remblais courants, sauf la sous–chaussée où le compactage doit avoir la qualité remblais supérieurs sur les 60cm supérieurs.

Dans le cas soumis à l'accord du Maître de l'ouvrage où le recouvrement de 80centimètres (0.80m) au–dessus d'une buse ne peut être assuré par le remblai de la tranchée ou un cavalier, l'Entrepreneur devra enrober les buses de béton ou réaliser une voûte ou une dalle de protection au dessus des buses. Les dispositions à adopter seront alors soumises à l'agrément du Maître de l'ouvrage ainsi que le délai de durcissement du béton qui devra être compatible avec le passage des engins de chantier. Ce délai ne sera pas inférieur à sept (7) jours.

Dans le cas où les canalisations sont susceptibles de subir les effets d'un tassement (liés, par exemple à une forte hauteur de remblai), l'Entrepreneur, après soumission d'une note de calcul justificative à l'agrément du Maître de l'ouvrage, mettra en œuvre la contreflèche nécessaire avec éventuellement un lit de pose adapté aux conditions de reprise des effets, et suivant les prescriptions du fabricant relatives à l'écart angulaire entre éléments contigus.

Enfin, l'Entrepreneur proposera à l'approbation du Maître de l'ouvrage les dispositions qu'il compte prendre pour calepiner les sections busées soumises à leurs extrémités à des contraintes de raccordement à des ouvrages hydrauliques (entre deux(2) regards de visite par exemple).

L'Entrepreneur pourra proposer au Maître de l'ouvrage de mettre en œuvre des séries renforcées dans des zones où il souhaite utiliser du matériau lourd. Les collecteurs seront alors rémunérés au prix des collecteurs de série 135A.

一旦圆涵管安放到底床上，在底床和排水圆管外径之间的空隙，将使用底面材料填满，并用机械压实。填充高度至管道的水平直径处。

在有地下水流的地段，为了防止给底床和邻近细软土层造成危害，在管道下方每隔10~15cm设置一块混凝土基床块。

如果由于填方可能导致沉降的危险，就需要采取特殊措施处理。

194

在工地上不能进行任何圆涵管道的切割（截断、斜切）。乙方需要考虑构造物和管道理论长度之间的配合，或者在工厂进行切割，或者可以选择其长度相符的管道。理论长度或多或少的差异，可通过管头尺寸或地表坡度进行调整。

混凝土管道的铺设，应遵照标准图上规定的原则进行。铺设包括以下步骤：

由乙方在中心线上定位标桩（每 10m 一个）；

管道应当直线铺设，插口朝着下游，遵照设计纵断面，铺设高程误差在任何一点不超过 1cm，并保证在任何情况下水流畅通。

在管道连接之前，要使用无腐蚀性的特制肥皂涂抹软性接头外侧和连接套管内侧。

乙方应向甲方呈报其准备使用的连接装置，并征得甲方批准。该装置实施连接的力量不得超过生产商规定的数值。

管道的搬运和铺设都必须按照生产厂商的规定执行。

保护性填方需要进行压实；管道和压实机械作用力所及部位之间，应保留的最小距离必须符合 SETRA 颁发的"盲沟回填"技术指南 II.2 段中的有关规定。

技术区段材料的压实和上部填方材料的压实，必须达到普通填方的质量，但路面以下其填土厚度在 60cm 的压实度除外。

当盲沟回填覆盖层不能达到 80cm（0.80m）时，在征得甲方同意的情况下，乙方必须给混凝土管道做保护层，或者在管道上方加拱板或盖板加以保护。要采纳的措施需呈报甲方批准，混凝土硬化的期限（可允许工地机械设备通过）不得少于 7 天。

在管道容易受到下沉（例如由于高填方的底层作用）影响的情况下，乙方在向甲方提交计算说明书并征得其同意后，可就对基床实施必要的起拱，做成与恢复作用条件相一致的凸型，同时满足生产商关于相邻管道间角度误差的规定。

因此，乙方需提交甲方审批为其顶端与水工结构物（比如两个检查井）连接受限的管道装置拟采取的措施。

乙方可以向甲方建议，在其准备使用重型材料的地段采用加强系列管道。但这些集水干管均按 135A 系列计价。

6.3.3.2 Drains 盲沟排水管

Sauf dispositions spéciales définies par le Maître de l'ouvrage (recouvrement du drain sous arase, terrassement suffisamment importante), les drains latéraux de plateforme sont mis en œuvre après exécution de la couche de forme.

Les drains sont posés de l'aval vers l'amont, la tranchée étant ouverte entre deux (2) exutoires successifs sauf s'ils accompagnent une autre canalisation.

Le géotextile qui tapisse le fond et les parois de la tranchée n'est mis en œuvre que si la tranchée et ses abords immédiats sont exempts de boue ou de fines en suspension dans l'eau.

Le drain est posé sur un lit de pose en sable de 0.05 ou 0.10m suivant le diamètre du drain et calé par les biais d'un berceau en sable propre jusqu'à un niveau des fentes ou des ouvertures moins 0.10m (10centimètres). Afin d'éviter tout déplacement lors du remblaiement en grave, on calera de plus le drain par des cavaliers. La tranchée est ensuite remblayée avec le matériau drainant requis correctement tassé jusqu'au niveau défini par les plans types.

Le déversement du matériau drainant dans les zones de recouvrement de géotextile ne doit pas soulever le lé supérieur.

Le recouvrement du drain par le matériau drainant n'est en aucun cas inférieur à cinquante centimètres (50cm).

Le géotextile sera rabattu avec un recouvrement des deux pans de géotextile de vingt(20) centimètres au minimum ou, le cas échéant, avec couture des deux (2) pans.

La partie supérieure de la tranchée est remblayée et compactée avec des matériaux drainants, comme une tranchée de canalisation béton ou CPV.

La tranchée remblayée sera protégée pendant les travaux par des cavaliers de protection d'une hauteur minimale de 0.80m ; toute circulation y étant interdite sans cette protection.

除甲方作出特别规定外（土方找平层下部盲沟排水管覆盖层足够厚），路基侧向排水沟要在路基顶面层施工后再做。

由于两个相邻排水口之间的排水沟是敞开的，排水管均由下游往上游方向设置，但其伴有另一条排水干管的情况除外。

排水沟底部和侧面待铺的土工布，只有在清除沟中及其附近的泥浆和水中细小物质后才能铺设。

排水管随其不同的直径，而铺设在 0.05～0.10m 的砂底床上，并用纯净砂基础斜向固定，填至至少 0.10m（10cm）的裂口或开口处。为了避免砂砾回填时移动，还要使用垫块固定。基坑随后使用排水材料回填压实，填至标准设计图纸要求的高度。

在覆盖土工布地段倾卸排水材料，不能高处抛洒、倾倒。

在任何情况下，覆盖盲沟管的排水材料厚度不能小于 50cm。

土工布的搭接，至少应有 20cm 的重叠部分，或者必要时把两副缝到一起。

基坑上部要用排水材料回填、压实，如同混凝土管或 CPV 管的基坑一样。

在施工期间，回填的基坑将采用不低于 0.80m 的弃土堆进行保护，没有这一保护时，禁止任何车辆通过。

6.3.3.3 Ouvrages annexes: Regards, têtes de collecteurs ou puisards　附属设施：检查井，集水管端部和汇水井

La préparation du sol de fondation et du lit de pose sera conforme aux prescriptions correspondantes reportées dans le présent livret.

Par sol de fondation, on entend le sol support de l'ouvrage qu'il soit en déblai ou en remblai sur une largeur:

◆ en déblai de la largeur de la tranchée,

◆ en remblai de 1m plus 3,3 fois le diamètre, en mètre, pour les buses ou 1m plus la largeur de l'ouvrage pour les autres ouvrages.

Le compactage des remblais autour des regards et têtes de buses ou puisards devra assurer la qualité remblais courants sauf la sous-chaussée où le compactage doit avoir la qualité des remblais supérieurs sur les soixante(60) centimètre supérieurs.

Pose en fourreaux

Après la réalisation et la pose des fourreaux, y compris le remblaiement de la tranchée et le compactage, les canalisations sont mises en place selon les modalités suivantes:

La conduite sera tractée par un câble à l'aide de poulies, galets ou autre, évitant tous frottements contre les parois.

Têtes de buses ou de dalots

Les têtes seront posées ou construites:

* après les buses ou dalots,
* conformément aux plans d'exécution.

La liaison avec le collecteur ou le dalot sera soignée et étanche.

Pose ou construction des regards

Généralités

Le radier sera réalisé en béton mis en œuvre conformément aux prescriptions générales.

Les éléments de regard préfabriqué seront assemblés par un joint au mortier, à emboîtement à mi épaisseur ou par joint caoutchouc.

Regards visitables et puisards

Ils seront en béton du type préfabriqués ou coulés en place ou hybride,

Sous les emprises de chaussée, lorsque la construction de celle-ci est différée, les regards seront construits jusqu'au niveau de l'arase supérieure de la couche de forme, et obturés provisoirement par un tampon en bois, avec géotextile sous tampon débordant d'au moinsvinght(20) centimètre du tampon. Ils seront signalés en permanence pendant les travaux; toute circulation y étant interdite.

Lors de la réalisation de la chaussée, le dispositif de couronnement des regards sera réglé dix (10) centimètres sous le niveau de la chaussée finie pour permettre la mise en œuvre correcte des couches de roulement. Les derniers éléments de rehausse, de hauteurs appropriées à cette mise à niveau, ne sont mis en œuvre qu'après réalisation de la couche de roulement.

Le cadre tampon est définitivement scellé et calé, après une découpe soignée du revêtement de la chaussée par du mortier normalisé M40 à retrait compensé.

Le mortier sera protégé par un produit de cure et on empêchera toute circulation pendant un délai minimal de 48 heures.

Hors emprises de chaussées, les regards sont réalisés jusqu'à la cote finie, avec scellement définitif du cadre et la mise en place du tampon de fermeture.

 Lorsque la profondeur sera supérieure à 1.20m, les regards seront munis d'échelons et de canne de manœuvre en acier galvanisé.

基础土壤和（铺设管道）底床土壤的清理，必须符合本册的相应规定。

对于基础土壤，无论是在挖方段还是填方段，都是指结构物支撑土层，其宽度如下：

◆ 挖方段的宽度，即是基坑的宽度。

◆ 填方段的宽度，对于管涵而言是 1m 加上直径的 3.3 倍，对于其他结构物是 1m 加上结构物的宽度。

检查井、管涵端墙或汇水井周围填方的压实，必须保证普通填方的质量。但路面之下压实应达到大于 60cm 填方质量的情况除外。

在套管铺设完成之后，包括基坑的回填和压实，管道铺设要遵照以下方式进行：

使用滑轮、滚轮带动钢丝绳牵引管道，避免对管道外壁的任何损坏。

管涵或箱涵的端墙：

管涵或箱涵的端墙按以下步骤安装或浇筑：

◆ 管涵或箱涵施工之后。

◆ 按施工图进行施工。

与集水管或箱涵的连接要细致、密封。

检查井的安装或修筑：

概述：

检查井基础底板为现浇混凝土，按一般规定进行施工。检查井预制构件的组合，使用砂浆勾缝，或在一半厚度上嵌固或者使用橡胶密封。

可进入的检查井和汇水井：

使用预制混凝土或现浇混凝土，或者两者的组合。

在道路用地范围内，当路面修筑不是同时进行时，检查井可以修至路基顶面层上部顶面，使用临时木质盖板配合土工布封堵，土工布至少露出木盖板边沿 20cm。在施工期间必须设置永久标志，禁止任何车辆通过。

路面施工时，检查井的井盖顶面要比最终路面的表面低 10cm，以便于路面行车层的施工。检查井的井盖顶面加高构件，其高度要与路面行车层平齐，只能在路面行车层完工后才能安装。

在仔细切割路面面层后，使用能补偿收缩的 M40 标准砂浆，把井盖框架垫平、固定。

砂浆将使用一种；养生剂进行保护，并至少在 48h 之内禁止任何车辆通过。

在道路用地范围以外，检查井修建至最终标高，井框密封，盖上井盖板。

当深度大于 1.20m 时，检查井要设置镀锌钢制作的梯子和操纵杆。

6.4 Contrôles 监督（检查）

Le tableau ci-dessous récapitule les tolérances affectées aux différentes tâches liées à la mise en place de collecteurs et drains：

下表汇总列出了集水管和排水管铺设时各道工序的允许误差：

Critères de nature 性质	Altimétrique 高程测量	Planimétrique 平面测量	Compacité 压实度	Divers 其他
Pose des buses BA 铺设钢筋混凝土管涵	± 1cm	± 5cm		Ecart annulaire entre 2 éléments selon lesnormes dufabricant 两节之间的角度误差依照生产商标准执行
Pose tuyaux CPV (collecteurs et drains) 铺设 CPV 管（集水干管和排水管）	± 1cm	± 5cm		Ecart annulaire entre 2 éléments selon les normes fabricant 两节之间的角度误差依照生产商标准执行
Pose collecteurs en fonte 铺设铸铁集水干管	± 1cm	± 5cm		Ecart annulaire entre 2 éléments selon normes fabricant 两节之间的角度误差依照生产商标准执行
Pose de regards et tête de collecteurs 安装检查井和集水干管端墙	± 5cm	± 1cm		Entre 2 éléments: +2mm (pour regards) 两个构件之间 ± 2mm（检查井）
Exécution des remblais 实施填方			Qualité remblais courants EV2 > 60MPa ou Densité> 95% OPN Qualité remblais supérieurs EV2 > 80MPa ou Densité> 98% OPN 普通填方段质量 EV2 > 60MPa 或 密 度 > 95% OPN 高填方段质量 EV2 > 80MPa 或密度 > 98% OPN	

6.4.1.1　Insuffisance de compactage　压实不足

Le Maître de l'ouvrage se réserve le droit à tout moment de faire procéder à des essais de portance. En cas d'insuffisance de compactage et notamment si des réserves ont été émises par le Maître de l'ouvrage ou si les résultats des contrôles ne sont pas satisfaisants, l'Entrepreneur doit procéder à ses frais à:

◆ une reprise de compactage si le défaut constaté porte sur la dernière couche,

◆ l'enlèvement des matériaux sous-compactés et leur mise en œuvre correcte si le défaut constaté ne porte pas que sur la dernière couche,

◆ l'arrosage, l'aération, la mise en cordon ou toute autre mesure de son choix pour obtenir une teneur en eau compatible avec la mise en œuvre si l'état des matériaux au moment de la reprise de compactage ou de leur mise en œuvre ne permet par leur réemploi.

Dans le cas contraire, il doit évacuer les matériaux et les remplacer par d'autres.Les frais entraînés par ces opérations sont entièrement à la charge de l'Entrepreneur, y compris les incidences financières diverses qu'elles peuvent avoir sur le mouvement des terres (augmentation des volumes d'emprunts pour substitution de matériaux sous–compactés, augmentation du volume mis en dépôt, etc...).

甲方保留在任何时候要求进行地基承载力试验的权利。在压实度不足的情况下，特别是甲方的要求未能得到执行或者检验结果达不到要求时，乙方将自费进行以下工作：

◆ 如果缺陷证实在最后一层，那就重新进行压实；

◆ 如果缺陷证实不是在最后一层，那就清除压实不足的材料，重新进行正确的摊铺和碾压；

◆ 如果在重新进行压实或重新摊铺时，材料状态不允许再使用，那就要进行洒水、通风、堆成料行或选择其他方式，以获得适合施工的含水量。

否则，必须清除这些材料，用其他材料更换。

由此产生的费用完全由乙方承担，其中还包括诸如土方调配等可能产生的各种财务方面的影响（增加借方，以更换难以压实的材料，增加弃方等）。

6.4.1.2　Contrôles sur les géotextiles　**土工布的监督（检查）**

Les actions de contrôle sur les produits livrés devront être menés conformément à la norme NFG 38060.

交货时产品监督（检查）的方式，必须遵照法国 NF G 38060 标准执行。

6.4.1.3　Contrôles sur les réseaux enterrés　**埋置管网的监督（检查）**

Les essais d'étanchéité et d'écoulement du réseau d'assainissement seront réalisés selon les prescriptions de fabricant et les normes applicables.

排水网络的密封性试验和流水试验，将根据生产厂商的规定和适用的标准进行。

7.0　FOSSES–CUNETTES（路侧）截水沟–小排水沟

7.1　Généralités　**概述**

On distingue:

◆ les fossés trapézoïdaux (Voir dimensions au BPU du présent marché):

fossés en terre type

fossés végétalisés type

fossés en béton type

◆ les cunettes (Voir dimensions au BPU du présent marché):

cunettes triangulaires dissymétriques étanches végétalisées.

cunettes triangulaires dissymétriques en béton

cunettes triangulaires symétriques en béton

Les fossés trapézoïdaux sont utilisés en crête de talus en déblais, au pied de talus en remblai et aux extrémités des traversées hydrauliques. Compte tenu du relief et de la nature des sols, la majorité des fossés seront bétonnés.

Les cunettes triangulaires dissymétriques, étanches, végétalisées sont utilisées majoritairement le long des plateformes en déblais des routes nationales. Les cunettes triangulaires dissymétriques en béton sont utilisées le long des plateformes en déblai de l'autoroute. Les cunettes triangulaires symétriques sont utilisées pour les bermes des talus en déblais.

应该区分：

◆ 应该区分：梯形截水沟（见本合同单价表中的尺寸）：

A, B, C 型土质边沟；

A, B, C 型铺植被的边沟；

A, B, C 型混凝土边沟。

◆ 小排水沟（见本合同单价表中的尺寸）：

非对称三角形铺植被密封排水沟；

非对称三角形混凝土排水沟；

对称三角形混凝土排水沟。

在挖方边坡顶，填方边坡底和水利交叉端点要做梯形边沟。考虑到土质关系，大多数边沟都要浇注混凝土。

非对称密封有植被三角排水沟主要沿着国道挖方路基施工。非对称混凝土排水沟沿着高速公路挖方路基设置。三角对称排水沟在挖方边坡护道上设置。

7.2　Provenance et qualité des matériaux　材料来源和质量

◆ Terre végétale:

Elle proviendra du site,

Ces dispositions seront conformes à celles définies dans le sous–livret B2,

Les spécifications concernant les produits d'ensemencement sont définies dans le présent livret B.6.

◆ Argile

Argile proviendra du site, elle sera utilisée uniquement pour les cunettes dissymétriques étanches.

serérérer au livret B.6 pour les spécifications techniques de l'argile

◆ Protection contre l'érosion:

Si la mise de la terre végétale n'est pas suivi d'un ensemencement immédiat, ou si celui–ci n'est pas réalisé dans une période favorable à l'engazonnement, une protection par un filet type alvéolaire, ou équivalent, sera mise en place par l'Entrepreneur et à ses frais, ceci afin d'éviter l'érosion de surface.

◆ Béton pour ouvrages coulés en place: se référer au livrer C.2.

◆ 腐殖土

来自现场。有关种草的特殊规定见 B.6 分册确定的技术要求。

◆ 黏土

黏土来自现场，只用于非对称三角形排水沟。黏土技术要求见 B6 分册规定。

201

◆ 防冲刷措施

如果腐殖土摊铺后没有马上种草，或者没有在最佳时期植草皮，乙方必须使用蜂窝状的保护网或者其他类似的设施进行保护，防止对地表的冲刷，费用由乙方承担。

◆ 现浇结构物用混凝土：见 C 分册。

7.3　Mode d'exécution　施工方式

7.3.1　Généralités　概述

Le phasage de la réalisation des fossés et cunettes doit tenir compte des impératifs d'assainissement du chantier. L'Entrepreneur doit soumettre au visa du Maître de l'ouvrage les modalités de construction et le moment de réalisation de ces ouvrages.

Les fossés longitudinaux sont, sauf indication contraire, implantés 2.5m au-delà des pieds du talus de remblais de l'autoroute et 3m au-delà de la crête de déblai.

L'Entrepreneur réalisera les terrassements nécessaires pour assurer les pentes longitudinales imposées pour le bon écoulement des eaux de ruissellement. A ce titre, il procédera aux éventuels remodelages nécessaires pour assurer l'écoulement continu (fossés en remblais).

Fossés et cunettes en terre

Ces ouvrages sont réalisés aux altitudes définitives des fils d'eau.

La mise en œuvre de terre végétale sera réalisée pendant les périodes favorables à l'ensemencement. En cas contraire, ou si l'ensemencement n'a pas été réalisé, l'Entrepreneur procédera à la mise en place à ses frais d'un filet de type alvéolaire

Fossés et cunettes bétonnés

Ces ouvrages seront de préférence coulés en place à l'aide d'un coffrage glissant.

Dans certains cas, ils pourront être préfabriqués. L'Entrepreneur doit soumettre au visa du Maître d'Ouvrage les caractéristiques des modèles sélectionnés pour approbation avant la pose.

Les prescriptions relatives à la mise en œuvre du béton, des armatures, des coffrages et du mortier sont définies au présent livret. Le parement des faces vues sera soigné.

截水沟和小排水沟的施工阶段划定，应该遵照工地的排水要求进行。乙方必须将这些工程的施工方法和施工时间呈报甲方批准。

纵向截水沟，除另有不同指示外，设置位置要距离高速公路填方边坡坡脚 2.5m，距离挖方边坡坡顶 3m。

乙方要实施必要的土方工程，以保证一定的纵向坡度，使径流水流通畅。因此，乙方可能要做一些必要的地形改变，以保证流水的连续性（填方路段边沟）。

土质截水沟和小排水沟：

这些构造物需按照最终水流高度进行设置。

腐殖土摊铺应该选择有利于种草的时间。否则，如果不能进行种草，乙方将要自费铺设蜂窝状保护网。

混凝土截水沟和小排水沟：

这些结构物最好使用滑模机现场浇筑。

在某些情况下，可以使用预制件。乙方应在铺设之前，将其选择类型的技术参数呈报甲方审批。

有关混凝土、钢筋、模板和砂浆实施的要求，本册中已有规定。外表面的加工要细致。

7.4 Contrôles 监督（检查）

Les tolérances d'exécution sont reportées dans le tableau suivant:

施工容许误差列入下表：

Tolérances 容许误差 Type d'ouvrage 结构物类型	Altimétrie 高程测量	Planimétrie 平面测量
Fossés et cunettes en terre ou enherbés 土质或植草的边沟和小排水沟	± 5cm	± 10cm
Fossés et cunettes bétonnés 混凝土边沟和小排水沟	± 5cm pour fouille（基坑）	± 10cm Terrassement（土方）
	± 2cm pour béton revêtement（混凝土保护层）	± 5cm béton revêtement（混凝土保护层）

8.0 CANIVEAUX – BOURRELETS – DESCENTES D'EAU 排水边沟—路缘拦水—跌水

8.1 Généralités 概述

Le présent chapitre traite notamment:

◆ des différentes sortes de caniveaux:

Caniveau rectangulaire de surface,

Caniveau à fente,

◆ des bourrelets:

bourrelets en enrobés sur les déviations provisoires de chaussée,

bourreletsen béton coulés en place ou préfabriqués.

◆ des descentes d'eau en tuile béton, à bêche, préfabriquées. Celles-ci seront de trois types: A, B, C et D(cf. la description au BPU du présent marché)

◆ des demi-buse :

–demi-buses pour les talus en remblais

本章主要包括：

◆ 不同种类的排水边沟

矩形表面排水沟；

盖板间有缝的排水边沟。

◆ 路缘拦水

道路临时改道上的沥青混凝土路缘拦水；

现浇混凝土或预制混凝土路缘拦水。

◆ 跌水为预制混凝土瓦状构件、铲型构件。有三种类型：A、B、C 和 D（见本合同的单价表中的规定）。

◆ 半管涵

填方边坡半管涵。

8.2　Provenance et qualité des matériaux　材料来源和质量

8.2.1　Bétons　混凝土

Dans le cas d'ouvrages coulés en place, l'ensemble des caractéristiques de ces bétons devra être conformes aux spécifications du livret C.Dans le cas d'ouvrages préfabriqués, lorsque leur stabilité ne nécessitera pas de ferraillage, ils respecteront les prescriptions de la norme NFP 98–302.

对于现浇混凝土结构物，其技术特性必须符合 C 分册的技术要求。

对于预制混凝土结构物，如果其稳定性不要求加钢筋，它必须遵照法国标准 NF P 98—302 的规定执行。

8.2.2　Autres constituants　其他组成成分

Certains bourrelets seront à réaliser en enrobé dont les caractéristiques seront à proposer à l'agrément du Maître de l'ouvrage.

某些将使用沥青混凝土筑成的路缘边沟，其技术参数要呈报甲方审批。

8.3　Mode d'exécution　施工方式

8.3.1　Assise de caniveaux　排水沟垫层

Dans le cas où le caniveau est construit au–dessus de la couche de forme, le matériau d'assise sera réglé finement au moyen d'une grave non traitée 0/31,5 dont les caractéristiques sont définies dans ce livret.Dans le cas contraire, le caniveau sera réalisé sur une assise en béton de propreté.

当排水沟修建在路基顶面层以上时，其底层的材料将使用 0/31.5 未经处理的砂砾料，并细致调平，其技术参数在本册中已有规定。反之，排水沟底层使用贫混凝土。

8.3.2　Ouvrages exécutés en béton "extrudé"　"挤压"（压制成型）混凝土结构物

Pour les ouvrages en béton extrudé, voir les recommandations de ce livret.

对于挤压混凝土构造物，见本册中所提建议。

8.3.3　Ouvrages préfabriqués　预制结构物

8.3.3.1　Caniveaux et bourrelets　排水边沟和路缘拦水

Les ouvrages seront joints au mortier. L'Entrepreneur veillera à la qualité de réalisation du joint.

这些结构物使用砂浆勾缝。乙方需保证勾缝的施工质量。

8.3.3.2　Descentes d'eau　跌水

Les descentes d'eau seront mises en place dans les conditions suivantes:

le talus de terrassement devra être réglé à son profil final,

la terre végétale sera mise en place sur le talus,

les tuiles seront posées avec recouvrement sur un béton de propreté d'au moins 10cm d'épaisseur.

L'alignement devra être rigoureusement assuré et en aucun cas les tuiles ne devront faire saillie de la terre végétale.

跌水将按下列条件实施：边坡已经摊铺腐殖土。瓦状跌水铺装在至少10cm厚的贫混凝土层上。跌水铺装应严格调直，在任何情况下，跌水用的瓦块都不能嵌入腐殖土。

8.3.4　Remblaiement　回填

L'entreprise devra préciser les modalités de remblaiement latéral des caniveaux après exécution (respect des prescriptions de compactage) et devra intégrer dans sa réflexion et ses propositions les impératifs de compactage des structures de chaussées notamment en terme de sollicitations vibratoires et de poussées latérales des caniveaux.

乙方必须说明施工后排水沟的侧向回填方式（符合压实规定），在其考虑的建议中应该包含路面结构的压实要求，要特别考虑对排水沟的震动荷载和侧向推力。

8.3.5　Raccordement aux ouvrages d'évacuation　排水构造物的连接

Le raccordement entre le caniveau et le regard de l'ouvrage d'évacuation doit être conforme aux plans types présentés par le Maître de l'ouvrage. Le traitement des joints devra être soigné et les modalités de mise en œuvre seront précisées par l'Entrepreneur.

排水沟和排水构造物的检查井之间的连接，必须符合甲方提供的标准图的规定。接缝的处理必须细致，实施方法将由乙方详细说明。

8.4　Contrôles　监督（检查）

Les différentes tolérances à respecter sont résumées dans le tableau ci-dessous:

要遵守的施工容许误差简要列入下表：

	Altimétrie 高程测量	Planimétrie 平面测量
Caniveaux, semi-buse rectangulaires préfabriqués ou coulés en place：排水边沟，预制或现浇矩形或半管型： –Hors plateforme 路基之外 –Sur plate-forme 路基之上	± 2cm ± 1cm	± 5cm ± 1cm
Caniveaux à fente, bourrelet 盖板间有缝的排水边沟，路缘拦水	± 1cm	± 1cm
Raccordement entre 2 éléments de même nature 两个同类型结构物之间的连接	± 2mm	± 4mm
Descente d'eau 跌水	± 0cm –2cm	Axe ± 5cm par rapport à l'axe théorique 与理论中心线的轴向误差 ± 5cm

9.0　ENROCHEMENTS　填石

9.1　Généralités　概述

Ce chapitre décrit les procédures de mise en oeuvre des différents types d'enrochement à réaliser dans les cadres suivants:

protection de la plate–forme contre les divers écoulements avoisinants ;

protection du fond et/ou des berges des cours d'eau déviés ou rétablis et des ouvrages de drainage projetés,

massifs hydrauliques maçonnés divers.

本章描述了在下列范围内各种类型填石的实施程序：

保护路基不受邻近水流冲刷；

保护改道水流、恢复水流底部和/或岸坡以及设计排水结构物的底部和/或边坡不受冲刷；

其他大面积水利圬工工程。

9.2 Provenance et qualité des matériaux 材料来源和质量

9.2.1 Enrochements 填石

Les matériaux seront fournis par l'Entrepreneur après agrément du Maître de l'ouvrage. L'Entrepreneur aura à sa charge les essais permettant d'attester la conformité de la fourniture aux spécifications données ci–après.

材料将由乙方提供，但事先必须得到甲方的批准。乙方将负责进行试验，以证明材料符合以下规定：

9.2.1.1 Qualité des enrochements 填石的质量

Les matériaux utilisés devront être de roche saine,

Leur résistance mécanique doit permettre d'éviter la fragmentation lors du transport, de la mise en place et des déplacements sous l'effet des courants.

Les blocs seront propres sans inclusion de terre ou de matières organiques.

La masse volumique réelle de la roche sera supérieure à 2.6tonnes/m^3 (norme NF 18.554).

La résistance à l'usure et à l'action de l'eau mesurée par l'essai DEVAL en présence d'eau (norme NF 18.577) et exprimée en micro–Deval (MDE) sera inférieure à 20.

La continuité (degré de fissuration) sera mesurée par l'Indice de Continuité (norme NFP 18.556) qui devra être supérieur à 70.

Leur résistance à l'abrasion devra correspondre à un Los Angeles inférieur à 25 (NFP 18.573).

所用的材料必须取自未风化的岩石。

其力学强度必须能使其在运输中、施工中和被水流冲刷的情况下不破碎。

石块应该清洁，不含土质或有机物质。

岩石的实际密度要大于 2.6t/m^3（法国 NF 18.554 标准）。

在有水条件下，用湿法狄法尔磨耗试验（法国 NF 18.577 标准）测得的抗磨强度要小于 20（用微狄法尔表示）。

用连续性指数测得的连续性（开裂度）（法国 NF P18.556 标准）必须大于 70。

耐磨强度用 Los Angeles 磨耗试验测得，应小于 25（NFP18.573）。

(i) Blocométrie　块石尺寸测定

Le respect du poids moyen est une contrainte essentielle tant en ce qui concerne l'approvisionnement que la pose. Le poids moyen est défini en classant par poids croissants les blocs de l'échantillon ; il correspond au poids du bloc représentatif de la moitié de l'échantillon pesé (P50).

Le fuseau granulométrique est défini par le P50, et par le P15 et le P85 liés de la façon suivante:

无论是（块石的）供应或安放，其基本要求是遵守平均重量。

平均重量按石块试样重量，从小到大排列来确定，它相当于称重试样一半的代表性石块重量（P50）。

级配曲线范围按 P50，P15 和 P85 以下列方式组合来确定:

P15	$0.4 \times P50$
P85	$2.5 \times P50$

Aucun bloc ne devra être inférieur au poids minimum (P15) et aucun bloc ne devra être supérieur au poids maximum (P85).

Enrochements:

任何块石不能轻于最小重量（P15），任何块石不能重于最大重量（P85）。

填石:

150/300

P50 = 14kgsoit 即 d50 = 0.22m

P15 = 6kg

P85 = 35kg

200/400	300/600	400/800	600/1200
P50 = 34kg	P50 = 100kg	P50 = 260kg	P50 = 740kg
P15 = 14kg	P15 = 40kg	P15 = 104kg	P15 = 296kg
P85 = 85kg	P85 = 250kg	P85 = 650kg	P85 = 1 850kg

(ii) Grandeurs dimensionnelles　尺寸大小

Les enrochements seront à angles marqués, de forme voisine du tétraèdre. Les plaques ou les cubes de formes beaucoup plus défavorables seront rejetées. Bien que les forces exercées par le courant sur les enrochements à angles marqués soient supérieures, à poids égal, à celles exercées sur un enrochement rond, du type galet, le blocage des enrochements entre eux par les arêtes reste prépondérant.Les dimensions des enrochements du perré et du sabot devront satisfaire les règles suivantes:

$$\frac{L+G}{2E} < 3 \text{ et } \frac{L}{E} < 3$$

Avec: L: la plus grande dimension (longueur)

G: la plus grande dimension mesurable perpendiculaire à la direction L

E: la plus grande dimension endiculaire au plan LG

Les pierres et les blocs dont les dimensions caractéristiques ne rentrent pas dans les limites de tolérances sont éliminés avant la mise en place.

填石要有明显的棱角，近似于四面体。扁平的或者立方体似的块石不利于使用。尽管水流作用在有明显棱角块石上的力量要大于作用在卵石上的力量，但是抛石之间棱角的相互固定效果要好得多。石砌护坡和石砌坡脚用的填石尺寸，应该满足以下条件：

$$\frac{L+G}{2E} < 3 \text{ 和 } \frac{L}{E} < 3$$

式中　　L——最大尺寸（长度）；

　　　　G——垂直于 L 方向最大尺寸；

　　　　E——垂直 LG 平面最大尺寸。

特征尺寸超过误差允许范围的填石和块石必须在使用之前清除。

9.2.2　Géotextile　土工布

Du géotextile sera utilisé pour assurer la fonction de filtre ou d'anticontaminant. Ces produits seront choisis par l'Entrepreneur et agréés par le Maître de l'ouvrage. Les caractéristiques du géotextile sont définies dans le sous–livret B.2.

土工布将用于保证过滤和抗污染。这些产品由乙方选定，经甲方认可。

土工布的技术特性见 B.2 分册中规定

9.3　Mise en Oeuvre des enrochements　填石施工

9.3.1　Livraison des enrochements, accès, stockage　填石的供应、进出道路和储存

Les enrochements seront livrés sur dépôt provisoire dans la limite d'emprise des travaux à une distance inférieure à 400m de leur zone d'utilisation. Ils seront stockés de manière à ne pas créer un barrage ou un épis en cas de crue.L'Entrepreneur est censé avoir intégré dans son prix l'aménagement des accès au droit de la plate–forme de stockage pour faciliter l'évolution des camions de transport ainsi que toute signalisation adéquate conforme à la législation en ce qui concerne les problèmes de circulation.

填石要运至路界范围内、离施工现场不足 400m 的区域里的临时堆放场。堆放时要注意洪水时不会形成水坝或丁坝。

乙方被认为已将方便车辆运输而对堆放场地进出便道整治的费用，和符合交通运输法规而设置相应的信号标志费用，列入其价格之中。

9.3.2　Transport et mise en œuvre　运输和施工

9.3.2.1　Transport　运输

Le transport sera effectué par camions équipés d'une benne type enrochements. Aucune surcharge ne sera tolérée par rapport au poids total en charge autorisé du véhicule.

运输将使用填石自卸车。任何超过车辆允许荷载总重是不允许的。

9.3.2.2 Fouilles et préparation du talus **基坑和边坡的清理**

Le talus devra être au préalable compacté et réglé suivant la pente projetée. Il devra présenter une surface unie de portance régulière et minutieusement débarrassée des corps étrangers et de toute matière organique. La tolérance de planéité ne devra pas excéder 3 cm. Pour les protections nécessitant la mise en place d'un sabot, la fouille correspondante sera réalisée avec une pente côté lit majeur de 1H/1V.

（砌石）边坡（底面）应该根据设计坡度，预先压实并平整好。表面要平坦，承载力均匀，并仔细清除异物和所有的有机物物质。平整度允许误差不得超过 3cm。

对于需要设置砌石坡脚保护设施的情况，相应的开挖要做成洪水位河床标高 *1H/1V*（高度 / 垂直度 =1：1）的坡度。

9.3.3 Pose des enrochements **填石铺砌**

Après mise en place et le réglage du géotextile (selon les plans types), la mise en œuvre des enrochements doit être réalisée du bas vers le haut et de l'aval vers l'amont. Elle devra se faire bloc par bloc à l'aide d'une pelle hydraulique. Les enrochements seront montés par lits horizontaux. La mise en œuvre par déversement à partir de la crête du talus ou par poussage aux engins est interdite.

Les blocs de différentes tailles devront être répartis de façon homogène. Il est nécessaire pour cela de disposer sur le chantier d'une réserve suffisante pour permettre au conducteur le choix du bloc de forme et de poids adapté à chaque position.

Les blocs devront être serrés au maximum à la mise en place. Il est interdit de caler les blocs avec des petits blocs hors blocométrie, qui jouent ultérieurement le rôle de leviers facilitant l'expulsion et l'entraînement des enrochements.

Le sabot sera réalisé dans une fouille mise hors d'eau, par drainage gravitaire ou pompage, ou comportant au maximum 1m d'eau.

Dans le cas des protections linéaires, il est nécessaire de mener le chantier en continu à l'avancement pour éviter le comblement partiel des fouilles par éboulement. Des gabarits en bois correspondant au profil de la protection pourront être placés à cet effet à tous les 10m pour guider la mise en œuvre des enrochements.

Aucun espace entre les blocs supérieurs à 1,5 fois la taille du bloc de poids P15 ne sera toléré dans le massif d'enrochements constitué.

La mise en place de petits blocs couvrant les enrochements en partie ou en totalité est prohibée; le Maître de l'ouvrage exigera le dégagement de ces éléments pour contrôle de la blocométrie.

Les blocs devront être sélectionnés pour placer en surface (au contact de l'écoulement) les blocs de forme plutôt allongée, et derrière ou en dessous, les blocs de forme plutôt sphérique ou cubique.

Les blocs se protègent mutuellement en s'appuyant sur les blocs en aval et, s'il y a un mouvement, (tassement, contraintes hydrauliques), ont tendance à s'enfoncer dans la protection et non pas à être éjectés.

Une tolérance de 10% en poids est acceptée pour le poids minimal et le poids maximal.

La tolérance sur les cotes figurant aux profils du projet est de ± 0.25m.

铺设和调整好土工布以后（根据标准图），填石施工必须从下往上，从下游往上游进行。可使用液压挖土机一块一块的铺装，从水平底床上开始往上铺。禁止从边坡顶上倾倒或用机械推入。

不同尺寸的块石必须均匀的分布。为此，必需在现场备有足够数量的块石，以方便零工员为每个位置选择大小适合、重量适合的块石。

铺设时，块石之间必须尽可能地挤紧。禁止在块石之间使用不符合规格的小块石填充，因其可能对填石起到杠杆（撬移）作用，容易把填石挤开并移走。

坡脚将铺设在无水的基坑中（通过自流排水或者抽水），或最高水位不得超过 1m。

在直线防护方面，必须随工程进度连续铺设，以防止坍塌，导致基坑部分堵塞。可以每 10m 设置与保护断面相一致的木质限界板，为填石施工导向。

填石施工中，不允许存在超过 P15 重量型块石尺寸 1.5 倍的空隙。

禁止使用小块石部分地或全部地覆盖在填石砌体的表面，甲方可以通过对石块尺寸进行的监督（检查），要求清除这些小块石。

放置在表面的块石（与水流接触）需经过选择，最好是长方形的，背后或下方的块石最好是椭圆形或立方体的。

块石之间相互咬合，并依靠在下游的石块上，如果有移动（沉降，水流压应力），块石有沉陷的可能，但没有被挤出的危险。

最小重量和最大重量的误差在 10% 以内是可以接受的。

设计断面的外轮廓线的误差不超过 ± 0.25m。

9.3.4　Liaisonnement et jointoiement des enrochements　填石之间的连接和勾缝

Le liaisonnement consiste à bétonner les vides entre les enrochements au moyen de béton dont les caractéristiques sont définies dans ce livret. La granulométrie employée sera du 0–20mm.

Le béton aura une consistance plastique: l'affaissement mesuré au cône d' «Abrams» sera de l'ordre de 9 à 12cm.

Le béton sera mis en oeuvre au moyen de vibreurs et devra assurer le remplissage complet des vides.

填石之间的空隙将浇注混凝土连接，混凝土的技术特性要求，见本册的规定。所采用的级配为 0 ~ 20mm。

混凝土要有一定的塑性稠度："Abrams" 锥体坍落度在 9 ~ 12cm 之间。

混凝土浇筑使用振捣器，保证把空隙填满。

9.3.5　Description de la végétalisation du perré　石砌护坡绿化的规定

Un nettoyage soigné des enrochements avant la mise en oeuvre de la terre végétale est nécessaire.

Une couche de 0.10m d'épaisseur de terre végétale sera mise en place sur les enrochements libres du perré pour végétalisation ultérieure.

Si des comblements des vides étaient nécessaires, l'Entrepreneur aura la charge de combler les vides entre les blocs avec des matériaux non cohérents (alluvions ou autres matériaux agréés par le Maître de l'ouvrage), jusqu'à la surface à recouvrir.

在铺设腐殖土之前，必须仔细清扫片石护坡。

在填石表面铺设一层 0.10m 厚的腐殖土，以便将来绿化。

如果需要填补空隙，乙方将负责用非粘性材料填充块石之间的空隙（冲积土或甲方认可的其他材料），填至要覆盖的表面。

9.4　Contrôles　监督（检查）

9.4.1　Contrôle de la fabrication et des livraisons　加工和交货的监督（检查）

Le contrôle de la blocométrie et des tolérances dimensionnelles se fera de la manière suivante:

Méthode approchée de vérification par mesure des trois principales dimensions. Les critères morphologiques, définis précédemment devront être satisfaits.

A l'arrivée sur le site, le dépôt sera contrôlé avant réutilisation, pour déceler et écarter tout bloc qui aura subi pendant le chargement, le transport ou au déchargement un éclatement suffisamment important pour que ce bloc n'entre plus dans les normes de blocométrie, formes ou gammes de poids requises par le projet.

块石尺寸测定和尺寸允许误差将采用以下方式监督（检查）：

通过测量主要三维尺寸的近似检测法，其表面形态标准，必须符合前文所述规定。

在运抵现场后，储存石料必须在再利用之前进行检测，以发现并剔除所有在装料、运输和卸料过程中可能发生破裂严重的块石，以使这些块石不得进入项目要求的块石形状和重量标准。

9.4.2　Contrôle sur les géotextiles　土工布的监督（检查）

Les actions de contrôle sur les produits livrés devront être menés conformément à la norme NFG 38060.

交货产品的监督（检查），应符合法国 NF G 38060 标准。

10.0　EQUIPEMENTS DIVERS　其他设施

10.1　Généralités　概述

Ce chapitre précise les caractéristiques des équipements suivants: Dispositifs de fermeture des regards (grilles, tampons, caillebotis,...),

本章明确规定下列设施的技术参数：检查井的封盖装置（算子、盖板、格子盖）。

10.2 Provenance et qualité des matériaux 材料来源和质量

10.2.1 Dispositifs de fermeture et couverture 封闭和覆盖装置

Ils seront conformes à la norme NFA 32-201 pour les ouvrages en fonte et aux spécifications de la norme NF 98-312 (norme européenne: EN 124).

Ils seront en fonte ductile et devront résister, conformément à la norme NF EN 124, aux charges minima suivantes:

- ◆ 400 KN (D400) sous circulation et aires de stationnement PL et VL,
- ◆ 250 KN (C250) bas bordure de trottoir (bande de 0.5m), haut bordure de trottoir (bande de 0.2m),
- ◆ 125 KN (B125) trottoirs et zones strictement piétonnes et zones comparables.Les dispositifs en fonte sous circulation devront être verrouillables. Chaque élément fourni doit comporter une marque dans la masse indiquant sa résistance et le label de qualité.

Tout élément qui sera livré sur le chantier non conforme ou en mauvais état sera évacué sans délai par les soins de l'Entrepreneur et à ses frais.

对于铸铁构件，要符合法国 NF A 32—201 标准，和 NF 98—312 标准（欧洲标准：EN124）。

这些构件应是延性铸铁件，根据法国 NF EN 124 标准，应能承受以下最小荷载：
- ◆ 在车辆通行之下和 PL 和 VL 停车场之下，为 400kN（D400）。
- ◆ 在人行道（宽 0.5m）低平路缘石和人行道（宽 0.2m）高起路缘石时，均为 250kN（C250）。
- ◆ 在人行道和严格只允许行人通过的区域以及其他类似区域，为 125kN（B125）。

车辆通行之下的铸铁构件必须是可以锁闭的。每个构件必须有标志，表明其强度和质量等级。

运抵工地的不符合要求或者损坏的构件，均必须马上清除出现场，费用由乙方承担。

10.2.2 Tranchées drainantes 排水（盲）沟

Les matériaux 4/60seront conformes aux spécifications du présent livret.Le géotextile sera conforme aux spécifications du présent livret.

将使用 4/60 材料，要符合本册规定要求；土工布也要符合本册规定要求。

10.3 Mode d'exécution 施工方式

10.3.1 Dispositifs de fermeture et couverture 封闭和覆盖装置

Les dispositifs de fermeture seront posés conformément aux prescriptions des fabricants.

Le plus grand soin doit être apporté dans la pose du cadre support:

- ◆ le calage du cadre doit être parfait, sans porte-à-faux. Le recours à des cales de fortune est formellement interdit. Aucun jeu ne doit exister avant scellement du cadre.
- ◆ la fixation du cadre sur la dalle est réalisée à l'aide de dispositifs prévus sur le cadre et conformément aux instructions du fabricant,

◆ après fixation et réglage du cadre, il est procédé au scellement de celui-ci sur la dalle à l'aide d'un mortier de ciment dont le dosage a été agréé par le Maître de l'ouvrage (> 400kg). Le scellement pourra être réalisé au ciment prompt.

Dans le cas où les tampons sont réglés à − 0.10m de la côte finie, on réalisera leur scellement provisoire.

封闭装置将根据生产厂商的要求，进行安装施工。

必须仔细地安装其支撑井框：

◆ 井框必须完全扣紧，不能留有虚缝。明确禁止使用楔子保持水平。井框嵌固密封之前不能有任何缝隙；

◆ 井框在混凝土板上的固定，需要使用井框上的预定装置按照生产厂商的要求进行；

◆ 在井框调整和固定之后，用水泥砂浆将井框固定在水泥板上，砂浆配比须事先征得甲方同意（≥400kg）。密封可以使用快凝水泥；

◆ 在井盖调整到最终标高的 −0.10m 时，实施临时密封。

10.3.2　Tranchées drainantes　排水（盲）沟

La tranchée et ses abords immédiats doivent être exempts de boue et de fines en suspension dans l'eau lors de la mise en oeuvre du géotextile qui tapisse le fond et les parois de la tranchée.

La tranchée est remblayée avec le matériau drainant 4/60 correctement tassé jusqu'au niveau fini.

Le géotextile est rabattu avec un recouvrement des deux pans de géotextile de vingt centimes (20cm) au minimum ou, le cas échéant, avec couture des deux pans.

Les tranchées sont balisées durant les travaux et toute circulation y est interdite. La circulation pourra toutefois être autorisée localement après la mise en place de cavaliers de protection d'une hauteur minimale de 0.80m.

在沟底和沟侧铺设土工布时，盲沟及其临近边缘不能有泥浆或者水中的悬浮物质。

盲沟要使用 4/60 排水材料，准确堆填至最终高度。

土工布的搭接，至少要有 20cm 的重叠部分，或者在必要时，把两幅缝在一起。

工程施工期间，盲沟应做标志，并禁止任何车辆通行。在设置不低于 0.80m 高的弃土堆之后，可以局部允许车辆通行。

10.4　Contrôles　监督（检查）

La tolérance de nivellement sur les dispositifs de fermeture et couverture est de +1cm. On vérifiera le bon fonctionnement du système de verrouillage des dispositifs de fermeture sous circulation.

关闭和开启装置的测平度允许误差为 +1cm。

在交通作用下，要检查关闭装置的锁闭系统是否处于良好状态。

11.0 RECALIBRAGE–CURAGE–DERIVATIONS PROVISOIRES OU DEFINITIVES DES ECOULEMENTS 水流孔径的重新调整—疏通—临时或永久性改道

11.1 Prescriptions générales 一般规定

Le curage et/ou le recalibrage des ouvrages existants sont destinés à assurer de meilleures conditions hydrauliques d'évacuation des eaux de drainage et d'assainissement et éventuellement une protection accrue des eaux souterraines face aux risques de pollution (mise en place d'argile ou d'une géomembrane dans un ancien lit).

Des déviations provisoires ou définitives d'écoulements peuvent également être nécessaires, pour des contraintes de phasage d'exécution ou pour des contraintes géométriques liées aux ouvrages à construire ou pour des contraintes d'environnement.

Les projets de déviation provisoire des cours d'eau devront avoir l'accord du Maître de l'ouvrage.

现有结构物的疏通和孔径再次调整，主要是保证地下水和地表水的良好排水条件，也是对可能受到污染的地下水的良好保护（在原水流底床上铺设粘土或者土工薄膜）。

对于受施工阶段性限制或拟建构造物的地形或环境的限制，可能有必要对水流进行临时改道或永久改道。

水流临时改道计划必须征得甲方同意。

11.2 Mode d'exécution 施工方法

11.2.1 Curage des ouvrages existants et recalibrage 现有排水结构物的疏通和孔径再次调整

Ces travaux concernent l'enlèvement et l'évacuation en dépôt ou en décharge des matériaux de toute nature obstruant les fossés et canaux divers conformément aux indications fournies par le Maître d'Ouvrage.

Dans le cas d'un simple curage, on rétablira les profils en travers initiaux. Dans le cas d'un reprofilage, ceux–ci seront modifiés selon la géométrie définie par le Maître de l'ouvrage.

Les fils d'eau existants devront être respectés ou faire l'objet d'un reprofilage défini par le Maître de l'ouvrage. On veillera à se raccorder en pente régulière aux fils d'eau des ouvrages neufs.

Les fossés bétonnés devront être curés et nettoyés avec le plus grand soin. Les regards et canalisations seront débouchés.

L'Entrepreneur aura à sa charge la remise en état, dans les règles de l'art, de tout ouvrage endommagé ou détruit durant l'exécution des travaux.

La méthode d'exécution de ces travaux sera soumise à l'agrément du Maître de l'ouvrage.

该工程系指根据甲方所下达的指示，把所有阻塞边沟和排水沟的各种性质的材料挖除、清运和堆存或运至弃土场。

在简单的疏通中，将恢复原设计横断面。在进行断面调整中，需根据甲方确定的几何特性修改断面。

现有水流应该加以保护，或者根据甲方确定的新断面进行调整。要注意新建结构物坡度与水流之间的衔接。

混凝土浇筑边沟需进行养生和仔细清扫。检查井和排水管道必须进行疏通。

乙方要自费对施工中所有被损坏或毁坏结构物按工艺规程进行修复。

这些工程的施工方法，需要呈报甲方批准。

11.2.2　Dérivations provisoires, définitives des ruisseaux　**小水流的临时改道和永久改道**

Ces travaux seront réalisés conformément aux dispositions suivantes:

◆ le décapage et la mise en stock de la terre végétale,

◆ l'exécution des fouilles selon les prescriptions du présent livret.

◆ le réglage du fond et des talus,

◆ la mise en œuvre éventuelle d'un matériau de revêtement (terre végétal ou enrochements)

◆ le comblement éventuel des anciens lits ; le matériau mis en œuvre ainsi que l'épaisseur des couches élémentaires seront soumis à l'agrément du Maître d'Ouvrage.

这些工程要按照上述规定实施：

◆ 腐殖土的清除和堆存；

◆ 基坑施工按照本册的规定进行；

◆ 沟底和边坡的调整；

◆ 可能时铺设覆盖层（腐殖土或片石）；

◆ 原有（沟槽）底床可能需要填实，其所用的材料和各层厚度均需事先征得甲方同意。

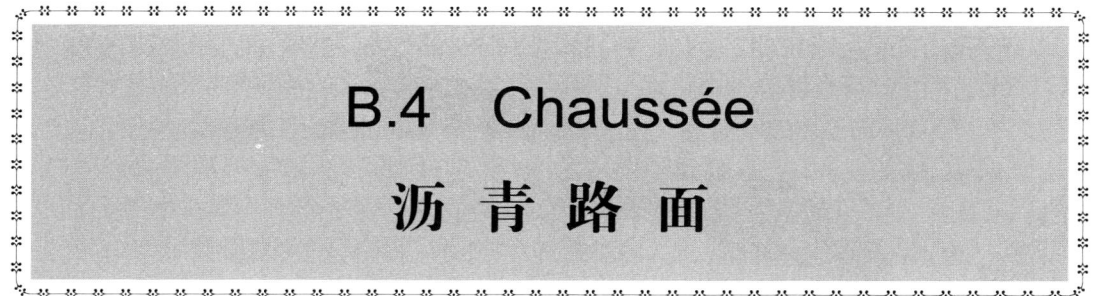

B.4　Chaussée

沥　青　路　面

1.0   QUALITÉ   质量

1.1   PRINCIPES GÉNÉRAUX   总则

Les dispositions générales appliquées en matière de qualité sont décrites dans le livret A.

关于质量的适用总则已在 A 部分有所说明。

1.2   CONSISTANCE DU PAQ RELATIF AUX TRAVAUX DE CHAUSSÉES   关于路面工程质量保证计划（PAQ）的内容

Le Plan d'Assurance de la Qualité explicite les dispositions adoptées par l'Entrepreneur pour obtenir la qualité requise et les modalités des contrôles interne et externe de la chaîne de production.

Il précise pour chaque phase d'élaboration du produit et à partir des modes opératoires, le type, la nature et la fréquence des contrôles.

Les principales phases de contrôle sont les suivantes:

- ◆ fournitures:
- ■ granulats:
  - − contrôle interne à la chaîne d'élaboration (concasseurs, cribles, trémies, etc.), consignes spécifiques au Chef de poste, registre journalier, etc.;
  - − contrôle externe du carrier: essais, préalables de conformité, surveillance des essais en cours de fabrication, contrôles à l'arrivée, etc.;
- ■ liants:
  - − contrôle interne: prélèvements, vérification des bons de livraison, essais, etc.;
  - − contrôle externe: conformité aux spécifications;
- ■ fines d'apport:
  - − contrôle interne: vérification des bons de livraison, contrôles visuels, etc.;
  - − contrôle externe: conformité aux spécifications;
- ◆ fabrication des enrobés et/ou des GRH (GNT B):
- ■ contrôle interne: réglage des centrales, contrôles divers en cours de fabrication (débit, températures, consommations, etc.);
- ■ contrôle externe: collecte des rapports, synthèse des contrôles, essais divers (extractions, etc.), gestion des dérives éventuelles, consignes à respecter, introduction de seuils d'alerte et d'arrêt, etc.;
- ◆ mise en œuvre:
- ■ planche d'essai de compactage, planche de référence et dans les deux cas, définition et rôle de chaque contrôle (interne −externe);
- ■ rôles des contrôles interne et externe pour la préparation des surfaces à revêtir, les couches d'accrochage, le transport des enrobés, le répandage et le compactage, les joints et dispositions constructives, etc., les contrôles de nonconformité, la gestion des dérives éventuelles

et les solutions correctives, les consignes à respecter, les mentions de seuils d'alerte et d'arrêt.

■ Les fiches mentionnées ci–après sont à établir pour chaque opération:

◆ journalières de fabrication (établies par le contrôle interne et validées par le contrôle externe);

◆ journalières de mise en œuvre;

◆ des contrôles de fabrication;

◆ des contrôles de mise en œuvre;

◆ des non–conformités et des mesures correctives;

◆ des procédures « incident » et les dispositions à prendre.

质量保证计划，阐述了承包商为达到质量要求而采取的措施和在生产链中内部和外部监督（检查）方式。

需要说明的是，产品生产的每一阶段，都要根据生产工艺、（产品）类型、性质以及监督（检查）次数来进行质量保证。

主要监督（检查）阶段如下：

◆ 供料阶段

■ 骨料

－生产链中的内部监督（检查）（破碎机、筛分机、漏斗筛，等），主要是关键岗位和每日记录等。

－采石场外部监督（检查）：主要是生产前的合格性试验、生产过程中对试验进行跟踪检查，以及交货时的验收等。

■ 粘结剂

－内部监督（检查）：主要是取样，交货单的检查和试验等；

－外部监督（检查）：主要是与规范合格性的检查。

■ 填充细料

－内部监督（检查），主要是交货单的检查和目视检查等；

－外部监督（检查）：主要是与规范合格性的检查。

◆ 沥青混合料和／或（B类）未处理碎石料（GNT）

■ 内部监督（检查），指拌合楼的调整、生产过程中的各项检查（流量、温度、消耗等）

■ 外部监督（检查），指各种报告的收集、监督（检查）的总结、各种（抽提）试验、可能有的副产品的管理、需要遵守的说明、报警和停止生产的限界等。

◆ 施工阶段

■ 压实试验段、标准对照段，在这两种情况下确定每项监督（检查）的定义和任务（内部－外部）。

■ 内部和外部监督（检查）的任务，包括要铺路面段的准备工作、粘层、沥青混合料的运输、摊铺、压实、伸缩缝、操作规程等，不合格（产品）的监督和可能有的副产品的管理、修改缺陷的方案、需要遵守的说明、报警和停止施工的界限等方面。

■ 在各个工序上都要制定以下工程记录卡片：

生产日记（内部监督人员编写，外部监督人员确认）；施工日记；生产监督（检查）记录卡；施工监督（检查）记录卡；不合格和修正措施记录卡；"事故"处理程序和要采取的措施。

1.3　POINTS CRITIQUES ET POINTS D'ARRÊT　控制点和停止点

Le Plan d'Assurance Qualité précisera les point critiques et les points d'arrêt. Il intégrera notamment les points définis dans le tableau ci-après.

Ce tableau ne constitue qu'une liste minimum et non exhaustive. Il devra être complété par l'Entrepreneur en phase de préparation lors de l'établissement de son PAQ.

La levée des points critiques par le contrôle interne impliquera, le cas échéant, une intervention du laboratoire du groupement.

Les délais de préavis pour les points d'arrêt sont valables pour le contrôle externe et pour le Maître de l'ouvrage.

质量保证计划里面应该详细说明各个控制点和停止点，特别是要将以下表格里确定的各个点包含进去。

该表格只是一个最低数量，并非详尽的表格，乙方在编制质量保证计划准备阶段时应该进行补全。

由内部监督（检查）提出的控制点，必要时，需要联合体试验室的共同参与。

停止点的预告期限，对于（乙方）外部监督（检查）和业主来说均有效。

Tâches 任务	Points critiques levés par le ControleInterne（乙方）内部监督（检查）提出的控制点	Points d'arrêt levés par le ControleExterne（乙方）外部监督（检查）提出的停止点	Points d'arrêt levés par le Maître d'Ouvrage 甲方提出的停止点	Délaide préavis en jours ouvrés 预先通知期限，工作日
– Documents d'exécution: 施工文件： • visa du Maître d'Ouvrage. 甲方批准		×	×	Voir Livret A 见 A 册
Réception de matériaux et fournitures: 材料和供货的验收 • provenance et qualité 来源和质量	×	×	×	2
Implantation: 放样定线 • délimitation deszones à mettre en place 确定施工区域	×			
GNT (GNT A): 未处理碎石料（A 类） • compactage (planche d'essai) 压实（试验路段）	×	×	×	5 j
• réglage et compactage final 调整和最终压实	×	×		
• GNT en accotements (compactage et réglage) 路肩用未处理碎石料（调整和压实）	×			
• contrôle granulats. 粒料监督（检查）	×			

续表

Tâches 任务	Points critiques levés par le ContrôleInterne（乙方）内部监督（检查）提出的控制点	Points d'arrêt levés par le ContrôleExterne（乙方）外部监督（检查）提出的停止点	Points d'arrêt levés par le Maître d'Ouvrage 甲方提出的停止点	Délaide préavis en jours ouvrés 预先通知期限，工作日
– Matériaux enrobés et GRH (GNT B): 沥青混合料和（B类）未处理碎石料				
• Centrale 拌合楼	×	×	×	2 j
• Mode de pesage et de transport 称重和运输方法	×	×	×	2 j
• Planches d'essai et référence 试验段和标准对照段	×	×	×	5 j
• Contrôle des granulats 粒料的监督（检查）	×	×		
• Contrôle du bitume 沥青的监督（检查）	×	×		
• Fabrication 生产	×	×		
• Mise en œuvre: compacité 施 工：压实度	×	×		
• Mise en œuvre: épaisseur 施工：厚度	×	×		
• Couche de roulement: nivellement 路面行车层：水准测量	×	×		
• Couche de roulement: aspect de surface 路面行车层：路表外观	×	×	×	5 j
Mise en œuvre de la couche d'imprégnation, de la couche d'accrochage et des enduits: 透层：粘层和表处层的施工				
• Planche d'essai 试验路段	×	×		
• contrôle de dosage 用量监督（检查）	×			

2.0 ENVIRONNEMENT 环境

Les dispositions adoptées vis à vis du respect de l'environnement devront respecter les spécifications détaillées dans le livret A.

关于环境保护方面要采取的措施，应遵照 A 册里的详细技术要求。

3.0 ETUDES D'EXECUTION–ETUDES DE FORMULATION 施工设计 – 配合比设计

Les dispositions générales appliquées en matière de plans d'exécution et de notes de calcul sont décrites dans le livret A.

En tout état de cause, le choix de la structure de chaussée pourra être adopté par l'Entrepreneur, selon la démarche suivante:

◆ en premier lieu, le choix de la couche de roulement, en tenant compte notamment:

▪ du trafic (dont la proportion de poids lourds);

▪ de la géométrie de l'ouvrage (rampes, sinuosité, etc.);

▪ de l'environnement (urbain, autoroutier, continuité avec l'air libre, etc.); de la politique d'entretien envisagée;

▪ du niveau d'éclairage;

◆ ensuite, le choix de la structure en fonction:

▪ du trafic lourd attendu (en tenant compte de sa valeur initiale, du taux d'accroissement, de la durée de service, de l'agressivité du trafic, etc.);

▪ des performances attendues (à long terme) de la plateforme support.

Cette démarche conforme à celle proposée par le guide technique conception et dimensionnement répond aussi aux préoccupations du gestionnaire et de l'utilisateur.

关于施工图设计和计算说明书执行的一般规定，在 A 册里已作说明。

总之，承包商采取的路面结构选择需要根据以下步骤：

首先，路面行车层的选择，尤其需要考虑：运输量（最重级的比例）；构筑物测量（上坡道、弯道等）；环境（包括城市的，高速公路的，及道路畅通的持续性）；可能的保养政策；新的照明设施。

然后，结构的选择需根据：预计的重型运输量（需考虑原始值、增长率、服务期限、运输量的侵蚀等）；路基支撑物的预期性能（长期的）。

此步骤符合技术设计准则建议的步骤，按尺寸调整也与管理者和使用者所关心的相符合。

3.1   DÉFINITION DES ÉTUDES DE FORMULATION   配合比设计的定义

Les études de formulation des couches d'assises et de roulement, traitées aux liants hydrocarbonés, sont destinées, soit à fixer, soit à optimiser, à partir de la granularité des différentes classes granulaires:

◆ le pourcentage de chacune de ces classes granulaires;

◆ la teneur en liant;

◆ la teneur en eau;

◆ la teneur en adjuvant.

路面行车层和下面层用沥青结合料处理的配合比设计，是根据各种颗粒级配范围的粒度为基础确定或优选的：

◆ 每一颗粒级配类型的（重量）百分比；

◆ 结合料的含量；

◆ 水的含量；

◆ 添加剂的含量。

3.2 RÉALISATION 施工

L'Entrepreneur soumettra à l'agrément du Maître de l'ouvrage les formules qu'il se propose de mettre en œuvre. À l'appui de cette proposition, l'Entrepreneur fournira, au plus tard deux (2) mois avant le début des travaux correspondants, un mémoire:

◆ l'étude de formulation exécutée par un laboratoire agréé par le Maître de l'ouvrage;

◆ les références éventuelles: lieux de fabrication et de mise en œuvre, date, caractéristique et type de matériel utilisé, résultats des contrôles effectués.

Les études de formulations présentées devront dater de moins de cinq (5) ans. À défaut, une étude de formulation sera exécutée aux frais de l'Entrepreneur sur la base de granulats prélevés sur stocks devant effectivement être utilisés à la fabrication.

La formulation de chacune des couches sera définitivement agréée par le Maître de l'ouvrage et notifiée à l'Entrepreneur dans un délai de quinze (15) jours calendaires à compter de la date de réception du mémoire technique décrit ci–dessus.

Les résultats des études de formulation seront fournis selon le cadre donné dans les normes produites.

Les frais correspondant:

◆ à la fourniture des granulats, des liants, des adjuvants pour les études de formulation;

◆ aux études proprement dites;

sont à la charge de l'Entrepreneur. Ils sont inclus dans les prix correspondants du Bordereau des Prix Unitaires.

承包商将向业主提交其推荐采用的配合比，供业主批准。同时作为支援该项建议，承包商至少应该在有关工程施工之前两个月内提供一份技术申请报告，该报告包含以下内容：

◆经由业主同意的一家试验室所作的配合比设计；

◆参考资料：生产和施工地点、日期、使用材料的特性和类型，所进行的监督（检查）的结果。

配合比设计，应该至少是 5 年前做的，否则，将由承包商自行承担费用，在实际使用于生产的料堆中提取粒料作配合比试验。

每层的配合比将由业主最终确认，业主需在收到上述技术申请报告起的 15 日内向承包商作出答复。

配合比设计的结果应附上所参考的标准和规范。

相关费用包括：进行配合比设计时所使用的骨料、粘结剂、添加剂的供应；配合比设计自身所需费用。

上述费用均由承包商承担，这些费用已包含在单价表内。

4.0 DOSSIER DES OUVRAGES EXÉCUTÉS 已完工工程文件

Le descriptif des pièces relatives aux ouvrages exécutés est fourni dans le livret A.

关于已完工工程文件的描述在 A 卷中已有说明。

5.0　CONSISTANCE DES TRAVAUX –PRESCRIPTIONS GÉNÉRALES　工程内容——一般规定

5.1　AGRÉMENT ET CONTRÔLES　批准和监督（检查）

5.1.1　Matériaux　材料

Les matériaux feront l'objet de propositions d'agrément de l'Entrepreneur au Maître de l'ouvrage conformément aux spécifications décrites dans le présent livret.

承包商根据本册所述技术要求，向业主提出用料建议，以征得业主批准。

5.1.2　Installation de fabrication des mélanges　沥青拌合设备

Au plus tard deux (2) mois avant le début des travaux correspondants, en vue de l'agrément préalable par le Maître de l'ouvrage, l'Entrepreneur présentera un mémoire technique pour chacune de ses centrales de niveau 2tel que défini à l'annexe A de la norme NF P 98–150 (centrales principales et de secours) de fabrication définissant les caractéristiques de cette installation, sachant que l'Entrepreneur devra proposer au Maître de l'ouvrage une centrale de secours qui pourra fournir des mélanges (GB –BB) de compositions identiques à celles de la centrale principale avec le même niveau d'équipement. Les installations devront répondre aux spécifications décrites pour chaque nature de matériaux dans le présent livret.

根据法国标准 NF P 98-150 附件 A（主拌合楼和备用拌合楼）的规定，最少在有关工程开工前的两个月，为了得到业主的批准，承包商应该提交一份技术申请报告，该报告应说明拌合设备的性能。另外，承包商还应准备一台备用拌合楼，其装备水平应该与主拌合楼一样，可以提供组分完全相同的混合料（GB-BB）（GB：沥青碎石料，BB：沥青混凝土。–译注）。

拌合设备应该满足本册里面阐述的相关技术要求。

5.1.3　Contrôles　监督（检查）

Pour les contrôles de fonctionnement des centrales de fabrication et des matériels de mise en œuvre, dont les spécifications sont définies dans les articles suivants, les frais correspondants:

◆ aux contrôles préalables et périodiques, et à la fourniture des procès–verbaux et comptes-rendus;

◆ aux matériaux perdus ou rebutés lors de ces contrôles; sont à la charge de l'Entrepreneur et sont inclus dans les prix correspondants du Bordereau des Prix Unitaires.

关于沥青拌合楼运行和使用材料的监督（检查），其技术要求已在下面条款里确定。相关费用为：

◆ 预先监督（检查）和定期监督（检查）以及提供监督（检查）报告和纪要的费用；

◆ 监督（检查）中所损失的或废弃的材料的费用。

上述费用均由承包商承担，这些费用已包含在单价表里的相关价格中。

5.2 RÉCEPTION DES PRODUITS 产品的验收

5.2.1 Matériaux 材料

➤Granulats

Pour les granulats, les essais de contrôle de fabrication valent essais de réception. Ils seront effectués en cours de fonctionnement des installations conformément aux spécifications décrites ci-après.

➤Autres produits

Avant leur emploi, tous les matériaux seront présentés sur le chantier, ou en usines, à la réception et à l'acceptation du Maître de l'ouvrage. Les matériaux ne pourront être utilisés avant que les résultats des essais n'aient satisfait aux prescriptions du présent livret.

L'Entrepreneur devra donc prendre toutes les dispositions nécessaires pour qu'un laps de temps suffisant à la durée des essais soit compris entre l'approvisionnement d'un matériau et sa mise en œuvre.

Les vérifications, essais et mesures nécessaires à la réception des fournitures permettant de contrôler la conformité aux spécifications, seront réalisés aux différentes phases de contrôles décrites dans le présent livret.

➤骨料

对骨料进行的监督（检查）试验与材料验收试验同样重要。按照下面技术要求，这些试验将在设备运行过程中进行。

➤其他材料

所有的材料要运到工地或工厂，在使用之前由业主进行验收和同意接受。在试验结果未符合本卷要求之前，不能使用这些材料。

承包商应采取必要措施，以便确保在材料供应和使用之间有足够的试验时间。

材料验收所进行的必要检查、试验和测量，将在本卷里提到的各个监督（检查）阶段中进行。

5.2.2 Couches de chaussées 路面各层

Des essais de réception de produits finis (aux différents stades de mise en œuvre) seront réalisés aux différentes phases de contrôles décrites dans le présent livret. Leur nature, leur consistance et leur fréquence, sont indiquées pour chaque nature de matériaux dans les articles suivants du présent livret.

最终产品的验收试验（在各个使用阶段），将在本册里面描述的各个监督（检查）阶段里进行。

每种材料验收试验的性质、内容和次数将在本册下面各条款中予以说明。

5.3 STRUCTURES DE CHAUSSÉES 路面结构

L'Entreprise établira des notes de calcul pour définir la nature, l'épaisseur, et le module d'élasticité de chacune des couches de chaussée de l'Autoroute et des rétablissements de circulation selon deux à trois méthodes de calcul dont une doit être mécanistique (théorie des couches multiples).

Les calculs de dimensionnement seront basés sur les données de charge de trafic et poids d'essieux, mise à la disposition de l'Entreprise par le Maître de l'ouvrage.

L'Entreprise doit privilégier l'introduction de matériaux innovants visant à réduire les coûts et à améliorer la performance des chaussées.

承包商要编制计算书，用以确定高速公路路面每一层的类型、厚度和弹性模量以及交通的恢复，通过采用两到三种计算方法，其中一种为机械方法（多层理论）。

路面厚度的计算，是建立在车流量和车轴重量的基础之上，这些数据将由业主提供给承包商。

承包商应优先采用革新的材料，以便降低成本和改善路面质量。

5.4 CONSISTANCE DES TRAVAUX 工程内容

Les travaux de chaussées concernent diverses voies sur plusieurs sites:

- ◆ chaussée d'autoroute y compris les tabliers d'ouvrage d'arts;
- ◆ déviations provisoires;
- ◆ rétablissements de routes nationales;
- ◆ rétablissements de voies communales, chemins agricoles ou ruraux;
- ◆ rétablissement de chemins de wilayas.

Les détails sur les couches des corps de chaussées de ces divers voies sont définis dans le projet d'exécution préparé par l' l'Entrepreneur et approuvé par le Maître d'Ouevre/BCS.

L'attention de l'Entrepreneur est attirée sur le fait que certains travaux de chaussées ne pourront être commencés qu'après le rétablissement des réseaux.

Les travaux des chaussées des pistes aux intersections avec les voies publiques sont à la charge du lot réalisant la piste.

Les travaux de réalisation des chaussées à l'intérieur des tunnels sont à charge du Lot Tunnel.

Les travaux de réalisation d'un enduit superficiel sur la couche de forme de l'autoroute et de ses annexes sont à charge du lot Route et sont décrits dans le livret Terrassements du présent CCTP.

路面工程涉及多处不同道路（的整治）：

- ◆ 高速公路路面，包括桥梁构造物的桥面；
- ◆ 临时改道；
- ◆ 国道的恢复；
- ◆ 市镇道路、乡村道路的恢复；
- ◆ 省级道路的恢复。

不同道路路面主体各层的细节在承包商准备、监理或 BCS 批准的施工计划中已有所规定。

承包商需要注意的是：某些路面的施工，只有在管线恢复之后才可以进行。

与公路交叉的便道路面工程的施工，属于便道部分施工范围。

隧道里面的路面工程施工，将由隧道部分负责。

高速公路路基垫层表面处理以及附属工程的施工，将有道路部分负责，在本专用技术条款的土方工程分册中有所说明。

6.0 TRAVAUX PRÉPARATOIRES ET DE FINITION 准备和收尾工程

6.1 AIRES DE STOCKAGE ET DE FABRICATION 储存和生产场地

Les aires de stockage et de fabrication sont à la charge de l'Entrepreneur. Leur aménagement sera soumis à l'agrément du Maître de l'ouvrage au cours de la période de préparation.

储存和生产场地由承包商负责。在准备阶段场地的布置需要得到业主的同意。

6.2 STOCKAGE DES GRANULATS 骨料的储存

6.2.1 Aménagement de l'aire (des aires) de stockage 储存场地布置

Les caractéristiques géométriques de l'aire (des aires) de stockage sont définies au PAQ.

L'aire (des aires) comporte(nt) des aménagements indispensables permettant à tous les camions livrant la fourniture ou venant la chercher de circuler librement par n'importe quel temps sans provoquer d'ornières.

Les opérations d'aménagement de l'aire (des aires), à savoir:

◆ les travaux de mise en état;

◆ les travaux de nivellement et de terrassement;

◆ le drainage, l'assainissement;

◆ l'aménagement des pistes d'accès, des zones destinées au stockage et aux centrales;

◆ la protection de l'environnement.

Ces opérations sont soumises à l'agrément du Maître de l'ouvrage au cours de la période de préparation.

存放场地的几何特性在质量保证计划（PAQ）中有所确定。

储存场地需包含必要的布置，以便允许所有卡车在任何时间都可以交货或自由错车，而不引起碰撞。

储存场地布置工序，即：准备工程；整平及土方工程；排水；进出便道，储存堆放地及拌合楼的布置；环境保护。

在准备期间这些工序需得到业主的同意。

6.2.2 Constitution des stocks 存放

L'Entrepreneur doit prendre toutes les dispositions nécessaires pour que les granulats soient déposés par type de granulats, sans débordement dans les zones de dépôt selon les dispositions prévues sur le plan d'aménagement visé à l'article 6.2.1 ci–dessus.

La hauteur maximale des tas pour chaque classe granulaire mise en stock doit être de dix (10) mètres. La distance minimale entre les pieds de tas doit être de cinq (5) mètres.

Le stockage doit être réalisé par couches horizontales d'un mètre d'épaisseur au plus.

La base de chaque couche doit être située en retrait de la partie supérieure de la couche immédiatement sous-jacente.

L'Entrepreneur peut toutefois proposer certains aménagements aux dispositions cidessus à l'accord du Maître de l'ouvrage.

Si l'approvisionnement d'un granulat est poursuivi alors que la reprise au stock est commencée, toutes les dispositions doivent être prises pour permettre la vérification qualitative de cet approvisionnement.

Un panneau indiquera clairement sur chaque tas, la classe granulaire.

L'Entrepreneur doit prendre à ses frais toutes les dispositions nécessaires au maintien en bon état des aires et de leur accès, de façon à ce que les matériaux ne soient pas souillés par les roues des camions de transport. Dans le cas contraire, le Maître de l'ouvrage peut interdire l'approvisionnement de l'aire de stockage non conforme.

Les stocks de sable doivent être protégés des intempéries au fur et à mesure de leur constitution.

承包商应采取必要措施以便骨料能够分类堆放，而不至于溢出堆放点，应按照上面6.2.1 条款已确定的布置计划中的条款进行。

每种粒径级的堆放最大高度为 10m，堆底之间的最小距离应该为 5m。

堆放的时候应该注意以至多 1m 的厚度水平分层堆放。

储存材料堆每层的基底部必须大于紧接着的上一水平层。

承包商仍可向业主提议上述条款中的某些布置并获取业主的同意。

假如骨料供应继续进行并重新开始存放，则应采取有关措施以便此供料的质量检查。

每堆应放置木板并清楚指明骨料类别。

承包商应自费采取必要措施用于维护场地和入口使之处于良好状况，并使材料不被运输卡车的车轮弄脏。相反，业主可以禁止对不符合要求存放场地的供料。

砂子的存放应该根据料堆的成形考虑防止恶劣天气措施。

6.3　STOCKAGE DU FILLER　填料的存放

Le filler sera stocké dans deux (2) silos à proximité de la centrale. Leur capacité devra correspondre à deux (2) jours de fabrication.Au moment du chargement des silos, la température des fines doit être inférieure à 50℃

填料应存放在拌合楼附近的两个筒仓内。筒仓的容量需符合两天的生产量。

细料在装入筒仓时，其温度应在 50℃之内。

6.4 STOCKAGE DU BITUME (CF. FASCICULE 27 DU CCTG) 沥青的存放（参照通用技术条款 CCTG 第 27 分册）

Par classe de liant et par centrale, les liants destinés à l'enrobage doivent être stockés dans des citernes dont la capacité minimale de stockage devra correspondre à une journée moyenne de fabrication d'enrobés.

通过粘结剂类别和拌合楼，准备供保护层之用的粘结剂需存放在罐槽中，其最小存放量需满足平均一天沥青混合料的生产量。

6.5 BASCULE DE PESAGE 称重磅

L'Entreprise doit installer sur l'aire de fabrication des matériaux, un pont-bascule permettant la pesée de chacun des véhicules de transport en une seule fois. L'Entrepreneur est tenu d'assurer à ses frais la charge et la gestion de la bascule sous le contrôle du Maître de l'ouvrage.

Le pont-bascule doit être équipé d'un indicateur de pesage avec horloge permettant la mémorisation des poids, des tares, des dates et des heures et être capable de délivrer chaque jour un bordereau récapitulatif des opérations effectuées.

Le pont-bascule doit préalablement au démarrage des travaux, être vérifié par le Service des poids et mesures du Maître de l'ouvrage ou choisi par ce dernier. Le procès-verbal correspondant doit être remis au Maître de l'ouvrage.

La précision du pont-bascule doit être de 1% à la portée maximale.

Le pont-bascule est vérifié, aux frais de l'Entrepreneur, par le Maître de l'ouvrage ou son représentant. Cette opération est réalisée par pesées successives d'un même camion, chargé d'au moins dix (10) tonnes de matériaux sur le pont-bascule de chantier et sur le pont-bascule public le plus proche. Cette vérification doit être effectuée hebdomadairement. Si les bons de pesées obtenues sont différents de plus de un pour cent (1%):

◆ l'Entrepreneur est tenu dans les vingt-quatre (24) heures d'adresser au Service des poids et mesures une demande d'intervention dont copie est remise au Maître de l'ouvrage;

◆ il est tenu compte de l'anomalie constatée pour réajuster les pesées effectuées jusqu'à l'intervention ci-dessus.

承包商需在材料生产区内设置一台地磅，以便于给每一台运输车辆一次称重。承包商必须保证在业主的监督（检查）下进行装载和管理。

地磅应配备一个重量显示器和时钟，可以记录重量、皮重、日期及时间并可以每天打出一份已进行工序的汇总表。

在工程开工之前，地磅必须由业主认可或选择的度量衡部门进行核准。有关纪要需提交给业主。

地磅的精确度应在最大称重量的 1% 范围内。

地磅由业主或其代表进行核准，费用由承包商承担。该项标准是通过同一辆装载至少 10t 石料的卡车在工地过磅站和离工地最近的公用过磅站连续称重的方法进行。此项核准需每周进行一次。如果称重单差别大于 1%：

- ◆ 承包商必须在24h之内向度量衡部门提交介入申请（核准），并将副本呈报给业主。
- ◆ 必须重视已发生的地磅异常现场，直至上述部门参与（核准）。

6.6 NETTOYAGE ET FINITION DU CHANTIER 工地的清理和收尾

6.6.1 Nettoyage courant en cours de travaux 施工过程中的日常清理

L'Entrepreneur devra veiller en permanence à la propreté du chantier et procéder aux nettoyages prescrits par le Maître de l'ouvrage. Si les matériaux (fondations, concassés, terre végétale,etc.) sont répandus accidentellement sur les diverses couches, l'Entrepreneur sera tenu de procéder immédiatement au balayage avec un arrosage sous pression si besoin est, avec l'évacuation des matériaux.

承包商须经常注意工地的清洁，进行业主要求的有关清理。如果材料（基础、碎石、腐殖土等）不小心散落成几层。承包商需立即进行清理，如有必要的话使用液压洒水器，并运走材料。

6.6.2 Nettoyage général en fin de travaux 工程结束时的一般清理

L'Entrepreneur procédera à la fin des travaux de réalisation de toutes les couches de chaussées à un nettoyage général de l'autoroute et de ses annexes suivant les modalités arrêtées d'un commun accord avec le Maître de l'ouvrage.

Les chaussées devront être livrées parfaitement propres et en état de recevoir, sans préparation complémentaire, l'application de peinture de la signalisation horizontale.

Tous les travaux de nettoyage sont à la charge exclusive de l'Entrepreneur.

Pour ce nettoyage général, l'Entrepreneur devra disposer du matériel et du personnel requis.

Dans le cas où le nettoyage ne serait pas réalisé correctement et après mise en demeure de l'Entreprise, le Maître de l'ouvrage fera réaliser le nettoyage par une autre entreprise aux frais exclusifs de l'Entrepreneur.

在所有路面层完成后承包商需对高速公路及其附属工程进行一次一般清理，根据与业主达成一致的公共协议中的有关条款。

路面在交付时需整洁干净，并且能够对水平信号设施标线情况进行验收，而不是补充准备。

所有工程的清理工作由承包商专门负责。

为此，此一般清理，承包商需投入要求的设备和人员。

如果承包商不能符合规则地完成清理工作，业主在催告其公司后，可指定另一家公司进行清理工作，而所产生的费用则由承包商承担。

7.0 MATÉRIAUX POUR CHAUSSÉES 路面材料

7.1 PROVENANCE 来源

7.1.1 Agrément du gisement 矿脉的批准

Dans un délai de trois (3) mois précédant le début de fabrication de chaque nature de matériaux (grave non traitée, granulats pour enrobés et enduit superficiel), l'Entrepreneur soumettra à l'agrément du Maître de l'ouvrage les provenances des matériaux. Il fournira à l'appui de sa proposition une étude de reconnaissance comportant les éléments suivants:

- la situation géographique des carrières;
- une étude de reconnaissance définissant le gisement en qualité (spécifications précisées au présent CCTP) et en quantité;
- le processus de fabrication y compris le type et le nombre de matériels utilisés;
- le schéma général d'organisation de la production.

Le Maître de l'ouvrage devra dans un délai de trois (3) semaines à compter de la présentation du dossier se prononcer sur l'agrément provisoire du gisement concerné.

在每种材料（未经处理的砂砾料，用于沥青混合料和表面层的骨料）生产开始前的 3 个月内，承包商需将材料的来源递交业主以获取业主的同意。同时他需提交一份包含下列因素的报告以验证他的建议：

- 采石场的地理位置；
- 确定矿脉质量（本特殊技术条款 CCTP 明确的规范）和数量的勘测报告；
- 生产进程，包括已使用设备的类型和数量；
- 生产组织一般框架图。

业主需在收到文件起的 3 周内作出有关矿脉的临时批准决定。

7.1.2　Provenances multiples　多种来源

Pour chaque classe granulaire, la même et unique provenance doit être conservée pour l'exécution de la totalité de la fourniture afférente à une couche déterminée. Toutefois, des granulats de plusieurs provenances peuvent être acceptés par le Maître de l'ouvrage si des essais préalables ont été effectués sur les granulats de chaque provenance et atteste de leur compatibilité avec les formules utilisées pour les produits à fabriquer. Les granulats d'une même classe granulaire, mais de provenances différentes sont alors stockés séparément.

对于每个粒度等级，相同且唯一的来源需要被保留以便属于确定层的供货能够完全实现。

然而，如果已对每种来源的骨料预先进行了试验，那么来自这几个地方的骨料需要得到业主的同意，并且证明其性质与生产产品时使用的方法相容。属于同一个粒度等级但来自于不同地方的骨料要分开存放。

7.2　ESSAIS DE RÉGLAGE DE L'INSTALLATION DE FABRICATION　生产设备的调试试验

Des essais préliminaires de réglage seront réalisés. Ils ont pour objet la définition des conditions générales d'exploitation et le réglage de l'installation en vue de déterminer notamment:

- le mode d'exploitation des gisements;

♦ les points de l'installation à mettre sous surveillance particulière pendant toute la durée de la fabrication;

♦ l'aptitude de l'installation à fabriquer des granulats à la granularité, la forme et la propreté satisfaisantes;

♦ les conditions optimales de fonctionnement de l'installation de criblage/concassage et d'exploitation du gisement pour obtenir une régularité dans la production des différents types de matériaux;

♦ l'agrément provisoire de l'installation.

Ces essais ne pourront être entrepris qu'après:

♦ l'utilisation des parties du gisement représentatives en qualité et quantité;

♦ l'amenée, le montage et la mise en état de fonctionnement de tout le matériel constituant l'installation;

♦ la présentation au Maître de l'ouvrage de la notice de réglage et d'entretien de l'installation établie par le constructeur ou à défaut par l'Entrepreneur;

♦ la vérification par le Maître de l'ouvrage du bon état des matériels le constituant.

Ces essais porteront sur:

♦ les débits installés à chaque stade de fabrication;

♦ la granularité;

♦ la forme;

♦ la propreté des granulats.

Les réglages de l'installation seront effectués à l'initiative de l'Entrepreneur et en collaboration avec le Maître de l'ouvrage ou son représentant. Les essais seront réalisés par le laboratoire de l'Entrepreneur et à ses frais sous le contrôle du Maître de l'ouvrage.

Pour chaque réglage, des prélèvements seront effectués sur l'ensemble des granulats produits. Les échantillons seront prélevés sur bandes arrêtées après que l'installation ait fonctionné en régime normal et sous charge constante pendant au moins quinze (15) minutes.

La durée de ces essais, au minimum de cinq (5) jours dans des conditions normales de fabrication, doit permettre d'obtenir entre quinze (15) et vingt (20) analyses granulométriques pour obtenir un fuseau représentatif de chaque classe granulaire.

Les installations de criblage/concassage seront considérées comme étant réglées, lorsque les différents résultats obtenus satisferont aux spécifications exigées pour chaque type de granulat.

À l'issue des essais de réglage, l'Entrepreneur soumettra au Maître de l'ouvrage un mémoire comprenant:

♦ tous les procès-verbaux d'essais effectués;

♦ les courbes moyennes de fabrication résultant des granulométries effectuées;

◆ les fuseaux de tolérance déduits des courbes moyennes de fabrication par application des tolérances de fabrication indiquées au CCTP, suivant la procédure définie par la directive pour l'agrément des granulats destinés à la fabrication des enrobés à chaud.

Le Maître de l'ouvrage notifiera à l'Entrepreneur dans un délai de huit (8) jours après la réception du document, soit l'agrément des fuseaux de tolérance, soit une demande de modification de la fabrication. Un nouveau réglage devra alors être entrepris.

L'installation de fabrication proposée par l'Entrepreneur fera l'objet d'une acceptation provisoire par le Maître de l'ouvrage après l'exécution de la production d'essai et l'agrément des fuseaux de tolérance.

L'acceptation définitive sera prononcée après l'établissement des formulations des différentes catégories de matériaux enrobés.

需进行初步调试试验。一般开采条件的确定和设备调试的宗旨尤其需要确定以下内容：

◆ 矿脉开采的方式；

◆ 便于确定在整个生产期间进行特别监测的安装地点；

◆ 能获得满足待生产骨料极配，形状和清洁度要求的安装性能；

◆ 能获得不同类型材料均匀生产的筛选／破碎设备和矿脉开采运行的最佳条件；

◆ 能获得安装的临时批准。

上述试验必须在完成下列步骤后才能进行：

◆ 在质量和数量上有代表性的矿脉部分的使用；

◆ 所有设备的进场、安装及调试至正常运转状态；

◆ 向业主出示生产商提供的设备调试、维修说明书，如果没有，可由承包商提供；

◆ 由业主检测设备运行的良好状态。

这些试验包括：

◆ 每个生产阶段的瞬间产量；

◆ 级配；

◆ 形状；

◆ 骨料的清洁度。

设备的调试由承包商负责并在业主或其代表的协作下进行。所有的试验均由承包商的试验室负责进行，并承担其费用，由业主进行监督（检查）。

每次调试时，在所有骨料产品中提取样品。对于已确定组的样品提取需在设备处于额定工作和定负载状态下运行至少 15min 后进行。

在正常生产条件下，这些试验的期限至少为 5 天。应该进行 15～20 次级配分析，以获得对每个粒度等级有代表性的级配范围。

当所获得的各种试验结果都符合每种类型骨料要求的规定时，筛选／破碎设备将被视为已通过调试。

在调试试验结束后，承包商将向业主递交一份报告，其中包括：

◆ 所有已进行试验的纪要；

◆ 从所进行的粒度分析试验中得出的平均曲线；

◆ 通过执行特殊技术条款 CCTP 规定的生产允许误差，从得出的生产平均曲线里推导出允许误差范围，按照指令确定的流程进行，以获取用于沥青混合料热生产的骨料的批准业主需在收到文件起的 8 个工作日将生产允许误差的同意意见或生产修改要求回复给承包商。（承包商）将需进行新的调试。

在生产试验完成及生产允许误差批准后，承包商建议的生产设备将受到业主的临时同意。

最终批准将在不同种类沥青混凝土材料的配合比建立之后宣布。

7.3   SUIVI DE FABRICATION 生产的监督

7.3.1   Contrôle interne   内部监督检查

L'Entrepreneur aura à effectuer les vérifications de routine suivantes dans le cadre du contrôle interne :

◆ sélection des produits bruts extraits des carrières ou des ballastières ;

◆ vérification du bon fonctionnement des principaux organes des stations de concassage et de criblage ;

◆ vérification de l'alimentation qualitative et quantitative des concasseurs et des cribles conformément à celle définie lors de la procédure de réglage ;

◆ vérification de l'ouverture des chambres de broyage ;

◆ vérification de l'usure des pièces broyantes et leur changement en bout de fonctionnement ;

◆ vérification de l'usure des grilles des divers cribles ;

◆ contrôle constant de la charge des concasseurs secondaires ;

◆ appréciation visuelle de la qualité des matériaux.

La fréquence de ces différents contrôles et le circuit des documents produits seront proposés par l'Entrepreneur dans son PAQ.

Toute modification des réglages ou des circuits de l'installation devra être justifiée auprès du Maître de l'ouvrage dans l'heure suivant cette modification.

Le Maître de l'ouvrage se réserve le droit de faire modifier les conditions de fonctionnement de chaque élément de la chaîne de fabrication si ces dernières diffèrent de celles arrêtées lors des essais avant fabrication.

承包商将执行下列属于内部监督检查范畴内的常规检查：

◆ 对采石场或采砾场部分原材料的挑选；

◆ 对破碎站和筛选站主要装置运行情况的检查；

◆ 根据在调试过程中确定的流程对破碎机和筛分机进料时质量和数量的检查；

◆ 对捣碎间开度的检查；

◆ 在运行结束后对破碎部件的磨损及其更换情况的检查；

◆ 不同筛分机栅极磨损情况的检查；

◆ 破碎机副线圈负载的恒定控制；

◆ 材料质量的可视性评价。

不同类型检查的频率和产品文件的流转，承包商须在其质量保证计划（PAQ）中予以建议。

按照此修改，所有调试或设备线路的修改需要及时得到业主的验证。

如果这些运行条件与生产前试验完成后决定的运行条件不符的时候，业主有权对生产链的各项因素的运行条件作出修改。

7.3.2　Contrôle externe　**外部监督检查**

L'Entrepreneur devra s'assurer de la conformité des matériaux aux spécifications du présent fascicule du CCTP sur le site de production, avant leur transport sur le chantier, suivant les fréquences prévues pour les constituants telles qu'elles sont définies dans les articles suivants.

Les résultats seront transmis quotidiennement au Maître de l'ouvrage. En cas de résultats défectueux, le Maître de l'ouvrage sera avisé immédiatement après la réalisation de l'essai. La production sera arrêtée et ne pourra reprendre qu'après la mise en œuvre d'une procédure corrective de la non-conformité.

La quantité de matériaux produite entre le dernier prélèvement des granulats ayant donné un résultat satisfaisant et les résultats d'essais constatant la cessation de l'anomalie sera rebutée, sauf si le matériau peut, après l'accord du Maître de l'ouvrage, faire l'objet d'un recyclage destiné à corriger le défaut constaté.

在生产区并且在产品运至工地前，承包商应该保证材料与特殊技术条款（CCTP）本分册中的规范相一致，根据组成成分在接下来条款中确定的次数。

结果需每日递交给业主。如果结果不符合规定，业主需在完成试验后立即通知承包商，生产将被停止，直到对于不符合部分采取正确的措施后才能重新开始。

在最近一批抽样中产生的材料数量将被扔掉，尽管其结果已符合要求且实验结果已确定不正常现象的停止，除非在业主同意后，材料可被循环利用于已确定错误的修改中。

7.3.3　Contrôle extérieur　**外面监督**

En plus de la levée des points d'arrêt, le Maître de l'ouvrage effectuera des contrôles inopinés.

除了停止点取消外，业主将进行随机检查。

8.0　GRAVES NON TRAITÉES (GNT) 0/31,5 未经处理的砂粒料（GNT）0/31.5

8.1　CONSTITUANTS　组成成分

8.1.1　Caractéristiques intrinsèques et de fabrication　内在特点及加工特点

Les caractéristiques intrinsèques du grave concassé sont données dans le tableau suivant:

材料颗粒内在特点如下表所示：

	Grave concassée (GC)
LA 洛杉矶磨耗试验	≤30
MDE	≤20
E.S 10%	≤50
I.C	100% ou concassé pur100% 或纯碎石
V.B (1)	≤1.5
C.A	≤20

(1) Valeurs de bleu à respecter si la valeur d'ES 10% est inférieure à la valeur spécifiée;

(2) Valeurs de l'indice de plasticité au cas où l'ES est inférieur à la valeur spécifiée.

Il est admis une compensation entre les coefficients LA et MDE dans la limite de cinq (5) unités.

(1) 如果 ES10% 值小于列举数值，则需考虑到蓝色色度；

(2) 当 ES 数值小于某一特定数值时的柔性指数。

L.A 和 M.D.E 两个系数间的 5 个单位的互补可以被接受。

8.1.2　Caractéristiques complémentaires　补充性能

8.1.2.1　Granularité　级配

Les fuseaux de spécifications pour la fraction O/D sont définis ci-après:

球面二角形 O/D 比值特点详细说明如下：

Granulométrie fuseau 球面二角形颗粒粒径	Passant au tamis de mm en % 每分钟通过筛分机的百分比						
	40	31.5	20	10	6.3	2	0.08
Grave concassée 0/31,5grenue 颗粒状的碾碎后原矿石 0/31.5	100	85 à 100	62 à 90	35 à 62	25 à 50	14 à 34	2 à 10

8.2　FABRICATION DU GRAVE NON TRAITÉE　未经处理的砂砾料的生产

La chaîne d'élaboration du grave doit permettre de respecter le critère de propreté imposé ainsi que les fuseaux de régularité définis ci-après à partir de la courbe moyenne de fabrication.

Pour les sables et les graves livrés en une seule fraction, l'étendue du fuseau de régularité sera de:

◆ 10% pour D et pour le tamis de 0.5mm;

◆ 15% aux tamis intermédiaires: 2, 4, 6,3, 8, 10, 14 et 20mm;

◆ 4% à 0.080mm si la teneur en fines est < que 12%;

◆ 6% à 0.080mm si la teneur en fines est ≥ à 12%.

De plus:

◆ refus à 1,58 D: nul;

◆ refusà D:1 à15%.

Le fuseau de régularité doit se situer à l'intérieur du fuseau de spécification défini au

8.1.2. Lors du contrôle de conformité, 95% des courbes obtenues devront se situer à l'intérieur du fuseau de régularité.

Les matériaux seront portés avant chargement à une teneur en eau permettant d'obtenir les densités visées à l'article 8.4.4.

原矿石加工线的建立必须考虑到需要达到的卫生标准，以及如何得到如下所示的，由加工平均曲线所定义的规律的球面二角形。如果沙状矿石和粗矿石比例相同，规律的球面二角形大小为：

- ◆ 对于 0.5mm（mm）的筛网，D 占 10%；
- ◆ 在中间筛网上占 15%：2.4,6.3,8,10,14,20mm（mm）；
- ◆ 如果颗粒成分小于 12%，那么 0.080mm（mm）为 4%；
- ◆ 如果颗粒成分大于等于 12%，那么 0.080mm（mm）为 6%；

另外：

- ◆ 1.58D 否决度：零（0）；
- ◆ 1D 否决度：1 到 15%。

规律的球面二角形矿石必须满足 8.1.2 条款规定的特点。当进行一致性检验时，得出的 95% 曲线需在规律的球面二角形矿石之列。

得到的材料颗粒在装车前含水量需达到一定量，以获得如下 8.4.4 条款所规定的密度。

8.3　TRANSPORTS DES GRAVES　粗矿石的运输

Les camions utilisés pour le transport des granulats qu'ils fassent partie du parc du titulaire du marché ou qu'ils soient affrétés par lui, doivent présenter une benne parfaitement propre, exempte de toute souillure pouvant polluer la fourniture. Le Maître de l'ouvrage se réserve la possibilité de refuser l'utilisation d'un ou de plusieurs camions dont l'état de propreté de la benne ne serait pas satisfaisant.

En outre, une couverture par des bâches est exigée pour les camions transportant les matériaux, et ce, afin d'éviter le rejet des gravillons pour la grave concassée ou la perte de chaleur pour les enrobés (notamment lorsqu'ils seront amenés à emprunter des routes locales).

Le titulaire du marché soumet à l'agrément du Maître de l'ouvrage, l'itinéraire qu'il compte faire emprunter à ses camions.

在运输粗矿石时，无论是使用承包商自有卡车还是租用的卡车，车厢必须非常干净，没有可能将矿石污染的污物。业主在一辆或数辆卡车车厢不卫生的情况下，保留禁止使用这辆或这些卡车的权利。

另外，在运输材料时，卡车需遮盖篷布，这是为了防止碾碎后原矿石中小颗径矿石的掉落及沥青混合料热量的发散（尤其是当它们取小道进行运输时）。

承包商需将卡车运输所走的路线情况递交业主，以获得业主的同意。

8.4 MISE EN ŒUVRE（粗矿石）的应用

8.4.1 Préparation du support 底面清理

Le support devra être humidifié immédiatement avant l'épandage en fonction des conditions météorologiques.

根据气候条件，在进行摊铺之前，底面应该保持湿润。

8.4.2 Répandage –Régalage du grave concassée 粗矿石的摊铺和调整

Le régalage sera exécuté en une ou plusieurs couches suivant l'épaisseur de l'assise. Après le répandage et le régalage sommaire, la couche sera compactée suivant l'article 8.4.4. Le niveau provisoire de la couche ainsi obtenue devra obligatoirement être au−dessus du niveau théorique pour pouvoir procéder au réglage fin suivant l'article 8.4.3.

根据基础层的厚度，必须多个层面进行平整处理。经过填充和简单平整化处理后，每层将按照 8.4.4 条款所述进行压实。

每层预计得到的地层水平面高度需高于理论上设计好的水平高度，以便于按 8.4.3 条款中所述的进行精细平整化处理。

8.4.3 Réglage fin 精细化平整

La mise en œuvre définitive ou le réglage du grave concassée sera effectuée en pleine largeur de la couche de fondation de la chaussée par scalpage des matériaux excédentaires à l'aide d'un «autograde» guidé par des fils de chaque côté de la chaussée. En aucun cas, il ne sera accepté de mise à la cote par apport des matériaux. Les fils de guidage seront supportés par des potences nivelées dont l'espacement n'excédera pas 10m.

碾碎后粗矿石的平整化或最终工作将在路面底基层进行，在底基层的每个边线上用"自动分列器"去除多余的矿石。任何放到超出矿石堆以外的情况均不被允许。指示线将用水平支架支撑，指示线之间的间隔距离不超过 10m。

8.4.4 Compactage 夯实

La composition de l'atelier de compactage et ses modalités d'emploi doivent permettre d'obtenir, lors de tout contrôle de densité, les résultats ci−après:

Grave concassée ⩾ à 98% OPM

Le plan de balayage des engins devra être conçu de façon qu'il y ait un recouvrement des zones compactées par deux (2) engins d'au moins 50cm.

当进行密实度监督（检查）时，压实作业组的组成和使用方法要能获得下列的结果：

碎石颗粒密度 ⩾ 98% OPM（修正最佳胚密度）

机械清扫区域的设计要保证每两台机器工作区间至少有 50cm 的重叠夯实区域。

8.5 PLANCHES D'ESSAI ET DE RÉFÉRENCE POUR DU GRAVE CONCASSÉE 粗矿石的试验路段和标准对照路段

8.5.1 Planche d'essai 试验路段

Une planche d'essai sera réalisée par l'Entrepreneur avec pour objectif d'atteindre les valeurs impératives suivantes sur 20 mesures:

◆ densité: 97% des valeurs > 98% densité (OPM);

◆ nivellement: 95% des points compris entre ± 1,5cm;

◆ épaisseur: 97.5% des points > e −2cm avec e: épaisseur théorique en centimètres.

De plus, elle est destinée à fixer:

◆ la composition et la disposition des ateliers de répandage, de rabotage et de compactage en nombre et types d'engins;

◆ les modalités d'utilisation de ces ateliers;

◆ la fixation de la teneur en eau théorique d'approvisionnement.

Elle est soumise aux règles suivantes:

◆ l'Entrepreneur proposera au Maître de l'ouvrage un programme de réalisation de la planche d'essai. Ce dernier sera représenté pendant le déroulement de la planche par le laboratoire chargé du contrôle extérieur;

◆ le lieu de réalisation de la planche proposé par l'Entrepreneur à l'acceptation du Maître de l'ouvrage devra être similaire à la section courante du point de vue des caractéristiques géométriques, la couche de chaussée correspondant à cette planche sera détruite après accord du Maître de l'ouvrage et les matériaux évacués en dépôt définitif;

◆ a durée maximale d'une planche d'essai unitaire telle que définie ci−dessus ne doit pas excéder cinq (5) jours ouvrables (répandage et constatation) et sa longueur est fixée à 200 mètres minimums;

◆ la réalisation des objectifs ci−dessus déclenchera l'acceptation du gisement, de l'installation de fabrication et de l'atelier de mise en œuvre sous réserve de l'obtention de la série des acceptations provisoires préalables de chacune des phases mentionnées ci−dessus;

◆ elle est considérée comme un point d'arrêt et fait l'objet d'un contrôle externe et extérieur. Le Maître de l'ouvrage notifiera à l'Entrepreneur l'acceptation (autorisant le démarrage des travaux), les réserves ou le refus de la planche d'essai.

承包商应负责实施试验路段，以便在 20 次测定后获得以下的一些主要结果：

◆ 密实度：97% 的（压实度监测）值 >98% 修正最佳胚密度；

◆ 测平度：95% 已知点在 ± 1.5cm 之间；

◆ 厚度：97.5% 的点 >e −2cm（式中 e= 理论厚度，单位：cm）。

另外，试验路段需确定：

◆ 摊铺作业组、刨平作业组和碾压作业组的组成和机械的种类和数量；

◆ 这些作业组使用的方法；

◆ 供料理论含水量的确定。

试验路段应该符合以下规范要求：

◆ 承包商将向业主推荐一份做试验路段的计划，该试验路段在试验期间要由业主负责外部监督（检查）的人员参加；

◆ 由承包商向业主提出的试验路段的地点必须和进行开采区域的地理条件特点类似；与该试验路段相关的路面层在业主同意后需拆除，并将材料运至最终堆放点。

◆ 上述所确定的单个试验路段的最多实施期限为 5 个工作日，其长度至少应该为200m。

◆ 上述目标实现后，才能对矿脉、生产设备和施工工作组做出同意，需要说明的是，在同意之前，要预先取得一系列有关上述段落中涉及内容的临时同意。

◆ 试验路段是一个停止点，需要接受（承包商）监督（检查）和（业主）外面监督（检查）。业主将通知承包商试验路段被接受（同意开工）、有保留意见或者拒绝接受。

8.5.2　Planche de référence　标准对照路段

À la suite de la notification par le Maître de l'ouvrage de l'acceptation de la planche d'essai, l'Entrepreneur procédera à l'exécution d'une planche de référence. Une telle planche sera réalisée le premier jour de production à la cadence normale du chantier.

Cette planche de référence aura pour objectifs:

◆ d'assurer l'adéquation entre les débits des ateliers de fabrication et de la mise en œuvre;

◆ de définir une densité moyenne d(R) qui servira de référence aux densités à obtenir dans la suite du chantier à partir de trente (30) mesures effectuées pendant la planche. La densité moyenne de référence, diminuée de deux (2) fois l'écart type, devra être égale ou supérieure à quatre-vingt-dix-huit pour cent (98%) de la densité correspondant à l'Optimum Protor modifié:

$$d(R) - 2 \text{ x écart type} \geq 98\% \text{xd (OPM)}$$

◆ d'atteindre et de vérifier les exigences en matière de nivellement et d'épaisseur suivantes:

■ nivellement: 95% des points compris entre ± 1.5cm;

■ épaisseur: 97.5% des points > e-3cm avec e l'épaisseur théorique en centimètres.

Ces paramètres feront l'objet d'un contrôle externe et extérieur.

在业主宣布对试验路段表示同意（接受）之后，承包商将只须做标准对照路段。此标准对照路段将以正常施工速度在生产第一天就开始做。

标准对照路段的目的是：

◆ 确保生产作业组的生产量和施工作业组的摊铺量相一致；

◆ 在试验期间进行 30 次测定，从而确定一项平均密实度 $d(R)$，作为以后施工的标准对照。标准对照的平均密实度在减去 2 倍的均方根偏差后应该大于等于修正胚密度的98%。

$$平均密实度 -2 \times 均方根偏差 \geq 98\% 修正胚密度$$

◆ 达到和检查下列测平度和厚度方面的要求：

■ 测平度：95% 的点在 ± 1.5cm 之间；

■ 厚度：97.5% 的点 >e-3cm（式中 e= 理论厚度，单位：cm）。

这些参数将由（承包商）外部监督和（业主）外面监督负责。

8.6 CONTRÔLES DE PRODUCTION DU GRAVE CONCASSÉE 矿石颗粒的生产加工质量监控

Le contrôle est conduit conformément aux dispositions ci-après, complétées autant que de besoin par le Plan d'Assurance de la Qualité.

Les contrôles devant être exécutés par l'Entrepreneur sont décrits à l'article 4.3.1. Ils donnent lieu à l'établissement d'un compte rendu journalier.

L'Entrepreneur doit exécuter les contrôles suivants:

- ◆ pour 1000 mètres cubes de granulats fabriqués:
  - ▪ analyse granulométrique, mesure du coefficient d'aplatissement;
  - ▪ équivalent de sable à 10%.
- ◆ pour 10 000 mètres cubes de granulats fabriqués:
  - ▪ essai Los Angeles;
  - ▪ essai MDE;
  - ▪ angularité suivant la procédure définie au PAQ.

Les lots de fabrication soumis au contrôle seront isolés. La fréquence des réceptions sera fixée par le PAQ en fonction du rythme de production journalière.

Ils ne pourront être mis à la consommation que 24 heures après la communication des résultats du contrôle externe au Maître de l'ouvrage.

Dans le cas où un lot ne respecterait pas les critères de conformité définis en 8.1, il devra être retraité si cela est possible ou bien évacué du chantier dans un délai de 48 heures.

Si deux (2) lots consécutifs sont refusés, le Maître de l'ouvrage prescrira un arrêt de fabrication, l'examen des processus et des matériels utilisés, leur révision ou leur remplacement, si besoin est. L'abandon de la carrière sera ordonné si la cause est imputable aux produits bruts qui en proviennent.

质量监控必须和以下所述要求相符，及符合质量保证计划中的要求。

这些质量监控必须由承包商按照 4.3.1 条款执行，并应给予一个日报表。

承包商需实施以下质量监控：

- ◆ 对于生产加工出的 1 000m³ 矿石颗粒：
  - ▪ 颗粒粒径分析，扁平系数测量；
  - ▪ 含 10% 细料的砂当量。
- ◆ 对于生产加工出的 10 000m³ 的矿石颗粒：
  - ▪ 洛杉矶试验；
  - ▪ MDE 试验；
  - ▪ 按质量保证计划制定步骤得出的棱角性。

用于质量监督的生产加工出的数批矿石将被分离出来。取样频率将由质量保证体系部门按照每日的生产加工速度来确定。

用于质量监控的生产加工出的这些矿石只有在将外部质量监控结果报告给业主24h后，方能投入使用。

假如一批矿石不符合8.1条款中的合格性标准时，必要时，这批将被丢弃或在48h内从作业区撤走。

如果连续两批矿石结果不符合标准，业主将停止生产加工，检查生产加工工序，使用设备（工序），对设备进行检修或有必要时替换。如果原因来自于天然矿石原材料，将会组织进行采石场的有序关闭工作。

8.7　CONTRÔLE DE MISE EN ŒUVRE (GRAVE CONCASSÉE)　材料颗粒运用检测

8.7.1　Teneur en eau　含水量

L'Entrepreneur détermine quotidiennement la quantité d'eau à incorporer dans la grave en fonction de son état hydrique et des conditions climatiques. Le contrôle de la teneur en eau du grave est effectué par l'Entrepreneur deux (2) fois par jour. Elle est mesurée en fin de compactage. La fourchette à l'intérieur de laquelle doivent se situer tous les résultats de mesure est:

- plus 2%;
- moins 1%.

承包商按照气候条件及含水状态决定每日材料颗粒中的含水量。

由承包商实施每日两次的材料颗粒中含水量的监控工作。含水量在夯实后测定，所有进入的矿石内部含水量测定之间的差额必须介于：

- +2%
- −1%

8.7.2　Compactage　夯实

L'Entrepreneur doit s'assurer que les modalités d'utilisation de l'atelier de mise en œuvre arrêtées lors de la réalisation des planches d'essai et de référence sont correctement appliquées.

La consistance des vérifications et leur fréquence seront définies par le PAQ. Elles donnent lieu à l'établissement d'un compte rendu journalier.

L'Entrepreneur effectuera journellement des mesures de densité en place.

La consistance du lot contrôlé sera déterminée par les dispositions du PAQ en fonction de la cadence de mise en œuvre, de telle sorte que le nombre de mesures par lot soit au minimum de 20 et qu'il y ait au minimum une mesure par 100m^3 de grave en place.

Le compactage sera considéré comme satisfaisant si la moyenne des densités obtenues, diminuée de 2 fois l'écart type est supérieure ou égale à quatre-vingt-dix-huit pour cent (98%) de la densité de référence:

$$d - 2 \text{ x écart type} \geqslant 98\% \; d(R)$$

En deçà de ce seuil, l'Entrepreneur reprendra, à ses frais, le compactage jusqu'à l'obtention du niveau de densité défini ci-dessus.

Le laboratoire du Maître de l'ouvrage pourra effectuer ses propres mesures dans les mêmes conditions sur un lot identique.

试验路段和标准参考路段测试表明结果良好后，所得到的生产加工车间工作程序（数据），承包商要保证按照它们来付诸实施。

检测频率和产品稳定性将由质量保证体系部门确定，这些检测将给企业每日提供一份报表。

承包商每日需用核子湿密度测定仪进行现场密度测定。

批次矿石稳定性检测将由质量保证体系部门根据工作节奏实施，检测方式：每批矿石颗粒检测不少于 20 次，以及当就绪矿石颗粒达到 100m³ 时候至少要进行一次检测。

在得到以下平均密度情况下，矿石紧密性被认为是令人满意的：被减去两倍偏移量后的所得平均密度，大于或者等于参考密度的百分之九十八（98%）

$$\text{所得平均密度} -2 \times \text{偏移量} \geq 98\% \text{参考密度} d(R)$$

如未达到阈值要求，承包商将继续完成矿石夯实工作直至达到以上所述要求密度水平，产生费用由承包商负责。

业主下属检验部门将在同样试验条件下对同一批次的矿石进行测定。

8.7.3 Nivellement –Épaisseur 水准测量 – 厚度

L'Entrepreneur vérifie la position et la tension du fil de guidage de l'autograde. Il s'assure de l'obtention de l'épaisseur requise par des contrôles à la pige, tenant compte de la surépaisseur nécessaire pour assurer le réglage.

La vérification en nivellement est effectuée par relevé topographique pour chacun des profils en travers du projet d'exécution, des points sur：

◆ L'axe;

◆ les rives, à 0.50m du bord de la couche;

◆ et éventuellement en tout autre point des profils spéciaux (interruption du TPC, voies de déboîtement et d'insertion, etc.).

Ces profils doivent coïncider avec ceux de la couche de forme ayant fait l'objet d'un contrôle géométrique. Les tolérances en nivellement par rapport aux côtes du projet d'exécution sont les suivantes：

Grave concassée: 95% des points compris entre ±1.5cm de la côte du projet d'exécution sur autoroute et ±2cm pour les rétablissements.

Le contrôle de l'épaisseur s'effectue par comparaison des côtes des profils en travers similaires à la couche de forme et de l'assise en grave. Le contrôle sera jugé satisfaisant, si 97.5% des points ont une épaisseur supérieure à e–3cm, avec e = épaisseur figurant au projet d'exécution.

L'appréciation du respect des tolérances s'effectue par lot correspondant à une journée de travail, dont la consistance est déterminée par le PAQ en fonction de la cadence de mise en œuvre, sans que le nombre des points contrôlés inclus dans un lot ne soit inférieur à 40.

Si les tolérances de nivellement ou d'épaisseur ne sont pas satisfaites, l'Entrepreneur reprendra à ses frais la mise en œuvre des profils défectueux par un procédé agréé par le Maître de l'ouvrage.

De plus, si l'épaisseur moyenne du lot contrôlé est comprise entre e et e −3cm, il sera appliqué un abattement sur l'épaisseur théorique du projet d'exécution servant au calcul de la quantité mise en œuvre correspondant à la différence entre cette épaisseur théorique (e) et l'épaisseur moyenne du lot contrôlé.

Le Maître de l'ouvrage pourra effectuer ses propres mesures topographiques dans les mêmes conditions sur un lot journalier.

承包商核查自动分类导线的位置和张力。要保证按照基准尺寸得到要求的厚度，当然，还需把校准所需的额外厚度考虑在内。

水准测量核实以地形图为标准进行，在施工图中的每个横断面图，这些点为：

◆ 中线；

◆ 边缘，离路面边缘 0.5m 处；

◆ 必要时的一些特殊面（TPC 终止处，凹槽，凸槽等）。

这些断面图需要与垫层符合，以便对地形的控制。与施工设计高程相比，标高的允许误差如下：

矿石颗粒：对于高速公路施工设计高程，95% 的点需要在 ±1.5cm 之间；进行道路修复工作时，要求为 ±2cm。

厚度的质量监控将比较相似垫层横断面的高程及粗矿石的基底部。如果 97.5% 的点厚度大于 $e-3cm$，厚度的质量监控被视为满意的，其中 e 为施工计划中决定的厚度。

允许误差的确定是通过对每一个工作日的对应路段进行质量评估后实现，其可靠性是质量保证体系部门根据施工节奏决定的，并需保证一个路段内的检测部位不少于 40 处。

如果标高或厚度超过允许误差，其结果未让人满意，承包商需实施经业主批准的措施来修复缺席部分，所产生的费用由承包商支付。

另外，如果检测批次的平均厚度在 e 到 $e-3cm$ 之间（e：以 cm 为单位的理论施工厚度），将适量减少施工材料的理论厚度，并根据批次平均厚度和施工理论厚度（e）之间的差别重新计算所对应的施工材料数量。

业主将可能在相同检测条件下，对每日施工材料批次进行外部形状测定。

8.7.4 Surfaçage   平整度

L'Entrepreneur est tenu de procéder à des vérifications de la régularité de surfaçage par un contrôle des flaches effectué à la règle de 3m de longueur à tous les 30ml de chaussée. Les valeurs maximales sont les suivantes:

承包者需核实表面加工的规则性，每 30m 的马路长度上均将取样 3m 进行一次表面坑洼的监控。所得的最大允许数值范围见下：

	Sens 方向	Grave concassée 碎石颗粒
Flache maximale par rapport à la règle à 3m 3m 长度上允许最大空隙	En travers 横轴	1cm
	En long (dans l'axe de la chaussée) 长轴（马路轴）	1.5cm

Les flaches sont définies par le passage sous la règle de 3m d'une cale de 30cm de longueur et d'une épaisseur égale à la tolérance à vérifier.

Ce contrôle sera systématique:

◆ à proximité des P.I.;

◆ aux zones de variation de dévers;

◆ aux arrêts et aux démarrages de chantier.

Le lot contrôlé portera sur une journée de travail, le nombre de profils contrôlés par lot ne pouvant être inférieur à 20.

L'interprétation des résultats du contrôle de surfaçage est faite de la manière suivante:

◆ si, pour deux (2) journées consécutives de travail, plus de quinze pour cent (15%) des points vérifiés sortent des tolérances imposées, le Maître de l'ouvrage prescrira un arrêt de chantier, l'examen des méthodes et des matériels utilisés, leur révision ou leur remplacement si besoin est.

◆ si les tolérances ne sont satisfaites que pour un pourcentage de points contrôlés dans la journée, inférieur à quatre vingt cinq pour cent (85%), le Maître de l'ouvrage pourra prescrire la démolition et l'évacuation à la décharge des parties de couches correspondantes et la reconstruction aux frais exclusifs de l'Entrepreneur.

Le Maître de l'ouvrage pourra effectuer ses propres mesures inopinées à la règle de 3m dans les mêmes conditions sur un lot journalier.

在 3m 长度上出现的 30cm 长的凹槽，凹槽厚度等于允许误差被认为是空隙。

这项检测将系统进行：

◆ 靠近 PI 地区；

◆ 弯道侧倾变化区域的角上；

◆ 在施工工地起始和结束地段。

检测将选择一日工作量的材料批次，每个批次的外观检测不应少于 20 次。

表面加工结果的解释按以下方式进行：

◆ 如果连续两个工作日中，多于 15% 的点超出了允许误差，业主将要求工地停工，检查施工方法，使用材料，检修设备，必要的情况下进行设备替换。

◆ 如果在一个工作日内，如果检查允许误差仅达到了低于 85% 的某个数值，业主有权让承包商拆除相应的路段，以及重新修建相应路段，产生的费用由承包商承担。

业主可能在相同检测条件下，对每日施工材料批次按 3m 长度进行不定期表面加工测定。

8.7.5   Planimétrie   平面测量

L'Entrepreneur s'assure que l'assise est bien positionnée en plan par rapport au piquetage de repérage réalisé avant le début de la mise en œuvre.

La vérification de la position en plan de l'assise en grave est effectuée par relevés topographiques à raison d'un profil en travers à tous les 30mètres et aux emplacements particuliers fixés par le Maître de l'ouvrage.

Les tolérances à respecter sont les suivantes:

承包商确保基层正确地铺在了开始地基铺设工作前打下的定位桩平面图内。

粗石层铺设的检测将会按照横轴平面上 30m 长度进行外形数据检查，以及业主特别圈定的地段。

必须遵循的允许误差为：

Grave concassée 碎石颗粒材料	Observations 观察结果
± 5cm	Par rapport aux bords théoriques de la couche 相对于路面理论边界
0 à 5cm	Pour la largeur de la couche 相对于路面宽度

Le lot contrôlé porte sur une journée de travail, le nombre de profils contrôlés dans un lot ne pouvant être inférieur à 20.

L'interprétation des résultats du contrôle de planimétrie s'effectue dans les mêmes conditions pour le contrôle de surfaçage. Le Maître de l'ouvrage pourra effectuer ses propres mesures de planimétrie dans les mêmes conditions sur un lot journalier.

检测将选择一日工作量的材料批次，每个批次的平面测量检测不应少于 20 次。

平面测量结果的解释与表面加工结果解释相同（见前）。

业主将可能在相同检测条件下，对每日施工材料批次进行平面测量。

8.7.6   Caractéristiques de surface   路表面特征

Le contrôle de l'uni longitudinal est réalisé en index CAPL 25. Les notes APL doivent vérifier les conditions suivantes par tronçon de 1 000ml:

$$70\% \leqslant 8, 100\% \leqslant 13$$

Si les valeurs ne sont pas atteintes sur un tronçon, l'Entrepreneur doit prendre les mesures nécessaires pour rattraper les effets sur l'uni en reprenant le réglage de la couche en cause.

Ces mesures seront soumises à l'agrément du Maître de l'ouvrage.

Si ces valeurs ne sont pas atteintes sur deux (2) tronçons consécutifs, le Maître de l'ouvrage prescrira l'arrêt de la mise en œuvre, l'examen des processus et des matériels utilisés, leur révision ou leur remplacement si besoin est, ainsi que celui du personnel de conduite. Le retard et les pertes occasionnés sont à la charge exclusive de l'entrepreneur.

纵向均匀程度的检测运用 CAPL 25 指数进行。对于 1 000m 的路段，APL 数值必须符合以下要求：

$$70\% \leqslant 8,100\% \leqslant 13$$

如果数值在某路段未能满足。承包商必须采取必要调整措施在相应路段上达到所需要求。

这些测定需要得到业主的同意。

如果这些数值在连续两个路段未能达到要求，业主将要求工地停工，检查施工程序，使用的设备，设备的检修，必要时进行设备替换，以及机操人员的替换。造成的延迟和损失则由承包商自己承担。

8.8　CONDITIONS MÉTÉOROLOGIQUES　气候条件

Le répandage est interdit:

◆ sur une surface présentant des flaques d'eau;

◆ par temps de pluie ou d'orage.

En cas d'orage violent survenant au cours de la mise en œuvre, le Maître de l'ouvrage pourra exiger l'évacuation du chantier du grave concassée répandue et non compactée qui aura, de ce fait, subit des dégradations dans les conditions suivantes:

◆ l'Entrepreneur prendra à sa charge l'évacuation du grave concassée;

◆ le Maître de l'ouvrage prendra en compte le remplacement du grave concassée (en volume théorique).

下列情况，禁止摊铺:

◆ 表面有水坑的地方;

◆ 雨天或雷雨时。

当施工时突然遭遇暴雨时，业主将可能要求工地停止碎石颗粒铺设工作，如已铺设但未经铺设，材料将会发生变化，在这种情况下:

◆ 承包商负责清除铺设的碎石颗粒;

◆ 业主负责更换所需铺设的碎石颗粒（按理论计算体积）。

8.9　TRAITEMENT DE SURFACE　表面处理

Il sera exécuté une imprégnation sur du grave concassée immédiatement après la fin du compactage de celle−ci et son fin réglage, et en tout état de cause dans les 48 heures.

Le Maître de l'ouvrage pourra exiger le balayage de la surface à imprégner pour permettre un meilleur accrochage du liant.

Si, au moment du répandage, la surface d'assise n'est plus humide, elle devra être légèrement humidifiée.

Le dosage en liant sera fixé lors d`une planche d'essai réalisée en présence du représentant du Maître de l'ouvrage.

Un gravillonnage avec des granulats 4/6sera réalisé après l'accord du Maître de l'ouvrage sur les sections qui seront ouvertes à la circulation des engins de chantier, pour l'approvisionnement des matériaux de la couche supérieure.

必须在夯实结束和精细校准后立即对碎石颗粒进行浸渍处理，如有其他原因不能及时处理，则需在 48h 内完成。

业主要求仔细检查需浸渍处理的路表面清洁度，以便黏合剂能够更好地发挥作用。

如果在路基铺设的时候，路基表面不再湿润，应适当加水轻微湿润。

黏合剂使用剂量需遵循在试验路段中（业主在场的情况下）获得的数据。

在征得业主同意的前期下，可以在那些对工地车辆交通开放的区域铺设一条碎石路（粗矿石 4/6），以便于运送表层铺设材料。

9.0 GRAVE BITUME (GB) 沥青碎石（GB）

9.1 CONSTITUANTS 组成

9.1.1 Granulats 石料

Les provenances et les natures des constituants sont définies dans le PAQ; elles seront soumises à l'approbation du Maître de l'ouvrage. Les matériaux seront élaborés par concassage de roches saines. Si l'Entrepreneur dispose de stocks existants de granulats qu'il compte utiliser pour tout ou partie de la fourniture, il doit apporter la preuve que ses stocks ont été constitués selon les règles de l'art et fournir les origines et les résultats des essais garantissant leur qualité au moment de la reprise. À défaut de fournir cette preuve, tout stock sera refusé. Les granulats sont approvisionnés en trois (3) fractions granulaires minimum.

（沥青混合料）组成成分的来源和性质，要在质量保证计划里面加以说明，并要首先取得业主的批准，石料通过未风化岩石粉碎而获得，如果承包商有砂砾料库存，并打算全部或部分用于供料，那么应该提交证明，说明这些库存料的组成，符合工艺规范的要求，并且提供原产地证明和试验报告，保证再用时质量不变，如果不能够提供这些证明，那么其整个库存料将不能够使用。

提供的碎石料要至少包括 3 个颗粒级配组分。

9.1.1.1 Caractéristiques normalisées 标准化性能

Les caractéristiques des granulats sont conformes aux spécifications de la norme NFP 18–540. Pour chaque produit, les caractéristiques minimales sont les suivantes:

骨料的性能要符合按照法国标准 NF P 98–540 的要求，对于每种产品，所要求的性能至少如下：

Destination 用途	Caractéristiques intrinsèques desgravillons 细粒碎石的固有性能	Caractéristiques de fabrication des gravillons 细粒碎石的生产性能	Caractéristiques de fabrication des sables 砂子的生产性能
GB pour assise 路面下层用沥青碎石料	Catégorie D D 类型	Catégorie III III 类型	Catégorie a a 类型

9.1.1.2　Caractéristiques complémentaires　**补充性能**

➢Angularité

L'indice de concassage Ic est égal à 100 pour la grave bitume.

➢Sensibilité au gel

La sensibilité au gel des gravillons sera mesurée conformément à la norme NF P 18–593, la sensibilité au gel G est inférieure ou égale à 30.

➢Matière organique

Les gravillons auront une teneur en matière organique inférieure à 0.2% (NF P 18–586).

➢棱角性

用于生产沥青砂砾料的石料的粉碎指数（I_c），应该等于100。

➢抗冻性

细粒碎石的抗冻性，应该按照法国标准 NF P 18–593 里面的要求进行测定，抗冻性应该小于或者等于30。

➢有机物质

细粒碎石的有机物质的含量应该小于0.2%（法国标准 NF P 18–586）。

9.1.2　Fines d'apport　**填充细料**

9.1.2.1　Nature et caractéristiques　**性质和性能**

Les fines d'apport éventuelles sont définies par la norme NF P 18–540.

填充细料的有关规定，在法国标准 NF P 18–540 里面进行了说明。

9.1.2.2　Conditions de stockage　***存放条件***

L'Entreprise soumettra au Maître de l'ouvrage les dispositions qu'elle compte mettre en œuvre pour stocker les fines d'apport (nombre de silos en fonction de la consommation quotidienne, durée de stockage, modalité de dépotage). Les silos seront équipés d'un dispositif de prélèvement. Le remplissage d'un silo pendant la fabrication est interdit. Au moment du chargement des silos, la température des fines doit être inférieure à 50℃.

承包商应该向业主提交其打算进行填充细料存放所使用的方法（根据日用量而决定的储料罐的数量、储放期限，提取方式等），罐储料应该配备有提取装置。

在生产过程中禁止对储料罐进行填充。在储料罐填充的时候，细石料的温度应该小于50℃。

9.1.3　Bitume　**沥青**

L'approvisionnement simultané par différents fournisseurs est interdit. Le changement éventuel de fournisseur ou de liant doit correspondre à des phases de chantier nettement repérées après information et accord du Maître de l'ouvrage.

禁止由几家供货商同时供料。如有供货商的更换或结合料的更换，要和已明确标示的施工阶段相一致，要通知业主，并取得同意后才行。

9.1.3.1　Nature et caractéristiques　**性质和性能**

Le liant hydrocarboné utilisé est un bitume de classe 35/50conforme aux spécifications de la norme T 65–001.

用的沥青结合料，是一种符合 T 65 – 001 标准的 35/50 号的沥青。

9.1.3.2 Conditions de stockage **存放条件**

Se référer à l'article 6.4 du présent fascicule.

参照本册 6.4 条款。

9.2 COMPOSITION ET CARACTÉRISTIQUES DU MÉLANGE **混合料的 组成和特性**

9.2.1 Composition **组成**

Le PAQ précisera en particulier:

- la formule (composition, nature des constituants);
- la courbe granulométrique et la teneur en liant;
- les seuils d'alerte et de refus.

L'étude de formulation en laboratoire sera menée sur base des essais suivants:

- essai PCG (NF P 98–252);
- essai Duriez à 18℃ (NF P 98–251–1);
- essai d'orniérage (NF P 98–253–1);
- essai de caractérisation des performances mécaniques par essai de module complexe (NF P 98–260–2), ou par essai de traction directe (NF P 98–260–1);
- essai de fatigue (NF P 98–261–1).

质量保证计划应该特别明确：

- 配合比（材料组分和性质）；
- （粒料）级配曲线和含量；
- 警告临界点和拒绝接受临界点。

试验室进行的配合比设计需要根据以下试验：

- 旋转压实（PCG）试验（法国标准 NF P 98–252）；
- 多列士（DURIEZ）试验（法国标准 NF P 98–251–1）；
- 车辙试验（法国标准 NF P 98–253–1）；
- 机械性能特性试验，通过复合的模数试验（法国标准 98–260–2）或直接拉力试验（法国标准 98–260–1）；
- 疲劳试验（法国标准 98–261–1）。

9.2.2 Caractéristiques des graves bitumes **沥青碎石的性能**

L'étude du grave bitume doit être conforme à la norme NF P 98–138 et doit dater de moins de cinq (5) ans. Le PAQ comporte une étude de formulation par type d'enrobé.

Les masses volumiques des granulats nécessaires à l'étude de formulation doivent être mesurées selon la norme expérimentale P 18–559: Mesure de la masse volumique des sables et gravillons dans l'huile de paraffine.

沥青碎石的设计应该按照法国标准NF P 98-138的要求进行，而应当至少在5年前做出。质量保证计划要包括每种类型的沥青混合料的配合比设计。

配合比设计所必须的粒料的密度，应该按照 P18 – 559 经验标准测定：即把沙和细粒碎石放到石蜡油中测定密度。

9.2.3　Acceptation provisoire　临时接受（同意）

Les formules présentées par l'Entrepreneur feront l'objet d'une acceptation provisoire par le Maître de l'ouvrage.

Le PAQ précise les résultats de cette étude et en particulier:

◆ les dosages des différents constituants;

◆ les seuils d'alerte et de refus;

◆ la compacité selon l'essai de compression simple LPC et l'essai PCG à 100 girations;

◆ les résultats d'essais à l'orniéreur.

承包商推荐的配合比应经过业主的临时同意。

质量保证计划应该特别明确该设计的结果：

◆ 不同组成成分的配量；

◆ 警告临界点和拒绝接受临界点；

◆ 压实度，根据简单的 LPC 压力试验和 100 回旋的 PCG 试验；

◆ 车辙试验的结果。

9.3　FABRICATION DU GRAVE BITUME　沥青碎石的生产

9.3.1　Niveau et capacité des centrales　拌合楼的等级和生产能力

Au plus tard deux (2) mois avant le début des travaux correspondants, en vue de l'agrément préalable par le Maître de l'ouvrage, l'Entrepreneur présentera un mémoire technique pour chacune de ses centrales de niveau 2 tel que défini à l'annexe A de la norme NF P 98-150 (centrales principales et de secours) de fabrication définissant les caractéristiques de cette installation, sachant que l'Entrepreneur devra proposer au Maître de l'ouvrage une centrale de secours qui pourra fournir des mélanges (GB – BB – EME – BBME, etc.) de compositions identiques à celles de la centrale principale avec le même niveau d'équipement. Les installations devront répondre aux spécifications décrites pour chaque nature de matériaux dans le présent CCTP.

在相关工程开始前的最迟两个月内，为了事先获取业主的同意，承包商需提供一份写有每座等级为 2 的拌合楼（主拌合楼和备用拌合楼）的生产能力，见法国标准 NFP98-150 附件 A 中的说明，同时说明该设备性能的报告，同样，承包商需向业主建议设立一座备用拌合楼，其设备水平与主拌合楼一致，并能提供与主拌合楼成分一致的混合料（GB-BB-EME-BBME 等）。

设备需满足本特殊技术条款 CCTP 中每种性质材料所要求的规范。

9.3.2　Dosage des granulats　粒料的配量

Le dosage doit être conforme à la norme NF P 98-150.

配量需符合法国标准 NF P 98-150 中的规范。

9.3.3 Chauffage et déshydratation des granulats 碎石料的加热和脱水

La teneur en eau résiduelle des enrobés est au maximum de 0.5%.

沥青混合料残留的含水量最多为 0.5%。

9.3.4 Stockage et chargement du grave bitume 沥青碎石的存放和装料

Une trémie de chargement sera prévue à la sortie du malaxeur. La trappe de cette trémie ne devra être ouverte qu'après le remplissage suffisant de la trémie. La manœuvre d'ouverture de la trappe devra être automatique. La hauteur de chute entre le malaxeur et la trémie d'une part, la trémie et le fond de la benne du camion d'autre part, devra être inférieure à deux mètres cinquante (2.50m).

设计一个通向搅拌机出口的装载通道。斗仓的活板门仅在斗仓装满后开启，且操作应该设为自动的。

搅拌机和斗仓的落差高度，以及斗仓和自卸卡车厢的落差高度都应该在 2.50m 之内。

9.3.5 Réglages 调整

9.3.5.1 Contrôle de l'installation 设备的监督（检查）

Il sert à vérifier les éléments définis à l'article 6.3 du présent fascicule et à l'article 8.1 du fascicule 27 du CCTG.

需对通用技术条款 CCTG 第 27 分册以及本分册 6.3 条款中确定的参数进行检查。

9.3.5.2 Contrôle des réglages initiaux 最初调试的监督（检查）

Il sera exécuté conformément aux dispositions de la Directive pour le réglage et le contrôle de réglage des postes d'enrobage et vérifiera les éléments définis à l'article 8.2 du fascicule 27 du CCTG. Lorsque l'Entrepreneur estime que son installation est réglée pour fournir une production industrielle, il en informe le Maître de l'ouvrage et il procède aux contrôles préalables en présence du laboratoire du Maître de l'ouvrage. On vérifiera:

在进行调整和对保护层位置调整的监督检查中需按照命令（la Directive）中的有关条款，同时需对通用技术条款（CCTG）27 分册 8.2 条款中确定的参数进行检查。

当承包商认为其设备已调整好并且可以提供工业产品时，应该告知业主，并且需在业主实验室在场的情况下着手进行预先设计好的各项分析测试。将核实下列几项：

a) Dosage des granulats 骨料用量

La droite d'étalonnage de chaque doseur à granulat est vérifiée à partir d'au moins trois (3) niveaux de production. À chaque niveau, le débit moyen est vérifié par un minimum de deux (2) valeurs obtenues par la pesée d'un prélèvement d'une dizaine de tonnes. L'écart constaté pour chaque pesée doit être inférieur ou égal à 5% du poids défini par la formule de composition.

每个骨料剂量计的刻度线至少需经过三种不同等级产品的验证。对于每个等级，平均产量的检查最少从十来吨抽取样品的称重中至少测试 2 次后获得数据。每次称重观察到的偏移量小于或等于配合比公式计算而得的重量的 5%。

b) Dosage en bitume 沥青用量

La vérification du dosage est obtenue à partir du calcul de débit de la pompe à bitume grâce au nombre d'impulsions fournies par le débitmètre étalonné. La dispersion relative sur deux (2) valeurs doit être inférieure à 5% et la moyenne de dix (10) mesures ne doit pas présenter un écart relatif supérieur à 2% par rapport à la valeur théorique recherchée ni un écart–type supérieur à 0.15%.

根据标准流量表提供的脉冲数，用量检查从沥青泵产量计算中获取。相关两组数据的离差应小于 5%，十次测量的平均值的相对变差不能大于理论值的 2%，标准方差也不能大于 0.15%。

c) Dosage des fines d'apport 填充细料用量

La vérification du débit du système doseur en fines d'apport fait l'objet d'un contrôle statistique sur dix (10) échantillons. La moyenne des résultats obtenus ne doit pas présenter un écart supérieur, en valeur absolue, à 3% de la valeur définie par la formule de composition, ni un écart–type supérieur à 0.30%.

填充细料配料系统的产量检查需通过十次取样的统计检查。获取结果的平均值，以绝对值表示，差距不应超过配合比确定的值的 3%，计算出的标准方差也不应超过 0.3%。

9.3.6   Acceptation provisoire   临时接受（同意）

La centrale et ses équipements proposés par l'Entrepreneur feront l'objet d'une acceptation provisoire par le Maître de l'ouvrage.

承包商推荐使用的拌合楼及其设备需要经业主临时同意（接受）。

9.4   PRISE EN CHARGE ET TRANSPORT   装料和运输

9.4.1   Pesage   称量

L'Entrepreneur doit installer sur la ou les aires de fabrication, pour la durée du chantier un pont bascule permettant la pesée de chacun des camions en une seule fois et la délivrance d'un bon de pesée précisant le jour et l'heure de chargement du camion. Un étalonnage sera effectué selon une fréquence proposée par l'Entrepreneur et soumise à l'acceptation du Maître de l'ouvrage.En cas de panne l'étalonnage sera systématique.

承包商在工程期间应在一块或多块生产场地上安装一台地磅，以便对每辆卡车一次称重，并且签发称重单，称重单上面应该写明装载日期和时间。

校准需根据承包商建议，并得到业主同意的频率进行。

如遇故障，校准也应有条不紊地进行。

9.4.2   Transport des matériaux   材料运输

Entre la centrale et le chantier de mise en œuvre, les camions devront impérativement être bâchés. D'autre part, il ne sera pas admis de répandage de gazole (*gas–oil*) dans le fond des bennes et une huile spéciale destinée à éviter le collage des enrobés sera soumise à l'agrément du Maître de l'ouvrage.

在拌合楼和施工工地之间运输时，卡车必须用篷布遮盖。另外，避免将汽油泼洒在车厢内，用于避免沥青混合料黏结的特殊油料需要经过业主的同意批准。

9.4.3 Acceptation provisoire 临时接受（同意）

Le pesage et le transport proposés par l'Entrepreneur feront l'objet d'une acceptation provisoire par le Maître de l'ouvrage.

承包商推荐的称量和运输需要得到业主的临时接受（同意）。

9.5 MISE EN ŒUVRE 施工

9.5.1 Préparation du support 地面清理

Cette préparation sera réalisée immédiatement devant l'atelier de répandage du grave bitume.

Préalablement à la mise en œuvre des enrobés, la surface à revêtir sera balayée et nettoyée.

Il sera répandu si nécessaire une couche d'accrochage à l'émulsion de bitume dosée à 400g/m^2 de bitume résiduel. Elle sera mise en œuvre à la répandeuse qui sera maintenue en permanence sur le chantier.

此项清理需在沥青碎石摊铺车间前立即进行。

在沥青混合料施工之前，覆盖的表面将需进行打扫和清理。

如有必要，需涂抹一层沥青乳胶粘合剂，使用量为400g/m^2。并且它将被用于工地内铺设机的持续涂抹工作。

9.5.2 Répandage du grave bitume 沥青碎石的摊铺

9.5.2.1 Conditions générales 一般规定

L'atelier de mise en œuvre doit être relié par liaison radiotéléphonique au lieu de la fabrication des matériaux. La provenance des matériaux (centrale, heure de fabrication, etc.) sera toujours identifiée.

Les travaux sous circulation seront soumis aux prescriptions suivantes:

◆ à la fin de chaque journée de travail, aucune dénivellation entre les bandes de répandage ne sera admise et les bandes de répandage devront être arrêtées sur un même profil en travers, en évitant l'arrêt dans les zones critiques vis-à-vis de la sécurité des usagers (courbes de faible rayon);

◆ les sifflets provisoires de raccordement à la couche inférieure ou à la chaussée existante auront une longueur au moins égale à trente (30) fois l'épaisseur de la couche.

摊铺作业组应该与材料的生产地之间通过无线电话进行联系。

材料（拌合楼，生产时间等）的来源自始至终都需要进行验证。

摊铺工作为在开放交通条件下的施工，必须符合以下规定：

◆ 在每天工作结束的时候，在摊铺带之间不允许有不平坦的情况，而且摊铺带应该停止在同一个横断面上，避免在关键区域小半径曲线上出现停车的情况，以确保汽车驾驶人员的安全；

◆ 与下层或者与现有路面连接的临时斜搭的长度，至少应该是摊铺层厚度的30倍。

9.5.2.2　Répandage　**摊铺**

Les dispositions de répandage sont conformes à l'article 4.14.3 de la norme NF P 98150 avec les dispositions suivantes:

◆ le répandage des matériaux doit être effectué au moyen d'un finisseur;

◆ le finisseur est équipé d'une table à haut pouvoir de compactage (table vibrante lourde) avec bavettes antiségrégation et contrevis de répartition;)

◆ dans le cas de guidage sur fils, ceux-ci seront tendus et posés sur des poteaux (et non des potences) espacés à tous les 5mètres;

◆ dans le cas où le répandage des matériaux doit être effectué par des finisseurs en parallèle, l'espacement moyen entre les finisseurs doit être de l'ordre de cinq (5) mètres, sans jamais atteindre 20mètres.

Les finisseurs doivent pouvoir être réglés de manière à obtenir une compacité identique immédiatement derrière les tables.

摊铺工作应该按照法国标准 NF P 98-150 里面的第 4.14.3 条的规定进行。同时还应该遵守以下要求:

◆ 材料的摊铺应该通过摊铺机进行;

◆ 摊铺机配备有一个高性能压实平板(重型震动平板);

◆ 在用拉线导向的情况,拉线应该被拉紧,系在柱子上(不是支架),每 5m 设置一根立柱;

◆ 如果材料的摊铺是通过平行的摊铺机进行,摊铺机之间的平均距离应该是 5m 左右,但绝不能够达到 20m。

摊铺机应该能够进行调整,以便能够在压实平台后面马上获得相同的压实度。

9.5.2.3　Acceptation provisoire　**临时接受(同意)**

L'atelier de mise en œuvre proposé par l'Entrepreneur fera l'objet d'une acceptation provisoire par le Maître de l'ouvrage.

承包商推荐使用的实施作业组需要取得业主的临时接受(同意)。

9.5.3　Compactage　**碾压**

Les dispositions du compactage sont conformes à la norme NF P 98-150.

碾压规定要符合法国标准 NF P 98-150 里面的要求。

9.5.3.1　Équipement des engins　**机械设备**

Les rouleaux à pneus seront équipés de jupes de protection des pneumatiques conçues pour limiter leur refroidissement sous l'action du vent et de la pluie. Ils seront également équipés d'une roulette de compactage latérale amovible assurant la bonne compacité des bords de couche. L'ensemble du matériel sera équipé de contrôlographes.

轮胎设计要有防护侧缘(装置),以便确保在刮风或者下雨的时候,限制温度的下降。同时安装一个侧面压实可拆卸小轮,以便对摊铺层边缘更好地碾压。

所有设备都应配有计数器。

9.5.3.2 Prescription de compactage **碾压要求**

Le plan de balayage des engins devra être conçu de façon qu'il y ait un recouvrement des zones compactées par deux (2) engins d'au moins 50cm.Le matériau bitumineux sera compacté en partant de l'extérieur de la couche et en revenant vers son centre. Le compactage des matériaux sera réalisé directement après le répandage et l'Entrepreneur devra prendre toutes les précautions pour que la longueur d'évolution de l'atelier de compactage soit minimale. Cette longueur qui sera déterminée lors de la planche de référence et qui sera liée aux conditions climatiques devra être telle que la distance entre la table du finisseur et le dernier compacteur ne dépasse pas 60mètres.

机械清扫面的设计原则应该是，能够确保两台机械的压实区域至少要有 50cm 的搭接。

沥青材料摊铺层要从外边向中间进行碾压。材料的碾压在摊铺之后直接进行，同时承包商应该十分小心，保证碾压作业组的跟进长度为最小。该长度有对照路段决定，与气候条件有关，确保摊铺机的压实平台与最后一台压路机之间的距离不超过 60m。

9.5.3.3 Acceptation provisoire **临时接受（同意）**

L'atelier de compactage proposé par l'Entrepreneur fera l'objet d'une acceptation provisoire par le Maître de l'ouvrage.

承包商推荐的碾压作业组将需得到业主的临时接受同意。

9.5.4 Température **温度**

La température du matériau enrobé mesurée derrière la table sera supérieure à 130℃. Cette température minimale du répandage sera augmentée de dix degrés Celsius (10 C) en cas de vent ou de pluies fines. Les enrobés qui seraient soit chargés sur camions, soit répandus à une température insuffisante seront soit rebutés soit évacués hors du chantier dans une décharge acceptée par le Maître de l'ouvrage.

在震动平台后面测得的沥青混合料的摊铺温度应该高于 130℃。

如果出现刮风或者下雨的情况，该最低温度应该提高 10℃。在温度条件不符合条件要求的情况下，装在车上的或者已经摊铺的材料将被拒绝接受或需马上清运出现场，堆放在业主指定的一个弃料场。

9.5.5 Conditions météorologiques **气候条件**

Le répandage est autorisé sur une surface humide. Il est interdit sur une surface comportant des flaques d'eau.

Le répandage, lorsque la température relevée le matin à 7 heures sera inférieure à 5 degrés, est subordonné à l'accord préalable du Maître de l'ouvrage.

Le répandage des enrobés sera interrompu pendant les orages, les fortes pluies et les pluies modérées mais continues. Il pourra être autorisé par le Maître de l'ouvrage, en cas de pluie fine.

Le répandage des enrobés est arrêté dès lors que la vitesse du vent atteint 60km/h.

摊铺可以在湿润的表面上进行，但是不能够在积水表面上进行。

在早晨 7 时温度低于 5℃摊铺时，需要取得业主的同意。

在雷雨、大雨、连绵中雨的情况下，应该终止沥青混合料的摊铺工作，但是在细雨的情况下，业主可以允许进行该工作。

在风速达到 60km/h 时，需停止沥青混合料的摊铺工作。

9.5.6　Joints transversaux　横向接缝

Les matériaux enlevés lors des travaux de découpage sont systématiquement évacués en décharge acceptée par le Maître de l'ouvrage.

在切割工作中所出现的废弃材料，应该由承包商转运到业主指定的弃料场。

9.6　PLANCHES D'ESSAI ET DE RÉFÉRENCE　试验路段和标准参照路段

9.6.1　Planche d'essai　试验路段

Une planche d'essai sera réalisée par l'Entrepreneur avec pour objectif d'atteindre les valeurs impératives suivantes:

◆ compacité: 95% des valeurs > densité LPC retenue à l'issue de l'étude de formulation;

◆ épaisseur: 97.5% des points > e −1.5cm avec e: épaisseur théorique en centimètres;

◆ nivellement: 95% des points compris entre ± 1cm;

◆ performance à l'essai de compression LPC.

De plus, elle est destinée à fixer:

◆ la composition et la disposition des ateliers de répandage et de compactage en nombre et types d'engins;

◆ les modalités d'utilisation de ces ateliers;

Elle est soumise aux dispositions de la directive pour matériaux enrobés à chaud et aux règles suivantes:

◆ l'Entrepreneur proposera au Maître de l'ouvrage un programme de réalisation de la planche d'essai. Ce dernier sera représenté pendant le déroulement de la planche par le laboratoire chargé du contrôle extérieur;

◆ le lieu de réalisation de la planche qui sera proposé par l'Entrepreneur à l'acceptation du Maître de l'ouvrage devra être similaire à la section courante du point de vue des caractéristiques géométriques; la couche de chaussée correspondant à cette planche sera détruite après l'accord du Maître de l'ouvrage et les matériaux évacués en dépôt définitif.

La réalisation des objectifs ci−dessus déclenchera l'acceptation de l'ensemble de la chaîne fabrication, transport, répandage, compactage, sous réserve de l'obtention de la série des acceptions provisoires mentionnées ci−dessus.

La planche d'essai est considérée comme un point d'arrêt et fait l'objet d'un contrôle externe et extérieur. Le Maître de l'ouvrage notifiera à l'Entrepreneur l'acceptation (autorisant le démarrage des travaux), les réserves ou refus de la planche d'essai.

试验路段应由承包商负责实施，以便可以达到下列要求值：

◆ 压实度：95% 的（压实度检测）值 > 从配合比试验中获取的 LPC 密实度；

◆ 厚度：97.5% 的检测点 >e −1.5cm，其中式中 e = 理论厚度（用 cm 表示）；

◆ 标高：95% 的检测点，在正负 1cm 之间；

◆ LPC 紧密性性能分析试验；

◆ 工作组使用方法。

另外需要确定：

◆ 摊铺作业组和碾压作业组的构成，机械设备的种类和数量。

试验路段应符合热沥青混合料指令的有关条款以及以下规定：

◆ 承包商将向业主提供一份试验路段的实施计划。在试验路段进行期间，业主由一家负责外部监督（检查）工作的试验室来代表。

◆ 由承包商建议，业主批准的试验路段的地点在几何性质上需要与日常工作面相似；与该试验路段相关的路面层在业主同意后需拆除，并将材料运至最终堆放点。

上述目标实现后，才能对整个供料、运输、摊铺和碾压工作链作出同意。需要说明的是，在同意之前，这些工作首先要取得临时同意。

试验路段是一个停止点，需要接受承包商监督（检查）和业主外部监督（检查）。业主将通知承包商试验路段被接受（同意开工）、有保留意见或者拒绝接受。

9.6.2 Planche de référence 标准对照路段

À la suite de la notification par le Maître de l'ouvrage de l'acceptation de l'ensemble de la chaîne (fabrication, transport, répandage, compactage), l'Entrepreneur procédera à l'exécution d'une planche de référence.

Une telle planche sera réalisée le premier jour de production à cadence normale du chantier. Elle a pour objet:

◆ d'assurer l'adéquation entre les débits des ateliers de fabrication et de la mise en œuvre;

◆ d'atteindre les valeurs impératives de compacités suivantes: 95% des valeurs > densité retenue à l'issue de l'étude de formulation (DE);

◆ de définir une population de densité qui servira de référence aux densités (dR) à obtenir dans la suite du chantier. L'effectif de cette population sera composé de 30mesures;

◆ d'atteindre en nivellement 95% des points compris entre ± 1cm;

◆ d'atteindre en épaisseur 97.5% des points > e −1.5cm avec e l'épaisseur théorique en centimètre;

◆ d'obtenir pour l'uni les seuils CAPL 25.

Ces paramètres feront l'objet d'un contrôle externe et extérieur.

在业主宣布对整个工作链（供货、运输、摊铺和碾压）表示同意（接受）之后，承包商只需做标准对照路段。

此标准对照路段将以正常施工速度在生产第一天就开始做。其目的是：

◆ 确保生产作业组的生产量和施工作业组的摊铺量相一致；

◆ 必须达到以下压实度要求：95% 的（压实度检测）值 > 从配合比试验（DE）中取得的密实度；

◆ 确定一项密度，作为以后施工的标准对照。人员编制按 30 次测定来考虑；

◆ 达到标高要求：95% 的点在 ±1cm 之间；

◆ 达到厚度要求：97.5% 的检测点 $>e$ –1.5cm，其中式中 e = 理论厚度（用 cm 表示）；

◆ CAPL25 均匀度阈值。

另外参数将由（承包商）外部监督（检查）和（业主）外面监督（检查）负责。

9.7 ESSAIS ET CONTRÔLE DES CONSTITUANTS 试验和组成成分的监督（检查）

Le contrôle est conduit conformément aux dispositions du plan d'Assurance de la Qualité et selon les prescriptions ci–après.

该检查需按照质量保证计划中的有关条款及下列要求进行。

9.7.1 Contrôle des granulats 碎石料的监督（检查）

L'Entrepreneur procède pendant la fabrication aux contrôles prescrits par l'article

Pour 1 000m³ de granulats fabriqués, l'Entrepreneur doit exécuter les contrôles suivants :

◆ sables: analyse granulométrique, équivalent de sable à 10% de fines, valeur au bleu de méthylène si nécessaire.

◆ gravillons: analyse granulométrique, mesure du coefficient d'aplatissement, détermination de la propreté superficielle.

Pour 10 000m³ de granulats fabriqués, l'Entrepreneur doit exécuter la mesure des caractéristiques intrinsèques des matériaux sur les gravillons et la fraction 4/6 des sables :

◆ essai Los Angeles (LA);

◆ essai Micro–Deval en présence d'eau (MDE);

◆ indice de concassage.

在生产期间，承包商需根据条款 7.3.1 要求的进行监督（检查）。

生产 1 000m³ 的骨料，承包商需要进行下列监督（检查）：

◆ 沙：级配分析，含 10% 细料的砂当量，亚甲蓝值，如有必要的话。

◆ 细粒碎石：级配分析，扁平率的测定及表面清洁度的测定。

在生产 10 000m³ 的骨料时，承包商需应该对细粒碎石和 4/6 沙的材料固有特性进行测定：

◆ 洛杉矶试验；

◆ 狄法尔湿法试验；

◆ 棱角指数。

9.7.2 Contrôle des fines d'apport 填充细粒的监督（检查）

L'Entrepreneur contrôle l'origine des fines d'apport.

L'Entrepreneur est tenu de vérifier, avant utilisation, que les fines d'apport sont conformes à l'article 9.12ci–dessus.

Pour 100tonnes de fines livrées, l'Entrepreneur effectuera notamment un contrôle de granularité et de surface spécifique Blaine.

承包商需检查填充细粒的来源。

在使用之前，承包商需检查这些填充细粒已符合上述 9.12 条款中的规定。

交付每 100t 细粒，承包商尤其需要对粒度和 Blaine 特殊表面进行监督。

9.7.3 Contrôle du bitume 沥青的监督（检查）

Dans le cas où le bitume ne proviendrait pas d'une raffinerie dont la production est soumise au contrôle permanent par les services concernés des Travaux Publics, l'Entrepreneur assure le contrôle de la fourniture du bitume dans les conditions fixées aux articles 4 et 5 du fascicule 24 du CCTG et complétées ci-après:

1. il y aura stockage préalable du bitume en usine dans des bacs (1 bac = 1 lot), le contenu d'un bac n'étant renouvelé qu'après épuisement de ce dernier;

2. sur chaque lot dont est extraite la livraison, le fournisseur doit effectuer des essais de contrôle comprenant au moins la détermination:

- de la pénétrabilité à 25 ℃ (PENE);
- du point de ramollissement bille et anneau (TBA).

3. la veille de mise à disposition d'un lot, le fournisseur communiquera par télex ou par télécopie à l'Entreprise de mise en œuvre des chaussées et au Maître de l'ouvrage les caractéristiques du lot: PENE et TBA;

4. l'Entreprise organise les transports et les adapte aux cadences de fabrication.

Quelle que soit la provenance du liant, l'Entrepreneur réceptionne chaque porteur à leur arrivée sur le chantier.

Chaque porteur doit être muni d'une fiche d'identification en double exemplaire portant le numéro du lot correspondant et le rappel des caractéristiques (PENE-TBA); un exemplaire est remis par l'Entrepreneur au Maître de l'ouvrage en fin de journée.

Par porteur, l'Entrepreneur doit obligatoirement réaliser sur le chantier un essai de contrôle de la pénétrabilité à 25 ℃ et communiquer au Maître de l'ouvrage le résultat sous la forme d'une fiche d'essai 4 à 8 heures de préférence et en tout état de cause 12 h après le prélèvement de l'échantillon nécessaire à l'essai.

À cet effet, l'Entrepreneur doit prévoir sur le chantier les moyens nécessaires à la réalisation de cet essai.

Il sera effectué par porteur, en sus du prélèvement nécessaire à l'essai visé précédemment, trois (3) prélèvements de 1 litre placés dans des récipients étanches; l'un est destiné au laboratoire du Maître de l'ouvrage aux fins d'analyse (contrôle extérieur (cf. Paragraphe suivant), un autre à l'Entrepreneur aux même fins éventuellement; le troisième dûment cacheté, étant gardé en réserve à titre conservatoire en cas de contestation sur les résultats des deux (2) premières analyses.

À cet effet, l'Entrepreneur doit prévoir sur le chantier les moyens nécessaires pour assurer dans de bonnes conditions, le stockage provisoire des échantillons.

Ces prélèvements subiront les essais démontrant leur conformité aux caractéristiques décrites dans la norme T65-001.

À l'arrivée sur le chantier, le Maître de l'ouvrage fera réaliser des essais de contrôles occasionnels sur les échantillons prélevés par l'Entrepreneur dans chaque porteur (cf. paragraphe précédent).

假如沥青不是来自于一个长期接受公共工程相关服务机构监督的提炼厂，承包商需根据通用技术条款（CCTG）24分册第4和第5条款中的有关规定对沥青产品进行监督检查，需完成以下几项：

1. 在工厂内可能会有罐装预先储存的沥青（1罐为一个批次），只有用光1罐后，才能更换。

2. 对于每一批交付的货物，承包商需进行监督试验，至少包括下列测定：

◆ 在25℃时的针入度（PENE）。

◆ 环球软化点（TBA）。

3. 在使用某一批沥青的前一天，供货商应通过电报或电话传真将这批货的性能（PENE和TBA）告知使用单位和业主。

4. 承包商负责组织运输工作，并且要求满足生产速度的需要。

无论粘结料的来源地，承包商在每辆拖车工地到货时要组织验收。

每辆拖车上要有一式两份的标识单，需包含相关的批次号及PENE和TAB性能说明；在一天结束后，其中一份需由承包商递交给业主。

对于每辆拖车，承包商必须在工地上25℃下进行针入度试验，并将结果尽量在4~8h内以试验卡片的形式通知业主，在有其他原因时，必须在抽取必要试验样品后的12h内通知业主。

为此，承包商需向工地预先通知实施测试的方法和必要工具。

除去为了做上述测试而取样外，对于每一送货的拖车需分别抽取容量为1L的三个样品，将之放在密封的容器中；其中，一份在分析快结束时交付业主下属的实验室（参见下段外部监督），另一个以同样的目的给予承包商；第三个需要保存起来，并盖上印章，用于前两次分析结果有争议的情况。

为此，承包商应该在工地上采取适当的手段确保样品的良好临时保存。

这些样品将进行与T65-001标准要求的性能相符合的试验。

到达工地时，业主可能对承包商在每批递送货物取样储存的样品进行随机检查试验。（参见上段）。

9.8 ESSAIS ET CONTRÔLES EN COURS DE PRODUCTION 生产加工测试及质量监控

9.8.1 Fabrication 生产

La vérification du contrôle de bon fonctionnement des principaux organes des centrales sera effectuée conformément aux dispositions ci-après:

◆ position et réglage des prédoseurs: deux (2) fois par jour en début de fabrication et lors de chaque changement de paramètre;

♦ débit de la pompe à liant: une (1) fois par jour;

♦ contrôle en continu de la teneur en liant grâce au nombre d'impulsions fournies par le débitmètre;

♦ position des réglages des dispositifs à fines: à chaque reprise de fabrication et à chaque changement de réglage;

♦ débit des dispositifs à fines: une (1) fois par semaine;

♦ paramètres de fonctionnement de la trémie tampon: à chaque reprise de fabrication et à chaque changement de réglage;

♦ poids d'enrobés fabriqués par unité de compte-tours: huit (8) fois par jour;

♦ température des granulats: huit (8) fois par jour;

♦ teneur en eau des granulats séchés: une (1) fois par jour;

♦ température du liant: huit (8) fois par jour;

♦ consommation moyenne du liant et du filler d'apport: une (1) fois par jour et une (1) fois par semaine;

♦ tonnage d'enrobés fabriqués journellement.

Les paramètres énoncés précédemment feront l'objet de documents de suivi dont la consistance sera déterminée par le PAQ.

De plus, la centrale devra être équipée d'un système d'acquisition des données de fabrication et d'un bornier de raccordement permettant la connexion d'un système extérieur à la centrale réalisant les mêmes fonctions (module LPC).

Les données ainsi stockées, sur support magnétique, seront:

♦ la composition granulaire de l'enrobé fabriqué: vitesse des doseurs volumétriques et débit pondéral des doseurs pondéraux;

♦ les données de fabrication relatives à la teneur en liant de l'enrobé fabriqué:

■ information délivrée par le compteur de liant (centrales continues et sécheurenrobeur);

■ teneur en eau affichée ou mesurée des granulats (sécheur–enrobeur);

■ information de la table de pesage (centrale sécheur–enrobeur);

■ la nature des liants et granulats;

■ la température des agrégats secs et du liant au niveau du dosage dans le malaxeur;

■ la température des enrobés fabriqués au niveau du stockage et du chargement des camions.

Pour reconstituer la teneur en liant du produit fabriqué, il sera procédé à un pesage systématique des camions.

Les contrôles suivants devront être exécutés par l'Entrepreneur:

♦ contrôle de l'homogénéité des matériaux fabriqués, réalisé en début du chantier par extraction de prélèvements effectués au cadre d'échantillonnage;

♦ contrôle de la conformité du mélange par extraction de prélèvements selon « la méthode Rouen » (ou équivalent), deux (2) fois par jour.

Le Maître de l'ouvrage pourra effectuer des contrôles inopinés de teneur en liant, composition granulométrique, homogénéité des matériaux enrobés.

控制中心主要组成部门出于良好运作控制下的检查，需要完成以下要求：

◆ 预计剂量计的放置和调整：在生产开始前每日两次及在每次参数调整时；

◆ 粘结剂泵运输量：每日一次；

◆ 借助于流量计脉冲数对粘结剂含量进行持续监控；

◆ 精密仪器的调整安排：每次重新开工和每次参数调整时；

◆ 精密仪器的输送量：每周 1 次；

◆ 通道减震垫工作参数：每次重新开工和每次参数调整时；

◆ 每个转速表单位材料生产量：每日 8 次；

◆ 碎石料温度：每日 8 次；

◆ 干燥碎石料的含水量：每日 1 次；

◆ 粘结剂温度：每日 8 次；

◆ 粘结剂平均消耗和填充填料平均消耗：一天一次和一周一次；

◆ 以吨为单位的沥青混合料日产量。

以上所得参数将连续进行文件记录，其可靠性将由质量体系部门确定。

另外，中心还需配备有生产数据获得系统及接线盒以保证外面系统和中心的连接及实现相同的职能（LPC 模块）。

储存在磁性介质内的数据为：

◆ 已生产沥青混合料的颗粒组成：容积定量器速度和重量定量器。

◆ 与已生产沥青混合料中粘结剂含量有关的生产数据：

▪ 粘结剂流量计得出的信息（连续性控制中心和干燥器－拌合机）；

▪ 碎石料中含水量测量（干燥器－拌合机）；

▪ 过磅平台信息（中心干燥器－拌合机）；

▪ 粘结剂和碎石料性质；

▪ 在搅拌机内按一定比例混合后，干碎石料和粘结剂的温度；

▪ 已生产沥青混合料在储存和装载时的温度。

为了重新获得混合成品中的粘结剂含量，需对载货卡车进行系统性称重。

承包商要完成以下质量监控：

◆ 已生产产品的均一性监控，工作开始时在取样范围内提取样品进行分析；

◆ 对混合物的类似性质进行监控，按照 ROUEN 方法（或其他同类方法）取样分析，每日两次。

业主将可能不定期对粘结剂含量，颗粒组成成分，沥青混合料的均一性进行监控分析。

9.8.2　Mise en œuvre　施工

9.8.2.1　Compacité　压实度

Dans le cadre de son contrôle interne, l'Entrepreneur s'assurera du bon fonctionnement de l'ensemble de l'atelier de compactage conformément à la planche d'essai (table du finisseur, nombre et type de compacteurs, plan de balayage des compacteurs, etc.).

在内部质量监控范围内，承包商按照试验路段所得的结果（铺设及滚筒车的种类和数量，滚筒车的工作区域划分等）确保夯实工作的良好进行。

9.8.2.2 Épaisseur 厚度

Dans le cadre du contrôle interne, l'Entrepreneur devra notamment vérifier l'épaisseur moyenne par le rapport du volume mis en œuvre sur la surface réalisée.

在内部质量监控范围内，承包商需根据所用材料体积与施工面积之比，计算平均厚度。

9.9 CONTRÔLE DE CONFORMITÉ 合格性监督（检查）

9.9.1 Fabrication 生产

Le contrôle de conformité des produits est réalisé comme suit:

◆ le contrôle interne assurera en permanence au moyen du système d'acquisition de données le contrôle de conformité du mélange.

产品合格性检查如下：

◆ 内部质量监控保证在数据获取系统方面对混合物的合格性进行长期质量监督。

A) Teneur en liant 粘结剂含量

Les résultats fournis par le système d'acquisition des données ou par les prélèvements d'enrobés seront comparés aux seuils du tableau suivant, se rapportant à un lot de fabrication d'une journée.

由数据获取系统或沥青混合料取样分析获得的结果将和下表的阈值进行比较。

	Ecart relatif de la teneur en liant moyenne (m) du lot par rapport à la teneur en liant théorique (th) —批料中结合料含量与理论含量之间差值 th	Coefficient de variation t/m de la teneur en liant au niveau du lot —批料中结合料含量的变化系数 t/m
Seuil de refus 拒绝界限	$|m-th| / th > 2\%$	$t/m > 4\%$
Seuil d'alerte 警告界限	–	$t/m > 2\%$

Où t est l'écart type et m la valeur de la teneur en liant par camion.

其中：t 是差值，m 是批次中的结合料含量。

B) Teneur en fines 细小颗粒含量

La précision du dosage en fines doit être inférieure ou égale à 10%.

细小颗粒精确含量测定结果应该小于或等于 10%。

C) Granularité 粒度

Le contrôle des débits des doseurs est vérifié en permanence à l'aide des enregistrements et comparé aux dosages théoriques de chaque classe granulaire.

定量器测定监督将以长期记录的方式进行，此监督还将把结果与每种颗粒物的理论量进行比较。

D) Température 温度

La température du bitume est contrôlée à son introduction dans le malaxeur. Elle devra être comprise entre 155℃ et 165℃.

Les matériaux enrobés dont la température est inférieure à 140℃ ou supérieure à 175℃ sont rebutés (la température est relevée à la sortie du malaxeur ou de l'enrobeur).

Les tolérances fixées ci-dessus s'entendent pour une journée pendant laquelle le réglage de la centrale n'a pas été modifié.

L'Entrepreneur s'assurera que les performances mécaniques fixées à l'article C6.2.2sont atteintes en effectuant des essais de compression simple LPC chaque 10 000tonnes de produit fabriqué et au moins une fois par semaine de fabrication.

Il sera effectué un minimum de 16mesures par lot contrôlé.

Le lot sera jugé satisfaisant si:

◆ 80% des valeurs sont supérieures à: 6MPa ;

◆ 95% des valeurs sont supérieures à 5.5MPa.

L'Entrepreneur s'assurera 2 fois par jour de la conformité du mélange par extraction de prélèvement selon la méthode Rouen.

Si l'écart constaté est supérieur aux limites ci-dessus et si l'Entrepreneur n'a pas pris les dispositions nécessaires, le Maître de l'ouvrage prescrira l'arrêt de la fabrication et demandera à l'Entrepreneur de procéder à la vérification du réglage de la centrale. En outre, le Maître de l'ouvrage pourra refuser le lot ou en prononcer la conformité moyennant l'application de pénalités prévues au CCAP.

Si les performances mécaniques à l'essai de compression simple LPC ne sont pas atteintes, le Maître de l'ouvrage pourra prescrire outre l'arrêt de la fabrication, l'étude d'une nouvelle formulation.

沥青的温度被保持在它进入搅拌机时，这个温度应处于 155～165℃之间。

混合产物温度低于 140℃或高于 175℃时将被扔掉（出搅拌机或拌合机时温度上）。

在控制中心未做出设置调整时，以上的耐量数值在全天内应保持一致。

承包商依据条款 6.2.2 保证机器良好表现，一个工作周内至少应作一次简单 LPC 加压试验，或是每当产品达到 10 000t 时进行一次此项测试。

每批监控次数至少为 16 次。

一批产品在以下这些情况下被认为是合格的：

◆ 80% 的结果大于：6MPa；

◆ 95% 的结果大于：5.5MPa。

承包商按照 ROUEN 方法取样分析混合物的类似性，每日两次。

如果观察到的偏差大于上列阈值，而承包商未采取必要措施，业主将要求停工，并要求承包商进行中心参数调整确认。此外，业主将拒绝接受此批产品，或实施 CCAP 预先制订的惩罚措施。

如果机器表现不尽人意（简单 LPC 加压试验）业主将要求生产停工，同时开始新的研究。

9.9.2 Mise en œuvre　施工

9.9.2.1 Compacité　压实度

L'Entrepreneur s'assure du bon fonctionnement de l'ensemble de l'atelier de mise en œuvre conformément aux dispositions arrêtées lors de la planche d'essai.

L'Entrepreneur effectuera journellement des mesures de compacité à l'aide d'un nucléodensimètre tous les 50ml.

Le niveau de compactage évalué par lot de 500m^2 sera considéré comme satisfaisant si:

◆ la moyenne «d» des densités obtenues est supérieure ou égale à la densité de référence (dR);

◆ la moyenne des densités diminuée de deux (2) fois l'écart–type est supérieure ou égale à 97% de la densité de référence

$$d \geqslant dR \text{ et } d - (2 \text{ écart type}) \geqslant 97\% \ dR.$$

Si le niveau de compactage n'est pas atteint, le Maître de l'ouvrage pourra refuser le lot ou en prononcer la conformité moyennant l'application des réfactions de prix prévues au CCAP.

Le laboratoire du Maître de l'ouvrage pourra effectuer ses propres mesures dans les mêmes conditions sur un lot journalier.

En cas de discordance entre les mesures effectuées par le Maître de l'ouvrage et celles effectuées par l'Entreprise, il sera procédé à un nouvel étalonnage des appareils.

En cas de persistance de la discordance, le Maître de l'ouvrage pourra exiger une série de mesures de compacité réalisées sur des carottes prélevées dans la chaussée.

承包商按照试验路段测试所得的结果，确保所有工作按照测试结果良好运行。

承包商运用核比重计每日按每 50mL 进行压实度测定。

以每 500m^2 为一批的产品，其压实度分析结果满足下列条件则被视为合格：

◆ 所得平均密度"d"大于或等于参考密度（dR）；

◆ 被减去两倍偏移量后所得的平均密度，大于或等于参考密度的 97%

$$d \geqslant dR \text{ 及 } d - (2 \text{ 偏移量}) \geqslant 97\% \ dR$$

如未达到阈值要求，业主将拒绝接受此批产品或实施 CCAP 预先制订的折扣价。

业主下属实验室可能会在相同条件下对每日产品批次进行测试。

如果业主所测结果与承包商所测结果不符时，将安排进行一次新的仪器刻度标准化调节。

如不符合现象持续存在，业主将要求对路面角形取样进行一系列的压实度测试。

9.9.2.2 Caractéristiques géométriques　几何特征

A) Épaisseur 厚度

L'Entrepreneur contrôle l'épaisseur à partir de la quantité mise en œuvre et par des sondages à la pige.

Le contrôle de conformité s'effectuera par relevé topographique à raison de trois (3) points par chaussée (bords droit et gauche et axe), et ce, tous les dix (10) mètres pour toute la longueur de la chaussée.

Les tolérances par rapport aux épaisseurs définies par les plans d'exécution sont les suivantes:

97.5% des points supérieurs à e −1.5cm, avec:

e = épaisseur théorique définie par les plans d'exécution.

Le Maître de l'ouvrage pourra effectuer ses propres mesures topographiques dans les mêmes conditions sur un lot journalier.

De plus, le Maître de l'ouvrage effectue en continu le contrôle journalier du tonnage. L'épaisseur est déterminée à partir de la compacité demandée après la planche de référence et comparée à l'épaisseur définie aux plans d'exécution.

En cas d'un écart supérieur à 5%, la rémunération sera sur la base des profils théoriques.

En cas de discordance entre les mesures effectuées par le Maître de l'ouvrage et celles effectuées par l'Entreprise, le Maître de l'ouvrage pourra exiger une série de mesures directes réalisées par carottages effectués dans la chaussée.

承包商根据使用材料数量和运用基准尺寸探条插入掌握厚度。

厚度均一性的检测按照地形对每个路段的这 3 点（左右边界，轴心），以及每隔十米取一个点进行检测。

与施工计划中确定的厚度相比，允许误差为：

97% 的点高于 e-1.5cm，其中：

e = 施工计划中规定的理论厚度。

业主可能会在相同条件下对每日施工批次进行地形检测。

另外，业主每日将进行的施工材料应用重量统计（按 t/m² 计算）。实际厚度在保证标准参照路段所要求的压实度的情况下，与施工计划要求厚度进行比较。

在最大误差为 5% 时，报酬在理论坡面的基础上计酬。

如果业主所测结果与承包商所测得结果不符，业主将要求直接对路面角形取样进行一系列的厚度测试。

B) Nivellement 水准测量

Comme défini précédemment pour le contrôle de l'épaisseur, les relevés seront au nombre de trois (3) points par chaussée, et ce, tous les 10mètres, pour toute la longueur de la chaussée.

Les tolérances par rapport aux épaisseurs nominales sont les suivantes:

95% des points compris entre + 1cm et −1cm de la côte théorique

Le Maître de l'ouvrage pourra effectuer ses propres mesures topographiques dans les mêmes conditions sur un lot journalier.

正如之前所描述的厚度质量监控一样，平整度检测也按地形对每个路段的这 3 点（左右边界，轴心）测试，以及每隔 10m 取一个点进行检测。

相对于额定标高的允许误差为：

95% 的点在理论高程的 ±1cm 之间

业主可能会在相同条件下对每日施工批次进行地形检测。

C) Flaches 平整度

L'Entrepreneur est tenu de procéder à des vérifications de la régularité de surfaçage par un contrôle des flaches à la règle de 3m à tous les 30m.

Les valeurs maximales sont les suivantes:

◆ 1cm en profil en long;

Flache maximale par rapport à la règle de 3m:

◆ 0.5cm en profil en travers.

En sus de la section courante, le contrôle de flaches aura lieu systématiquement:

◆ au droit des P.I.;

◆ au droit des zones de variation des dévers;

◆ aux zones de démarrage et d'arrêt de chantier.

Le Maître de l'ouvrage pourra effectuer ses propres mesures à la règle de 3m dans les mêmes conditions sur un lot journalier.

承包商需按照每 30m 中取样 3m 检测的规则确保道路表面的平整性。

最大值为：

◆ 长轴 1cm。

3m 内存在的最大空隙：

◆ 横轴 0.5cm。

出来平常路段，对于坑洼还将系统性在下述地段中进行检测：

◆ PI 角处；

◆ 弯道侧倾变化区域的角上；

◆ 施工地点的起始处和停止处。

业主可能会在相同条件下按照 3m 规则对每日施工结果进行地形检测。

D) Planimétrie 平面测量

Le contrôle portera sur le respect des tolérances planimétriques suivantes:

◆ ±3cm par rapport aux bords théoriques de la couche;

◆ 0 à 5cm pour la largeur de la couche.

Chaque vérification sera faite par l'Entrepreneur à raison d'un profil en travers à tous les 30mètres et aux emplacements fixés par le Maître de l'ouvrage.

Le Maître de l'ouvrage pourra effectuer ses propres mesures de planimétrie dans les mêmes conditions sur un lot journalier.

平面测量所能接受的最大允许误差如下：

◆ 相对于理论路面边界： ±3cm；

◆ 相对于理论路面宽度： 0 ~ 5cm。

由承包商进行的平面测量核实将在路段横断面的每30m在业主指定的地方进行。业主可能会在相同条件下对每日施工结果进行平面测量核实。

E) Interprétation des résultats 结果说明

L'interprétation des résultats du contrôle de conformité des caractéristiques géométriques (épaisseur, nivellement, flaches et planimétrie) se fera de la manière suivante:

◆ si, pour deux (2) journées consécutives de travail, plus de quinze pour cent (15%) des points vérifiés sortent des tolérances imposées, le Maître de l'ouvrage prescrira un arrêt du chantier, l'examen des méthodes et des matériels utilisés, leur révision ou leur remplacement si besoin est;

◆ si les tolérances ne sont satisfaites que pour un pourcentage de points contrôlés dans la journée, inférieur à quatre-vingt cinq pour cent (85%), le Maître de l'ouvrage pourra prescrire la démolition et l'évacuation à la décharge des parties de couches correspondantes et la reconstruction aux frais exclusifs de l'Entrepreneur.

◆ En cas de non conformité, il sera appliqué les pénalités prévues par le CCAP pour le dépassement des tolérances d'épaisseur et de flaches.

路面几何形状的均一性检测（厚度、标高、平整度、平面测量）结果的解释将按下面所述方式进行：

◆ 如果，连续两个工作日中，大于15%的检测点超出要求的允许误差，业主将要求工地停工，对施工方法和使用设备进行检查，检修设备，如果有必要的话，对设备进行替换。

◆ 如果在一个工作日内，允许误差仅达到了低于85%的某个数值，业主将有权要求承包商拆除相应的路段并运走拆除物，以及重建相应路段，费用由承包商额外承担。

◆ 如果出现不合格的情况，需要根据CCAP中的有关要求对厚度和坑洼超出允许误差的情况（对承包商）处以罚款。

9.9.2.3 Caractéristiques de surface **路表特点**

Le contrôle de conformité de l'uni longitudinal de la couche de base en grave bitume est réalisé par tronçon de 1 000ml à l'aide de l'APL 25sur l'intégralité de la section autoroutière.

Les valeurs limites, pour l'ensemble de la surface sont fixées comme suit:

◆ CAPL:

　▪ 60% CAPL ≤ 4;

　▪ 80% CAPL ≤ 8;

　▪ 100% CAPL ≤ 13;

Si ces limites ne sont pas atteintes sur deux (2) tronçons consécutifs de 1 000ml, le Maître de l'ouvrage prescrira l'arrêt du chantier de mise en œuvre, l'examen du processus et des matériels utilisés, leur révision ou leur remplacement si besoin est. La reprise ne pourra être ordonnée qu'après la réalisation d'une nouvelle planche d'essai constatant l'obtention de la qualité d'uni requise.

De plus, pour chaque valeur > 13, le lot concerné sera refusé et la reprise de la zone sera à la charge de l'Entrepreneur qui devra exécuter les travaux de réfection dans le délai imparti par le Maître de l'ouvrage.

Au droit des P.I., dans le calcul des pénalités pour défaut d'uni, on ne prendra en compte que les valeurs < 13.

用沥青混凝土铺设的地表纵向均匀度监督（检查）将在整个高速公路段上按 1 000m 分段运用 APL25 仪器进行检测。

在所有路面上的阈值为：

◆ CAPL：
  ▪ 60% CAPL ≤ 4;
  ▪ 80% CAPL ≤ 8;
  ▪ 100% CAPL ≤ 13;

如果这些指标在连续两个 1 000m 路段上未能达标，业主将要求停止施工，检查施工方法，使用设备，设备检修，必要时进行设备替换。需重新进行新的试验路段，只到试验结果达到所需的平坦度要求后方能重新开始施工。

此外，对于每个数值 > 13 的路段，相关批次被拒绝，承包商必须在业主限定期限内采取必要修缮措施在相应路段上达到所需要求。

在 P.I 的角上，按照预先要求的标准，数值需小于 13 方认为合格。

10.0 ENDUIT SUPERFICIEL D'USURE POUR VOIES COMMUNALES, CHEMINS RURAUX OU AGRICOLES 对于县区道路、乡村道路的表面处置层

10.1 TYPE DE PRODUIT ET DESTINATION 产品的类型和用途

La couche de roulement de certaines voies rétablies (voies Communales, chemins ruraux ou agricoles) sera constituée d'enduit bicouche. Il sera de classe ESU3selon la norme NF P 98–160.

某些已恢复的道路的行车层（县区道路，乡村道路）将采用双层表处，按照法国标准 NF P 98–160 的要求，为 ESU 3 级。

10.2 PROVENANCE ET QUALITÉ DES MATÉRIAUX 材料的来源和质量

10.2.1 Granulats 碎石料

10.2.1.1 Nature et provenance 性质和来源

Les provenances et les natures des constituants sont définies dans le PAQ. Elles seront soumises à l'approbation du Maître de l'ouvrage. Les matériaux sont élaborés par concassage de roches saines.

组成材料的来源和性质要在质量保证计划里面加以说明，需要提交业主批准，材料通过未风化的岩石粉碎获得。

10.2.1.2 Caractéristiques normalisées **标准化性能**

Les caractéristiques des granulats sont conformes aux spécifications de l'article 8 de la norme NF P 18–540. Pour chaque enduit, les caractéristiques minimales sont les suivantes:

碎石料的性能要符合法国标准 NF P 18–540 里面第 8 条的要求，对于每种表处，所要求的性能至少如下：

Destination 用途	Caractéristiques intrinsèques des gravillons 细粒碎石的固有性能	Caractéristiques de fabrication des gravillons 细粒碎石的生产性能
Bicouche pour voiries et trottoirs 道路和人行道用双层表处	Catégorie C 类	Catégorie II 类
Monocouche ou bicouche pour couche de forme 路基顶面层用单层或者双层表处	Catégorie C 类	Catégorie II 类

10.2.1.3 Caractéristiques complémentaires **补充性能**

➤Angularité

L'indice de concassage Ic est égal à 100.

➤Sensibilité au gel

La sensibilité au gel des gravillons sera mesurée conformément à la norme NF P 18–593. La sensibilité au gel G est inférieure ou égale à 30.

－ Aspect (sans objet).

－ Matière organique

Les gravillons auront une teneur en matière organique inférieure à 0.2% (NF P 18–596).

Aucun gravillon calcaire ne sera agréé en couche de roulement.

➤棱角性（试验）

粉碎指数（I_c）应该等于 100。

➤抗冻性

细粒碎石的抗冻性应该按照法国标准 NF P 18–593 里面的要求进行测定，抗冻性应该小于或者等于 30。

－ 外观无说明。

－ 有机物质。

细粒碎石的有机物质含量应该小于 0.2%（法国标准 NF P 18–586）。

路面层不准使用石灰砾石。

10.2.2 Liants **结合料**

Ils seront fournis par l'Entrepreneur et doivent satisfaire aux exigences de cohésivité demandées dans la norme NF P 98–160. Les liants utilisés seront les émulsions cationiques à rupture rapide de bitume pur dosées à 65%。

结合料应该由承包商提供，应该满足法国标准 NF P 98–160 关于黏度的要求。

使用的结合料应该是阳离子快裂（沥青），由纯沥青掺配为65%。

10.3　COMPOSITION　成分

La formulation des enduits est à la charge de l'Entreprise qui fera des propositions qui seront retenues après la réalisation des planches d'essai.

À titre indicatif, pour les voies communales, chemins ruraux et agricoles, la composition de la bicouche est la suivante:

◆ émulsion cationique à rupture rapide à 65% de bitume pur dosée à 1 200g/m² de bitume résiduel;

◆ 8 l/m² de gravillon 6/10;

◆ émulsion cationique à rupture rapide à 65% de bitume pur dosée à 1 500g/m²de bitume résiduel;

◆ 5 l/m² de gravillon 4/6.

Pour la monocouche sur couche de forme, la composition est la suivante:

◆ émulsion cationique à rupture rapide à 65% de bitume pur dosée à 2 400g/m³ de bitume résiduel;

Pour le bicouche sur couche de forme, la composition est la suivante:

◆ émulsion cationique à rupture rapide à 65% de bitume pur dosée à 1 300g/m²de bitume résiduel;

◆ 11 l/m²de gravillon 10/14;

◆ émulsion cationique à rupture rapide à 65% de bitume pur dosée à 1 600g/m²de bitume résiduel;

◆ 7 l/m²de gravillon 4/6.

沥青表处的配合比由承包商负责（并提出建议），在试验路段做出之后，将（由业主）采纳。

作为示意，对于县区道路，乡村道路来说，双层表处成分如下：

◆快裂阳离子乳液，纯沥青比例为65%，残留沥青为1 200g/m²;

◆6/10 的细粒碎石用量为8L/m²;

◆快裂阳离子乳液，纯沥青比例为65%，残留沥青为1 500g/m²;

◆4/6 的细粒碎石用量为5L/m²。

路基顶面层上单层表处成分如下：

◆快裂阳离子乳液，纯沥青比例为65%，残留沥青为2 400g/m²;

◆10/14 的细粒碎石用量为12L/m²。

路基顶面层上双层表处成分如下：

◆快裂阳离子乳液，纯沥青比例为65%，残留沥青为1 300g/m²;

◆10/14 的细粒碎石用量为11L/m²;

◆快裂阳离子乳液，纯沥青比例为65%，残留沥青为1 600g/m²;

◆4/6 的细粒碎石用量为7L/m²。

10.4　SPÉCIFICATION DE MISE EN ŒUVRE　施工技术要求

10.4.1　Matériel　机械

L'atelier sera composé au minimum d'une répandeuse à liant et d'un engin gravillonneur (pour les enduits et le sable en cas d'imprégnation sablée). Les engins devront satisfaire aux prescriptions suivantes:

◆ le coefficient de régularité transversale de la rampe mesurée selon la méthode de la Station d'Essais de Matériels Routiers de Blois devra être inférieur à 0.05;

◆ les rampes à moyenne et haute pression conviennent, les rampes à basse pression sont exclues (pression inférieure ou égale à 0.25MPa);

◆ il est exigé un dispositif de réchauffage de la rampe et de ses accessoires par circulation d'un fluide intermédiaire ou par un système équivalent;

◆ la répandeuse sera en outre équipée d'une commande à distance de l'ouverture et de la fermeture des jets.

对于表面处置层和撒砂透层，作业组至少由一台结合料洒布车和一台石屑撒布机组成，施工机械必须满足以下要求：

◆ 根据（法国）布鲁瓦筑路机械试验站的方法，测得喷油管的横向均匀系数应该小于0.05；

◆ 中压和高压喷油管可以接受，但不能接受低压喷油管（压力小于或者等于0.25MPa）；

◆ 必须要配备喷油管及其附件的加热装置，可以通过液压油或相当装置来做；

◆ 另外，洒布机还应该配备一个喷嘴打开和关闭的遥控装置。

10.4.2　Spécifications de répandage　**洒布的技术要求**

La température superficielle de la chaussée doit être au minimum de 5℃. La température du liant devra être comprise entre 50 et 70℃ au stockage et au répandage.

La température minimale de répandage sera supérieure à 5℃ pour toutes les émulsions.

Le répandage sera conduit de manière à respecter les tolérances suivantes appliquées à partir du dosage de base:

◆ plus de 5%;

◆ moins de 10%.

道路表面温度至少应该超过5℃。结合料温度在储存和撒布时，应该保持在50~70℃之间。

对于各种乳液，洒布时最小温度要求超过5℃。

根据基本用量，洒布时要遵守以下允许误差要求：

◆ 不大于5%；

◆ 不小于10%。

10.4.3　Traitement de surface　**路表处理**

Les granulats éventuellement en excès en bord de bande au-delà du liant répandu ou provenant du recouvrement longitudinal ou transversal trop important des bandes de répandage, doivent être balayés immédiatement après exécution.

Le balayage ou l'aspiration doivent être effectués de façon à ne pas désorganiser la mosaïque, ni risquer l'arrachement de granulats.

Les produits éliminés doivent être évacués aux dépôts fixés par le Maître de l'ouvrage dans le délai imparti. À l'issue de cette opération, la circulation doit pouvoir être rétablie.

L'élimination des rejets produits après la mise en circulation doit être effectuée par l'Entrepreneur, conformément à la norme NF P 98-160 et dans un délai de 24 à 48 heures à l'issue des travaux.

在超出洒布带边缘之外可能出现的多余的石料或者洒布带纵向或横向接缝处多余的石料,在施工后应当立即清运出施工现场。

在清理或吸走的时候要小心,避免损坏已经摊铺好的路面,也要防止石子被带走的危险。

清理掉的石料应该在规定的期限之内转运到业主指定的地点,该工序完成之后,应该恢复交通。

在交通恢复之后产生的废弃物的清理工作由承包商承担,按照法国标准 NF P 98-160 的要求进行,期限为施工结束之后的 24 ~ 48h。

10.5 PLANCHE D'ESSAI *试验路段*

A la demande du Maître d'Ouvrage, l'Entrepreneur exécute une planche d'essai d'une surface de 100m², destinée à s'assurer du bon fonctionnement et du bon réglage des dispositifs d'épandage du liant et des gravillons.

Cette planche d'essai est contrôlée par le Maître de l'ouvrage.

À partir de la composition moyenne, l›Entrepreneur sera amené à procéder par nature d›enduit à des ajustements de dosage en fonction:

- ◆ de l'état et la nature des couches;
- ◆ des conditions climatiques de répandage.

Ces ajustements de dosage seront exécutés en fonction des résultats de trois planches d'essai d'une surface unitaire de 100m² chacune, sur lesquelles on répandra du liant à des dosages variables encadrant le dosage moyen théorique.

À l'issue de ces planches d'essai, le Maître de l'ouvrage notifiera à l'Entrepreneur la ou les compositions retenues.

根据业主的要求,承包商应该做面积为 100m² 的试验路段,用来确保结合料和细粒碎石洒(撒)布的正常运行和良好调节。

该试验路段将由业主进行监督(检查)。

承包商应该根据一般组成并根据以下情况的变化,对每种表处类型,来调整配合比:

- ◆ 施工层的种类和状况;
- ◆ 洒布的气候条件。

该配合比的调节将根据三个试验路段的结果来进行，每段面积为 $100m^2$，在其上面洒布不同配比的结合料，包括理论平均用量。

在这些路段取得结果的基础上，甲方将通知乙方所采纳的组成成分。

10.6 CONTRÔLES 监督（检查）

10.6.1 Contrôle en cours de production 生产过程中的监督（检查）

L'Entrepreneur doit établir et remettre au Maître de l'ouvrage dans les 48 heures un compte rendu journalier de chantier sur lequel doivent être consignées, par journée effective de travail, et pour une section homogène de même formulation, les indications suivantes:

- ◆ la date et le repérage des sections enduites;
- ◆ les conditions atmosphériques avec indication des températures (au sol et ambiante);
- ◆ les données sur l'état du support lors de l'exécution;
- ◆ les caractéristiques des constituants et les tonnages mis en œuvre;
- ◆ les surfaces revêtues;
- ◆ les incidents ou arrêts de chantier et leurs causes connues ou probables.

Ce compte rendu, établi et visé par le représentant de l'Entrepreneur, est également visé par le représentant du Maître de l'ouvrage qui en remet ensuite une copie à l'Entrepreneur.

承包商应该在 48h 之内编制并向业主提交一份施工日志报告，报告里面应该按每个实际工作日，按相同配合比做的均质路段，说明以下内容：

- ◆已涂层路段的日期和路段记录；
- ◆气候条件，并说明温度情况（地表温度和周围温度）；
- ◆施工时候要洒布层表面状况的数据；
- ◆组成成分性能和重量；
- ◆已铺表面状况；
- ◆工地上发生的事故和暂停以及已知原因和可能的原因。

该报告应该由承包商代表编制并签发，业主代表签认，然后返一份复印件给承包商。

10.6.2 Contrôle de conformité 合格性的监督（检查）

La conformité des travaux est prononcée par le Maître de l'ouvrage, en particulier:

- ◆ au vu des résultats des essais de contrôle mentionnés ci–dessus;
- ◆ suite à l'inspection visuelle de la qualité de l'enduit et au contrôle de rugosité (cf. article 6 de la norme NF P 98–160).

L'Entrepreneur sera tenu d'exécuter, dans le délai qui lui sera imparti par le Maître de l'ouvrage, les travaux de réparation jugés utiles par celui–ci, notamment en cas de plumage, de pelade ou de peignage de l'enduit.

Ces réparations seront exécutées après grattage des matériaux adhérents dans les zones défectueuses dans les délais impartis par le Maître de l'ouvrage.

工程合格，将由甲方宣布，主要根据以下的情况宣布：

- ◆上述监督（检查）试验的结果；

◆ 表处层质量的目测和粗糙度的监督（检查）结果（参见法国标准 NF P 98-160 中第 6 条的要求）。

承包商应该在业主规定的期限之内进行业主认为有必要修复的工程，特别是表处层出现羽状、斑秃和梳状缺陷的情况。

这些修补工作将首先把缺陷区域的粘着材料刮掉之后才能够进行，并且要遵守业主规定的期限。

11.0　BÉTON BITUMINEUX SEMI-GRENU –BBSG　细粒石沥青混凝土（BBSG）

11.1　CONSTITUANTS　组成成分

Les provenances et les natures des constituants sont définies dans le PAQ, elles seront soumises à l'approbation du Maître de l'ouvrage. Les matériaux seront élaborés par concassage de roches saines. Si l'Entrepreneur dispose de stocks existants de granulats qu'il compte utiliser pour tout ou partie de la fourniture, il doit apporter la preuve que ses stocks ont été constitués selon les règles de l'art et fournir les origines et les résultats des essais garantissant leur qualité au moment de la reprise. À défaut de fournir cette preuve, tout stock sera refusé.Les granulats sont approvisionnés en trois (3) fractions granulaires.

组成材料的性质和来源，应在质量保证计划里加以明确，该计划应提交业主，以征得批准。这些材料通过对为未风化岩石的粉碎来获得。如果承包商现有库存粒料，并且打算全部或部分用作供料，那么应该首先证明这些库存材料的形成，符合工艺规范的要求，并且提供试验报告和原产地证明，如果不能提供这些证明，那么其整个库存材料都不能使用。骨料分三级供应。

11.1.1　Granulats　骨料

11.1.1.1　Caractéristiques normalisées　标准化性能

Les caractéristiques des granulats sont conformes aux spécifications de l'article 8 de la norme NF P 18-540. Pour chaque produit, les caractéristiques minimales sont les suivantes:

粒料的性能，应该符合法国标准 NF P18 – 540 的第 8 条的要求。对于每种产品，最小的性能要求如下：

Destination 用途	Caractéristiques intrinsèques des gravillons 细粒碎石的固有特性	Caractéristiques de fabrication des gravillons 细粒碎石的生产特性	Caractéristiques de fabrication des sables 砂子的生产特性
BBSG pour couche de roulement définitive 长期路面行车层用细粒石沥青混凝土	Catégorie B 类	Catégorie III 类	Catégorie a 类
BBSG pour chaussée provisoire 临时路面用细粒石沥青混凝土	Catégorie C 类	Catégorie III 类	Catégorie a 类

11.1.1.2　Caractéristiques complémentaires　**补充特性**

➢Angularité

L'indice de concassage Ic est supérieur ou égal à 60 pour la couche de roulement de la chaussée provisoire. Ic est égal à 100 pour les couches de roulement définitives.

➢Sensibilité au gel

La sensibilité au gel des gravillons sera mesurée conformément à la norme NF P 18–593. La sensibilité au gel G est inférieure ou égale à 30.

➢Matière organique

Les gravillons auront une teneur en matière organique inférieure à 0.2% (NF P 18–586).

Aucun gravillon calcaire ne sera agréé.

➢棱角性（试验）

临时路面行车层的碎石料粉碎指数（I_c）应该大于 60，而对于长期路面行车层的粉碎指数来说，则应该等于 100。

➢抗冻性

细粒碎石的抗冻性应该按照法国标准 NFP18 – 593 的要求进行测定，抗冻性（G）应该小于或等于 30。

➢有机物

细粒碎石有机物的含量应该小于 0.2%（法国标准 NF P 18–586）。

任何石灰石细粒碎石将被拒绝。

11.1.2　Fines d'apport　**填充细料**

11.1.2.1　Nature et caractéristiques　**性质和性能**

Se référer à l'article 9.1.2.1 du présent CCTP.

参照本 CCTP 第 9.1.2.1 条。

11.1.2.2　Conditions de stockage　**存放条件**

Se référer à l'article 9.2 du présent CCTP.

参照本 CCTP 第 9.2 条。

11.1.3　Bitume　**沥青**

Se référer à l'article 9.1.3 du présent CCTP.

参照本 CCTP 第 9.1.3 条。

11.1.3.1　Nature et caractéristiques　**性质和性能**

Se référer à l'article 9.1.3.1.

参照第 9.1.3.1 条。

11.1.3.2　Conditions de stockage　**存放条件**

Se référer à l'article 9.4 du présent CCTP.

参照本 CCTP 第 9.4 条。

277

11.2 COMPOSITION ET CARACTÉRISTIQUES DU MÉLANGE 混合料的成分和性能

11.2.1 Composition 成分

Les granulats nécessaires à la fabrication du BBSG seront fournis par l'Entrepreneur. Le BBSG pour couche de roulement sera conforme à la norme NF P 98–130 de novembre 1999:

◆ BBSG 0/14 pour couche de roulement de 6 et 7cm d'épaisseur;

◆ BBSG 0/10 pour couche de roulement de 7 à 9cm d'épaisseur.

Le module de richesse minimale doit être de 3.5.

La formule de composition sera déterminée par l'Entrepreneur qui doit fournir une composition par type d'enrobés et les résultats de chaque étude de laboratoire deux (2) mois avant le début de la fabrication.

L'étude de formulation en laboratoire sera menée sur base des essais suivants:

◆ essai PCG (NF P 98–252);

◆ essai Duriez à 18℃ (NF P 98–251–1);

◆ essai d'orniérage (NF P 98–253–1);

◆ essai de caractérisation des performances mécaniques par essai de module complexe (NF P 98–260–2), ou par essai de traction directe (NF P 98–260–1);

◆ essai de fatigue (NF P 98–261–1).

生产细粒石沥青混凝土所必须的碎石料，将由承包商提供。用于路面行车层的细粒石沥青混凝土需符合 1999 年 11 月颁布的法国标准 NFP98–130 的要求：

◆ 细粒石沥青混凝土（BBSG），0/14 的，用于厚度为 6～7cm 的路面行车层（原文有误，应该是 7～9cm- 译注）；

◆ 细粒石沥青混凝土（BBSG），0/10 的，用于厚度为 7～9cm 的路面行车层（原文有误，应该是 6～7cm- 译注）。

最小的含油模数应该为 3.5。

成分的配合比由承包商决定，承包商需在生产开始前的两个月内提供每一类型的沥青混合料的成分和每个实验计划。

试验室进行的配合比设计需要根据以下试验：

◆ 旋转压实（PCG）试验（法国标准 NF P 98–252）；

◆ 多列士（DURIEZ）试验（法国标准 NF P 98–251–1）；

◆ 车辙试验（法国标准 NF P 98–253–1）；

◆ 机械性能特性试验，通过复合的模数试验（法国标准 98–260–2）或直接拉力试验（法国标准 98–260–1）；

◆ 疲劳试验（法国标准 98–261–1）。

11.2.2 Caractéristiques des enrobés 沥青混合料的性能

Le BBSG pour couche de roulement sera conforme à la norme NF P 98–130 de novembre 1999.

用于路面行车层的细粒石沥青混凝土需符合 1999 年 11 月颁布的法国标准 NFP98–130 的要求。

11.2.3　Acceptation provisoire　临时接受（同意）

Se référer à l'article 9.2.3 du présent CCTP.

参照本 CCTP 第 9.2.3 条款。

11.3　FABRICATION DU BÉTON BITUMINEUX　沥青混凝土的生产

11.3.1　Niveau et capacité des centrales　拌合楼的等级和生产能力

Se référer à l'article 9.3.1 du présent CCTP.

参照本 CCTP 第 9.3.1 条。

11.3.2　Dosage des granulats　粒料的配量

Se référer à l'article 9.3.2 du présent CCTP.

参照本 CCTP 第 9.3.2 条。

11.3.3　Chauffage et déshydratation des granulats　碎石料的加热和脱水

La teneur en eau résiduelle des enrobés est au maximum de 0.5%.

沥青混合料中含水量残余最多为 0.5%。

11.3.4　Stockage et chargement des enrobés　沥青混合料的存放和装料

Se référer à l'article 9.3.4 du présent CCTP.

参照本 CCTP 第 9.3.4 条。

11.3.5　Réglages　调整

Se référer à l'article 9.3.5 du présent CCTP.

参照本 CCTP 第 9.3.5 条。

11.3.6　Acceptation provisoire　临时接受（同意）

Se référer à l'article 6.3.6 du présent CCTP.

参照本 CCTP 第 6.3.6 条。

11.4　PRISE EN CHARGE ET TRANSPORT　装料和运输

11.4.1　Pesage　称重

Se référer à l'article 9.4.1 du présent CCTP.

参照本 CCTP 第 9.4.1 条。

11.4.2　Transport des matériaux　材料运输

Se référer à l'article 9.4.2 du présent CCTP.

参照本 CCTP 第 9.4.2 条。

11.4.3　Acceptation provisoire　临时接受（同意）

Se référer à l'article 9.4.3 du présent CCTP.

参照本 CCTP 第 9.4.3 条。

11.5 MISE EN ŒUVRE 施工

11.5.1 Préparation du support 底面清理

Cette préparation sera réalisée immédiatement devant l'atelier de répandage de l'enrobé.

Préalablement à la mise en œuvre des enrobés, la surface à revêtir sera balayée et nettoyée. Il sera mis en place une couche d'accrochage sur l'ensemble de la surface à revêtir.

Pour information, on peut estimer son dosage à 400g/m^2 de bitume résiduel. Le dosage définitif sera arrêté après une planche d'essai.

此清理需要在沥青混合料摊铺工作组施工前立即进行清理。

在沥青混合料施工之前，覆盖的表面将需进行打扫和清理。在所有覆盖的表面需要铺上一层粘结层。

根据相关信息，沥青乳胶粘合剂使用量为 400g/m^2。最终配量将在试验路段后确定。

11.5.2 Répandage du béton bitumineux 沥青混凝土的摊铺

11.5.2.1 Conditions générales 一般规定

Se référer à l'article 9.5.2.1 du présent CCTP.

参照本 CCTP 第 9.5.2.1 条。

11.5.2.2 Répandage 摊铺

Le répandage s'effectuera à vis calées suivant les dispositions de l'article 6.5.2.2.

摊铺应按照第 6.5.2.2 中的条款进行。

11.5.2.3 Acceptation provisoire 临时接受（同意）

Se référer à l'article 9.5.2.3 du présent CCTP. En outre, il sera procédé à l'essai Marshall pour le contrôle de la performance des produits noirs approvisionnés sur chantier.

参照本 CCTP 第 9.5.2.3 条款。另外，应对工地上的黑色材料（沥青混凝土）性能进行一次 Marshall 试验，以便能够了解性能。

应对工地上的碳黑材料性能运行一次 Marshall 测试。

11.5.3 Compactage 碾压

Se référer à l'article 9.5.3 du présent CCTP.

参照本 CCTP 第 9.5.3 条。

11.5.4 Température 温度

Se référer à l'article 9.5.4 du présent CCTP.

参照本 CCTP 第 9.5.4 条。

11.5.5 Conditions météorologiques 气候条件

Se référer à l'article 9.5.5 du présent CCTP.

参照本 CCTP 第 9.5.5 条。

11.5.6 Joint longitudinal 纵向接缝

Sans objet.

无说明。

11.5.7　Joints transversaux　**横向接缝**

Se référer à l'article 9.5.6 du présent CCTP.

参照本 CCTP 第 9.5.6 条。

11.6　PLANCHES D'ESSAI ET DE RÉFÉRENCE　**试验路段和标准参照路段**

Les planches d'essai et de référence sont réalisées conformément aux dispositions de la directive pour les matériaux enrobés à chaud relatives à la réalisation des planches d'étalonnage complétées ou modifiées comme il suit.

试验路段和标准参照路段施工要符合规定设计，使用热沥青混合料，于此相关的复核段施工可补充和修改配合比。

11.6.1　Planche d'essai　**试验路段**

Une planche d'essai sera réalisée par l'Entrepreneur pour chaque épaisseur utilisée, de manière à fixer:

◆ la composition et la disposition de répandage et de compactage en nombre et type d'engins;

◆ les modalités d'utilisation de ces ateliers;

◆ l'adéquation entre les débits de fabrication et de mise en œuvre.

Elle sera soumise aux règles suivantes:

◆ l'Entrepreneur proposera au Maître de l'ouvrage un programme de réalisation de la planche d'essai. Ce dernier sera représenté pendant le déroulement de la planche par le laboratoire chargé du contrôle extérieur;

◆ le lieu de réalisation de la planche sera proposé par l'Entrepreneur à l'acceptation du Maître de l'ouvrage, la couche de chaussée correspondant à cette planche pourra être conservée après l'accord du Maître de l'ouvrage;

◆ la durée maximale d'une planche d'essai unitaire telle que définie ci−dessus ne doit pas excéder un (1) jour ouvrable (répandage et constatation) et sa longueur est fixée à 100mètres minimum.

L'Entrepreneur soumettra au Maître de l'ouvrage l'appareillage qu'il compte utiliser pour mesurer la densité en place des enrobés. Il devra obligatoirement effectuer des carottes sur les enrobés mis en place afin d'exécuter des essais de densité en laboratoire (par la méthode de la pesée hydrostatique) de façon à comparer avec les mesures indirectes et apporter un coefficient correctif le cas échéant. L'entrepreneur est responsable de refermer les trous de carottage selon une méthode soumise au préalable et approuvée par le Maître de l'ouvrage.

La planche d'essai permettra de vérifier la conformité de la formule de béton bitumineux et aura pour objectif d'atteindre les valeurs suivantes:

◆ pourcentage de vide: 95% des valeurs dans l'intervalle fixé dans la norme;

◆ épaisseur: couche de roulement: 97.5% des points > e −1cm (Où e = épaisseur théorique en cm);

◆ nivellement: 95% des points compris entre + 1cm de la cote théorique;

◆ rugosité: couche de roulement:

- HSV moyen > 0.6mm (moyenne de 20mesures);
- HSV mini > 0.4mm (en tout point).

Vingt (20) mesures régulièrement réparties seront réalisées pour le contrôle du pourcentage de vides et trois (3) mesures par profil espacé de 10m pour le contrôle de l'épaisseur et du nivellement. Ces mesures seront effectuées sur la totalité de la zone de la planche d'essai réalisée selon les modalités d'emploi des ateliers retenues.

La réalisation des objectifs ci-dessus déclenchera l'acceptation définitive de l'ensemble de la chaîne fabrication, transport, répandage, compactage, sous réserves de l'obtention des acceptations provisoires mentionnées ci-avant.

La planche d'essai est considérée comme un point d'arrêt et fait l'objet d'un contrôle externe et extérieur. Dans ce cas, le Maître de l'ouvrage notifiera à l'Entrepreneur l'acceptation (autorisant le démarrage des travaux), les réserves ou le refus de la planche d'essai.

承包商将对已使用的每层厚度进行试验路段,以便确定:

◆ 摊铺作业组和碾压作业组的构成,机械设备的种类和数量;

◆ 这些作业组的使用方式;

◆ 材料生产产量和施工量之间的完全一致。

试验路段应该符合以下规范要求:

◆ 承包商将向业主提供一份试验路段的实施计划。在试验路段进行期间,业主由一家负责外部监督(检查)工作的试验室来代表。

◆ 试验路段的实施地点,将由承包商提出建议,以征得业主同意(接受),在征得业主同意后,试验段路面可以保留。

◆ 上述所确定的单个试验路段的最多实施期限为一个工作日,其长度至少应该为100m。

承包商递交给业主打算在现场测量沥青混合料密度时使用的仪器。必须对沥青混合料进行现场取样,以进行试验室密度试验(使用静水压称重方法),来与间接测量对比,必要时给出一个修正系数。承包商有责任采用已事先递交给业主并已得到其批准的方法将钻探试样的洞填满。

试验路段能够用来监督(检查)沥青混凝土配合比的合格性,并能达到以下数值:

◆ 空隙率:95% 的测定值小于规范里确定的空隙率。

◆ 厚度:路面行车层:97.5% 的检测点 $>e-1$cm[其中式中 e = 理论厚度(用 cm 表示)]。

◆ 水准测量:95% 的检测点,在理论标高的 1cm 之间。

◆ 构造深度:路面行车层:

- 平均 HSV>0.6mm(20 个检测点的平均数);
- 最小 HSV>0.4mm(每一个检测点)。

对于空隙率的监督(检查),要在整个试验路段区域内,并根据所采用的作业组的使用方式，取均匀分布的 20 个点作检测；对于厚度和测平度的监督（检查），要在每个断面上每间隔 10m 做 3 次检测。

上述目标的实现，将决定生产运输、摊铺和碾压整个工作链能否最终被同意，需要说明的是，上述工作要预先取得业主临时同意（接受）。

试验路段是一个控制点，需要进行承包商外部监督（检查）和（业主）外面监督（检查），在此情况下，业主将通知承包商试验路段同意（接受，允许开工），有保留意见或拒绝接受。

11.6.2　Planche de référence　**标准参照路段**

La planche d'essai est réalisée conformément aux dispositions de l'article 8.5.2 du présent CCTP. Les objectifs à atteindre étant les suivants:

◆ assurer l'adéquation entre les débits des ateliers de fabrication et de la mise en œuvre;

◆ atteindre les valeurs impératives de compacité suivantes:

des valeurs > densité (dE) retenue à l'issue de l'étude de formulation;

◆ définir une population de densité qui servira de référence aux densités (dR) à obtenir dans la suite du chantier. L'effectif de cette population sera composé de trente (30) mesures;

◆ atteindre et vérifier les exigences en matière de rugosité, d'uni et d'épaisseur suivantes:

- rugosité: 粗糙度：
- HS ou HS eq moyenne > 0.7mm (par tronçon de 1 000m);
- HS ou HS eq minimum > 0.4mm (par zone de 50m).
- épaisseur: 97.5% des points > e −1 avec e épaisseur définie par le projet d'exécution en centimètres;
- uni: respect des seuils CAPL 25.

La planche de référence est considérée comme un point d'arrêt et fait l'objet d'un contrôle externe et extérieur. Dans ce cas, le Maître de l'ouvrage notifiera à l'Entrepreneur l'acceptation (autorisant le démarrage des travaux), les réserves ou le refus de la planche de référence.

试验路段实施时应符合本 CCTP 第 8.5.2 条中的有关要求。以下为所要达到的目的：

◆ 保生产作业组的生产量和施工作业组的摊铺量相一致；

◆ 95% 的（压实度检测）值 > 从配合比试验（DE）中取得的密实度；

◆ 确定一项密实度（dR），作为以后施工的标准对照。人员编制按 30 次测定来考虑；

◆ 达到和检测粗糙度、均匀度和厚度的要求：

- 构造深度：
- 平均 HS 或 HSeq >0.7mm（每 1 000m）；
- 最小 HS 或 HSeq >0.4mm（以 50m 为一个区域）；
- 厚度：97.5% 的检测点 >e −1cm［其中式中 e 为施工计划中确定的厚度（用 cm 表示）］；
- 均匀度：CAPL25 阈值标准。

标准参照路段是一个控制点，需要进行承包商外部监督（检查）和（业主）外面监

283

督（检查），在此情况下，业主将通知承包商标准参照路段同意（接受，允许开工），有保留意见或拒绝接受。

11.7 ESSAIS ET CONTRÔLE DES CONSTITUANTS 试验和组成成分的监督（检查）

Le contrôle est conduit conformément aux dispositions du Plan Assurance de la Qualité et selon les précisions ci–après.

该检查需按照质量保证计划中的有关条款及下列要求进行。

11.7.1 Contrôle des granulats 碎石料的监督（检查）

L'Entrepreneur procède pendant la fabrication aux contrôles prescrits par l'article 7.3.

Pour 500m³ de granulats livrés, l'Entrepreneur doit exécuter les contrôles suivants:

◆ sables: analyse granulométrique, teneur en eau, équivalent de sable à 10% de fines, valeur au bleu de méthylène si nécessaire;

◆ gravillons:analyse granulométrique, teneur en eau, mesure du coefficient d'aplatissement, détermination de la propreté superficielle.

Pour 5 000m³ de granulats livrés, le laboratoire de l'Entrepreneur doit exécuter la mesure des caractéristiques intrinsèques des matériaux :

◆ essai Los Angeles (LA);

◆ essai Micro–Deval en présence d'eau (MDE);

◆ mesure du coefficient de polissage accéléré (CPA);

◆ rapport de concassage.

在生产期间，承包商需根据条款 7.3 要求的进行监督（检查）。

交付 500m³ 的骨碎石料，承包商需要进行下列监督（检查）：

◆ 沙：级配分析，含水量，含 10% 细料的砂当量，亚甲蓝值，如有必要的话。

◆ 细粒碎石：级配分析，含水量，扁率系数的测定及表面清洁度的测定。

在生产 5 000m³ 的骨料时，承包商的实验室须对材料固有特性进行测定：

◆ 洛杉矶试验；

◆ 狄法尔湿法试验；

◆ 磨光值试验（CPA）；

◆ 破碎比例。

11.7.2 Contrôle des fines d'apport 填充细粒的监督（检查）

Se référer à l'article 9.7.2 du présent CCTP.

参照本 CCTP 第 9.7.2 条。

11.7.3 Contrôle du bitume 沥青的监督（检查）

Se référer à l'article 9.7.3 du présent CCTP.

参照本 CCTP 第 9.7.3 条。

11.8 ESSAI ET CONTRÔLE EN COURS DE PRODUCTION 生产过程中的试验和检查

11.8.1 Fabrication 生产

Se référer à l'article 9.8.1 du présent CCTP.

参照本 CCTP 第 9.8.1 条。

11.8.2 Mise en œuvre 施工

11.8.2.1 Compacité 压实度

Se référer à l'article 9.8.2.1 du présent CCTP.

参照本 CCTP 第 9.8.2.1 条。

11.8.2.2 Épaisseur 厚度

Se référer à l'article 9.8.2.2 du présent CCTP.

参照本 CCTP 第 9.8.2.2 条。

11.9 CONTRÔLE DE CONFORMITÉ 合格性监督（检查）

11.9.1 Fabrication 生产

Se référer à l'article 9.9.1 du présent CCTP.

参照本 CCTP 第 9.9.1 条。

11.9.2 Mise en œuvre 施工

11.9.2.1 Compacité 压实度

Se référer à l'article 9.9.2.1 du présent CCTP.

参照本 CCTP 第 9.9.2.1 条。

11.9.2.2 Caractéristiques géométriques 几何特性

A) Épaisseur 厚度

Le contrôle de l'épaisseur s'effectuera par carottage à raison de cinq (5) carottages par lot de 10 000m². Les tolérances par rapport aux épaisseurs définies par les plans d'exécution sont les suivantes:

♦ 97.5% des points supérieurs à e −1cm avec e = épaisseur définie aux plans d'exécution.

Le Maître de l'ouvrage effectue en continu le contrôle journalier du tonnage par m². L'épaisseur est déterminée à partir de la compacité demandée après la planche de référence et comparée à l'épaisseur nominale définie au plan d'exécution.

厚度的监督（检查）以钻探试样的方式进行，即每 10 000m² 的批次中选取 5 个钻探试样。与施工计划中确定的厚度相比，误差为：

♦ 97.5% 的点大于 e−1cm［其中式中 e 为施工计划中确定的厚度（用 cm 表示）］。

业主每日将进行按平方米计算的施工材料应用重量统计（按 t/m² 计算）。所得实际厚度在保证标准参照试验所要求的压实度的情况下，与施工计划要求的厚度进行比较。

B) Collage des couches 粘结层

Le contrôle de collage des couches s'effectuera par carottage.

L'Entrepreneur devra, à ses frais, faire la preuve du collage des couches (couches de roulement et de grave bitume) à partir des carottes effectuées pour le contrôle de l'épaisseur. L'entrepreneur est responsable de refermer les trous de carottage selon une méthode soumise au préalable et approuvée par le Maître de l'ouvrage.

Le Maître de l'ouvrage pourra vérifier éventuellement à ses frais, ce contrôle par autant de carottages qu'il jugera opportun. Quatre-vingt-quinze pour cent (95%) des carottes devront clairement faire apparaître le bon collage entre les couches, et ceci, pendant toute la durée de garantie; l'objectif fixé étant aucune carotte décollée. La remise en état de la chaussée après le carottage (pendant la période des travaux) fait partie des travaux de l'entreprise.

粘结层的监督检查以钻探试样的方式进行。

承包商应该自费通过钻探试样对粘结层（路面行驶层、沥青碎石层）进行试验，以便控制厚度。承包商有责任采用已事先递交给业主并已得到其批准的方法将钻探试样的洞填满。

业主有必要时将自费测试此项标准，角形取样数目由业主决定。必须能够清楚地观察到 95% 的钻探试样各层之间都粘结良好，并在保质期内保持良好粘合状态。目的是为了检查提取的样品中各层之间是否脱离。（在施工期间）钻探试样后的路面恢复也是承包商工作之一。

C) Flaches 平整度

L'Entrepreneur est tenu de procéder à des vérifications de la régularité de surfaçage par un contrôle des flaches à tous les 30m. Les valeurs maximales sont les suivantes:

 ◆ 0.5cm en profil en travers;
 ◆ flache maximale par rapport à la règle de 3m;
 ◆ 0.5cm en profil en long.

En sus du contrôle de la section courante, le contrôle des flaches aura lieu systématiquement:

 ◆ au droit des P.I.;
 ◆ au droit des zones de variation des dévers;
 ◆ aux zones de démarrage et d'arrêt de chantier.

Le Maître de l'ouvrage pourra effectuer ses propres mesures à la règle de 3m dans les mêmes conditions sur un lot journalier.

承包商负责进行路面表面平整度的监督（检查），通过每30m的点状测量。最大数值如下：

 ◆ 横轴 0.5cm；
 ◆ 3m 内存在的最大间隙；
 ◆ 纵轴 0.5cm。

除日常工作面的监督检查外，坑洼检查需要系统地进行：

 ◆ PI 角处；
 ◆ 弯道侧倾变化区域的角上；

◆ 施工地点的起始处和停止处。

业主可能会在相同条件下按照 3m 规则对每日施工结果进行地形检测。

D) Planimétrie 平面测量

Se référer à l'article 9.9.2.2 du présent CCTP.

参照本 CCPT 第 9.9.2.2 条。

E) Interprétation des résultats 结果说明

◆ si, pour deux (2) journées consécutives de travail plus de dix pour cent (10%) des points vérifiés sortent des tolérances imposées, le Maître de l'ouvrage prescrira un arrêt du chantier, l'examen des méthodes et des matériels utilisés, leur révision ou leur remplacement si besoin est;

◆ si les tolérances ne sont satisfaites que pour un pourcentage de points contrôlés dans la journée, inférieur à quatre−vingt−dix pour cent (90%), le Maître de l'ouvrage pourra prescrire la démolition et l'évacuation à la décharge des parties de couches correspondantes et la reconstruction aux frais exclusifs de l'Entrepreneur.

En cas de non conformité, il sera appliqué les pénalités prévues par le CCAP pour le dépassement des tolérances d'épaisseur et de flaches.

◆ 如果，连续两个工作日中，大于 10% 的检测点超出要求的允许误差，业主将要求工地停工，对施工方法和使用材料进行检查，检修设备，如果有必要的话，对设备进行替换。

◆ 如果在一个工作日内，允许误差仅达到了低于 90% 的某个数值，业主将有权要求承包商拆除相应的路段并运走拆除物，以及重建相应路段，费用由承包商额外承担。

如果出现不合格的情况，需要根据 CCAP 中的有关要求对厚度和坑洼超出允许误差的情况（对承包商）处以罚款。

11.9.2.3　Caractéristiques de surface　**路表特点**

A) Uni 均匀度

Le contrôle de conformité de l'uni longitudinal de la couche de roulement est réalisé pour chaque voie de circulation à l'aide de l'APL 25sur l'intégralité de la section autoroutière par le Maître de l'ouvrage ou son laboratoire.

Les valeurs limites, pour l'ensemble de la surface sont fixées comme suit:

◆ CAPL:

　▪ 70% CAPL ≤ 4;

　▪ 90% CAPL ≤ 8;

　▪ 100% CAPL ≤ 13;

Hors de ces limites, il sera fait application des pénalités.

De plus, pour chaque valeur > 13, le lot concerné sera refusé et la reprise sera à la charge de l'Entrepreneur qui devra exécuter les travaux de réfection dans le délai imparti par le Maître de l'ouvrage.

Au droit des P.I., dans le calcul des pénalités pour défaut d'uni, on ne prendra en compte que les valeurs < 13.

路面行驶层纵向均匀度监督（检查）在每一车道上进行，借助于 APL25 仪器，由业主或其实验室在整个路段上进行检测。

在所有路面上的极限值确定如下：

◆ CAPL：

  ▪ 70% CAPL ≤ 4；

  ▪ 90% CAPL ≤ 8；

  ▪ 100% CAPL ≤ 13；

如果超出允许误差范围，将被处理罚款。

另外，大于 13 的值，相关工程将被拒绝，由于被拒收和翻修而引起的工程费用，由承包商承担。承包商应该在业主规定的期限之内完成翻修工程。

在 PI 的角上，按照预先要求的标准，仅在数值小于 13 的时候才认为合格。

B) Rugosité 构造深度

Le contrôle de conformité sera effectué sur des lots de 300mètres par mesure de la hauteur en sable conformément à la norme NF P 98–216–1 en vingt (20) points régulièrement répartis sur la zone de 300mètres.

Les résultats à obtenir sont les suivants：

◆ HSV moyen > 0.6mm (seuil R)；

◆ HSV mini > 0.4mm (seuil M).

Au cas où ces critères ne seraient pas respectés, l'Entrepreneur devra assurer à sa charge la reprise du revêtement permettant d'obtenir la qualité requise. Il soumettra, à cet effet, un programme de travaux de reprise à l'acceptation du Maître de l'ouvrage.

合格性监督（检查），采取每 300m 一个批次进行砂质高度检测，按照法国标准 NF P 98–216–1 的要求进行，在 300m 的区域内平均取 20 点进行检测。

取得的结果如下：

◆ 平均 HSV＞0.6mm（R 界限）；

◆ 最小 HSV＞0.4mm（M 界限）。

如果未达到标准要求，承包商需保证自费对覆盖层进行翻修，以达到要求的质量。为此，承包商应将翻修施工的计划递交给业主，以便取得业主的接受同意。

12.0   ENROBÉS À MODULE ÉLEVÉ   高模量沥青混合料

On distingue trois (3) types d'enrobés à module élevé：

◆ enrobé à module élevé 0/10mm (EME 0/10)；

◆ enrobé à module élevé 0/14mm (EME 0/14)；

◆ enrobé à module élevé 0/20mm (EME 0/20).

Les épaisseurs d'utilisation sont mentionnées ci–dessous.

将高模量沥青混合料分成三种：

◆ 高模量沥青混合料 0/10mm；

◆ 高模量沥青混合料 0/14mm；

◆ 高模量沥青混合料 0/20mm。

使用厚度如下表所示。

Type D'EME 沥青混合料标准尺寸类型	Épaisseur moyenne d'utilisation 平均使用厚度	Épaisseur minimale en tout point 每一个检测点的最小厚度
EME 0/10	6 à 8 6 到 8	5
EME 0/14	7 à 13 7 到 13	6
EME 0/20	9 à 15 9 到 15	8

Les EME pour couches d'assise sera de classe 2conforme à la norme NF P 98−140 de novembre 1999,

L'étude de formulation en laboratoire sera menée sur base des essais suivants:

◆ essai PCG (NF P 98−252);

◆ essai Duriez à 18℃ (NF P 98−251−1);

◆ essai d'orniérage (NF P 98−253−1);

◆ essai de caractérisation des performances mécaniques par essai de module complexe (NF P 98−260−2), ou par essai de traction directe (NF P 98−260−1);

◆ essai de fatigue (NF P 98−261−1).

按照 1999 年 11 月颁布的法国标准 NFP98−140 的要求，用于路面下层的沥青混合料，等级为 2。

试验室进行的配合比设计需要根据以下试验：

◆ 旋转压实（PCG）试验（法国标准 NF P 98−252）；

◆ 多列士（DURIEZ）试验（法国标准 NF P 98−251−1）；

◆ 车辙试验（法国标准 NF P 98−253−1）；

◆ 机械性能特性试验，通过复合的模数试验（法国标准 98−260−2）或直接拉力试验（法国标准 98−260−1）；

◆ 疲劳试验（法国标准 98−261−1）。

12.1 CONSTITUANTS 组成成分

12.1.1 Granulats 碎石料

12.1.1.1 Caractéristiques normalisées 标准化性能

Les caractéristiques des granulats sont conformes aux spécifications de l'article 8 de la norme NF P 18−540. Pour chaque produit, les caractéristiques minimales sont les suivantes:

粒料的性能，应该符合法国标准 NF P18 – 540 的第 8 条的要求。对于每种产品，最小的性能要求如下：

Tableau 12.1　Caractéristiques minimales des granulats pour EME utilisés en couche de base ou en couche de fondation

表 12.1　用于基层和底基层标准尺寸沥青混合料碎石料的最小性能

Caractéristiques 性能	Couche de base 基层	Couche de fondation 底基层
Résistance mécanique des gravillons 细粒碎石的力学强度	D	E
Caractéristiques de fabrication des gravillons 细粒碎石的生产性能	III	III
Caractéristiques de fabrication des sables 沙的生产性能	a	a
Angularité des gravillon et des sables 细粒碎石和沙的棱角性	Lorsqu'aucune exigence n'est spécifiée sur le résultat d'un essai à l'orniéreur (épreuve de formulation de niveau 1), on exige une angularité minimale du mélange IC30. 对车辙试验的结果如果没有明确要求（第一阶段配合比试验），但要求混合料的最低棱角性 IC30	

Il est admis une compensation entre les coefficients LA et MDE dans la limite de cinq (5) unités. Dans le cas où le sable aurait une provenance différente de celle des granulats, il devra avoir un coefficient de friabilité (FS) inférieur ou égal à 40.

需要承认的是，在 LA 试验系数和 MDE 试验系数之间，允许界限为五个单位。

如果沙的来源与碎石料中沙的来源不一致时，应保证易碎指数小于或等于 40。

12.1.1.2　Caractéristiques complémentaires　**补充特性**

Filler d'apport

Le filler d'apport éventuel est de catégorie F1, F2 ou F3tel que défini par la norme XP P 18–540.

Fines du sable

Les fines du sable doivent être conformes au tableau ci–dessous.

填充填料：

在 XP P18–540 规范中确定的填充填料的种类为：F1，F2，F3。

细沙：

细沙应符合下表中的要求。

Tableau 12.2　Essais sur les fines du sable ou à défaut du mélange (coupure à sec à 125mm)

表 12.2　关于细沙的试验或如果没有混合料的试验（125mm 干裂口）

Essai 试验	Valeur 数值
Indice des vides Rigden (P 18–565)Rigden 孔隙指数（p 18–565）	IVR ≤ 40%
Pouvoir rigidifiant (différence entre la température de ramollissement «bille et anneau» d'un mastic composé, en masse, de 60% de fines et 40% de bitume 50/70 et celle de ce même bitume) (NF T 66–008) 硬化能力（符合胶泥物的球，环软化温度差，以重量计，60% 的粉灰 +40% 的沥青 50/70 及同类沥青）（NF EN 933–9）	10℃ ≤ △ TBA ≤20℃
Essai au bleu (quantité de bleu adsorbée, en grammes pour 1 000g de fines) (NF EN 933–9) 亚甲蓝试验（每 1 000g 粉末所吸收的亚甲蓝克数）	MBF≤10

Chaux vive

En cas d'utilisation de filler d'apport présentant une certaine teneur en chaux vive, la teneur en chaux vive de la masse totale du BBME ne doit pas excéder 1%.

Liant

Le liant utilisé est un bitume pur répondant aux spécifications de la norme NF T 65–001 ou un bitume modifié ou un bitume spécial tels que définis dans la norme NF T 65–000, utilisé seul ou avec ajout.

Additif

L'adjonction éventuelle d'un dope doit être conforme à la norme NF P 98–150. Si l'obtention des performances spécifiées le nécessite, un additif peut être ajouté à l'occasion de l'opération d'enrobage.

Agrégats

Le pourcentage d'agrégats est spécifié en fonction des objectifs recherchés et du contexte propre au chantier. À défaut, le pourcentage d'agrégats admis dans un EME est au maximum de 40%.

Teneur en liant

La teneur en liant est calculée à partir du module de richesse K, de la surface spécifique conventionnelle S et d'un coefficient à correcteur de la masse volumique des granulats MVRg.

Pour chaque classe de performances d'EME, le module de richesse K doit avoir une valeur supérieure ou égale à celle donnée dans le tableau suivant.

生石灰：

填充填料中可以使用一部分生石灰，但其用量不能超过 BBME 的 1%。

粘结剂：

使用的粘结剂应符合 NF T 65–001 规范中有关条款的纯沥青或 NF T 65–000 规范中确定的改性沥青或特殊沥青，可单独使用或添加添加剂。

添加剂：

每种添加剂中可能的添加需要符合 NF P 98–150 规范中的条款。如果规定的性能的获取成为必要，添加剂可在拌料过程中添加。

石料：

石料的比例应根据设计和工地实际情况进行规定。如果没有，在 EME 中所允许的石料比例最大为 40%。

粘结剂含量：

粘结剂含量以 K 值，根据约定的面积比值 s 及骨料总量的一个修正指数 MVRg 进行计算。

对于每种级别的 EME 性能，K 值应高于或等于下表所列数据。

Tableau 12.3　Valeurs minimales du module de richesse
表 12.3　富模量最小值

Classe d'enrobé à module élevé 高模量沥青混合料类型	EME de classe 2EME 2
De type 0/10, 0/14 ou 0/20	
K	3,4

12.2　COMPOSITION ET CARACTÉRISTIQUES DU MÉLANGE　混合料性能及性能

12.2.1　Caractéristiques des enrobés　沥青性能

Tableau 12.4　Pourcentages de vides à respecter
表 12.4　空隙比要求

Essai	EME classe 2
Essai de compactage à la presse à cisaillement giratoire (NF P 98-252): 旋转压实试验（NF P 98-252） – à 80girations pour un EME 0/10; EME0/10 80 个回旋 – à 100girations pour un EME 0/14; EME0/14100 个回旋 – à 120giration pour un EME 0/20; EME0/20120 个回旋	$\leqslant 6$

Tableau 12.5　Performances mécaniques
表 12.5　机械性能

Essai sur EME 0/10, 0/14 ou 0/20	Classe 2 2 级
Essai Duriez à 18℃ (NF P 98-251-1); 18℃Duriez 试验 (NF P 98-251-1) Rapport: r (en MPa) après immersion 浸入后 R (en MPa) à sec 干的	$\leqslant 0.75$
Essai d'orniérage (NF P 98-253-1) 车辙试验 (NF P 98-253-1) Profondeur d'ornière en pourcentage de l'épaisseur de la dalle pour une dalle de 10cm d'épaisseur à 30 000 cycles et à 60℃, à un pourcentage de vides compris entre ● 3% et 6% (classe 2) 车辙深度按石板厚度的百分比计算。对于 10cm 的石板，在 60℃下的 30 000 个旋回和空隙比为 3%~6%（2 级）	$\leqslant 7.5\%$

Essai sur EME 0/10, 0/14 ou 0/20	Classe 2 2级
Essai de module complexe (NF P 98-260-2)；复合模量模量 (NF P 98-260-2) Module, en mégapascals, à 15℃, 10Hz à un pourcentage de vides compris entre 模块： 15℃，10Hz，亿兆帕计 ● 3% et 6% (classe 2)3%~6%（2级）	≥14 000
Essai de traction directe (NF P 98-260-1) 直接拉伸试验（NF P98-260-1） Détermination du module et de la perte de linéarité à un pourcentage de vides compris entre ● 3% et 6% (classe 2) Module, en mégapascals, à 15℃, 0.02s 模块：15℃，0.02s，亿兆帕计 线性损失对应的空隙比 3%~6%（2级）	≥14 000
Essai de fatigue (NF P 98-261-1) 疲劳试验（NF P98-261-1） Déformation relative à 106cycles, 10℃ et 25Hz et pour un pourcentage de vides compris entre ● 3% et 6% (classe 2) 106 个回合，10℃，25Hz 要求下相对变形对应的空隙比：3% ~ 6%（2级）	≥130μ def

12.2.2 Acceptation provisoire 临时接受（同意）

Se référer à l'article 9.2.3 du présent CCTP.

参照本 CCTP 第 9.2.3 条款。

12.2.3 Fabrication et transport 生产和运输

Les conditions de fabrication sont définies dans la norme NF P 98-150.

Les conditions d'identification sont définies dans la norme NF P 98-150.

Le bon d'identification de l'EME livré doit comporter le numéro de la formule.

Les conditions de transport sont définies dans la norme NF P 98-150.

En tout état de cause, la centrale et ses équipements proposés par l'Entrepreneur feront l'objet d'une acceptation provisoire par le Maître de l'ouvrage.

生产要求在 NF P 98-150 规范中已进行了规定。

辨别要求在 NF P 98-150 规范中已进行了规定。

出库单应包含配比编号。

运输要求在 NF P 98-150 规范中已进行了规定。

在任何情况下，拌合站及配套设施应由业主进行临时同意。

12.2.4 Mise en œuvre 施工

Les conditions de mise en œuvre sont définies par la norme NF P 98-150.

En tout état de cause, la mise en œuvre des enrobés est effectuée de manière à éviter la ségrégation et à respecter les caractéristiques fixées de géométrie, d'uni, de pourcentage de vides et d'adhérence. Le répandage des enrobés ne doit se faire que lorsque l'état de surface de la chaussée et les conditions météorologiques sont compatibles avec une bonne exécution des travaux et une bonne tenue ultérieure de la structure de chaussée.

施工要求在 NF P 98–150 规范中已进行了规定。任何情况下，沥青混合料施工都应避免离析，遵守指定的要求：几何学、均匀度、空隙率及粘附力。沥青摊铺应当在路面表面及天气情况合适的情况下保证良好施工及后续路面结构。

12.3 PLANCHES D'ESSAI 试验路段

Les planches d'essai et de référence sont réalisées conformément aux dispositions de la directive pour les matériaux enrobés à chaud relatives à la réalisation des planches d'étalonnage complétées ou modifiées comme il suit.

Une planche d'essai sera réalisée par l'Entrepreneur pour chaque épaisseur utilisée et pour chaque section de 50km, de manière à fixer:

◆ la composition et la disposition de répandage et de compactage en nombre et type d'engins;

◆ les modalités d'utilisation de ces ateliers;

◆ l'adéquation entre les débits de fabrication et de mise en œuvre.

Elle sera soumise aux règles suivantes:

◆ l'Entrepreneur proposera au Maître de l'ouvrage un programme de réalisation de la planche d'essai. Ce dernier sera représenté pendant le déroulement de la planche par le laboratoire chargé du contrôle extérieur;

◆ le lieu de réalisation de la planche sera proposé par l'Entrepreneur à l'acceptation du Maître de l'ouvrage, la couche de chaussée correspondant à cette planche pourra être conservée après l'accord du Maître de l'ouvrage;

◆ la durée maximale d'une planche d'essai unitaire telle que définie ci–dessus ne doit pas excéder un (1) jour ouvrable (répandage et constatation) et sa longueur est fixée à 100 mètres minimum.

L'Entrepreneur soumettra au Maître de l'ouvrage l'appareillage qu'il compte utiliser pour mesurer la densité en place des enrobés. Il devra obligatoirement effectuer des carottes sur les enrobés mis en place afin d'exécuter des essais de densité en laboratoire (par la méthode de la pesée hydrostatique) de façon à comparer avec les mesures indirectes et apporter un coefficient correctif le cas échéant.

La planche d'essai permettra de vérifier la conformité de la formule desEME et aura pour objectif d'atteindre les valeurs suivantes:

◆ pourcentage de vide: 95% des valeurs < pourcentage de vide fixé dans la norme NF P 98–140;

◆ épaisseur: couche de base et de fondation: 97.5% des points > e −1.5cm (Où e = épaisseur théorique en cm);

◆ nivellement: 95% des points compris entre + 1cm de la cote théorique;

Vingt (20) mesures régulièrement réparties seront réalisées pour le contrôle du pourcentage de vides et trois (3) mesures par profil espacé de 10m pour le contrôle de l'épaisseur et du nivellement. Ces mesures seront effectuées sur la totalité de la zone de la planche d'essai réalisée selon les modalités d'emploi des ateliers retenues.

La réalisation des objectifs ci-dessus déclenchera l'acceptation définitive de l'ensemble de la chaîne fabrication, transport, répandage, compactage, sous réserves de l'obtention des acceptations provisoires mentionnées ci-avant.

La planche d'essai est considérée comme un point d'arrêt et fait l'objet d'un contrôle externe et extérieur. Dans ce cas, le Maître de l'ouvrage notifiera à l'Entrepreneur l'acceptation (autorisant le démarrage des travaux), les réserves ou le refus de la planche d'essai.

试验路段和标准参照路段施工要符合规定设计，使用热沥青混合料，与此相关的复核段施工可补充和修改配合比。

承包商将对已使用的每层厚度和每 50km 进行试验路段，以便确定：

◆ 摊铺作业组和碾压作业组的构成，机械设备的种类和数量；

◆ 这些作业组的使用方式；

◆ 材料生产产量和施工量之间的完全一致。

试验路段应该符合以下规范要求：

◆ 承包商将向业主提供一份试验路段的实施计划。在试验路段进行期间，业主由一家负责外部监督（检查）工作的试验室来代表。

◆ 试验路段的实施地点，将由承包商提出建议，以征得业主同意（接受），在征得业主同意后，试验段路面可以保留。

◆ 上述所确定的单个试验路段的最多实施期限为一个工作日，其长度至少应该为 100m。

承包商递交给业主打算在现场测量沥青混合料密度时使用的仪器。必须对沥青混合料进行现场取样，以进行试验室密度试验（使用静水压称重方法），来与间接测量对比，必要时给出一个修正系数。

试验路段能够用来监督（检查）沥青混凝土（EME）配合比的合格性，并能达到以下数值：

◆ 空隙率：95% 的测定值小于规范 NF P98-140 确定的空隙率；

◆ 厚度：基层和底基层：97.5% 的检测点 $>e-1.5\text{cm}$［其中式中 e = 理论厚度（用 cm 表示）］；

◆ 标高：95% 的检测点，在理论标高的 1cm 之间。

对于空隙率的监督（检查），要在整个试验路段区域内，并根据所采用的作业组的使用方式，取均匀分布的 20 个点作检测；对于厚度和测平度的监督（检查），要在每个断面上每间隔 10m 做 3 次检测。

上述目标的实现，将决定生产运输、摊铺和碾压整个工作链能否最终被同意，需要说明的是，上述工作要预先取得业主临时同意（接受）。

试验路段是一个控制点，需要进行承包商外部监督（检查）和（业主）外面监督（检查），在此情况下，业主将通知承包商试验路段同意（接受，允许开工），有保留意见或拒绝接受。

12.4 ESSAIS ET CONTRÔLE DES CONSTITUANTS 试验和组成成分的监督（检查）

12.4.1 Contrôle des granulats 碎石料的监督（检查）

Contrôle interne 内部监控

L'Entrepreneur procède pendant la fabrication aux contrôles prescrits par l'article 7.3.1.

在生产期间，承包商需根据条款 7.3.1 要求的进行监督（检查）。

Contrôle externe 外部监督

Ces différents contrôles seront menés conformément à la norme NF P 18–540, les fréquences des essais à exécuter sont indiquées ci–après:

◆ caractéristiques intrinsèques des gravillons (LA, MDE, CPA, rapport de concassage): 1 détermination par 2 000tonnes;

◆ caractéristiques de fabrication des gravillons: 1 détermination par 500 tonnes;

◆ caractéristiques de fabrication des sables: 1 détermination par 500 tonnes;

◆ masse volumique réelle (NF P 18–554): 1mesure par 500 tonnes;

◆ angularité des gravillons des sables: 1 détermination par 500 tonnes;

◆ teneur en eau des sables: 1mesure par 500 tonnes;

◆ catégorie des fines: 1mesure par 500 tonnes.

这些不同的监督检查应符合 NF P 18–540 规范中的有关要求，要进行的试验频率规定如下：

◆ 碎石的固有特性（洛杉矶磨耗，微笛瓦尔，磨光值，破碎报告）：每 2 000t 一次测定；

◆ 碎石的生产特性：每 500t 一次测定；

◆ 沙子的生产特性：每 500t 一次测定；

◆ 真实密度（NF P 18–554）：每 500t 一次测定；

◆ 沙子碎石的棱角：每 500t 一次测定；

◆ 沙子的含水量：每 500t 一次测定；

◆ 填料等级：每 500t 一次测定。

Contrôle extérieur 外面监督

En plus de la levée des points d'arrêt relatifs à ce contrôle, le Maître de l'ouvrage effectuera des contrôles inopinés.

除了与此监督相关的控制点记录外，业主将进行抽查。

除了与此监控相关的控制点记录外，协议签署部门将进行抽查。

12.4.2 Contrôle des fines d'apport 填充细粒的监督（检查）

L'Entrepreneur est tenu de vérifier, avant utilisation, que les fines d'apport sont conformes à l'article 9.12ci–dessus. Pour 100tonnes de fines livrées, l'Entrepreneur effectuera notamment un contrôle de granularité et de surface spécifique Blaine.

在使用之前，承包商需检查这些填充细粒已符合上述 9.12 条款中的规定。

交付每 100t 细粒，承包商尤其需要对粒度和 Blaine 特殊表面进行监督。

12.4.3　Contrôle du bitume　**沥青的监督（检查）**

En plus des spécifications de l'article 9.7.3 du présent CCTP, l'Entrepreneur est responsable de la qualité du bitume livré et assure le contrôle de la fourniture du bitume dans les conditions fixées ci-après.

L'Entrepreneur fournira le PAQ du fournisseur de bitume au Maître de l'ouvrage.

L'Entrepreneur organisera les transports et les adaptera aux cadences de fabrication.

L'Entrepreneur réceptionnera chaque porteur muni d'une fiche d'identification (n°　du lot et caractéristiques PENE et TBA) à son arrivée sur le chantier et effectuera pour chacun d'eux, trois (3) prélèvements conservatoires d'un litre placés dans des récipients étanches:

◆ Un (1), destiné à l'Entrepreneur pour fins d'analyses;1 份，承包商进行粉料分析；

◆ Un (1), destiné au laboratoire du Maître de l'ouvrage aux fins d'analyses;

◆ Un (1), étant en réserve à titre conservatoire en cas de contestation sur les résultats des deux (2) premières analyses.

Les prélèvements seront répertoriés par l'Entrepreneur qui en assurera le stockage pendant la durée du chantier. À cet effet, l'Entrepreneur doit prévoir sur le chantier les moyens nécessaires pour assurer dans de bonnes conditions, le stockage provisoire des échantillons. En fin de chantier, ces prélèvements seront remis au Maître de l'ouvrage. Les boîtes d'un litre seront fournies par l'Entrepreneur.

En tout état de cause, ces prélèvements subiront les essais démontrant leur conformité aux caractéristiques décrites dans la norme T65-001.

除了本 CCTP C6.7.3 章规定外，承包商负责交付的沥青质量，在以下条件下保证沥青供给的监控。

承包商向业主提供沥青供应商的 PAQ。

承包商组织运输并使之适应生产需要。

运输车抵达工地后，承包商验收每个车的标识单（批次、编号和 PENE 及 TBA 特性），每一批次都要取三个样品，每个样品为 1L，盛放在密封的容器里：

◆1 份，承包商进行粉料分析；

◆1 份，业主实验室进行粉料分析；

◆1 份，用于备份，上述两次分析试验结果出现争议的情况下，进行复核使用。

承包商应给以上取样编号，并保证其在工程进行期间的存放。为此，为了保证样品临时存放的良好条件，承包商应考虑到在工地上采取的必要方式。工程结束后，这些样品应交付业主。1L 的容器由承包商提供。

总之，这些样品将进行与 T65-001 标准要求的性能相符合的试验。

12.4.4　Contrôle des dopes et des adjuvants　**添加剂的监督（检查）**

L'Entrepreneur fournira toutes les justifications permettant de vérifier la conformité des produits approvisionnés sur le chantier.

乙方应该提供能够验证提供到工地的产品符合规定的全部证明。

12.5 ESSAI ET CONTRÔLE EN COURS DE PRODUCTION 生产过程中的实验监控

12.5.1 Fabrication 制造

Se référer à l'article 9.8.1 du présent CCTP.

参见本 CCTP 第 9.8.1 条

12.5.2 Mise en œuvre 实施

12.5.2.1 Compacité 压实性

Se référer à l'article 9.8.2.1 du présent CCTP.

参见本 CCTP 第 9.8.2.1 条

Epaisseur 厚度

En plus des spécifications de l'article 9.8.2.2 du présent CCTP, le contrôle de conformité sera effectué sur des lots de 300mètres par relevé topographique à raison de 3 points par chaussée (au droit des bords théoriques de la bande de roulement et à l'axe) et ce tous les 10mètres.

Les mesures seront stockées sur carnet électronique de façon à pouvoir être traitées par un logiciel de contrôle de nivellement du Maître d'Ouvrage.

La tolérance par rapport à l'épaisseur théorique (e) est la suivante: 97.5% des points supérieurs à e – 1cm.

Si le résultat du lot n'est pas satisfaisant, il sera appliqué les dispositions prévues au.

除了本 CCTP 第 9.8.2.2 条作出的规定外，合格性监督（检查），将通过测量每 300m 为一个批次进行监督（检查），路面上每 10m 检测 3 个点（在路面行车层理论边缘以及中心线处）。

检测结果将储存在电脑记事本里面，以便使甲方能够通过水平测量监督（检查）软件进行处理。

相对于理论厚度（e）的允许误差为：97.5% 的检测点大于 e–1cm。

如果批次检查得到的结果不符合要求，将按照专用行政条款的相关规定处理。

12.6 CNTRÔLE DE CONFORMITÉ 合格性检验

12.6.1 Fabrication 生产

Se référer à l'article 9.9.1 du présent CCTP.

参见本本 CCTP 第 9.9.1 章。

12.6.2 Mise en œuvre 实施

12.6.2.1 Compacité 压实度

Se référer à l'article 9.9.2.1 du présent CCTP.

参见本 CCTP 第 9.9.2.1 条。

12.6.2.2   Caractéristiques géométriques   几何特征

A) Épaisseur 厚度

Contrôle externe

Le contrôle de l'épaisseur s'effectuera par carottage à raison de cinq (5) carottages par lot de 10 000m². L'entrepreneur est responsable de refermer les trous de carottage selon une méthode soumise au préalable et approuvée par le Maître de l'ouvrage. Les tolérances par rapport aux épaisseurs définies par les plans d'exécution sont les suivantes:

97.5% des points supérieurs à e – 1.5cm avec e = épaisseur définie aux plans d'exécution.

外部监督：

厚度检测将以每 10 000m² 一批次，每批次 5 个岩心钻探的方式进行。承包商要以预先报批业主的方式封锁钻探洞口。施工图规定的厚度误差如下：

97.5% 的点高于 $e - 1.5$cm，e 为施工图规定厚度。

B) Collage des couches 层粘连

Le contrôle de collage des couches s'effectuera par carottage.

Contrôle externe

L'Entrepreneur devra à ses frais, faire la preuve du collage des couches (couches de roulement et de grave bitume) à partir des carottes effectuées pour le contrôle de l'épaisseur.

Contrôle extérieur

Le Maître de l'ouvrage pourra vérifier éventuellement à ses frais ce contrôle par autant de carottages qu'il jugera opportun. Quatre-vingt-quinze pour cent (95%) des carottes devront clairement faire apparaître le bon collage entre les couches, et ceci, pendant toute la durée de garantie; l'objectif fixé étant aucune carotte décollée. La remise en état de la chaussée après carottage (pendant la période des travaux) fait partie des travaux de l'entreprise.

以岩心钻探进行层粘连。

外表监督：

承包商要从完成的钻探来显示层粘连（行车层和沥青碎石）以便检测厚度，其费用由承包商承担。

外部监督：

必要时，业主可就其认为恰当数量的钻探核实这项检测，费用由业主承担。在整个保质期内，95% 的钻探试样应清晰地显现层间完好的连接，没有试样出现脱离现象。施工期间钻探后的道路复原工作由承包商负责。

C) Flaches 平整度

Contrôle externe

L'Entrepreneur est tenu de procéder à des vérifications de la régularité de surfaçage par un contrôle des flaches à tous les 30m. Les valeurs maximales sont les suivantes:

◆ 1.5cm en profil en travers;

◆ flache maximale par rapport à la règle de 3m;

◆ 1cm en profil en long.

En sus du contrôle de la section courante, le contrôle des flaches aura lieu systématiquement:

◆ au droit des P.I.;

◆ au droit des zones de variation des dévers;

◆ aux zones de démarrage et d'arrêt de chantier.

Contrôle extérieur

Le Maître de l'ouvrage pourra effectuer ses propres mesures à la règle de 3m dans les mêmes conditions sur un lot journalier.

外表检测:

承包商以每 30m 对间隙进行检测的方法检查表面平整度。最大值如下：

◆ 横断面上 1.5cm。

◆ 3m 尺测最大间隙。

◆ 纵断面上 1cm。

除普通路段的检测外，间隙检测还要再系统地进行：

◆ P.I 右边。

◆ 超高侧倾弯道区域右侧。

◆ 工地启止区域。

外部监督:

同样情况下，业主可以以 3m 尺自行进行每日测量。

D) Planimétrie 平面测量

Se référer à l'article 9.9.2.2 du présent CCTP.

参见本 CCTP 第 9.9.2.2 条

E) Interprétation des résultats 结果说明

L'interprétation des résultats du contrôle de conformité des caractéristiques géométriques (épaisseur, flache et planimétrie), se fera de la manière suivante:

◆ si, pour deux (2) journées consécutives de travail plus de dix pour cent (10%) des points vérifiés sortent des tolérances imposées, le Maître de l'ouvrage prescrira un arrêt du chantier, l'examen des méthodes et des matériels utilisés, leur révision ou leur remplacement si besoin est;

◆ si les tolérances ne sont satisfaites que pour un pourcentage de points contrôlés dans la journée, inférieur à quatre-vingt-dix pour cent (90%), le Maître de l'ouvrage prescrira la démolition et l'évacuation à la décharge des parties de couches correspondantes et la reconstruction aux frais exclusifs de l'Entrepreneur.

En cas de non conformité, il sera appliqué les pénalités prévues par le CCAPpour le dépassement des tolérances d'épaisseur et de flaches.

几何特性合格性检测结果的解读（厚度、平整度和平面位置）将以以下方式解读：

◆ 如果连续两日的工作中 10% 的检测点超出允许误差，业主将要求工地停工，并进行施工方法，使用设备的检查，如果必要将进行修改或更换。

◆ 如果当日检测中，检测点满足误差范围的比例低于 90%，业主将要求进行拆除，相应挖掘部分和重建部分的费用全部由承包商负责。

不合格时，将采取专用行政条款中关于超出厚度和坑洼误差的处罚。

13.0   BÉTONS BITUMINEUX À MODULE ÉLEVÉ (BBME)   高模量沥青混凝土

On distingue deux (2) types de bétons bitumineux à module élevé:

◆ béton bitumineux à module élevé 0/10mm (BBME 0/10);

◆ béton bitumineux à module élevé 0/14mm (BBME 0/14).

Chaque type peut se situer dans trois (3) classes de performance: classe 1, 2 ou 3.

Ces classes de performances sont définies au moyen d'une épreuve de formulation dont le niveau est fonction de l'utilisation du produit.

Les épaisseurs d'utilisation sont mentionnées ci dessous.

要区分两种高模量沥青混凝土：

◆ 0/10mm 的高模量沥青混凝土 (BBME 0/10);

◆ 0/14mm 的高模量理清混凝土 (BBME 0/14)。

每种沥青混凝土有 3 种性能等级：1 等、2 等或 3 等。

性能等级由公式算出，等级为产品使用功能。

使用厚度在以下提出：

Type de BBME BBME 型	Épaisseur moyenne d'utilisation 平均使用厚度	Épaisseur minimale en tout point 所有点中最小厚度
BBME 0/10	5 à 7 5 到 7	4
BBME 0/14	6 à 9 6 到 9	5
Le respect de ces épaisseurs minimales peut nécessiter un reprofilage préalable par fraisage ou apport de matériaux, ou bien une épaisseur moyenne adaptée située dans les fourchettes ci-dessus. 为了遵循这些最小厚度值以及平均厚度，必要时可以通过刨削路面或者添加材料来调整断面		

Les BBME pour couche de roulement ou couche de liaison seront conformes à la norme NF P 98-141 de novembre 1999:

L'étude de formulation en laboratoire sera menée sur la base des essais suivants:

◆ essai PCG (NF P 98-252);

◆ essai Duriez à 18℃ (NF P 98–251–1);

◆ essai d'orniérage (NF P 98–253–1);

◆ essai de caractérisation des performances mécaniques par essai de module complexe (NF P 98–260–2) ou par essai de traction directe (NF P 98–260–1);

◆ essai de fatigue (NF P 98–261–1).

行车层及连接层的高模量沥青混凝土要符合 1999 年十一月的 NF P 98–141 规范。

实验室配比公式研究应以下实验为基础：

◆ PCG 实验 (NF P 98–252)；

◆ 多烈士（Duriez）18℃实验 (NF P 98–251–1)；

◆ 车辙实验 (NF P 98–253–1)；

◆ 通过符合模量实验 (NF P 98–260–2) 或通过直接牵引实验 (NF P 98–260–1) 进行的机械性能特性实验；

◆ 疲劳实验 (NF P 98–261–1)。

13.1 CONSTITUANTS　成分

13.1.1 Granulats　骨料

Caractéristiques normalisées

Les caractéristiques des granulats sont conformes aux spécifications de la norme NFP 18–540. Pour chaque produit, les caractéristiques minimales sont les suivantes:

13.1.1.1 Caractéristiques normalisées　标准化性能

Les caractéristiques des granulats sont conformes aux spécifications dela norme NFP 18–540. Pour chaque produit, les caractéristiques minimales sont les suivantes :

粒料的性能，应该符合法国标准 NF P18 – 540 的要求。对于每种产品，最小的性能要求如下：

Caractéristiques 特性	Couche de roulement 行车层	Couche de liaison 连接层
Résistance mécanique des gravillons 细砾石力学强度	C	D
Caractéristiques de fabrication des gravillons 细砾石制造特性	III	III
Caractéristiques de fabrication des sables 沙制造特性	A	a
Angularité des gravillons et des sables* 细砾石和沙的棱角性	RC2	/
(*) L'incorporation de 10% de sable roulé, au maximum, peut être admise. 最多允许掺入 10% 的滚沙		

13.1.1.2　Caractéristiques complémentaires　补充特性

Filler d'apport

Le filler d'apport éventuel est de catégorie F1, F2 ou F3tel que défini par la norme XP P 18–540.

Fines du sable

Les fines du sable doivent être conformes au tableau ci dessous. Si cela n'est pas le cas, les fines du mélange doivent être conformes au tableau ci dessous.

填充料：

如 XP P 18–540 的规定，可能使用的填充料属于 F1、F2 或 F3 类。

细沙：

细沙特性必须符合以下表格所列标准，如果不符合，则混合物特性需符合以下表格标准。

Tableau 13.2　Essai sur les fines du sable ou à défaut, du mélange (coupure à sec à 125mm)
表 13.2　细沙实验，如果没有细沙，则为混合实验 (干中断 125mm)

Essai 实验	Valeur 值
Indice des vides Rigden (P 18–565) 空 Rigden 指数 (P 18–565)	IVR ≤ 40%
Pouvoir rigidifiant (différence entre la température de ramollissement «bille et anneau» d'un mastic composé, en masse, de 60% de fines et 40% de bitume 50/70 et celle de ce même bitume) (NF T 66–008)	10℃ ≤ Δ TBA ≤ 20℃
Essai au bleu (quantité de bleu adsorbée, en grammes pour 1 000g de fines) (NF EN 933–9)	MBF ≤ 10

Chaux vive

En cas d'utilisation de filler d'apport présentant une certaine teneur en chaux vive, la teneur en chaux vive de la masse totale de l'EME ne doit pas excéder 1%.

Liant

Le liant utilisé est un bitume pur répondant aux spécifications de la norme NF T 65–001 ou un bitume modifié ou un bitume spécial tels que définis dans la norme NF T 65–000, utilisé seul ou avec ajout.

Additif

L'adjonction éventuelle d'un dope doit être conforme à la norme NF P 98–150. Si l'obtention des performances spécifiées le nécessite, un additif peut être ajouté à l'occasion de l'opération d'enrobage.

Agrégats

Le pourcentage d'agrégats est spécifié en fonction des objectifs recherchés et du contexte propre au chantier. À défaut, le pourcentage d'agrégats admis dans un BBME est au maximum de 10% pour une utilisation en couche de roulement et de 20% pour une utilisation en couche de liaison.

Teneur en liant

La teneur en liant est calculée à partir du module de richesse K, de la surface spécifique conventionnelle $\sum$ et d'un coefficient a correcteur de la masse volumique des granulats MVRg.

Pour chaque type de BBME, le module de richesse K doit avoir une valeur supérieure ou égale à celle donnée dans le tableau suivant.

生石灰：

使用填料时，EME 总量中生石灰含量不能超过 1%。

粘合剂：

使用的粘接剂为符合 NF T 65-001 规范的纯沥青，或改性沥青，或者由 NF T 65-001 规范规定的特殊沥青，沥青单独使用或者加入添加剂。

添加剂：

可能加入的添加剂要符合 NF P 98-150 规范。为了达到要求的性能，进行涂层时可以加入添加剂。

骨料：

骨料的比例根据研究目和本工地环境的做出规定。如果没有规定，允许的高模数沥青混凝土中骨料百分比，行车层最多为 10%，连接层为 20%。

连接剂含量：

连接剂含量根据 K 含油值模数，协议的特定面积$\sum$，MVRg 骨料单位体积质量矫正系数每种高模量沥青混凝土，含油模量 K 大于等于以下表给出的量。

Tableau 13.3　Valeurs minimales du module de richesse
表 13.3　最小含油模量

Type de BBME 高模量混凝土类型	BBME 0/10	BBME 0/14
K	3.5	3.3

13.2　COMPOSITION ET CARACTÉRISTIQUES DU MÉLANGE　混合的组成和特性

13.2.1　Caractéristiques des BBME　高模数沥青混凝土特性

Tableau 13.4　Pourcentages de vides à respecter
表 13.4　空隙比

Essai 实验	BBME 0/10		BBME 0/14	
	Min. 最小	Max. 最大	Min. 最小	Max. 最大
Essai de compactage à la presse à cisaillement giratoire (NF P 98-252) 环形剪力压力压式实验				
À 10girations 10 转	11		11	
À 60girations 60 转	5	10		
À 80girations 80 转			4	9

Tableau 13.5　Performances mécaniques
表 13.5　机械性能

Essaissur EME 0/10, 0/14 ou 0/20 0/10, 0/14 或 0/20 高模量混凝土实验	Classe 1 1 等	Classe 2 2 等	Classe 3 3 等
Essai Duriez à 18℃ (NF P 98-251-1) Rapport: r (en MPa) après immersion R (en MPa) à sec 多烈土 18℃实验 比例: 浸入后 r (MPa) 干燥 R (MPa)	≥ 0.80	≥ 0.80	≥ 0.80
Essai d'orniérage (NF P 98-253-1) Profondeur d'ornière en pourcentage de l'épaisseur de la dalle pour une dalle de 10cm d'épaisseur à 30 000 cycles et à 60℃, à un pourcentage de vides compris entre 5% et 8% 车辙实验 (NF P 98-253-1)	≤ 10%	≤ 7.5%	≤ 5%
Essai de module complexe (NF P 98-260-2) Module en mégapascals à 15℃, 10Hz à un pourcentage de vides compris entre 5% et 8% 复合模量实验 (NF P 98-260-2) 15℃10Hz 下以兆帕斯卡计模量, 空隙率, 在 5%~8% 间	≥ 9 000	≥ 12 000	≥ 12 000
Essai de traction directe (NF P 98-260-1) Détermination du module et de la perte de linéarité à un pourcentage de vides compris entre 5% et 8% Module, en mégapascals, à 15℃, 0.02s 直接牵引实验 (NF P 98-260-1) 在 5%~8% 的空隙率的情况下的模数限定和线性损失。模量以 mégapascals 计, 15℃, 0.02s	≥ 9 000	≥ 12 000	≥ 12 000
Essai de fatigue (NF P 98-261-1) Déformation relative à 106cycles, 10℃ et 25Hz et pour un pourcentage de vides compris entre 5% et 8%, ε 疲劳实验 (NF P 98-261-1) 106 圈, 10℃, 25Hz 下的相对变形, 以及在 5%~8% 的空隙率	≥ 110 μdef	≥ 100 μdef	≥100 μdef

13.2.2　Acceptation provisoire　临时验收

Se référer à l'article 9.2.3 du présent CCTP.

见本 CCTP 第 9.2.3 条。

13.2.3　Fabrication et transport　制造和运输

Les conditions de fabrication sont définies dans la norme NF P 98-150.

Les conditions d'identification sont définies dans la norme NF P 98-150.

Le bon d'identification du BBME livré doit comporter le numéro de la formule.

Les conditions de transport sont définies dans la norme NF P 98-150.

En tout état de cause, la centrale et ses équipements proposés par l'Entrepreneur ferontl'objet d'une acceptation provisoire par le Maître de l'ouvrage.

制造情况在 NF P 98-150 规范中作出了规定。规范 NF P 98-150 对鉴别情况作出了规定。已交付高模量沥青混凝土的完好鉴别应包含公式。NF P 98-150 对运输情况作出了规定。

不管怎样，业主都将对承包商建议的发电站和其设备进行临时验收。

13.2.4 Mise en œuvre 实施

Les conditions de mise en œuvre sont définies par la norme NF P 98-150.

En tout état de cause, la mise en œuvre des enrobés est effectuée de manière à éviter la ségrégation et à respecter les caractéristiques fixées de géométrie, d'uni, de pourcentage de vides et d'adhérence. Le répandage des enrobés ne doit se faire que lorsque l'état de surface de la chaussée et les conditions météorologiques sont compatibles avec une bonne exécution des travaux et une bonne tenue ultérieure de la structure de chaussée.

NF P 98-150 规范对实施条件进行了限定。无论如何，保护层的施工要防止分离并且符合几何学，平面，空隙率和附着力的固有特性。涂料的摊铺只能在路面状态和天气情况都符合良好施工和日后道路结构稳定的情况下进行。

13.3 PLANCHES D'ESSAI 实验路段

Les planches d'essai et de référence sont réalisées conformément aux dispositions de la directive pour les matériaux enrobés à chaud relatives à la réalisation des planches d'étalonnage complétées ou modifiées comme suit.

Une planche d'essai sera réalisée par l'Entrepreneur pour chaque épaisseur utilisée et pour chaque section de 50km ou plus, de manière à fixer:

- ◆ la composition et la disposition de répandage et de compactage en nombre et type d'engins,
- ◆ les modalités d'utilisation de ces ateliers.
- ◆ l'adéquation entre les débits de fabrication et de mise en oeuvre.

lle sera soumise aux règles suivantes:

◆ L'Entrepreneur proposera au Maître de l'ouvrage un programme de réalisation de la planche d'essai. Ce dernier sera représenté pendant le déroulement de la planche par le laboratoire chargé du contrôle extérieur.

◆ Le lieu de réalisation de la planche sera proposé par l'Entrepreneur à l'acceptation du Maître d'Ouvrage, la couche de chaussée correspondant à cette planche pourra être conservée après accord du Maître d'Ouvrage.

◆ La durée maximale d'une planche d'essai unitaire telle que définie ci-dessus ne doit pas excéder un (1) jour ouvrable (répandage et constatation) et sa longueur est fixée à 100mètres minimum.

L'Entrepreneur soumettra au Maître de l'ouvrage l'appareillage qu'il compte utiliser pour mesurer la densité en place des enrobés. Il devra obligatoirement effectuer des carottes sur les enrobés mis en place afin d'exécuter des essais de densité en laboratoire (par la méthode de la pesée hydrostatique) de façon à comparer avec les mesures indirectes et apporter un coefficient correctif le cas échéant.

La planche d'essai permettra de vérifier la conformité du BBME et aura pour objectif d'atteindre les valeurs suivantes:

◆ Pourcentage de vide: 95% des valeurs<pourcentage de vide fixédans la normeNF P 98-141,

◆ Epaisseur: Couche de base et de fondation: 97.5% des points > e - 1cm(où e = épaisseurthéorique en cm),

◆ Nivellement: 95% des points compris entre +1cm de la cote théorique,

◆ rugosité: couche de roulement:

HSV moyen > 0.6mm (moyenne de 20mesures);

HSV mini > 0.4mm (en tout point).

Vingt mesures régulièrement réparties seront réalisées pour le contrôle du pourcentage de vides et trois (3) mesures par profil espacé de 10m pour le contrôle de l'épaisseur et du nivellement. Ces mesures seront effectuées sur la totalité de la zone de la planche d'essai réalisée selon les modalités d'emploi des ateliers retenues.

La réalisation des objectifs ci-dessus déclenchera l'acceptation définitive de l'ensemble de la chaîne fabrication, transport, répandage, compactage, sous réserves de l'obtention des acceptations provisoires mentionnées ci-dessus.

La planche d'essai est considérée comme un point d'arrêt et fait l'objet d'un contrôle externe et extérieur. Dans ce cas, le Maître de l'ouvrage notifiera à l'Entrepreneur l'acceptation (autorisant le démarrage des travaux), les réserves ou refus de la planche d'essai.

实验路段和参考路段要符合上级关于石灰包裹材料的要求，以下对于有关实现标准化路段的要求进行补充和修改。

对采用的每种厚度和每 50km 或更长一点的路段，要做试验路段，将由乙方来实施，以确定：

◆ 摊铺作业组和压实作业组的组成，以及机械设备的种类和数量；

◆ 这些作业组的使用方式；

◆ 生产量和摊铺量之间的一致性。

试验路段应该符合以下规范要求：

◆ 乙方将向甲方推荐一份试验路段的施工计划，在试验路段施工期间，甲方将由负责外面监督（检查）的试验室来代表参加；

◆ 试验路段实施地点将由乙方提出建议，由甲方同意（接受），与该试验路段相对应的路面层，甲方同意之后可以保留；

◆ 如上所述，单个试验路段的最大施工期限为 1 工作日，其长度确定为至少 100m。

承包商递交给业主打算在现场测量沥青混合料密度时使用的仪器。必须对沥青混合料进行现场取样，以进行试验室密度试验（使用静水压称重方法），来与间接测量对比，必要时给出一个修正系数。

试验路段能够用来监督（检查）高模量沥青砂砾料配合比的合格性，并能达到以下数值：

◆ 空隙率：95% 的测定值≤规范 NF P 98-141 里面确定的空隙率；

◆ 层和底基层：97.5% 的检测点 > e-1cm（其中 e = 理论厚度，单位：cm），（其中

e = 理论厚度，单位：cm）；

　◆ 水准测量：95% 的检测点，在理论标高的 ±1cm 之间。

　◆ 构造深度：行车层：

平均 HSV> 0.6mm（20 次测量的平均值）；

最小 HSV > 0.4mm（所有点）。

对于空隙率的监督（检查），要在整个试验路段区域内，并根据所采用的作业组的使用方式，取均匀分布的 20 个点作检测；对于厚度和标高的监督（检查），要在每个断面上每间隔 10m 做 3 次检测。

上述目标的实现，将决定生产运输、摊铺和碾压整个工作链能否最终被同意，需要说明的是，上述工作要预先取得甲方临时同意（接受）。

试验路段是一个停止点，需要进行外部监督（检查）和（甲方的）外面监督（检查），甲方将通知乙方试验路段同意（接受）（同意开工）保留意见或者拒绝接受。

13.4　ESSAIS ET CONTRÔLE DES CONSTITUANTS　构成物实验和检查

13.4.1　Contrôle des granulats　骨料检查

L'Entrepreneur procède pendant la fabrication aux contrôles prescrits par l'article 9.7.1.

Ces différents contrôles seront menés conformément à la norme NF P 18–540, les fréquences des essais à exécuter sont indiquées ci–après:

Caractéristiques intrinsèques des gravillons (LA, MDE, CPA, rapport deconcassage): 1 détermination par 2000 tonnes,

Caractéristiques de fabrication des gravillons: 1 détermination par 500tonnes,

Caractéristiques de fabrication des sables: 1 détermination par 500tonnes,

Masse volumique réelle (NF P 18–554): 1mesure par 500tonnes,

Angularité des gravillons des sables: 1 détermination par 500tonnes,

Teneur en eau des sables: 1mesure par 500tonnes,

Catégorie des fines: 1mesure par 500tonnes.

En plus de la levée des points d'arrêt relatifs à ce contrôle, le Maître de l'ouvrage effectuera des contrôles inopinés.

承包商在制造过程中要进行第 9.7.1 章规定的检查。

这些监督（检查）工作应该按照法国标准 NF P 18-540 的要求进行，要试验的次数如下：

细粒碎石的固有特性（通过洛杉矶磨耗、狄法尔磨耗、CPA 试验和破碎比例）：每 2 000t 监督（检查）一次；

细粒碎石的生产特性：每 500t 监督（检查）一次；

砂子的生产特性：每 500t 监督（检查）一次；

实际密度（法国标准）：每 500t 监督（检查）一次；

砂子和细粒碎石的棱角性，含水量，有机物含量，抗冻性：每 500t 监督（检查）一次；

砂料含水量：每 500t 监督（检查）一次；

细料类型：每 500t 检测一次。

除了选取与此检查相关的停止点，业主可以进行其他检查。

13.4.2 Contrôle des fines d'apport 填充细料检查

L'Entrepreneur est tenu de vérifier, avant utilisation, que les fines d'apport sont conformes à l'article 9.7.2ci–dessus. Pour 100tonnes de fines livrées, l'Entrepreneur effectuera notamment un contrôle de granularité et de surface spécifique Blaine.

承包商要在使用前核实填充细料符合以上 9.7.2 条的规定

每 100t 交付的细料，承包商都要进行一次粒径和 BLAINE 特定面积的检查。

13.4.3 Contrôle du bitume 沥青的监督（检查）

En plus des spécifications de l'article 9.7.3 du présent CCTP,L'Entrepreneur est responsable de la qualité du bitume livré et assure le contrôle de la fourniture du bitume dans les conditions fixées ci–après.

L'Entrepreneur fournira le PAQ du fournisseur de bitume au Maître de l'ouvrage.

L'Entrepreneur organisera les transports et les adaptera aux cadences de fabrication.

L'Entrepreneur réceptionnera chaque porteur muni d'une fiche d'identification (n° du lot et caractéristiques PENE et TBA) à son arrivée sur le chantier et effectuera pour chacun d'eux, trois (3) prélèvements conservatoires d'un litre placés dans des récipients étanches:

un destiné à l'Entrepreneur pour fins d'analyses,

un destiné au laboratoire du Maître d'Ouvrage pour fins d'analyses,

un, étant en réserve à titre conservatoire en cas de contestation sur les résultats des deux premières analyses.

Les prélèvements seront répertoriés par l'Entrepreneur qui en assurera le stockage pendant la durée du chantier. A cet effet, l'Entrepreneur doit prévoir sur le chantier les moyens nécessaires pour assurer dans de bonnes conditions, le stockage provisoire des échantillons. En fin de chantier, ces prélèvements seront remis au Maître de l'ouvrage. Les boites d'un litre seront fournies par l'Entrepreneur.。

En tout état de cause, ces prélèvements subiront les essais démontrant leur conformité aux caractéristiques décrites dans la norme T65–001.

除了本 CCTP 第 9.7.3 作出的规定外，乙方对所提供的沥青质量负责，并按照以下的规定负责监督（检查）。

乙方要向甲方提交沥青供应商的质量保证计划。

乙方负责组织运输工作，并且要求满足生产速度的需要。

乙方在每辆拖车工地到货时要组织验收，拖车上要有标识单（批次、编号和 PENE 和 TBA 性能说明），每一批次都要取三个样品，每个样品为一公升，盛放在密封的容器里：

一份样品给乙方用来进行分析使用；

一份样品给甲方试验室用来进行分析使用；

一份留做备份用，上述两次分析试验结果出现争议的情况下，进行复核使用。

取样工作由乙方负责，并且负责保存，乙方应该在工地上采取适当的手段确保样品的良好保存，在工程结束之后，这些样品将交给甲方。这些样品要装在一公升的盒子里。

无论如何，这些样品将进行与 T65-001 标准要求的性能相符合的试验。

13.4.4 Contrôle des dopes et des adjuvants 添加剂的监督（检查）

L'Entrepreneur fournira toutes les justifications permettant de vérifier la conformité des produits approvisionnés sur le chantier.

乙方应该提供能够验证提供到工地的产品符合规定的全部证明。

13.5 ESSAI ET CONTRÔLE EN COURS DE PRODUCTION 生产过程中的实验和检查

13.5.1 Fabrication 生产

Se référer à l'article 9.8.1 du présent CCTP.

参见本 CCTP 第 9.8.1 条。

13.5.2 Mise en œuvre 实施

13.5.2.1 Compacité 压实度

Se référer à l'article 9.8.2.1 du présent CCTP.

Epaisseur 厚度

En plus des spécifications de l'article 6.8.2.2 du présent CCTP,le contrôle de conformité sera effectué sur des lots de 300mètres par relevé topographique à raison de 3 points par chaussée (au droit des bords théoriques de la bande de roulement et à l'axe) et ce tous les 10mètres.

Les mesures seront stockées sur carnet électronique de façon à pouvoir être traitées par un logiciel de contrôle de nivellement du Maître de l'ouvrage.

La tolérance par rapport à l'épaisseur théorique (e) est la suivante: 97.5% des points supérieurs à e − 1cm.

Si le résultat du lot n'est pas satisfaisant, il sera appliqué les dispositions prévues au CCAP.

参见本 CCTP 第 9.8.2.1 条。

厚度：

除本 CCTP 第 6.8.2.2 条的要求外，合格性监督（检查），将通过测量每 300m 为一个批次进行监督（检查），路面上每 10m 检测 3 个点（在路面行车层理论边缘以及中心线处）。

检测结果将储存在电脑记事本里面，以便使甲方能够通过水平测量监督（检查）软件进行处理。

相对于理论厚度（e）的允许误差为：97.5% 的检测点大于 e-1cm。

如果批次检查得到的结果不符合要求，将按照专用行政条款的相关规定处理。

13.6 CONTRÔLE DE CONFORMITÉ 符合性检查

13.6.1 Fabrication 制造

Se référer à l'article 9.9.1 du présent CCTP.

见本 CCTP 第 9.9.1 条。

13.6.2　Mise en œuvre　**实施**

13.6.2.1　Compacité　**压实度**

Se référer à l'article 9.9.2.1 du présent CCTP.

见本 CCTP 第 9.9.2.1 条。

13.6.2.2　Caractéristiques géométriques　**几何特性**

A) Épaisseur 厚度

Le contrôle de l'épaisseur s'effectuera par carottage à raison de cinq (5) carottages par lot de 10 000m². L'entrepreneur est responsable de refermer les trous de carottage selon une méthode soumise au préalable et approuvée par le Maître de l'ouvrage. Les tolérances par rapport aux épaisseurs définies par les plans d'exécution sont les suivantes:

97.5% des points supérieurs à e − 1.5cm

avec e = épaisseur définie aux plans d'exécution.

厚度检测将以每 10 000m² 一批次，每批次 5 个岩心钻探的方式进行。承包商要以预先报批业主的方式封锁钻探洞口。施工图规定的厚度误差如下:

97.5% 的点高于 e−1.5cm，e 为施工图规定厚度。

B) Collage des couches 层粘连

Le contrôle de collage des couches s'effectuera par carottage.

L'Entrepreneur devra à ses frais, faire la preuve du collage des couches (couches de roulement et de grave bitume) à partir des carottes effectuées pour le contrôle de l'épaisseur.

Le Maître de l'ouvrage pourra vérifier éventuellement à ses frais ce contrôle par autant de carottages qu'il jugera opportun. Quatre−vingt−quinze pour cent (95%) des carottes devront clairement faire apparaître le bon collage entre les couches, et ceci, pendant toute la durée de garantie; l'objectif fixé étant aucune carotte décollée. La remise en état de la chaussée après carottage (pendant la période des travaux) fait partie des travaux de l'entreprise.

以岩心钻探进行层粘连。

承包商要从完成的钻探来显示层粘连（行车层和沥青碎石）以便检测厚度，其费用由承包商承担。

必要时，业主可就其认为恰当数量的钻探核实这项检测，费用由业主承担。在整个保质期内，95% 的钻探试样应清晰地显现层间完好的连接，没有试样出现脱离现象。施工期间钻探后的道路复原工作由承包商负责。

C) Flaches 平整度

L'Entrepreneur est tenu de procéder à des vérifications de la régularité de surfaçage par un contrôle des flaches à tous les 30m. Les valeurs maximales sont les suivantes:

- ◆ 1.5cm en profil en travers;
- ◆ flache maximale par rapport à la règle de 3m;
- ◆ 1cm en profil en long.

En sus du contrôle de la section courante, le contrôle des flaches aura lieu systématiquement:

◆ au droit des P.I.;

◆ au droit des zones de variation des dévers;

◆ aux zones de démarrage et d'arrêt de chantier.

Le Maître de l'ouvrage pourra effectuer ses propres mesures à la règle de 3m dans les mêmes conditions sur un lot journalier.

承包商以每 30m 对间隙进行检测的方法检查表面平整度。最大值如下：

◆ 横断面上 1.5cm。

◆ 3m 尺测最大间隙。

◆ 纵断面上 1cm。

◆ 除普通路段的检测外，平整度检测还要再系统地进行：

◆ P.I 右边；

◆ 超高侧倾弯道区域右侧；

◆ 工地启止区域。

同样情况下，业主可以以 3m 尺自行进行每日测量。

D) Planimétrie 平面测量

Se référer à l'article 9.9.2.2 du présent CCTP.

参见本 CCTP 第 9.9.2.2 条。

E) Interprétation des résultats 结果说明

L'interprétation des résultats du contrôle de conformité des caractéristiques géométriques (épaisseur, flache et planimétrie), se fera de la manière suivante:

◆ si, pour deux (2) journées consécutives de travail plus de dix pour cent (10%) des points vérifiés sortent des tolérances imposées, le Maître de l'ouvrage prescrira un arrêt du chantier, l'examen des méthodes et des matériels utilisés, leur révision ou leur remplacement si besoin est;

◆ si les tolérances ne sont satisfaites que pour un pourcentage de points contrôlés dans la journée, inférieur à quatre-vingtdix pour cent (90%), le Maître de l'ouvrage prescrira la démolition et l'évacuation à la décharge des parties de couches correspondantes et la reconstruction aux frais exclusifs de l'Entrepreneur.

En cas de non conformité, il sera appliqué les pénalités prévues par le CCAPpour le dépassement des tolérances d'épaisseur et de flaches.

几何特性合格性检测结果的解读（厚度、平整度和平面位置）将以以下方式解读：

◆ 如果连续两日的工作中 10% 的检测点超出允许误差，业主将要求工地停工，并进行施工方法，使用设备的检查，如果必要将进行修改或更换。

◆ 如果当日检测中，检测点满足误差范围的比例低于 90%，业主将要求进行拆除，相应挖掘部分和重建部分的费用全部由承包商负责。

不合格时，将采取专用行政条款中关于超出厚度和坑洼误差的处罚。

F) Uni 均匀度

Se référer à l'article 11.9.2.3 du présent CCTP.

参见本 CCTP 第 11.9.2.3 条。

G) Rugosité 粗糙度

Se référer à l'article 11.9.2.3 du présent CCTP.

参见本 CCTP 第 11.9.2.3 条。

14.0 BÉTON BITUMINEUX MINCE –BBM 薄沥青混凝土—BBM

14.1 CONSTITUANTS 成分

Les provenances et les natures des constituants sont définies dans le PAQ, elles seront soumises à l'approbation du Maître de l'ouvrage. Les matériaux seront élaborés par concassage de roches saines. Si l'Entrepreneur dispose de stocks existants de granulats qu'il compte utiliser pour tout ou partie de la fourniture, il doit apporter la preuve que ses stocks ont été constitués selon les règles de l'art et fournir les origines et les résultats des essais garantissant leur qualité au moment de la reprise. A défaut de fournir cette preuve, tout stock sera refusé.Les granulats sont approvisionnés en 3 fractions granulaires minimum.

（沥青混合料）组成成分的来源和性质，要在质量保证计划里面加以说明，并要首先取得业主的批准，石料通过未风化岩石粉碎而获得，如果乙方有砂砾料库存，并打算全部或部分用于供料，那么应该提交证明，说明这些库存料的组成，符合工艺规范的要求，并且提供原产地证明和试验报告，保证再用时质量不变，如果不能够提供这些证明，那么其整个库存料将不能够使用。

提供的碎石料要至少包括 3 个颗粒级配组分。

14.1.1 Granulats 骨料

14.1.1.1 Caractéristiques normalisées 标准化性能

Les caractéristiques des granulats sont conformes aux spécifications del'article 8 de la norme NFP 18540. Pour chaque produit, les caractéristiques minimales sont les suivantes:

骨料的性能要符合按照法国标准 NF P 98–540 第 8 条的要求，对于每种产品，所要求的性能至少如下：

Destination 用途	Caractéristiques intrinsèques des gravillons 细粒碎石的固有性能	Caractéristiques de fabrication des gravillons 细粒碎石的生产性能	Caractéristiques de fabrication des sables 砂子的生产性能	Angularité des gravillons et des sables 细碎石和沙的棱角性
BBM pour couche de roulement 行车层的薄沥青混凝土	Catégorie B 类型 B	Catégorie III 类型 III	Catégorie a 类型 a	Rc ⩾ 2

313

14.1.1.2 Caractéristiques complémentaires 补充特性

Sensibilité au gel

La sensibilité au gel des gravillons sera mesurée conformément à la norme NF P 18–593, la sensibilité au gel G est inférieure ou égale à 30.

Matière organique Les gravillons auront une teneur en matière organique inférieure à 0.2% (NF P 18–586).

Aucun gravillon calcaire ne sera agréé.。

抗冻性：

细粒碎石的抗冻性应该按照法国标准 NFP18 – 593 的要求进行测定，抗冻性（G）应该小于或等于 30。

有机物：

细粒碎石有机物的含量应该小于 0.2%（法国标准 NF P 18–586）。

任何石灰石细粒碎石将被拒绝。

14.1.2 Fines d'apport 填充细料

14.1.2.1 Nature et caractéristiques 性质和特性

Se référer à l'article 9.1.2.1 du présent CCTP.

参见本 CCTP 第 9.1.2.1 条。

14.1.2.2 Conditions de stockage 储存条件

Se référer à l'article 9.2 du présent CCTP.

参见本 CCTP 第 9.2 条。

14.1.3 Bitume 沥青

Se référer à l'article 9.1.3 du présent CCTP.

参见本 CCTP 第 9.1.3 条。

14.1.3.1 Nature et caractéristiques 性质和特性

Se référer à l'article 9.1.3.1du présent CCTP.

参见本 CCTP 第 9.1.3.1 条。

14.1.3.2 Conditions de stockage 储存条件

Se référer à l'article 9.1.3.1du présent CCTP.

参见本 CCTP 第 9.1.3.1 条。

14.2 COMPOSITION ET CARACTÉRISTIQUES DU MÉLANGE 拌合成分和特性

14.2.1 Composition 成分

Les granulats nécessaires à la fabrication du BBM seront fournis par l'Entrepreneur. Le BBM pour couche de roulement sera conforme à la norme NF P 98–132:

◆ BBM 0/10classe *a* pour la granulometrie avec une discontinuité 2/6, au liant modifié et classe 3, pour la résistance à l'orniérage, avec une épaisseur d'utilisation de 3 à 4cm d'épaisseur;

314

Le module de richesse minimale doit être de 3.6.

La formule de composition sera déterminée par l'Entrepreneur qui doit fournir une composition par type d'enrobés et les résultats de chaque étude de laboratoire deux (2) mois avant le début de la fabrication.

L'étude de formulation en laboratoire sera menée sur la base des essais suivants:

essai PCG (NF P 98–252);

essai Duriez à 18℃ (NF P 98–251–1);

essai d'orniérage (NF P 98–253–1);

制造薄沥青混凝土必要的粒料由承包商提供。行车层薄沥青混凝土要符合 NF P 98–132 规范。

◆ 0/10 类 BBM 要求中断为 2/6 的粒径，改性第三类粘合剂，要求车辙耐力，使用厚度为 3 ~ 4cm。

最小含油模数应为 3.6。

成分配比公式有承包商决定，承包商要提供混合料成分，并且在制造前 2 个月提供实验室每个研究的结果。

实验室配比设计以下 PCG 实验为基础 (NF P 98–252)：18℃ Duriez 实验 (NF P 98–251–1)；车辙实验 (NF P 98–253–1)。

EssaissurBMa 0/10 BMa 0/10 实验	Classe 1 等级 1
Essai Duriez à 18℃ (NF P 98–251–1) Rapport: r (en MPa) après immersion R (en MPa) à sec 18℃ Duriez 实验 (NF P 98–251–1) 比例：浸入后 r (MPa) 干燥 R (MPa)	≥ 0.80
% de vides à la presse à cisaillement giratoire (NF 98–252) 旋转压实仪测出空隙率 (NF 98–252)	6 à 12 % 6 到 12 %
% de vides à l'orniérage 车辙空隙率	≤ 15% à 10 000 cycles 10 000 圈 ≤ 15%
Teneur totale en filler (80μ) 添加剂总含量	8%

essai de caractérisation des performances mécaniques par essai de module complexe (NF P 98–260–2) ou par essai de traction directe (NF P 98–260–1); essai de fatigue (NF P 98–261–1)

通过符合模数实验 (NF P 98–260–2) 或通过直接牵引实验 (NF P 98–260–1) 进行机械性能确定实验。

抗疲劳实验 (NF P 98–261–1)。

14.2.2 Caractéristiques des enrobés 混合料的特征

14.2.3 Acceptation provisoire 临时接受

Se référer à l'article 9.2.3 du présent CCTP.

参见本 CCTP 第 9.2.3 条。

14.3 FABRICATION DU BÉTON BITUMINEUX 沥青混凝土生产

14.3.1 Niveau et capacité des centrales 拌合楼的等级和生产能力

Se référer à l'article 9.3.1 du présent CCTP.

参见本 CCTP 第 9.3.1 条。

14.3.2 Dosage des granulats 粒料配置

Se référer à l'article 9.3.2 du présent CCTP.

参见本 CCTP 第 9.3.2 条。

14.3.3 Chauffage et déshydratation des granulats 碎石料的加热和脱水

La teneur en eau résiduelle des enrobés est au maximum de 0.5%.

沥青混合料的残留水含量最多为 0.5%。

14.3.4 Stockage et chargement des enrobés 沥青混合料的储存和装料

Se référer à l'article 9.3.4 du présent CCTP.

参见本 CCTP 第 9.3.4 条。

14.3.5 Réglages 调整

Se référer à l'article 9.3.5 du présent CCTP.

参见本 CCTP 第 9.3.5 条。

14.3.6 Acceptation provisoire 临时接受

Se référer à l'article 6.3.6 du présent CCTP.

参见本 CCTP 第 6.3.6 条。

14.4 PRISE EN CHARGE ET TRANSPORT 责任书和运输

14.4.1 Pesage 称量

Se référer à l'article 9.4.1 du présent CCTP.

参见本 CCTP 第 9.4.1 条。

14.4.2 Transport des matériaux 材料运输

Se référer à l'article 9.4.2 du présent CCTP.

参见本 CCTP 第 9.4.2 条。

14.4.3 Acceptation provisoire 临时接受

Se référer à l'article 9.4.3 du présent CCTP.

参见本 CCTP 第 9.4.3 条。

14.5 MISE EN ŒUVRE 实施

14.5.1 Préparation du support 底面清理

Cette préparation sera réalisée immédiatement devant l'atelier de répandage de l'enrobé.

Préalablement à la mise en œuvre des enrobés, la surface à revêtir sera balayée et nettoyée. Il sera mis en place une couche d'accrochage sur l'ensemble de la surface à revêtir.

Pour information, on peut estimer son dosage à 400g/m^2 de bitume résiduel. Le dosage définitif sera arrêté après une planche d'essai.

在沥青混合料摊铺车间前立即进行底面清理。

沥青混合料施工前,要打扫清洁表面。整个覆盖面都要铺上一层粘连层。

我们认为残留的沥青为 400g/m^2。

14.5.2 Répandage du bétonbitumineux mince 薄沥青混凝土摊铺

14.5.2.1 Conditions générales 总体条件

Se référer à l'article 9.5.2.1 du présent CCTP.

参见本 CCTP 第 9.5.2.1 条。

14.5.2.2 Répandage 摊铺

Le répandage s'effectuera à vis calées suivant les dispositions de l'article 9.5.2.2.

摊铺使用垫钉,并根据第 9.5.2.2 条的规定进行。

14.5.2.3 Acceptation provisoire 临时进行

Se référer à l'article 9.5.2.3 du présent CCTP.En outre, il sera procédé à l'essai Marshall pour le contrôle de la performance des produits noirs approvisionnés sur chantier.

参见本 CCTP 第 9.5.2.3 条。

此外,为了检查工地上供应的沥青性能,还要进行马歇尔(Marshall)实验。

14.5.3 Compactage 压实

Se référer à l'article 9.5.3 du présent CCTP.

参见本 CCTP 第 9.5.3 条。

14.5.4 Température 温度

Se référer à l'article 9.5.4 du présent CCTP.

参见本 CCTP 第 9.5.4 条。

14.5.5 Conditions météorologiques 天气情况

Se référer à l'article 9.5.5 du présent CCTP.

参见本 CCTP 第 9.5.5 条。

14.5.6 Joint longitudinal 纵向连接

Sans objet.

无说明。

14.5.7 Joints transversaux 横向连接

Se référer à l'article 9.5.6 du présent CCTP.

参见本 CCTP 第 9.5.6 条。

14.6 PLANCHES D'ESSAI ET DE RÉFÉRENCE 实验路段和参照路段

Les planches d'essai et de référence sont réalisées conformément aux dispositions de la directive pour les matériaux enrobés à chaud relatives à la réalisation des planches d'étalonnage complétées ou modifiées comme il suit.

实验路段和参考路段要符合上级关于石灰包裹材料的要求，以下对于有关实现标准化路段的要求进行补充和修改。

14.6.1 Planche d'essai **试验路段**

Une planche d'essai sera réalisée par l'Entrepreneur pour chaque épaisseur utilisée, de manière à fixer:

- ◆ la composition et la disposition de répandage et de compactage en nombre et type d'engins,
- ◆ les modalités d'utilisation de ces ateliers,
- ◆ l'adéquation entre les débits de fabrication et de mise en oeuvre.

Elle sera soumise aux règles suivantes:

◆ L'Entrepreneur proposera au Maître de l'ouvrage un programme de réalisation de la planche d'essai. Ce dernier sera représenté pendant le déroulement de la planche par le laboratoire chargé du contrôle extérieur

◆ Le lieu de réalisation de la planche sera proposé par l'Entrepreneur à l'acceptation du Maître de l'ouvrage, la couche de chaussée correspondant à cette planche pourra être conservée après l'accord du Maître de l'ouvrage.

◆ La durée maximale d'une planche d'essai unitaire telle que définie ci-dessus ne doit pas excéder un (1) jour ouvrable (répandage et constatation) et sa longueur est fixée à 100 mètres minimum.

L'Entrepreneur soumettra au Maître de l'ouvrage l'appareillage qu'il compte utiliser pour mesurer la densité en place des enrobés. Il devra obligatoirement effectuer des carottes sur les enrobés mis en place afin d'exécuter des essais de densité en laboratoire (par la méthode de la pesée hydrostatique) de façon à comparer avec les mesures indirectes et apporter un coefficient correctif le cas échéant. L'entrepreneur est responsable de refermer les trous de carottage selon une méthode soumise au préalable et approuvée par le Maître de l'ouvrage.

La planched'essaipermettra de vérifier la conformité de la formule de bétonbitumineux et aura pour objectifd'atteindre les valeurssuivantes:

- ◆ Pourcentage de vide: 95% des valeurs≤pourcentage de vide fixédans la normeNF P 98–141,
- ◆ Epaisseur: Coucheroulement: 97.5% des points > e – 1cm(où e = épaisseurthéorique en cm),
- ◆ Nivellement: 95% des points compris entre ± 1cm de la cote théorique,
- ◆ rugosité: couche de roulement:

HSV moyen > 0.6mm (moyenne de 20mesures);

HSV mini > 0.4mm (en tout point).

Vingt mesures régulièrement réparties seront réalisées pour le contrôle du pourcentage de vides et trois (3) mesures par profil espacé de 10m pour le contrôle de l'épaisseur et du nivellement. Ces mesures seront effectuées sur la totalité de la zone de la planche d'essai réalisée selon les modalités d'emploi des ateliers retenues.

La réalisation des objectifs ci-dessus déclenchera l'acceptation définitive de l'ensemble de la chaîne fabrication, transport, répandage, compactage, sous réserves de l'obtention des acceptations provisoires mentionnées ci-avant.

La planche d'essai est considérée comme un point d'arrêt et fait l'objet d'un contrôle externe et extérieur. Dans ce cas, le Maître d'Ouvrage notifiera à l'Entrepreneur l'acceptation (autorisant le démarrage des travaux), les réserves ou refus de la planche d'essai.

对采用的每种厚度和每 50km 或更长一点的路段,要做试验路段,将由乙方来实施,以确定:

◆ 摊铺作业组和压实作业组的组成,以及机械设备的种类和数量;

◆ 这些作业组的使用方式;

◆ 生产量和摊铺量之间的一致性。

试验路段应该符合以下规范要求:

◆ 乙方将向甲方推荐一份试验路段的施工计划,在试验路段施工期间,甲方将由负责外面监督(检查)的试验室来代表参加;

◆ 试验路段实施地点将由乙方提出建议,由甲方同意(接受),与该试验路段相对应的路面层,甲方同意之后可以保留;

◆ 如上所述,单个试验路段的最大施工期限为1个工作日,其长度确定为至少100m。

承包商递交给业主打算在现场测量沥青混合料密度时使用的仪器。必须对沥青混合料进行现场取样,以进行试验室密度试验(使用静水压称重方法),来与间接测量对比,必要时给出一个修正系数。承包商负责封锁钻探洞口,封锁方法要提前申报业主批准。

试验路段能够用来监督(检查)沥青砂砾料配合比的合格性,并能达到以下数值:

◆ 空隙率:95% 的测定值≤规范 NF P 98-141 里面确定的空隙率;

◆ 厚度:97.5% 的检测点 > e-1cm(其中 e = 理论厚度,单位:cm),(其中 e = 理论厚度,单位:cm);

◆ 水准测量:95% 的检测点,在理论标高的 ±1cm 之间。

◆ 构造深度:行车层:

平均 HSV > 0.6mm(20 次测量的平均值);

最小 HSV > 0.4mm(所有点)。

对于空隙率的监督(检查),要在整个试验路段区域内,并根据所采用的作业组的使用方式,取均匀分布的 20 个点作检测;对于厚度和测平度的监督(检查),要在每个断面上每间隔 10m 做 3 次检测。

上述目标的实现,将决定生产运输、摊铺和碾压整个工作链能否最终被同意,需要说明的是,上述工作要预先取得甲方临时同意(接受)。

试验路段是一个停止点,需要进行外部监督(检查)和(甲方的)外面监督(检查),甲方将通知乙方试验路段同意(接受)(同意开工)保留意见或者拒绝接受。

14.6.2　Planche de référence　标准对照路面

La planche d'essai est réalisée conformément aux dispositions de l'article 8.5.2 du présent

CCTP. Les objectifs à atteindre étant les suivants:

 ◆ assurer l'adéquation entre les débits des ateliers defabricationet de la mise en œuvre;

 ◆ atteindre les valeurs impératives de compacité suivantes: 95% des valeurs > densité (dE) retenue à l'issue de l'étude de formulation;

 ◆ définir une population de densité qui servira de référence aux densités (dR) à obtenir dans la suite du chantier. L'effectif de cette population sera composé de trente (30) mesures;

 ◆ atteindre et vérifier les exigences en matière de rugosité, d'uni et d'épaisseur suivantes:

 ● rugosité:

 – HS ou HS eq moyenne > 0.7mm (par tronçon de 1 000m);

 – HS ou HS eq minimum > 0.4mm (par zone de 50m).

 ● épaisseur:

97.5% des points > e –1 avec e épaisseur définie par le projet d'exécution en centimètres;

 ● uni:

respect des seuils CAPL 25.

La planche de référence est considérée comme un point d'arrêt et fait l'objet d'un contrôle externe et extérieur. Dans ce cas, le Maître de l'ouvrage notifiera à l'Entrepreneur l'acceptation (autorisant le démarrage des travaux), les réserves ou le refus de la planche de référence.

标准对照路面要符合本 CCTP 第 8.5.2 条的规定。需要达到的目标如下：

 ◆ 确保混合料生产的产量和摊铺量之间的一致性。

 ◆ 必须达到以下压实度要求：95% 的值 > 配比公式研究后得出的密度 (dE)。

 ◆ 确定一项密度，作为以后施工的标准对照，人员编制按 30 次现场测定来考虑。

 ◆ 达到并确认以下关于粗糙度，均匀度以及厚度的规定：

 ● 构造深度

 – 平均 HS 或 HSeq > 0.7mm（1 000m 一段）；

 – 最小 HS 或 HSeq> 0.4mm（50m 一区）。

 ● 厚度

97.5% 的点 > e –1，e 为施工计划规定的厚度，以 cm 计。

 ● 均匀度

根据 CAPL 25 的规定。

标准对照路段是一个停止点，需要进行外部监督（检查）和（甲方的）外面监督（检查），甲方将通知乙方标准对照路段同意（接受）（同意开工）保留意见或者拒绝接受。

14.7 ESSAIS ET CONTRÔLE DES CONSTITUANTS 成分的实验和检查

Le contrôle est conduit conformément aux dispositions du Plan Assurance de la Qualité et selon les précisions ci–après.

检查要根据质量保证计划的安排和以下的详细规定进行。

14.7.1 Contrôle des granulats 骨料检查

L'Entrepreneur procède pendant la fabrication aux contrôles prescrits par l'article 7.3.

Pour 500m³ de granulats livrés, l'Entrepreneur doit exécuter les contrôles suivants:

◆ sables: analyse granulométrique, teneur en eau, équivalent de sable à 10% de fines, valeur au bleu de méthylène si nécessaire;

◆ gravillons: analyse granulométrique, teneur en eau, mesure du coefficient d'aplatissement, détermination de la propreté superficielle.

Pour 5 000m³ de granulats livrés, le laboratoire de l'Entrepreneur doit exécuter la mesure des caractéristiques intrinsèques des matériaux:

◆ essai Los Angeles (LA);

◆ essai Micro–Deval en présence d'eau (MDE);

◆ mesure du coefficient de polissage accéléré (CPA);

◆ rapport de concassage.

生产过程中，承包商要进行 7.3 条规定的检查。每交付 500m³ 的骨料，承包商要进行以下检查：

◆ 沙：粒度分析，含水量，10% 细料沙当量，亚甲蓝值；

◆ 细砾石：粒度分析，含水量，扁平系数，表面清洁度测定。

每交付 5 000m³ 的骨料，承包商的实验室要进行材料固有属性测定：

◆ 洛杉矶 (LA) 实验；

◆ 微 – 狄法尔湿法试验 (MDE)；

◆ 磨光值测定 (CPA)；

◆ 破碎值。

14.7.2   Contrôle des fines d'apport   **填充细料检查**

Se référer à l'article 9.7.2 du présent CCTP.

参见本 CCTP 第 9.7.2 条。

14.7.3   Contrôle du bitume   **沥青检查**

Se référer à l'article 9.7.3 du présent CCTP.

参见本 CCTP 第 9.7.3 条。

14.8   ESSAI ET CONTRÔLE EN COURS DE PRODUCTION   生产过程中的实验和检查

14.8.1   Fabrication   **生产**

Se référer à l'article 9.8.1 du présent CCTP.

参见本 CCTP 第 9.8.1 条。

14.8.2   Mise en œuvre   **实施**

14.8.2.1   Compacité   **压实度**

Se référer à l'article 9.8.2.1 du présent CCTP.

参见本 CCTP 第 9.8.2.1 条。

14.8.2.2　Épaisseur　厚度

Se référer à l'article 9.8.2.2 du présent CCTP.

参见本 CCTP 第 9.8.2.2 条。

14.9　CONTRÔLE DE CONFORMITÉ　符合性检查

14.9.1　Fabrication　生产

Se référer à l'article 9.9.1 du présent CCTP.

参见本 CCTP 第 9.9.1 条。

14.9.2　Mise en œuvre　实施

14.9.2.1　Compacité　压实度

Se référer à l'article 9.9.2.1 du présent CCTP.

参见本 CCTP 第 9.9.2.1 条。

14.9.2.2　Caractéristiques géométriques　几何特征

A) Épaisseur 厚度

Le contrôle de l'épaisseur s'effectuera par carottage à raison de cinq (5) carottages par lot de 10 000m^2. Les tolérances par rapport aux épaisseurs définies par les plans d'exécution sont les suivantes:

◆ 97.5% des points supérieurs à e – 1cm avec e = épaisseur définie aux plans d'exécution.

Le Maître de l'ouvrage effectue en continu le contrôle journalier du tonnage par m^2. L'épaisseur est déterminée à partir de la compacité demandée après la planche de référence et comparée à l'épaisseur nominale définie au plan d'exécution.

厚度检测将以每 10 000m^2 一批次，每批次 5 个岩心钻探的方式进行。施工图规定的厚度误差如下:

◆ 97.5% 的点高于 e–1cm，e 为施工图规定厚度。

业主要持续进行日常每立方米吨数的检查。由标准对照路段要求的压实度得出厚度，次厚度将被与施工图要求的额定厚度进行对比。

B) Collage des couches 层粘连

Le contrôle de collage des couches s'effectuera par carottage.

L'Entrepreneur devra, à ses frais, faire la preuve du collage des couches (couches de roulement et de grave bitume) à partir des carottes effectuées pour le contrôle de l'épaisseur. L'entrepreneur est responsable de refermer les trous de carottage selon une méthode soumise au préalable et approuvée par le Maître de l'ouvrage.

Le Maître de l'ouvrage pourra vérifier éventuellement à ses frais ce contrôle par autant de carottages qu'il jugera opportun. Quatre–vingt–quinze pour cent (95%) des carottes devront clairement faire apparaître le bon collage entre les couches, et ceci, pendant toute la durée de garantie; l'objectif fixé étant aucune carotte décollée. La remise en état de la chaussée après carottage (pendant la période des travaux) fait partie des travaux de l'entreprise.

以岩心钻探进行层粘连。

承包商要从完成的钻探来显示层粘连（行车层和沥青碎石）以便检测厚度，其费用由承包商承担。承包商要以预先报批业主的方式封锁钻探洞口。

必要时，业主可就其认为恰当数量的钻探核实这项检测，费用由业主承担。在整个保质期内，95% 的钻探试样应清晰地显现层间完好的连接，没有试样出现脱离现象。施工期间钻探后的道路复原工作由承包商负责。

C) Flaches 平整度

L'Entrepreneur est tenu de procéder à des vérifications de la régularité de surfaçage par un contrôle des flaches à tous les 30m. Les valeurs maximales sont les suivantes:

◆ 0.5cm en profil en travers;

◆ flache maximale par rapport à la règle de 3m;

◆ 0.5cm en profil en long.

En sus du contrôle de la section courante, le contrôle des flaches aura lieu systématiquement:

◆ au droit des P.I.;

◆ au droit des zones de variation des dévers;

◆ aux zones de démarrage et d'arrêt de chantier.

Le Maître de l'ouvrage pourra effectuer ses propres mesures à la règle de 3m dans les mêmes conditions sur un lot journalier.

承包商以每 30m 对间隙进行检测的方法检查表面平整度。最大值如下：

◆ 横断面上 0.5cm；

◆ 3m 尺测最大间隙；

◆ 纵断面上 0.5cm。

除普通路段的检测外，平整度检测还要再系统地进行：

◆ P.I 右边；

◆ 超高侧倾弯道区域右侧；

◆ 工地启止区域。

同样情况下，业主可以以 3m 尺自行进行每日测量。

D) Planimétrie 平面测量

Se référer à l'article 9.9.2.2 du présent CCTP.

参见本 CCTP 第 9.9.2.2 条。

E) Interprétation des résultats 结果说明

L'interprétation des résultats du contrôle de conformité des caractéristiques géométriques (épaisseur, flache et planimétrie), se fera de la manière suivante:

◆ si, pour deux (2) journées consécutives de travail plus de dix pour cent (10%) des points vérifiés sortent des tolérances imposées, le Maître de l'ouvrage prescrira un arrêt du chantier, l'examen des méthodes et des matériels utilisés, leur révision ou leur remplacement si besoin est;

◆ si les tolérances ne sont satisfaites que pour un pourcentage de points contrôlés dans la journée, inférieur à quatre-vingt-dix pour cent (90%), le Maître de l'ouvrage pourra prescrire la démolition et l'évacuation à la décharge des parties de couches correspondantes et la reconstruction aux frais exclusifs de l'Entrepreneur.

En cas de non conformité, il sera appliqué les pénalités prévues par le CCAPpour le dépassement des tolérances d'épaisseur et de flaches.

几何特性合格性检测结果的解读（厚度、平整度和平面位置）将以下方式解读：

◆ 如果连续两日的工作中 10% 的检测点超出允许误差，业主将要求工地停工，并进行施工方法，使用设备的检查，如果必要将进行修改或更换。

◆ 如果当日检测中，检测点满足误差范围的比例低于 90%，业主将要求进行拆除，相应挖掘部分和重建部分的费用全部由承包商负责。

不合格时，将采取专用行政条款中关于超出厚度和坑洼误差的处罚。

14.9.2.3 Caractéristiques de surface 表面特性

A) Uni 均匀度

Le contrôle de conformité de l'uni longitudinal de la couche de roulement est réalisé pour chaque voie de circulation à l'aide de l'APL 25sur l'intégralité de la section autoroutière par le Maître de l'ouvrage ou son laboratoire.

Les valeurs limites, pour l'ensemble de la surface sont fixées comme suit:

◆ CAPL:

70% CAPL ≤ 4;

90% CAPL ≤ 8;

100% CAPL ≤ 13.

Hors de ces limites, il sera fait application des pénalités.

De plus, pour chaque valeur > 13, le lot concerné sera refusé et la reprise sera à la charge de l'Entrepreneur qui devra exécuter les travaux de réfection dans le délai imparti par le Maître de l'ouvrage.

Au droit des P.I., dans le calcul des pénalités pour défaut d'uni, on ne prendra en compte que les valeurs < 13.

行车层纵向均匀度符合性的检查将由业主或其实验室，借助 APL 25 在整段高速公路的每个车道上进行。

以下为整个表面的限定值：

◆ CAPL:

70% CAPL ≤ 4;

90% CAPL ≤ 8;

100% CAPL ≤ 13。

超出限定值将进行处罚。

此外，如若有值大于 13，相关批次将被拒绝，承包商要负责恢复，并且在业主给出的期限内完成翻修。

B) Rugosité 构造深度

Le contrôle de conformité sera effectué sur des lots de 300mètres par mesure de la hauteur en sable conformément à la norme NF P 98–216–1 en vingt (20) points régulièrement répartis sur la zone de 300mètres.

Les résultats à obtenir sont les suivants:

HSV moyen >0.6mm (seuil R),

HSV mini >0.4mm (seuil M)

Au cas où ces critères ne seraient pas respectés, l'Entrepreneur devra assurer à sa charge la reprise du revêtement permettant d'obtenir la qualité requise. Il soumettra, à cet effet, un programme de travaux de reprise à l'acceptation du Maître de l'ouvrage

合格性监督（检查），采取每 300m 一个批次进行检测，按照法国标准 NF P 98–216–1 的要求进行，在 300m 的区域内平均取 20 点进行检测。

要获得的结果如下：

平均 HSV > 0.6mm（R 界限）；

最小 HSV > 0.4mm（M 界限）。

当不能遵守规定时，承包商要负责重新砌面以达到要求质量。因此，承包商要向业主提交重新砌面的工程计划。

15.0 ENDUITS ETCOUCHE D'IMPREGNATION ET D'ACCROCHAGE 涂料，透层和粘接层

15.1 Type de produit et destination 产品的类型和用途

Avant application des enrobés, les couches de GNT 0/31.5 recevront immédiatement après leur mise en œuvre une couche d'imprégnation gravillonnée, la couche de forme recevra une couche d'imprégnation seule. Entre 2couches d'enrobés, une couche d'accrochage sera mise en œuvre.

在沥青混合料摊铺施工之前，在使用 0/31.5 的碎石料铺筑的各层上面，要立即撒布一层石屑透层，在路基顶面层上仅洒布一层透层油，在两层沥青混合料之间要实施一层粘接层。

15.2 Provenance et qualité des matériaux 材料的来源和质量

Liants

Le liant est fourni par l'Entrepreneur. Les liants utilisés seront des émulsions cationiques de bitume pur dosées à 65%:

à rupture lente et diluable pour l'imprégnation,

à rupture rapide et diluable pour l›accrochage.

gravillons

Conformément à la norme NF P 18–540 et à l'article 12.1.1.1 du présent CCTP.

结合料：

结合料由乙方提供，使用的结合料将是用纯沥青制作的阳离子乳液，纯沥青用量 65%；

透层为慢裂和可以稀释的乳液；

粘接层为快裂和可以稀释的乳液。

细粒碎石：

符合 NF P 18-540 规范的规定，以及本 CCTP 第 12.1.1.1 条的规定。

15.3 Composition 成分

Le dosage de la couche d'imprégnation est fixé à 1 200g/m² de bitume résiduel. Ce dosage pourra être modifié à la suite des premières imprégnations avec l'accord du Maître de l'ouvrage. La couche de granulat sera réalisée à raison de 8 l/m² de gravillons 6/10.Le dosage de la couche d'accrochage sera adapté aux conditions de chantier ; il sera au minimum de 300g/m² de bitume résiduel.

透层的用量确定为残留沥青 1 200g/m²。该用量，在第一批透层油洒布之后在征得甲方同意后是可以修改的．石屑层将按照 8 公升 / 平方米用量撒布 6/10 的细粒碎石。

粘接层的用量将与工地的条件相适应，残留沥青至少为 300 克 / 公升。

15.4 Spécifications de mise en œuvre 施工技术要求

15.4.1 Matériel 机械

L'atelier sera composé au minimum d'une répandeuse à liant et d'un engin gravillonneur (pour les enduits et le sable en cas d'imprégnation sablée). Les engins devront satisfaire aux prescriptions suivantes:

le coefficient de régularité transversale de la rampe mesurée selon la méthode de la Station d'Essais de Matériels Routiers de Blois devra être inférieur à 0.05 ;

les rampes à moyenne et haute pression conviennent, les rampes à basse pression sont exclues (pression inférieure ou égale à 0.25MPa) ;

il est exigé un dispositif de réchauffage de la rampe et de ses accessoires par circulation d'un fluide intermédiaire ou par un système équivalent ;

la répandeuse sera en outre équipée d'une commande à distance de l'ouverture et de la fermeture des jets.

对于表面处置层和撒砂透层，作业组至少由一台结合料洒布车和一台石屑撒布机组成，施工机械必须满足以下要求：

根据（法国）布鲁瓦筑路机械试验站的方法，测得喷油管的横向均匀系数应该小于 0.05；

中压和高压喷油管可以接受，但不能能接受低压喷油管（压力小于或者等于 0.25MPa）；

必须要配备喷油管及其附件的加热装置，可以通过液压油或相当装置来做。

另外，洒布机还应该配备一个喷嘴打开和关闭的遥控装置。

15.4.2 Spécification de répandage 洒布的技术要求

La température superficielle de la chaussée doit être au minimum de 5℃. La température de la chaussée doit être comprise entre 50 et70℃ au stockage et au répandage.

La température minimale de répandage sera supérieure à 5℃ pour toutes les émulsions.

Le répandage sera conduit de manière à respecter les tolérances suivantes appliquées à partir du dosage de base:

- plus de 5%,

- moins de 10%.

Pour la couche d'imprégnation, la GNT doit être maintenue humidifiée jusqu'à application de l'enduit à l'aide d'une arroseuse munie d'une rampe fixe.

道路的表面温度至少应该超过 5℃。粘接料储存和洒布时的温度应该在 50~70℃ 之间。

所有乳液洒布的最低温度均要求超过 5℃。

在基本用量的基础上洒布要遵守以下允许误差要求：

- 大于 5%。

- 小于 10%。

对于透层来说，未处理碎石料底层应该保持湿润（增加"底层"两字，可以说明白，碎石料不应该是潮湿的 - 译注），直到表处层实施，表处层的实施应该使用洒布车，洒布车上要配置固定喷油管。

15.5　Planche d'essai　*试验路段*

A la demande du Maître de l'ouvrage, l'Entrepreneur exécute une planche d'essai d'une surface de 100m², destinée à s'assurer du bon fonctionnement et du bon réglage des dispositifs d'épandage du liant et des gravillons.

Cette planche d'essai est contrôlée par le Maître de l'ouvrage.

A partir de la composition moyenne, l'Entrepreneur sera amené à procéder par nature d'enduit à des ajustements de dosage en fonction:

◆ de l'état et la nature des couches,

◆ des conditions climatiques de répandage

Ces ajustements de dosage seront exécutés en fonction des résultats de trois planches d'essai d'une surface unitaire de 100m² chacune, sur lesquelles on répandra du liant à des dosages variables encadrant le dosage moyen théorique.

A l'issue de ces planches d'essai, le Maître de l'ouvrage notifiera à l'Entrepreneur la ou les compositions retenues.

根据甲方的要求，乙方应该做面积为 100m² 的试验路段，用来确保结合料和细粒碎石洒（撒）布的正常运行和良好调节。

该试验路段将由甲方进行监督（检查）。

乙方应该根据一般组成并根据以下情况的变化，对每种表处类型，来调整配合比：

◆ 施工层的种类和状况；

◆ 洒布的气候条件。

该配合比的调节将根据三个试验路段的结果来进行，每段面积为100m²，在其上面洒布不同配比的结合料，包括理论平均用量。

在这些路段取得结果的基础上，甲方将通知乙方所采纳的组成成分。

15.6 Contrôles 监督（检查）

La conformité des travaux est prononcée par le Maître d'Ouvrage, en particulier:

au vu des résultats des essais de contrôle mentionnés ci-dessus,

suite à l'inspection visuelle de la qualité de la couche d'accrochage/d'imprégnation.

工程的合格将由甲方宣布，甲方将主要根据以下结果来宣布：上述监督（检查）试验的结果；粘接层/透层质量的目测结果。

15.7 ENDUIT 涂料

La couche de roulement de certaines voies rétablies (Voies Communales, Chemins ruraux ou agricoles) sera constituée d'enduit bicouche de classe ESU3 selon la norme NF P 98–160. La couche de forme de l'autoroute sera recouverte d'un enduit ,il sera de classe ESU3 selon la norme NF P 98–160.

某些已恢复的道路的行车层（县区道路，乡村道路）将采用双层表处，按照法国标准 NF P 98-160 的要求，为 ESU 3 级。

根据法国标准 NF P 98-160 的要求，高速公路的路基顶面层，要采用 ESU 3 级处治。

15.7.1 Liants 结合料

Ils seront fournis par l'Entrepreneur et doivent satisfaire aux exigences de cohésivité demandées dans la norme NF P 98–160.Les liants utilisés seront les émulsions cationiques à rupture rapide de bitume pur dosées à 65%.

结合料应该由乙方提供，应该满足法国标准 NF P 98-160 关于黏度的要求。

使用的结合料应该是阳离子快裂（沥青），由纯沥青掺配为 65%。

15.7.2 Granulats 粒料

Les provenances et les natures des constituants seront définies dans le PAQ. Elles seront soumises à l'approbation du Maître d'Ouvrage. Les matériaux sont élaborés par concassage de roches saines.

组成材料的来源和性质，要在质量保证计划里面加以明确，并要得到甲方的批准。这些材料要通过对未风化岩石轧碎来获得。

15.7.2.1 Caractéristiques normalisées 标准化性能

Les caractéristiques des granulats sont conformes aux spécifications de l'article 8 de la norme NF P 18–540. Pour chaque enduit, les caractéristiques minimales sont les suivantes:

碎石料的性能要符合法国标准 NF P 18-540 里面第 8 条的要求，对于每种表处，所要求的性能至少如下：

Destination 用途	Caractéristiques intrinsèques des gravillons 细粒碎石的固有性能	Caractéristiques de fabrication des gravillons 细粒碎石的生产性能
Bicouche pour voiries et trottoirs 道路和人行道用双层表处	Catégorie C 类	Catégorie II 类
Monocouche ou bicouche pour couche de forme 路基顶面层用单层或者双层表处		

15.7.2.2 Caractéristiques complémentaires **补充特性**

Angularité

L'indice de concassage Ic est égal à 100.

Sensibilité au gelLa sensibilité au gel des gravillons sera mesurée conformément à la norme NF P 18–593, la sensibilité au gel G est inférieure ou égale à 30.

Matière organique

Les gravillons auront une teneur en matière organique inférieure à 0.2% (NF P 18–586).

Aucun gravillon calcaire ne sera agréé.

棱角性：

粉碎指数 I_C 等于 100。

抗冻性：

细粒碎石的抗冻性应该按照法国标准 NFP18 – 593 的要求进行测定，抗冻性（G）应该小于或等于 30。

有机物：

细粒碎石有机物的含量应该小于 0.2%（法国标准 NF P 18–586）。

任何石灰石细粒碎石将被拒绝。

15.7.3 Composition **成分**

La formulation des enduits est à la charge de l'Entreprise qui fera des propositions qui seront retenues après la réalisation des planches d'essai.

A titre indicatif, pour les voies communales, chemins ruraux et agricoles, la composition de la bicouche est la suivante:

◆ émulsion cationique à rupture rapide à 65% de bitume pur dosée à 1 200g/m^2 de bitume résiduel,

◆ 8 l/m^2 de gravillon 6/10,

◆ émulsion cationique à rupture rapide à 65% de bitume pur dosée à 1 500g/m^2 de bitume résiduel,

◆ 5 l/m^2 de gravillon 4/6.

Pour le monocouche sur couche de forme, la composition est la suivante :

◆ émulsion cationique à rupture rapide à 65% de bitume pur dosée à 2 400g/m^3 de bitume résiduel,

◆ 12 l/m^2 de gravillon 10/14.

Pour le bicouche sur couche de forme, la composition est la suivante:

◆ émulsion cationique à rupture rapide à 65% de bitume pur dosée à 1 300g/m^2 de bitume résiduel,

◆ 11 l/m^2 de gravillon 10/14,

◆ émulsion cationique à rupture rapide à 65% de bitume pur dosée à 1 600g/m^2 de bitume résiduel,

◆ 7 l/m^2 de gravillon 4/6.

沥青表处的配合比由乙方负责（并提出建议），在试验路段做出之后，将（由甲方）采纳。

作为示意，对于县区道路，乡村道路来说，双层表处成分如下：

◆ 快裂阳离子乳液，纯沥青比例为 65%，残留沥青为 1 200g/m^2；

◆ 6/10 的细粒碎石用量为 8L/m^2；

◆ 快裂阳离子乳液，纯沥青比例为 65%，残留沥青为 1 200g/m^2；

◆ 4/6 的细粒碎石用量为 5L/m^2。

路基顶面层上单层表处成分如下：

◆ 快裂阳离子乳液，纯沥青比例为 65%，残留沥青为 2 400g/m^2；

◆ 10/14 的细粒碎石用量为 12L/m^2。

路基顶面层上双层表处成分如下：

◆ 快裂阳离子乳液，纯沥青比例为 65%，残留沥青为 1 300g/m^2；

◆ 10/14 的细粒碎石用量为 11L/m^2；

◆ 快裂阳离子乳液，纯沥青比例为 65%，残留沥青为 1 600g/m^2；

◆ 4/6 细粒碎石用量为 7L/m^2。

15.7.4　Planches d'essai　实验路段

À partir de la composition moyenne, l'Entrepreneur sera amené à procéder à des ajustements de dosages, en fonction:

◆ de la forme des granulats;

◆ de l'état et la nature des couches;

◆ des conditions climatiques de répandage.

Ces ajustements de dosage seront exécutés en fonction des résultats de trois planches d'essai d'une surface unitaire de 100m^2 chacune, sur lesquelles on répandra du liant et des granulats à des dosages variables encadrant le dosage moyen théorique. A titre indicatif, ce dosage moyen peut être obtenu par l'emploi la Directive SETRA –LCPC relative à la réalisation des enduits superficiels.

À l'issue de ces planches d'essai, le Maître de l'ouvrage notifiera à l'Entrepreneur la ou les compositions retenues.

除了平均成分，承包商还要按照以下几点进行配比调整：

◆ 骨料形态；

◆ 层面状态和性质；

◆ 摊铺天气情况。

配比的调整是根据在每个 100㎡ 表面进行的三个实验路段的结果进行的，在实验路段上将摊铺配比可变的结合料和粒料，理论平均配比在此配比可变范围内。指示性平均配比能够从 SETRA–LCPC 关于表面涂层施工的指南中得出。

在实验路段结束后，业主将通知承包商得到的一个或多个成分。

15.7.5　Répandage　摊铺

15.7.5.1　Matériels　设备

L'atelier de répandage sera composé au minimum:

◆ d'une balayeuse;

◆ d'une répandeuse de liant, équipée d'une rampe pour dope;

◆ d'un engin gravillonneur;

◆ d'un compacteur à pneus lisses.

La composition de l'atelier sera soumise à l'acceptation préalable du Maître de l'ouvrage.

Les engins devront satisfaire aux prescriptions suivantes:

les rampes à moyenne et haute pression conviennent, les rampes à basse pression sont exclues (pression inférieure ou égale à 0.25MPa) ;

il est exigé un dispositif de réchauffage de la rampe et de ses accessoires par circulation d'un fluide intermédiaire ou par un système équivalent ;

la répandeuse sera en outre équipée d'une commande à distance de l'ouverture et de la fermeture des jets.

摊铺组最少要包括：

◆ 一台扫路车；

◆ 结合料摊铺机，配有添加剂管；

◆ 细石破碎机；

◆ 滑胎压路机。

工作组的组成要提前抱业主审批。

施工机械必须满足以下要求：

中压和高压喷油管可以接受，但不能能接受低压喷油管（压力小于或者等于0.25MPa）。

必须要配备喷油管及其附件的加热装置，可以通过液压油或相当装置来做。

另外，洒布机还应该配备一个喷嘴打开和关闭的遥控装置。

15.7.5.2　Spécifications de répandage　摊铺技术要求

Le répandage du liant et des gravillons est effectué mécaniquement.

La température ambiante et la température superficielle de la chaussée doivent être au minimum de 5℃. La température du liant sera comprise entre les valeurs suivantes au répandage:

◆ émulsion 65%: 50 à 70℃ ;

◆ bitume fluidifié 800/1400: 135 à 160℃.

La température minimale de répandage sera celle nécessaire pour ramener l'équiviscosité du liant à une valeur inférieure à 11 °E pour les émulsions.

Le recours à un dopage d'interface est recommandé aux alentours des températures critiques mentionnées ci-dessus et si la nature de granulats le justifie. Un essai d'adhésivité devra être effectué pour chaque provenance de granulats.

Le répandage sera conduit de manière à respecter les tolérances suivantes appliquées à partir du dosage de base:

- plus de 5%;
- moins de 10%.

结合剂和细碎石的摊铺机械地进行。

路面周围和表面的温度最少为 5℃。结合剂的温度要在以下摊铺温度值内：

- 65% 的乳液：50 ~ 70℃；
- 乳化沥青 800/1400：135 ~ 160℃。

摊铺最低温度要保证结合剂等粘度值低于 11°E 的乳液。

当骨料的性质证明必要时，要在以上提及的临界温度值下，在接触面使用添加剂。对每个不同来源的粒料，都要进行粘合性实验。

从基础添加剂起，摊铺要符合以下误差值：

- 多于 5%；
- 少于 10%。

15.7.6　Contrôle et conformité des composants　检查和成分符合性

Il s'effectue comme suit:

Liants

Les liants provenant de raffineries ou d'usines de fabrication d'émulsion de bitume soumises à un contrôle permanent du Ministère de l'Équipement et de l'Aménagement du Territoire ne font pas l'objet de réception en usine.

Les essais de contrôle de conformité des livraisons sur le chantier sont effectués par l'Entrepreneur dans le cadre du contrôle externe. Ils portent au moins:

pour le bitume fluidifié: pseudo viscosité;

pour l'émulsion: teneur en eau, indice de rupture.

En cas de stockage prolongé sur le chantier, les essais de contrôle doivent être répétés au moins une (1) fois pas semaine.

Granulats

Les granulats seront soumis à des essais de recette en carrière à raison:

d'un contrôle LA –MDE –CPA –RC par 1 000m^3;

d'un contrôle A –P –Granularité par 500m^3.

Ces contrôles sont réalisés dans le cadre du contrôle externe à la charge de l'Entrepreneur et communiqués régulièrement au Maître de l'ouvrage.

Des contrôles inopinés sont réalisés par le Maître de l'ouvrage (contrôle extérieur).

如下进行：

结合剂：

炼油厂或沥青乳制造厂出产的，经过区域设备装置部长期检查的结合剂，不经过工厂验收。

在外部检查方面，承包商要在现场进行货物符合性检查实验。至少包括：乳化沥青：伪粘性指数；乳液：汗水量，断裂指数。

如果工地延长储存时间，检查实验要至少每周重复一次。

粒料：

粒料要经过采石场配方实验，根据：每 1 000m³ 进行 LA –MDE –CPA –RC 检查；每 500m³ 进行 A –P – 粒状检查。

在外部检查范围内，这些检查由承包山负责并要经常报给业主。业主会进行突然检查 (外部检查)。

15.7.7　Contrôle d'exécution　施工检查

Il s'effectue comme suit:

◆ régularité du répandage du liant et des granulats;

◆ température du répandage;

◆ état de surface avant répandage suivant les consignes du PAQ;

◆ contrôle des dosages mis en œuvre pour le liant et les granulats en rapportant les quantités répandues aux surfaces enduites par journée de travail;

◆ contrôle journalier de propreté des granulats avant mise en œuvre;

◆ contrôle journalier de teneur en eau des granulats avant la mise en œuvre.

L'Entrepreneur doit établir et remettre au Maître de l'ouvrage dans les 48 heures un compte rendu journalier de chantier sur lequel doivent être consignées, par journée effective de travail et pour une section homogène de même formulation, les indications suivantes:

la date et le repérage des sections enduites ;

les conditions atmosphériques avec indication des températures (au sol et ambiante) ;

les données sur l'état du support lors de l'exécution ;

les caractéristiques des constituants et les tonnages mis en œuvre ;

les surfaces revêtues ;

les incidents ou arrêts de chantier et leurs causes connues ou probables.

如下进行：

◆ 结合剂和粒料摊铺的规则性；

◆ 摊铺温度；

◆ 根据 PAQ 的要求检查摊铺前的表面；

◆ 结合剂和粒料使用的添加剂检查，每个工作日在涂层表面还原普遍量；

◆ 使用前粒料清洁度每日检查；

◆ 使用前粒料含水量每日检查。

乙方应该在48h之内编制并向甲方提交一份施工日志报告,报告里面应该按每个实际工作日,按相同配合比做的均质路段,说明以下内容:已经表处路段的日期和路段纪录;气候条件,并说明温度情况(地表温度和周围温度);施工时候要洒布层表面状况的数据;组成成分性能和重量;已铺表面状况;工地上发生的事故和暂停以及已知原因和可能的原因。

15.7.8 Contrôle de conformité 合格性的监督(检查)

La conformité des travaux est prononcée par le Maître de l'ouvrage:

◆ au vu des résultats des essais de contrôle mentionnés ci-dessus et de contrôles inopinés du Maître de l'ouvrage;

◆ suite à l'inspection visuelle de la qualité de l'enduit et au contrôle de rugosité (cf. article 6 de la norme NF P 98-160).

L'Entrepreneur sera tenu d'exécuter, dans le délai qui lui sera imparti par le Maître de l'ouvrage, les travaux de réparation jugés utiles par celui-ci, notamment en cas de plumage, pelade ou peignage de l'enduit, constatés avant la réception définitive.

Ces réparations seront exécutées après grattage des matériaux adhérents dans les zones défectueuses dans les délais impartis par le Maître d'Ouvrage.

工程合格,将由甲方宣布,根据以下的情况宣布:

◆ 上述监督(检查)试验的结果以及业主的突然检查;

◆ 表处层质量的目测和粗糙度的监督(检查)结果(参见法国标准 NF P 98-160 中第6条的要求)。

乙方应该在甲方规定的期限之内进行甲方认为有必要修复的工程,特别是最终验收前表处层出现羽状、斑秃和梳状缺陷的情况。

这些修补工作将首先把缺陷区域的粘着材料刮掉之后才能够进行,并且要遵守甲方规定的期限。

16.0 REALISATION D'ILOTS ET DE TROTTOIRS 安全岛和人行道的施工

16.1 Généralités 概述

Sur et Sous les ouvrages d'art des rétablissements des Chemins de Wilaya concernés par le projet, il est prévu de mettre en œuvre des trottoirs avec bordures de type A2.Les giratoires et les carrefours plans seront munis de bordures de type I4 et I1.

在项目所涉及省道恢复的桥涵构造物上面和下面,规定用 A2 型路缘石修建人行道。平交路口和环形路口的路缘石采用 I4 型和 I1 型。

16.2 Provenance et qualité des matériaux 材料的来源和质量

16.2.1 Bordures pour îlots et trottoirs 安全岛和人行道的路缘石

Les bordures à mettre en œuvre dans le cadre du marché devront répondre à la classification de la norme NF P 98-302:L'Entrepreneur fournira au Maître d'Ouvrage les certificats de provenance et de conformité aux normes de chacune des livraisons de chantier.

本合同里面的路缘石的施工，应该符合法国标准 NF P 98-302 的分类要求。乙方应该提供给甲方产地证明以及合格证明。

16.2.2　Pavés autobloquants　自卡式铺砌石

Sans Objet.

无说明。

16.2.3　Bétons et mortiers hydrauliques　混凝土和水硬性砂浆

Pour la réalisation des semelles et du calage des différentes bordures, le béton utilisé aura les spécifications suivantes:

Classe: B 25,

Consistance: ferme,

Dmax des granulats: 25mm,

Dosage mini au ciment:250kg,

Type de ciment: CPA 42.5.

Le mortier pour la réalisation des joints entre bordures sera dosé à 250kg de ciment CPA 42.5 par mètre cube pour le remplissage et à 450kg CPA 42.5 par mètre cube pour le rejointoiement, le Dmax des granulats est de 2mm.

各种路缘石底座和嵌缝用的混凝土，要符合以下技术标准：

等级：B25；

稠度：浓；

石料最大粒径：25mm；

水泥最低用量：250kg；

水泥型号：CPA 42.5。

路缘石之间接缝充填用砂浆，采用 CPA 42.5 号水泥，用量 250kg/m^3，而勾缝用砂浆为 CPA 42.5 号水泥，用量 450kg/m^3，骨料最大粒径为 2mm。

16.3　Mode d'exécution des travaux　工程施工方式

16.3.1　Bordures ancrées　锚固式路缘石

Les bordures sont posées sur une semelle en béton de 10cm d'épaisseur minimum et de 50 cm de largeur, réalisée sur toute la longueur des bordures. Un épaulement en partie arrière est réalisé sur les 2/3 de la hauteur de la bordure et la largeur de cet épaulement est de 20cm au niveau de la semelle.

Les joints verticaux entre bordures auront une épaisseur comprise entre 1 et 1.5cm. La tolérance de pose est fixée à plus ou moins 1cm par rapport à la ligne théorique (en plan et en altitude).

Après nettoyage et lavage, les joints sont remplis de mortier fiché à force. Le rejointoiement de finition est soigneusement lissé, puis tiré au fer.

　　路缘石要铺设在至少 10cm 厚、50cm 宽的混凝土底座上，路缘石全长要做底座，路肩后部建在路缘石高度的 2/3 处，路肩宽度在底座面上为 20cm。

　　在路缘石之间的垂直接缝的厚度为 1～1.5cm 之间。路缘石铺设的允许误差为理论直线的 ±1cm（水平面和高度方向）。

　　在清扫和冲洗之后，接缝要用力嵌入砂浆，最后勾缝应该小心处理，使表面光滑，然后用铁件拉划。

B.5　Équipements

设　备

1.0 QUALITÉ 质量

1.1 PRESCRIPTIONS GÉNÉRALES 一般规定

Les dispositions générales appliquées en matière de qualité sont décrites dans le livret A du présent CCTP.

Les matériaux et les matériels devant être certifiés NF dans le cadre du présent marché sont:

- ◆ L'ensemble des produits mis en œuvre pour la signalisation verticale fixe et notamment:
  - les panneaux ou subjectiles;
  - les revêtements;
  - les films;
  - les produits rétroréfléchissants;
  - la peinture;
  - l'encre;
  - le vernis.
- ◆ L'ensemble des produits mis en œuvre pour la signalisation horizontale et notamment:
  - la peinture;
  - les microbilles.
- ◆ L'ensemble des produits servant à la réalisation des glissières de sécurité métalliques et notamment:
  - les éléments de glissement;
  - les dispositifs d'écartement;
  - les supports (100, 125, 80 et fragiles);
  - la boulonnerie;
  - les quarts de cercle;
  - les queues de carpe.

Les matériaux et les matériels devant être homologués dans le cadre du présent marché sont:

- l'ensemble des produits mis en œuvre dans la signalisation verticale mobile (feux tricolores mobiles de circulation temporaire);
- l'ensemble des produits servant à la réalisation des dispositifs de sécurité en béton adhérent et notamment la machine à coffrage glissant.

Avant de commander un produit ou matériau soumis à la certification NF pour un travail donné, l'Entrepreneur soumettra le produit ou matériau à l'agrément du Maître de l'ouvrage, en temps utile pour respecter les délais contractuels.

Pour ce faire, l'Entrepreneur devra lui présenter le droit d'usage de la norme NF ou le certificat d'homologation qui garantit la certification ou l'homologation du produit et l'agrément de l'entreprise habilitée à la fournir, et les fiches techniques correspondantes ainsi que tout autre document que le Maître de l'ouvrage jugerait nécessaire.

Une fois l'accord reçu, l'Entrepreneur ne devra pas changer de produit sauf cas particulier, dûment motivé. L'Entrepreneur devra alors en avertir le Maître de l'ouvrage et soumettra à son agrément un autre produit.

Les produits livrés sur le chantier soumis à la certification NF devront avoir la marque NF ou la marque d'homologation, faute de quoi ils seront refusés.

关于质量方面执行的一般规定，已在本专用技术条款 A 册中进行了说明。

本合同范围内，应该符合法国标准的物资和材料有：

◆ 用于制作固定垂直信号标志的全部产品，主要包括：

- 信号牌或面板；
- 保护层；
- 薄膜；
- 后反光产品；
- 油漆；
- 油墨；
- 清漆。

◆ 用于制作水平信号标志的全部产品，主要包括：

- 标线涂料；
- 玻璃微珠。

◆ 用于完成金属安全护栏全部产品，主要包括：

- 护栏板；
- （护栏板和立柱之间或护栏板之间）间隔装置（支撑）；
- 护栏立柱（100，125，80 及易碎的）；
- 螺栓；
- 护栏路侧端头（1/4 圆形）；
- 分段型护栏端头。

在本合同范围内，应该批准的设备和材料有：

- 用于制作垂直信号标志的全部产品（临时交通用的移动式三色信号灯）；
- 用于高握裹力混凝土制作的安全设施的全部产品，尤其是滑模机的全部产品。

在为某项特定工程采购符合法国标准的产品或材料之前，乙方必须在适当的时候将所要采购的产品或材料，提交给甲方审批并征得同意，以遵守合同工期。

为此，乙方应该向甲方出示其使用法国标准的权利或批准证明，这份证明保证产品已获准并同意授权企业提供该产品，并向甲方提交其认为有必要的相关技术说明书和所有其他文件。

一旦得到同意，乙方不能擅自更改材料，除非特殊情况。在此情况下，乙方应该将此事通知甲方并将另外一种产品提交其批准。

所有交货到工地上符合法国标准的材料，必须标有法国标准的标记或批准标记，否则将不能在工地上使用。

1.2 POINTS CRITIQUES ET POINTS D'ARRÊT 控制点和停止点

Le Plan d'Assurance Qualité précisera les points critiques et points d'arrêt. Il intègrera nécessairement notamment les points définis dans le tableau ci-après.

Cette liste figurant ci-après ne constitue qu'une liste minimum et non exhaustive. Elle devra être complétée par l'Entrepreneur en phase de préparation lors de l'établissement de son PAQ.

La levée des points critiques par le contrôle interne impliquera, le cas échéant, une intervention du laboratoire du groupement.

Les délais de préavis pour les points d'arrêt sont valables pour le contrôle externe et pour le Maître de l'ouvrage.

(1) Délai valable pour le contrôle externe et Maître de l'ouvrage.

质量保证计划（PAQ）要详细说明关键点和停止点。特别是下面表格中确定的这些点必须要纳入其中。

下面的这个表格只是一个最基本的但并不详尽的表格，乙方在制定其质量保证计划的准备阶段，应该将这个表格完善。

如需要，联合体试验室将通过内部监督（检查）的方式，参与控制点的提出。

停止点的预告期，对于外部监督（检查）和甲方来说是有效的。

（1）预告期限，对（乙方）外部监督（检查）和甲方均有效。

Tâches 任务（工程内容）	Points critiques levés par le contrôle interne 乙方内部检查所提出的控制点	Points d'arrêt levés par le contrôle externe 乙方外部检查所提出的停止点	Points d'arrêt levés par le Maître de l'ouvrage/BCS 甲方/BCS 所提出的停止点	Délais de préavis en jours ouvrés (1) 预告期限：工作日
–Documents d'exécution: visa du Maître de l'ouvrage – 施工文件：甲方批准	×	×	×	Cf. livret A A 册
–Installation de chantier: 工地建点： agrément plan d'équipement de sécurité temporaire après visa du Service désigné (Service technique du wilaya) 临时安全设施计划，在指定部门（省技术部门）的同意后，获得批准	×	×	×	2
–Implantation et piquetage: 定线和标桩： positionnement conformité aux plans 按图纸准确定位	×	×	×	2

续表

Tâches 任务 (工程内容)	Points critiques levés par le contrôle interne 乙方内部检查所提出的控制点	Points d'arrêt levés par le contrôle externe 乙方外部检查所提出的停止点	Points d'arrêt levés par le Maître de l'ouvrage/BCS 甲方 /BCS 所提出的停止点	Délais de préavis en jours ouvrés (1) 预告期限：工作日
–Signalisation directionnelle de police et balisage: 方向警示信号标志和路标： • fournitures 供货 • exécution des massifs de fondation 基础施工	× ×	×		
–Signalisation horizontale: 水平信号标志 fournitures. 供货 exécution: nettoyage, prémarquage, application, épaisseur des bandes, conformité aux plans 施工：清扫，预先打标记，实施，划线带的厚度，按图线进行施工	× ×	×		
–Portail et clôture: 门和围墙 • fournitures. 供货 exécution des semelles en béton 混凝土底座施工	× ×	×		
–Équipements de sécurité: 安全设施： homologation de matériaux 材料批准 pose: conformité aux plans visés 安装：按批准的图纸施工	×	×		

1.3 CONTRÔLES 监督（检查）

1.3.1 Organisation des contrôles 监督（检查）的组织

1.3.1.1 Principes généraux 基本原则

Par référence aux stipulations du marché, il incombe à l'Entrepreneur d'apporter la justification formelle tout au long de l'élaboration, puis de la mise en œuvre des matériaux, produits et composants entrant dans la constitution de l'ouvrage que la qualité requise est atteinte. Cette obligation passe notamment par la mise en place d'un contrôle intérieur.

Le Maître de l'ouvrage met en place un contrôle extérieur dont les missions principales consistent en:

- la vérification du respect du PAQ (Plan d'Assurance Qualité);
- des agréments et des contrôles en cours de production;;
- les contrôles de conformité (le plus souvent de façon inopinée) et le suivi du traitement de

celles-ci;

• le rassemblement des documents établis au titre du PAQ par l'Entrepreneur, et permettant de justifier que la qualité requise a été obtenue.

À ce propos, les résultats obtenus au titre du contrôle extérieur sont tenus à la disposition de l'entreprise. Celle-ci devra, en cas de contradiction, apporter la preuve de la fiabilité et de la responsabilité de ses contrôles.

根据合同规定，从材料产品的制备，到进入工程中使用的全部过程，乙方有责任提供正式证明，来确认其质量达到所要求的标准，这是建立内部监督（检查）的重要责任。

甲方设立外面监督（检查），其主要任务包括：

• 检查是否遵守质量保证计划；

• 生产过程中的监督（检查）和批准许可；

• 合格性监督（检查）最常用的是以突然的方式，以及对监督（检查处理）的跟踪；

• 收集乙方质量保证计划所制定的各种文件，以便能够证明质量已经达到所要求的标准。

关于此点，以甲方外部监督（检查）名义得到的结果将交由乙方来处理，在出现矛盾的情况下，乙方应该提出证明，证实他自己的监督（检查）是可靠的、认真负责的。

1.3.1.2 Contrôles interne et externe 乙方内部和外部监督（检查）

Le PAQ précise, pour chaque phase d'élaboration du produit et à partir des modes opératoires, le type (interne-externe), la nature (visuel, basé sur des mesures et essais, etc.) et la fréquence des contrôles, ainsi que la détermination des points sensibles (points critiques ou points d'arrêt).

质量保证计划，对于产品制备的每个阶段，从操作方式开始，要明确说明监督（检查）的类型（内部的 – 外部的）、种类（目测的，以检测和试验为基础的）和监督（检查）的次数，以及对一些敏感点（关键点和停止点）作出的判定。

1.4 DOCUMENTS DE SUIVI 跟踪文件

Seront annexés au PAQ les modèles de fiches mentionnées ci-après:

• les procès-verbaux (réception, essais, contrôles);;

• les certificats de conformité;

• les fiches d'exécution (compte-rendu journalier);

• les documents synthétiques destinés à donner une image globale des conditions d'exécution et des résultats obtenus.

以下提到的文件范本将附在质量保证计划后：

• 验收，试验，监督（检查）纪要；

• 吻合性证明；

• 工程记录卡（每日报告）；

• 用于展示施工情况和已取得成果的总体形象的综合性文件。

2.0   ENVIRONNEMENT   环境

Les dispositions adoptées vis à vis du respect de l'environnement devront respecter les spécifications détaillées dans l'article B5.9 du livret A.

关于环境保护作出的规定，必须遵守 A 册中第 B5.9 条的详细的技术要求。

3.0   ÉTUDES D'EXÉCUTION   施工设计

Les dispositions générales appliquées en matière de gestion des plans d'exécution et des notes de calcul sont décrites dans le livret A.

关于施工图纸和计算说明书管理的一般规定，已在 A 册中第 B5.9 条的详细的技术要求。

4.0   DOSSIER DES OUVRAGES EXÉCUTÉS   已完工工程文件

Le descriptif des pièces relatives aux ouvrages exécutés est fourni dans l'article 13 du livret A.

已完工程有关文件说明，已在 A 册第 A 12 条里提供。

5.0   ÉQUIPEMENTS DE SÉCURITE MÉTALLIQUES   金属安全设施

5.1   GÉNÉRALITÉS   概述

Les travaux comprennent:

- l'exécution de travaux préparatoires spécifiques;
- l'implantation et le repérage des supports des dispositifs de retenue;
- pour ce qui concerne les dispositifs de retenue, la fourniture et la pose de tous les équipements nécessaires à la mise en place:
  - des simples files de glissières sur accotement;
  - des files de glissières renforcées aux abords des ouvrages;
  - des dispositifs spéciaux d'extrémités;
  - des dispositifs de raccordement des glissières aux barrières d'ouvrages d'art ainsi qu'aux séparateurs en béton.
- les réservations pour équipements divers (signalisation, PAU, etc.);
- les terrassements pour fouilles éventuelles;
- la fabrication en centrale, le transport et la mise en œuvre du béton pour longrines éventuelles supports de glissières;
- le nettoyage du chantier.

La réalisation des dispositifs de sécurité (fourniture et mise en œuvre) sera conforme aux spécifications définies dans la circulaire n° 88.49 du 9mai 1988: « Dispositifs de retenue de véhicules contre les sorties accidentelles de chaussée » et notamment dans le fascicule 2 « Dispositifs latéraux métalliques » de l'instruction technique qui accompagne la circulaire en question.

工程包括：
- 实施专项准备工程；
- 阻挡装置（安全护栏）立柱的定位和标桩；
- 与阻挡装置（安全护栏）有关的所有构件的供货及安装；
  - 路肩边上单列板状护栏；
  - 构造物附近加固板状护栏；
  - 板状护栏端头特殊装置；
  - 桥梁处栅栏和混凝土分隔块处板状护栏的连接装置；
- 各种设施的预留孔（信号设施、PAU 等）；
- 可能有基坑开挖的土方工程；
- 护栏立柱可能有的基础梁的集中生产、运输和混凝土施工；
- 工地的清扫。

安全装置的实施（供货和施工），必须符合 1988 年 5 月 9 日第 88.49 号《车辆对道路事故出口的阻挡装置》的通函，尤其是第 2 分册《侧面金属装置》中的规定，以及通函所附技术指令。

5.2　PROVENANCE ET QUALITÉ DES MATÉRIAUX　材料来源及质量

Les matériaux et composants de construction devront être certifié NF ou homologué. Chaque élément devra comporter l'identification personnalisée du constructeur et être conforme au répertoire des équipements de la route en vigueur.

建筑工程材料和组成成分必须符合法国标准或得到批准。

每个组成部分，都必须带有制造商的个性化的标记，并且符合现行的道路装备目录。

5.2.1　Spécifications des matériaux pour dispositifs de retenue métallique et garde-corps　金属阻挡装置及栏杆材料的技术要求

金属阻挡装置及栏杆材料的技术要求

5.2.1.1　Généralité　概述

Tous les éléments entrant dans la composition de construction des dispositifs de retenue métalliques (les éléments de glissement, les supports fragiles et non fragiles, les dispositifs d'écartement, les entretoises métalliques, la boulonnerie, etc.) devront être homologués ou certifié NF.

Les éléments de glissements seront du type "A".

Toutes les pièces doivent respecter les spécifications suivantes:

Métal de base

À l'exception de la boulonnerie et des broches des tronçons démontables, le métal de base est un acier qui doit être apte à la galvanisation au trempé (NF A 35503) et dont les caractéristiques mécaniques sont au moins égales à celles des aciers E–24 telles que définies dans la norme NFA 35501.

Les glissières de sécurité seront constituées par des éléments de profiles d'acier laminé de la catégorie marchande nuance Fe E 22 suivant plan de détail ou similaires agrées par l'administration.

Les supports IPE 100 seront de l'acier. Type et qualité sont définis dans les normes DIN 2025 ou EURONORM 19.

Le métal de base des broches des tronçons démontables est un bronze d'aluminium modulable qui peut être galvanisé pour des raisons d'esthétique.

La surface des produits devant subir une galvanisation doit être exempte de défauts physiques tel que paille, crique, ligne, susceptibles de compromettre l'aspect et la continuité de la couche en zinc.

En outre, elle ne doit pas présenter de traces de graisses, peintures et autres produits indélébiles.

Les produits devront être dégraissés préalablement à la galvanisation.

Modes de soudage

Ils doivent respecter les prescriptions suivantes:

• les soudures sont réalisées par fusion à l'arc électrique avec électrodes enrobées ou par procédé semi–automatique de fusion de fil sous atmosphère neutre;

• les soudures sont réalisées par des cordons continus plats ou concaves;

• les matériels ou matériaux utilisés doivent répondre aux prescriptions des normes NFA 81309, NFA 85004, NFA 85020.

Boulonner ie

Les vis doivent au moins être de la classe de qualité 5.6; les écrous doivent au moins être de la classe de qualité 5.

La classe de qualité est celle définie par la norme NFE 27005.

Protection contre la corrosion

Les pièces constitutives doivent être protégées contre la corrosion par galvanisation au trempé conformément à la norme NFA 91121, et suivant les spécifications indiquées dans le cahier des charges d'homologation des glissières de sécurité de profils A ou B.

Pour les pièces coupées et/ou percées directement sur le chantier, une peinture de protection « riche en zinc » sera apposée sur les parties concernées de la pièce métallique.

L'épaisseur de la tôle galvanisée sera de 3mm. Les supports des glissières de sécurité seront revêtus d'une (1) couche de peinture antirouille et de deux (2) couches de peinture à l'huile de couleur grise. Les glissières seront revêtues de bandes de peinture d'environ 150microns. La qualité et la teinte seront soumises à l'agrément de l'ingénieur.

Dessins et géométrie des pièces

Les dessins et géométrie des pièces figurent dans les pièces techniques de la circulaire n° 88–49 du 9mai 1988.

Ces dimensions sont celles des produits non galvanisés.

所有组成金属阻挡装置的组成部分（板状护栏、易碎立柱和不易碎立柱、间隔装置、金属联杆和螺栓制品等）都必须证明符合法国标准或得到批准。

护栏板类型为"A"型。

所有构件必须符合以下技术要求：

母体金属：

除了螺栓制品和可拆卸段的插销件外，母体金属均为钢制，而且这种钢应该可以淬火、电镀，符合法国标准 A 35503，其机械性能应该至少与 E–24 号钢一样，这些性能在法国标准 NF A 35501 中有规定。

安全护栏应根据具体计划或由相关部门批准的相似计划，由商品类别为 Fe F 22 的轧制。

IPE 100 立柱应为钢制。类型和质量在德国标准 DIN2025 或欧洲标准 EURONORM 19 中有规定。

可拆卸区段的插销的母体金属是一种可铸的铝青铜，这种金属可以通过电镀达到美化。

在电镀之前，产品表面必须无物理上的缺陷，如瑕疵，裂缝，线条等，这些有可能影响外观和镀锌层连续性的缺陷。

此外，表面也必须无油渍，油漆，或者其他擦不掉的渍迹。

产品在电镀前必须去除污渍。

焊接方式：

焊接方式必须遵循以下规定：

● 通过用涂药焊条进行电弧熔焊或是在中性气体中半自动熔焊来进行焊接；

● 焊接要做成平面或凹面连续焊缝；

● 所使用的材料和器具，必须符合法国标准 NF A 81309、NF A 85004 和 NF A 85020 的要求。

螺栓制品：

螺栓必须至少达到质量级别 5.6 级，螺母则必须达到质量级别 5 级。

质量级别，参见法国标准 NF E 27005 的规定。

抗腐蚀保护：

根据法国标准 NF A 91121 的规定和 A 型或 B 型剖面的安全护栏核准细则中的技术要求，结构件应该通过淬火电镀而得到抗腐蚀的保护。

对于那些在工地上直接切断或／和凿穿的构件，在金属构件的有关部位必须刷"富含锌"的保护漆。

镀锌钢板的厚度为 3mm。

安全护栏的立柱应该刷一层防锈漆和两层灰色的油性漆。护栏应刷一层约为 150 微米的油漆层。涂料的质量应取得监理的批准。

构件的几何形状和设计图：

构件的几何形状和图纸，在 1988 年 5 月 9 日颁发的第 88-49 号通函的技术文件中有描述。

这些尺寸指的是非镀锌产品的尺寸。

5.2.2 Spécifications des matériaux et composants de construction des longrines béton 混凝土侧梁的组成部分和材料的技术要求

Les prescriptions générales relatives à la nature et la qualité des matériaux entrant dans la composition des bétons sont décrites dans les livrets C. Les caractéristiques particulières des bétons utilisés sont détaillées dans l'article 11 Qualité des bétons.

关于混凝土组成材料的种类和质量的一般规定，在 C 册中已作说明。

所用混凝土的特性参数，在第 B5.11 条《混凝土质量》里有说明。

5.2.3 Composition fabrication du béton pour la mise en œuvre des fourreaux pour tronçons démontables et abaissables 可拆卸和可降低段套管制作用混凝土的组成和生产

Les prescriptions relatives à la nature et à la qualité des matériaux entrant dans la composition des bétons utilisés sont décrites dans l'article 11 Qualité des bétons. Aucune résistance mécanique n'est exigée; la fabrication manuelle du béton est autorisée.

关于所用混凝土组成材料的种类和质量的规定，已在第 B5.11 条《混凝土质量》里作了说明。

机械强度不做任何要求，允许采取人工制作混凝土。

5.2.4 Sable de blocage 填充砂

Le sable de blocage devra avoir une granulométrie continue, une forte angularité et le pourcentage en poids de matériaux retenus sur le tamis de six (6) millimètres devra être inférieur à quinze (15).

填充砂应该有连续颗粒级配，有大的棱角度，在 6mm 的筛子上筛余量的重量百分比应该小于十五（15）。

5.3 MODE D'EXÉCUTION DES TRAVAUX 施工方式

5.3.1 Implantation 定位

L'Entrepreneur établira un plan d'implantation des dispositifs.

Le piquetage de l'axe de la chaussée sera réceptionné contradictoirement avec le Maître de l'ouvrage. L'Entreprise devra assurer à sa charge la préservation des points.

L'Entrepreneur est tenu d'exécuter un piquetage des dispositifs métalliques à partir de cet axe avec un pas de quatre (4) mètres. Il devra faire réceptionner, par le Maître de l'ouvrage, ce piquetage qui fera l'objet d'un procès-verbal de réception de piquetage.

Ce piquetage des files de glissières est à la charge de l'Entrepreneur et devra s'effectuer avant le battage des supports.

L'attention de l'Entrepreneur est attirée sur le fait qu'il est responsable des dégâts qu'il pourrait occasionner, à la suite de la présence de câbles ou canalisations enterrées existantes. Il devra s'assurer de l'implantation de ceux-ci.

Les tolérances sur l'ouvrage terminé sont les suivantes:

* –1cm par rapport au niveau de la chaussée;

* + 2cm par rapport aux repères de nivellement.

Position en plan: + 3cm de distance par rapport aux points d'axe piquetés.

乙方要制定一份（护栏）设施定位图。

路中心线的标桩将和甲方一起共同进行验收。乙方应负责确保这些桩点的预留。

乙方应从道路中心线出发，每间隔 4m 为护栏设施标桩，这些标桩要由甲方验收，而且要签署验桩纪要。

该护栏纵列标桩由乙方负责，并且应当在打立柱前做完。

乙方必须注意，他要对出现电缆或地下管道可能造成的损坏负责。他要保证对这些设施标记定位。

已完（标桩）工程允许误差如下：

* 与路面比：–1cm；

* 与路面比：与水准基点比：+2cm。

平面位置：与已标桩中心线各点比距离：+3cm。

5.3.2　Fonçage des supports métalliques　金属立柱打入

Le matériel de battage des supports est soumis à l'acceptation préalable du Maître de l'ouvrage.

L'âme des supports sera disposée:

• pour les simples files (et les doubles files sur supports séparés) parallèlement aux éléments de glissement et sera placée face avant côté de la circulation;

• pour les doubles files sur supports uniques, perpendiculairement aux éléments de glissement.

La tolérance d'implantation, en plan, de la face avant côté circulation des éléments de glissement est de plus ou moins trois (3) centimètres par rapport à la position théorique.

La hauteur de l'arête supérieure des éléments de glissement par rapport au niveau moyen du sol ou du revêtement, pris sur une bande de zéro virgule cinquante (0.50) mètre en avant de l'aplomb des éléments de glissement sera:

• pour les simples files et pour les doubles files sur supports séparés de zéro virgule soixante dix (0.70) mètres;

• pour les doubles files sur supports uniques, pour les doubles files sur supports séparés insérées entre deux files sur supports uniques ainsi que pour les simples files prolongeant une double file sur supports uniques de zéro virgule soixante quinze (0.75) mètre;

avec une tolérance de moins zéro (– 0) plus cinq (+ 5) centimètres, sauf si les inégalités « ponctuelles » du niveau de référence conduisent à dépasser cette tolérance pour assurer la continuité du profil en long de l'arête supérieure de la glissière. Dans ce cas, les hauteurs maximales et minimales à respecter dans tous les cas sont les suivantes:

• hauteur maximale absolue des simples et doubles files: zéro virgule quatre vingt cinq (0.85) mètre;

• hauteur minimale des simples files et des doubles files sur supports séparés: zéro virgule soixante cinq (0.65) mètre;

• hauteur minimale des doubles files à entretoises et sur supports uniques: zéro virgule soixante dix (0.70) mètre.

L'emploi du casque de battage en acier est imposé.

L'Entrepreneur devra s'informer auprès du Maître de l'ouvrage de la nature des terrains sur lesquels il doit battre les supports.

Avant le début du fonçage de chaque support, la verticalité du support et celle du dispositif de guidage de l'engin de fonçage devront être vérifiées.

En cas de refus, avant que la tête de support ait atteint la cote imposée, l'Entrepreneur devra:

1. Si la fiche est au moins égale à soixante–quinze (75) centimètres, et après accord préalable du Maître de l'ouvrage, ou de son représentant, couper le support à la cote imposée et le percer.

arracher le support, si la profondeur d'enfoncement est moins de 75cm.

2. Dans le cas contraire:

• Soit extraire le support, perforer l'obstacle rencontré et poursuivre le fonçage; le type d'engin utilisé sera soumis à l'agrément préalable du Maître de l'ouvrage ou de son représentant;

• Soit extraire le support, exécuter une fouille et foncer le support dans un massif de fondation en sable de blocage préalablement mise en œuvre dans cette fouille;

L'Entrepreneur devra remplacer, à ses frais, les supports qui, après fonçage, présenteraient l'une ou l'autre des défectuosités suivantes: pliures, déchirures, flambages, voilements. L'Entrepreneur doit percer ou dégager l'obstacle rencontre. Les trous seront à remplir en béton RN 10.

Les déblais excédentaires seront évacués à la décharge. Les supports arrachés ne pourront être réutilisés qu'après agrément préalable du Maître de l'ouvrage ou de son représentant. Le Maître de l'ouvrage pourra exiger le remplacement au frais de l'Entrepreneur, des supports qui après fonçage présenteraient l'une ou l'autre des défectuosités, ci–après:

– pliure,

– déchirure,

– flambage,

– Voilement.

（护栏）立柱的打夯设备必须预先提交给甲方批准。

立柱腹板按以下方式排列：

• 对于单列护栏板（和分离立柱的双列护栏板），立柱腹板要与护栏板平行排列，并安装在面对车辆行驶一侧；

• 对于单一支柱上的双列护栏板，立柱腹板要与护栏板垂直排列。

与设计定位相比，面对车辆行驶一侧平面定位允许误差为正负 3cm。

与平均地面线或铺面相比，板状护栏上棱高度在离护栏板垂直距离 0.50m 带处量取为：

- 对于单列及分离立柱上的双列而言：0.70m；
- 对于单独立柱上的双列，及分立式立柱上的双列又并入单独立柱上的双列，对于单列又延长至立柱上双列而言：0.75m。

允许误差为 –0 ~ +5cm，除非为了保证护栏上棱纵剖面的延续性，必须要超出这个允许误差。在这种情况下，必须遵循的最大和最小高度如下：

- 单列和双列的最大高度为 0.85m；
- 在分立式立柱上的单列和双列最小高度为：0.65m；
- 有横向联杆的单独立柱上双列的最小高度：0.70m。

必须使用钢制的桩帽。

乙方应该向甲方询问他将打入立柱地方的土壤的性质。

在每个立柱打入之前，立柱的垂直度和打入机导向装置的垂直度，必须要加以检查。

在拒绝接受的情况下，在立柱顶部达到所规定的标高前，乙方应该：

1. 如果立柱上端至少有 75cm 时，在事先征得甲方或者其代表的同意后，切除立柱至规定的标高，然后再钻孔。若插入深度小于 75cm，则拔除立柱。

2. 或者在相反的情况下：

- 或者拔掉立柱，打穿遇见的障碍物然后继续打入，使用机械的类型，要预先提交给甲方或其代表审批同意。
- 或者拔掉立柱，进行基坑开挖，然后在这个预先填有充填砂的台基坑里打入立柱。

在打入立柱后，如果出现折曲、裂口、压曲、变形，乙方应该自费负责更换。乙方应打通或清理遇到的障碍物。用 RN 10 混凝土填满坑洞。

将过剩的挖方土清除至弃土场。只有当事先取得甲方或其代表同意的情况下才能重复利用拔除的立柱。若出现以下一种或几种缺陷，甲方可要求乙方对已打入的立柱进行更换：折曲、裂口、压曲、变形。

5.3.3 Fouilles – Sable de blocage 基坑 – 填充砂

L'emploi de marteau–piqueurs est autorisé; celui d'engins de type brise–roche est soumis à l'accord préalable du Maître de l'ouvrage.

Le sable de blocage sera mis en place par couches de vingt (20) centimètres d'épaisseur maximale, chaque couche étant arrosée et damée avant le répandage de la suivante.

L'emploi d'explosifs est interdit.

Les déblais résultant des fouilles seront évacués par l'entreprise à la décharge publique la plus proche.

允许使用风镐，但破岩机类机械使用，要事先得到甲方的同意。

充填砂要分层填铺，每层最大厚度为 20cm，在填铺下一层前，必须洒水并压实。

禁止使用炸药。

基坑开挖所带来的挖方（泥土），由乙方清除，并运到最近的公用弃料场。

5.3.4   Mise en œuvre des fourreaux pour tronçons démontables et abaissables   **可拆卸和可降低段套管的施工**

Les fourreaux pour tronçons démontables et abaissables seront mis en œuvre dans une fouille de profondeur légèrement supérieure à leur longueur et dont la plus petite dimension de la section horizontale ne sera pas inférieure à cinquante (50) centimètres. Cette fouille sera comblée à sa partie inférieure avec les déblais extraits si leur qualité le permet, ou avec du sable de blocage dans le cas contraire, et à sa partie supérieure, par du béton sur une épaisseur minimale de trente cinq (35) centimètres.

可拆卸和可降低段套管放在一个基坑内，此基坑的深度比导管的长度略长一些，水平断面最小尺寸不得少于 50cm。

如果挖出的土质许可的话，这个基坑下部将由其自身的泥土填埋，如果不行的话，就用充填砂填埋，基坑上部用混凝土填埋，填埋的最小厚度为 35cm。

5.3.5   Mise en place et durcissement du béton pour la mise en œuvre des fourreaux pour tronçons démontables et abaissables   **可拆卸和可降低段套管用的混凝土的施工和硬结**

Aucun programme de bétonnage n'est demandé, le béton sera coulé à pleine fouille. La mise en place du béton sera parfaite par damage. Le bétonnage est interdit lorsque la température, mesurée sur le chantier, est inférieure à zéro (0) degré Celsius. La cure de béton sera assurée par humidification.

不对浇注混凝土工作计划作出要求，混凝土将在整个基坑里浇注。混凝土浇筑时，通过捣实将会更加完美。若在工地测量的温度低于 0℃时，禁止进行混凝土浇筑工程。

混凝土的养护通过加湿来保证。

5.3.6   Montage des glissières métalliques   **金属护栏的安装**

Les éléments de glissement devront être assemblés de façon que leur extrémité, prise dans le sens de la circulation, recouvre l'origine de l'élément suivant.

Les éléments de glissement du type A devront être posés de manière que l'axe longitudinal des percements, pour leur liaison entre eux, soit au droit de chaque (support)

- vertical pour leur extrémité recouverte, celle en contact avec le dispositif d'écartement;
- horizontal pour leur extrémité recouvrante, celle apparente le montage terminé.

La position inverse des percements (axe horizontal pour l'extrémité recouverte et axe vertical pour l'extrémité recouvrante), n'est autorisée que pour les doubles files de glissières de sécurité à entretoises et sur supports uniques, dans les sections en courbe de rayon inférieur à deux cent cinquante (250) mètres.

Toutes les têtes de boulons (dont l'axe longitudinal est perpendiculaire à celui de la chaussée) devront être placées du côté de la face avant, côté circulation, des éléments de glissement.

Le réglage fin des glissières devra être exécuté par l'intermédiaire des vis de fixation:

• des dispositifs d'écartement sur les supports pour les simples files;

• des entretoises sur les supports pour les doubles files sur supports uniques; pour que l'arête supérieure des éléments de glissement reste parallèle à la chaussée.

Ce fin réglage de glissières se fera à l'avancement des travaux. Toute file de glissières qui sera montée devra être réglée. Le Maître de l'ouvrage pourra faire procéder, aux frais de l'Entrepreneur, au remplacement de toutes pièces endommagées au cours de ces opérations: déformation, galvanisation, soudures, amorce de cisaillement du boulon de fixation des entretoises sur les supports, ou autres, etc.

Afin d'éviter de créer des obstacles dangereux pendant toute la période des travaux, l'extrémité de chaque file de glissières sera équipée en permanence d'un élément de glissement de quatre (4) mètres, dont une extrémité sera fixée au dernier support et dont l'autre extrémité sera posée au sol.

护栏板应该送样来安装，将其端头按照车辆行驶方向，与下一块护栏板端头搭接。

A 型护栏板应该按这样方法来安装，即钻孔的纵向轴（线），为了它们之间的连接，应该在每根立柱上：

• 与搭接端头垂直，并与间隔装置相接触；

• 与搭接端头水平，搭接安装即告结束。

打孔的反向位置（被搭接端头的水平轴和搭接端头的垂直轴），只可以在双列带横向联杆的安全护栏，而且安装在单一立柱上，并在半径小于 250m 的弯道路段上，才被允许使用。

所有螺栓头（其纵向轴与道路中心线垂直），必须安装在护栏板的前面，即车辆行驶的一侧。

护栏的最后校准将用固定螺丝来完成：

• 单列护栏，在立柱上使用间隔装置；

• 单一立柱上双列护栏，在立柱上使用横向联杆。这样，护栏板上棱就可以与道路平行。

护栏的最终校准要与工程进展跟进。所有安装的护栏的排列都必须校准。甲方在该项工程期间，可以要求乙方自费将所有受损的配件进行更换：如变形、电镀、焊接、立柱上横向联杆固定螺栓的剪切头等。

为了避免在施工期间造成危险的障碍物，每列护栏的端头要永久性的安上一根 4m 长的护栏板，其一段与最后一根立柱相连而另外一段与地面相连。

5.4 MONTAGE DES SUPPORTS SUR OUVRAGES D'ART 构筑物立柱的安装

(1) Corniches

Les supports seront assemblés avec une plaque d'appui 30 x 30cm par soudure. Ils sont à poser sur un lit de mortier et ancrer avec des chevilles métalliques dans des trous forés dans le béton de construction.

(2) Parois

Les éléments de barrière sont à relier aux parois par des brides de support selon plan

de détail. Le lit de pose et l'ancrage seront exécutés comme sus-mentionné.

（1）插销

立柱应与 30cm×30cm 的支撑板焊接起来。放置于砂浆层之上，在建筑混凝土中开

凿的小孔中用金属插销固定。

（2）隔板

根据详细计划，栅栏和隔板通过立柱带连接。装置层和锚定根据以上提及的方式执行。

5.4.1 Mise en œuvre des bétons pour longrines　**基础梁混凝土施工**

Un programme de bétonnage devra être fourni.

Un coffrage soumis à l'agrément du Maître de l'ouvrage sera éventuellement mis en œuvre.

Bétonnage par temps froid

La température au-dessous de laquelle la mise en place du béton ne sera autorisée que sous

réserve de l'emploi de moyens et procédés préalablement agréés par le Maître de l'ouvrage est

fixée à plus de cinq (5) degrés Celsius.

Lorsque la température mesurée sur le chantier sera inférieure à zéro (0) degré

Celsius, le bétonnage sera formellement interdit.

Bétonnage par temps chaud

L'Entrepreneur proposera à l'accord préalable du Maître de l'ouvrage, les mesures

particulières à prendre par temps chaud pour éviter l'évaporation de l'eau de gâchage et renforcer

les moyens de cure de béton.

Toutes les sujétions de bétonnage par temps chaud ou froid sont à la charge de

l'Entrepreneur.

应当提交一份混凝土浇筑施工计划。

可能要使用的模板，要提交甲方批准。

低温下的混凝土浇筑工程：

若工地温度低于 5℃，混凝土浇筑工程的实施必须事先征得甲方的同意，否则不允许

施工。

在工地测量的温度低于零度的话，严禁浇筑混凝土。

高温下的混凝土浇筑工程：

在高温下施工，乙方要向甲方建议采取特殊措施，并要事先获得甲方的同意，以避

免拌合水的蒸发并加强混凝土养护设备。

所有在高温或低温下的混凝土工程所产生的费用，均由乙方承担。

5.4.2 Raccordement aux barrières de type BN4　**与 BN4 型栅栏的连接**

Les raccordements entre les glissières du type GS et les barrières type BN 4 seront

conformes au GC 77, modifié en juin 1980.

GS 型的护栏与 BN 4 型的栅栏之间的连接，必须符合经 1980 年 6 月修改的 GC77 号

标准。

5.4.3 Raccordements aux séparateurs GBA 与 GBA 混凝土分隔块的连接

Les raccordements entre les glissières du type GS ou autres et les séparateurs en béton de type GBA ou DBA seront conformes aux spécifications de la circulaire n° 88-49 du 9mai 1988.

GS 型或者其他型号的护栏与 BGA 型或 BDA 型混凝土分隔块之间的连接，必须符合 1988 年 5 月 9 日第 88-49 号通函的技术要求。

5.4.4 Peinture des tronçons amovibles 可拆卸段的油漆

La peinture des supports et des extrémités des tronçons amovibles sera de couleur jaune.

立柱和可拆卸段的端头的油漆颜色为黄色。

5.4.5 Pose d'équipements récupérés dans le cadre des travaux de dégagement des emprises 在路界清场工程范围内已回收机具的安放

L'Entrepreneur soumettra à l'agrément du Maître de l'ouvrage le mode de pose des équipements récupérés dans le cadre des travaux de dégagement des emprises, la pose sera réalisée conformément aux règles de l'art, au mode de pose déjà décrit dans le présent CCTP; en cas d'incompatibilité, le Maître de l'ouvrage pourra imposer à l'Entrepreneur le mode de pose.

乙方要对在路界清场工程范围内已回收机具的安放方式，提交甲方批准，安放要按照规范和本专用技术条款已经说明的方式来做，在不可调和的情况下，甲方可以强制要求乙方按指定方式安放。

5.5 CONTRÔLES 监督（检查）

5.5.1 Contrôle des composants homologués 对已批准组成材料的监督（检查）

(i) L'Entrepreneur devra prendre toutes dispositions pour permettre au Maître de l'ouvrage, ou à son représentant, de vérifier, avec précision la forme et les dimensions de la perforation et les marquages de référence d'homologation.

Au plus tard, la veille du premier approvisionnement sur le chantier de chacun des composants de construction homologués, l'Entrepreneur devra remettre au Maître de l'ouvrage une photocopie du certificat d'homologation de chacun d'eux.

Sur demande du Maître de l'ouvrage, il devra lui présenter l'original de ce certificat ou une copie dûment certifiée conforme.

(ii) L'Entrepreneur devra, au fur et à mesure de l'avancement de l'approvisionnement des éléments de glissement, remettre au Maître de l'ouvrage ou à son représentant, un double de tous les bons de livraisons correspondants.

(iii) Le Maître de l'ouvrage ou son représentant agréé procédera à la vérification de la conformité des éléments de glissements aux spécifications du Cahier des Charges d'homologation, et notamment:

• examen visuel systématique des éléments de glissement;

• profil des éléments de glissement;

• position et orientation des percements des éléments de glissement;

• épaisseur de la tôle constituant les éléments de glissement;

• mode de galvanisation et épaisseur du revêtement correspondant des éléments de glissement.

(iv) L'Entrepreneur devra fournir au Maître de l'ouvrage les résultats des contrôles en usine effectués par les fournisseurs des composants de dispositifs de retenue.

(v) Sur le chantier, le Maître de l'ouvrage ou son représentant agréé prélèvera, pour effectuer des vérifications en laboratoire, un élément sur 400 livrés, ceci pour chaque composant des dispositifs de retenue; les frais de ces essais seront supportés par l'Entrepreneur si leurs résultats ne sont pas satisfaisants et par le Maître de l'ouvrage dans le cas contraire.

Avant la pose, le Maître de l'ouvrage ou son représentant agréé procédera à l'examen visuel et au contrôle de la galvanisation des composants.

（ⅰ）乙方应该采取一切措施，以便甲方或者其代表能够对打孔外形、尺寸及批准的参照标准进行详细检查。

最晚，应在第一批被批准的组装筑构件送到工地前夕，乙方应该将每种构件的批准证书提交给甲方。

根据甲方要求，乙方应向甲方提交批准证明的原件或正式确认相符的复印件。

（ⅱ）随着护栏板供应的进度，乙方应该向甲方或其代表提交所有交货单副本。

（ⅲ）甲方或其指定代表将按照核准细则上的技术要求，对护栏板的合格性进行检查，尤其是要对以下内容进行检查：

• 对护栏板进行系统的目测检查；

• 护栏板的外观；

• 护栏板钻孔定位和定向；

• 护栏板材的厚度；

• 电镀方式以及护栏板涂层的厚度。

（ⅳ）乙方应该向甲方提供阻挡装置供货商在工厂对组成件所做的监督（检查）结果。

（ⅴ）在工地上，甲方或者其指定代表可以从工地上交货的每400份抽取一份作样品，并对阻挡装置每种构件抽取一份作样品，送到试验室做（测试）检查，如果结果不满意的话，这些测试费用将由乙方承担，如果结果满意则由甲方承担。

安装之前，甲方或其指定代表将对组件镀锌情况进行目测监督（检查）。

5.5.2　Contrôle des pièces　构件的监督（检查）

L'Entrepreneur devra prendre toutes les dispositions pour permettre au Maître de l'ouvrage ou à son représentant de vérifier avec précision la géométrie des pièces, et lui fournir tous documents relatifs à la nature du métal de base, aux modes de soudage, aux classes de la boulonnerie, et à la protection contre la corrosion de ces pièces justifiant de leur conformité aux spécifications décrites à l'article 5.2 du présent cahier.

Le Maître de l'ouvrage effectuera les vérifications en laboratoire, selon les dispositions décrites dans le paragraphe (v) de l'article 5.4.1ci–dessus, la fréquence des éléments prélevés pour vérification en laboratoire sera dans ce cas de 1 pour 20 livrés.

(i) Exécution des prélèvements

Les prélèvements seront effectués en présence du représentant du Maître de l'ouvrage/BCS. Les essais de réception seront exécutés par l'Entreprise et à sa charge. Ils comprendront des essais de résistance à la compression à sept (7) jours – 1 éprouvette – et à vingt–huit (28) jours– 3 éprouvettes par coulage, des mesures de consistance des bétons frais occlus (une pour chaque camion de livraison).

(ii) Réception

Tout béton dont à la livraison les mesures de consistance et d'air occlus seront hors tolérances sera rejeté. Les tolérances sur les valeurs de résistance à la compression sont celles définies au livret C.

乙方应该采取一切措施，以便甲方或者其代表能够对构件的几何形状进行检查，并向甲方提交与母体金属性质、焊接方法、螺栓制品等级以及这些构件防腐相关的所有文件，以证明符合本专用技术条款第 B5.5.2 条所述的技术要求。

甲方将根据上述第 5.5.4.1 条第（v）节所述的规定进行检查。在这种情况下，试验室抽提检查的次数为每 20 份抽查一份。

（i）取样

抽取要在甲方 /BCS 代表的出席下进行。验收试验及费用由乙方负责。这些试验包括 7 天的抗压强度测试，其中 1 个试样为 28 天；每次浇注，取 3 个试样；新浇夹气混凝土稠度的检测（每卡车检测一次）。

（ii）验收

所有检测稠度和夹气度超过允许误差的混凝土将被拒收。抗压强度值在C册中有规定。

5.5.3　Contrôle de la mise en œuvre de la boulonnerie　对螺栓制品使用监督（检查）

Si le Maître de l'ouvrage/BCS constate des erreurs dans la mise en œuvre de la boulonnerie de liaison des éléments de glissement entre eux ou dans la boulonnerie de fixation des éléments de glissement sur les dispositifs d'écartement, les entretoises et sur les supports, il invitera l'Entrepreneur à les corriger et, s'il le juge utile, à procéder à la vérification systématique de tout ou partie des différentes sections de glissières faisant l'objet du marché. En aucun cas, la réception ne sera prononcée avant que les erreurs relevées n'aient été corrigées.

Si le Maître de l'ouvrage/BCS constate des erreurs concernant la mise en œuvre de la boulonnerie de fixation des dispositifs d'écartement métalliques ou des entretoises sur les supports, ou décèle des amorces de rupture ou de cisaillement des boulons ou diverses anomalies, il invitera l'Entrepreneur à remédier, dans un délai de huit (8) jours, aux anomalies constatées et à procéder à une vérification systématique et complète de la boulonnerie correspondante.

Si, à l'expiration du délai fixé, certaines erreurs subsistaient encore, le Maître de l'ouvrage pourrait faire procéder à l'exécution des corrections nécessaires par une entreprise de son choix aux frais et risques de l'Entrepreneur.

如果在护栏板相互连接或者护栏板与间隔装置连接，以及横向联杆和立柱之间连接使用固定螺栓制品过程中，甲方 /BCS 一旦发现有错误，要请乙方予以纠正，并在其认为有必要时，对合同标的各段护栏进行系统的全部或部分检查。在任何情况下，在发现的错误改正之前，是不会宣布验收的。

如果甲方发现金属间隔装置或在立柱上横向联杆固定螺栓使用有误，或发现有螺栓断裂或剪切有缺陷或其他异常，可要求乙方在 8 天内对发现的异常进行纠正，并对相关的螺栓制品进行系统地、全面地检查。

如果在规定期限到期之后，仍然存在某些缺陷，甲方可另外选择一家企业对其进行必要的纠正，而这些纠正的费用和风险将由乙方承担。

6.0　ÉQUIPEMENTS DE SÉCURITÉ EN BÉTON　混凝土安全设施

6.1　GÉNÉRALITÉS　概述

Les travaux comprennent:

• l'exécution des travaux préparatoires spécifiques;

• pour ce qui concerne les dispositifs de retenues, la fourniture et la pose de tous les équipements nécessaires à la mise en place:

• des séparateurs en béton adhérent réalisés au moyen d'une machine à coffrage glissant；

• les réservations pour équipements divers (signalisation, PAU, etc.);

• les terrassements pour fouilles éventuelles;

• la fabrication en centrale, le transport et la mise en œuvre du béton pour longrines éventuelles pour assise de barrière;

• le nettoyage du chantier.

La réalisation des dispositifs de sécurité (fournitures et mises en œuvre) sera conforme aux spécifications définies dans la circulaire n°　88.49 du 9mai 1998: « Dispositifs de retenue de véhicules contre les sorties accidentelles de chaussée » et notamment dans le fascicule 3 « Dispositifs latéraux en béton » de l'instruction technique qui accompagne la circulaire en question.

工程包括：

• 实施专项准备工程；

• 对阻挡装置施工必须的各种装备和材料的供货和安装；

• 用滑模机械制造强粘性混凝土分隔块；

• 其他装置（信号装置，PAU 等）的预留；

• 基坑开挖可能的土方工程；

• 栅栏底座可能使用的侧梁混凝土集中式生产、运输和施工；

• 工地的清扫。

安全装置的施工（供货和实施），要符合 1988 年 5 月 9 日第 88.49 号《车辆对道路事故出口的阻挡装置》通函中的规定，尤其是要符合所附第 3 分册《侧向混凝土装置》中的技术指令的要求。

6.2 PROVENANCE ET QUALITÉ DES MATÉRIAUX　材料来源及质量

6.2.1 Spécifications des fournitures pour dispositifs de retenue béton　混凝土阻挡装置（护栏墙）供货的技术要求

Tous les éléments entrant dans la composition de construction des dispositifs de retenue béton seront conformes à la normalisation (norme NFP 15.301 révisée)

所有组成混凝土阻挡装置（护栏墙）的构件都要符合标准化要求（NF P 15.301，修订版）。

6.2.1.1 Béton　混凝土

Les prescriptions générales relatives à la nature et la qualité des matériaux entrant dans la composition des bétons sont décrites dans le livret C. Les caractéristiques particulières des bétons à mettre en œuvre sont précisées dans l'article 11 – Qualité des bétons.

关于混凝土组成材料的性质和质量相关要求，已在 C 册中作了描述。

要施工的混凝土的特别技术参数，已在第 B5.11 条《混凝土质量》中作了详细说明。

6.2.1.2 Aciers filants　（冷）拉制钢材

Les aciers approvisionnés sur le chantier seront des armatures de béton armé de types barres et fil machine à haute adhérence pour béton armé. Les barres seront de nuance FeE 40, telle que définie dans la norme NFA 35.016. Leurs caractéristiques géométriques seront celles prévues par les normes NFA 35.016 et NFA 35.017. Les aciers soudables (aptitude à démontrer en vertu de la norme NFA 35.018) seront préférés à des aciers non soudables.

向工地上供应的钢材，应是高握固力的圆钢和盘条型钢筋混凝土用的钢筋。

钢筋为 FeE 40 号，应符合法国标准 NF A 35.016 所确定的要求。它们的几何特性在法国标准 NF A 35.016 和 NF A 35.017 中有规定。与不可焊接的钢筋相比，最好使用那些可焊接钢筋（根据法国标准 NF A 35.018 所示性能）。

6.2.1.3 Boulonnerie　螺栓制品

Elle sera conforme aux normes correspondantes NF E 27.113, 27.311 et 27.350.

螺栓制品要符合法国标准 NF E 27.113，27.311 和 27.350 中相关的要求。

6.2.1.4 Raccordement entre un séparateur béton et une barrière de type BN4 ou similaire　混凝土分隔块与 BN 4 型或类似栅栏的连接

Ces raccordements seront réalisés au moyen de pièces conformes à la norme NFP 98.421.

这些连接要用符合法国标准 NF 98.421 要求的构件来做。

6.2.1.5 Protection contre la corrosion　防腐蚀保护

Elle sera assurée par galvanisation à chaud 550g/m^2(80 μm environ), la galvanisation à chaud impose que la conception générale des pièces soit conforme aux spécifications de norme en vigueur. La boulonnerie sera protégée par un produit Comprigum ou en tout point équivalent et les têtes des boulons par des tubes CPV remplis par un mastic bitumineux, silicone ou polyuréthanne.

此项保护将由 550g/m²（约计 80μm）的热电镀锌来完成，热电镀锌要求构件的总体设计要符合现行标准的规定。螺栓制品或其各个等效部分，将用压缩树胶制品来保护，而螺栓头要用填满沥青砂胶、硅酮或聚氨酯的聚氯乙烯（PVC）套管来防护。

6.2.1.6　Peinture　油漆

La peinture mise en œuvre sur la galvanisation sera conforme aux recommandations du fabricant.

在电镀件上油漆，须遵循制造厂家的建议。

6.2.2　Spécifications des matériaux et composants de construction des longrines béton　混凝土侧梁的结构件和材料的技术要求

Les prescriptions générales relatives à la nature et la qualité des matériaux entrant dans la composition des bétons sont décrites dans le livret C. Les caractéristiques particulières des bétons utilisés sont précisées dans l'article 11 Qualité des bétons.

关于混凝土组成材料的性质及质量的一般规定，在 C 册中已做说明。

所使用的混凝土的特殊性质，在第 B5.11 条《混凝土质量》中已作详细说明。

6.3　MODE D'EXÉCUTION DES TRAVAUX　施工方式

6.3.1　Implantation　定位

L'Entrepreneur établira un plan d'implantation des dispositifs.

Le piquetage de l'axe de la chaussée sera réceptionné contradictoirement avec le Maître de l'ouvrage. L'Entreprise devra assurer à sa charge la préservation des points.

L'Entrepreneur est tenu d'exécuter un piquetage des dispositifs béton à partir de cet axe avec un pas de quatre (4) mètres. Il devra faire réceptionner, par le Maître de l'ouvrage, ce piquetage qui fera l'objet d'un procès-verbal de réception de piquetage.

Ce piquetage est à la charge de l'Entrepreneur.

L'attention de l'Entrepreneur est attirée sur le fait qu'il est responsable des dégâts qu'il pourrait occasionner, à la suite de la présence de câbles ou canalisations enterrées existantes. Il devra s'assurer auprès de Maître de l'ouvrage/BCS de l'implantation de ceux-ci.

乙方要编制一份混凝土（安全）装置的定位图。

路面中心线标桩由双方共同验收。乙方负责保留各标桩点。

乙方负责沿着该中心线每定间距为 4m 为混凝土安全装置标桩，这些标桩将由甲方验收。并签字验收纪要。

该项标桩由乙方负担费用。

乙方必须注意，他要对现已埋入地下的电缆或管线可能造成的损坏承担责任。他将向甲方 /BCS 保证这些地下管线的准确定位。

6.3.2　Moule　模具

La mise en œuvre des séparateurs se fera par extrusion au moyen d'une machine à coffrage glissant dont la géométrie sera celle définie au 5 de l'annexe 2 du fascicule 3 de l'instruction accompagnant la circulaire 88.49 du 9mai 1988.

混凝土分隔块的制造由滑模机通过挤压完成，其几何形状在 1988 年 5 月 9 日第 88.49 号通函所附的第三分册附件 2 第 5 节中有规定。

6.3.3 Mise en œuvre du béton 混凝土施工

6.3.3.1 Préparation du support 底面准备

Dans le cas courant, le séparateur sera à construire sur un sol support stabilisé et réglé, en l'occurrence sur l'assise des accotements. Sur les quelques tronçons où ce cas ne se produit pas, l'entreprise aura à construire une semelle en béton dosé au minimum à 250kg de ciment par mètre cube de béton. Cette semelle aura une épaisseur minimale de 20cm et une largeur supérieure de 10cm à celle de la base du séparateur.

一般情况下，混凝土分隔块要建在一个稳固的经平整的地面上，或者建在路肩底层上。在那些没有这种情况的路段上，乙方要做混凝土底座，底座至少要浇注 250kg 水泥的混凝土，该底座最小厚度为 20cm，宽度比分隔块底面多出 10cm。

6.3.3.2 Emploi de la machine à coffrage glissant 滑模机的使用

Le béton est réparti, réglé et serré par une machine d'un type « machine à coffrage glissant ».

Le matériel sera mis en ordre de marche et fera l'objet d'un audit du Maître de l'ouvrage à l'occasion de la planche d'essai.

La machine sera pourvue d'un nombre suffisant de prévibrateurs en état de marche pour garantir un bon serrage du béton.

La machine sera guidée en plan et en nivellement de telle façon que les arêtes du séparateur ne s'écartent pas plus de un centimètre (1cm) de leur emplacement théorique. La machine sera guidée par le dispositif à potences de support et de fils de guidage. L'intervalle entre les potences ne devra pas excéder dix mètres (10m). Les potences seront fixées dans le sol de façon à ne pas bouger. Les trous devront être rebouchés.

Dans le cas de courbe de faible rayon ou de changement de pente, la distance entre les potences ne devra pas excéder 5m.

L'entrepreneur étudiera avec soin le support sur lequel sera coulé le séparateur afin de tenir compte des profils en long et en travers et éventuellement des garde-corps existants, des candélabres, des regards ou des chambres souterraines.

混凝土由一种《滑模机》类型的机器进行摊铺、平整和压实。

在做试验路段时，该路要整备待用，并经甲方查验。

滑模机在运行时要准备数量足够的预震动器，以保证混凝土的压实捣固。

滑模机要有平面导向（装置）并保持水平，以使得分隔块上部棱面与理论定位偏差不超过 1cm。滑模机由支架装置和导向线来实现导向。支架之间的间距不能超过 10m。支架要固定在地上，不能移动。孔洞应被堵上。

在小半径曲线段或坡度改变段的情况下，支架之间的间距不能超过 5m。

乙方要仔细设计支架底面（在支架底面上要浇注混凝土分隔块），以便考虑其纵剖面和横剖面，并且可能的话还要考虑现有的的栏杆、灯杆、检查井或地下检修孔等。

6.3.3.3　Mise en œuvre des bétons　混凝土施工

Un programme de bétonnage devra être fourni.

Un coffrage soumis à l'agrément du Maître de l'ouvrage sera éventuellement mis en œuvre.

Lors des travaux, l'affaissement en cours ne devra pas s'écarter de celui de référence de plus de 1cm (plus ou moins 1centimètre).

Bétonnage par temps froid

La température au-dessous de laquelle la mise en place du béton ne sera autorisée que sous réserve de l'emploi de moyens et de procédés préalablement agréés par le Maître de l'ouvrage est fixée à plus de cinq (5) degrés Celsius.

Lorsque la température mesurée sur le chantier sera inférieure à zéro (0) degré Celsius, le bétonnage sera formellement interdit.

Bétonnage par temps chaud

L'Entrepreneur proposera à l'accord préalable du Maître de l'ouvrage, les mesures particulières à prendre par temps chaud pour éviter l'évaporation de l'eau de gâchage et renforcer les moyens de cure de béton.

Toutes les sujétions de bétonnage par temps chaud ou froid sont à la charge de l'Entrepreneur.

（乙方）应该提交混凝土施工计划。

可能使用的模板，要提交甲方批准之后才可以使用。

施工中，混凝土浇筑中塌落（下沉）不能超过标准坍落度1cm（±1cm）。

低温下混凝土施工：

若工地温度低于5℃，混凝土工程的实施必须事先征得甲方的同意，否则不允许施工。

若工地温度低于0℃，则任何混凝土工程被明令禁止。

高温下混凝土施工：

在高温下施工，乙方要向甲方建议采取特殊措施，并要事先获得甲方的同意，来避免拌合水的蒸发并加强混凝土养护设备。

在高温或低温下混凝土施工的各项工作所产生的费用，均有乙方承担。

6.3.3.4　Protection du béton pendant la prise　混凝土凝固期间的保护

Les parements de béton sont protégés de la dessiccation par pulvérisation en arrière de la machine à coffrage d'un produit de cure répondant aux spécifications demandées dans le livret E.

Le dosage sera celui prévu par la fiche d'agrément du produit. La pellicule sera homogène. Le produit pourra être appliqué à nouveau sur des surfaces déjà traitées en cas de délavement pour permettre une efficacité du produit de cure sur 3 jours minimum.

Les parements sont rangés dans la classe des parements soignés simples.

混凝土砌面的干燥保护要使用滑模机后面喷淋的养护产品，养护产品要满足 E 册要求的规格。

剂量遵从产品许可卡片的规定。液体层要是均质的，如果局部需要抛光，那么处理了的表面需要重新喷淋养护产品，以保证养护产品至少 3 天的有效性。

砌面归于简单养护级别的砌面。

6.3.3.5 Joints et reprises de bétonnage 混凝土施工缝和接缝

Les joints d'arrêt de chantier (interruption de bétonnage supérieure à 1 h 30) seront impérativement traités selon un plan vertical orthogonal à l'axe du séparateur. Les armatures seront prolongées d'au moins 1mètre afin d'assurer la continuité des filants lors de la reprise et le joint sera systématiquement coffré. La reprise de bétonnage sera précédée d'un repiquage de la surface coffrée de contact.

施工停工缝（混凝土施工中断超过 1.5h）必须按与（混凝土）分隔块轴线正交垂直面处理，钢筋要至少延长 1m，以保证在接缝时拉筋的连续性，接缝处应当系统的上模板。

在做混凝土施工缝之前，要在以上模板的接触面上打标记。

6.3.3.6 Nettoyage 清扫

L'Entrepreneur prendra toutes les dispositions nécessaires pour éviter de souiller les surfaces d'enrobés encadrant le séparateur (coulure de laitance notamment). Les abords du séparateur seront soigneusement débarrassés de tous les résidus de béton en vue d'assurer une efficacité optimale de la couche d'accrochage du revêtement mince de la chaussée.

在嵌入混凝土分隔块时，乙方要采取各种必要措施，防止污染沥青混凝土表面（尤其是散落的水泥砂浆）。分隔块周边的混凝土渣滓要清除掉，以保证道路薄铺面层上的粘结层理想的视觉效果。

6.3.4 Passage d'eau éventuel 可能的水流过道

Un gabarit dont la largeur mesurée dans l'axe du séparateur sera de 30cm et la hauteur utile finale (après pose de la couche de roulement) sera de 8cm, sera confectionnée en vue de créer les lumières pour le passage de l'eau. Si l'entreprise décide de recourir à des profilés métalliques en U maintenu en place, le subjectile sera traité contre la corrosion par métallisation au zinc.

限界板要加工成，其从分隔块轴线测定的宽度为 30cm，（在铺设路面行车层后）最终有用高度为 8cm，并设有排水口，以便水流通过。如果横向联杆决定要使用 U 形金属型材，予现场支持，则底面要通过喷镀锌处理，来防止腐蚀。

6.3.5 Raccordement séparateur béton – Barrière sur ouvrages d'art 混凝土分隔块与桥上栅栏的连接

Les raccordements entre séparateurs béton et barrière aux ouvrages d'art de type BN4 ou équivalent seront réalisés conformément à la norme NFP 98.421. Ces raccordements se feront sur les lisses en attente, non équipées. Le passage de joints en about de tablier rend nécessaire l'emploi d'étriers de dilatation ou de manchon. Leurs positions respectives sont fonction de la position du joint de chaussée et dépassent du support de la barrière la plus proche du raccordement.

混凝土分隔块和桥上栅栏（采用 BN 4 型或者相当型号）之间的连接，必须要符合法国标准 NF P 98.421 的要求。这些连接在未安装、待用的栏杆上完成。通过桥面端缝时，必须使用膨胀夹头或套筒夹头。他们各自的位置，根据路面接缝位置的变化而变化，并在超过栅栏底座最近处连接。

6.3.6 Équipements de sécurité en béton démontables　可拆卸的混凝土安全设施

Les glissières de sécurité en béton armé préfabriquées et démontables seront fournies par l'Entrepreneur qui en assurera le stockage provisoire pendant la durée du chantier, ainsi que la mise en œuvre.

Le mode de pose et de déplacement des éléments préfabriqués sera soumis à l'agrément du Maître de l'ouvrage, en cas d'incompatibilité, le Maître de l'ouvrage pourra imposer à l'Entrepreneur le mode de pose et de déplacement conforme à ses besoins.

Les éléments endommagés pendant la durée des travaux seront remplacés par des éléments neufs aux frais de l'Entrepreneur.

可拆卸的预制钢筋混凝土安全护栏，由乙方提供，乙方要保证在施工期间和安装期间有临时库存。

预制件的搬运和安装方式，要征得甲方的同意，在出现意见不一致的情况下，甲方可以根据自己的需要，强制性的规定乙方搬运和安装的方式。

在施工期间的损坏，将由乙方付费用更换新件。

6.4　CONTRÔLES　监督（检查）

6.4.1　Fers filants – tolérance en cas de manquement aux dispositions du présent cahier　拉制钢筋 – 在没有遵循本条款规定的情况下允许误差

Si les fers filants prévus n'existent pas, le séparateur sera purement et simplement démoli.

Si la position des fers est anormale, le titulaire du marché démolira et reconstruira le séparateur.

Si les recouvrements ne sont pas réalisés selon les dispositions visées au 6.3.3.5 ou si les fers haut et bas sortent des fourchettes, 12cm – 18cm d'un côté et 27cm – 33cm d'un autre côté, mesurées à partir de l'arête supérieure, une réfaction de prix de 10% sera appliquée sur le tronçon incriminé.

如果混凝土分隔块里没有规定的拉制钢筋，分隔块要无条件的拆除。

如果混凝土分隔块里的钢筋位置异常，乙方要拆除，重做。

如果没有按照第 B5.6.3.3.5 条规定做搭接，或者如果从护栏上棱面测得的钢筋上下分叉，一侧为 12～18cm，而另外一侧为 27～33cm，将扣罚有误段价格 10%。

6.4.2　Aspect final – Respect de la géométrie　最终外观 – 遵守几何形状

Pour les séparateurs d'une hauteur standard de 80cm, la fourchette de tolérance fixée sur cette hauteur utile mesurée à partir du niveau fini de la chaussée (la couche de roulement suit la réalisation du séparateur) est de + 3cm et de – 2cm.

La hauteur du pied sera d'au moins 8cm par rapport au niveau fini de la chaussée sans jamais excéder 15cm. La tolérance sur la hauteur nominale est de + 3cm, – 1cm.

Pour les séparateurs de hauteur supérieure (100cm), il s'agira d'adapter le moule en augmentant la largeur au sol (moule à joues coulissantes) sans réduire la largeur de tête (15cm) et sans dépasser les épaisseurs de talon susvisées. Les tolérances sur la hauteur utile restent fixées à + 3cm et – 2cm.

En cas de non–respect des tolérances, la section incriminée sera démolie et reconstruite aux frais de l'entreprise.

Le séparateur ne doit pas présenter, sur les arêtes supérieures et sur toutes les surfaces planes, de flaches ou bosses dont la profondeur mesurée au moyen d'une règle de 3m de longueur excède 5mm.

Seront exclues les mesures de rattrapage (ragréage manuel notamment) qui ne font que nuire à cette qualité des parements. Les tronçons de dispositifs jugés d'un aspect visuel insuffisant seront démolis et reconstruits aux frais de l'entreprise.

对于标准高度为 80cm 的分隔块，从路面最终标高起测得该有效高度上规定分叉允许误差为 +3cm 和 –2cm（先安装分隔块，后做路面行车层）。

底部高度与路面最终标高相比至少为 8cm，但决不能超过 15cm，标准高度的允许误差为 +3cm ~ 1cm。

对于高度超过 100cm 的分隔块而言，需采用适合的模具，以增加接地宽度（滑动侧板模），同时却不减少上部的宽度（15cm），也不超过上面所指底部厚度。有效高度的允许误差规定为 +3cm 和 –2cm。

在没有遵守允许误差的情况下，该有误段须拆毁并重建，费用由乙方承担。

从上棱以及所有水平表面上看，分隔块不能有凹陷或突起，其测量高度可超过标准长度（3m）5mm。

只能让饰面质量受损的挽回措施（尤其是手工修整），是不允许的。从视觉上看（安全）设施有不足的段落，须拆毁并重建，费用由乙方承担。

7.0 SIGNALISATION DIRECTIONNELLE, DE POLICE ET DE BALISAGE 方向、警示和路界信号（标志）

7.1 GÉNÉRALITÉS 概述

La signalisation sera conforme aux instructions du maître d'ouvrage et à l'instruction interministérielle du 15 juillet 1974 sur la signalisation Routière".

Les tâches à réaliser sont les suivantes:

• fourniture et stockage des matériels constituant la signalisation verticale provisoire et définitive, de police, d'information et de direction ainsi que le balisage,

• fabrication, transport et mise en œuvre des bétons et des équipements constituant les massifs d'ancrage des supports,

• mise en place des éléments approvisionnés,

• mise en place et dépose en fin de chantier de la signalisation de balisage de la zone de travaux et dépose de la signalisation existante à neutraliser.

Les terminologies employées dans les documents de l'appel d'offres et du marché ainsi que dans le déroulement des travaux sont ceux employés dans les normes françaises visant la signalisation routière verticale et en premier lieu dans la norme NF P 98-501 portant sur les « Généralités » sous réserve des compléments, modifications ou précisions ci-après.

Signalisation directionnelle (catégorie SD): la signalisation directionnelle est l'ensemble des signaux de type D ou KD.

Panneau de type SD1: ensemble de signaux de direction assemblés et placés sur un ou deux supports communs, implantés sur accotement et dont la hauteur audessus du plan de la partie de la chaussée circulée est de 1.00m et la longueur inférieure ou égale à 2.50m.

Panneau de type SD2: ensemble de signaux de direction assemblés et placés sur un support commun, implanté sur accotement et dont la hauteur au-dessus du plan de la partie de la chaussée circulée est de 2.30m et la longueur inférieure ou égale à 3.50m.

Panneau de type SD3: ensemble de même type que les précédents, placés sur plusieurs supports, et de longueur comprise entre 2.50m et 7m ; ainsi que l'ensemble des signaux de direction placés sur haut mât, portique ou potence.

Les produits utilisés seront des produits homologués (répertoires des produits certifiés NF et des homologations 1998).

Les signaux seront constitués de tôle d'acier ou d'aluminium de 2mm d'épaisseur. Les surfaces seront traitées de deux couches antirouille. Les inscriptions et les symboles seront façonnés de peinture, laquée ou de feuille, toutefois avec un matériau réfléchissant. L'envers des panneaux sera de teinte grise. Les matériaux devront résister au temps et à la corrosion tant pour la couleur que pour la forme.

Les différentes formes de panneaux pour chacune des catégories de signaux sont les suivantes :

(1) Signaux d'avertissement de danger: triangle équilatéral (1.00m de coté),

(2) Signaux de réglementation, à l'exception des Signaux de propriété, forme circulaire (0.70m de diamètre).

Signaux de priorité ont une forme variable:

- triangle équilatéral = côte de 1.00m,

- forme carrée = cote de 0.50m,

- forme octogonale = hauteur des signal 1.00m.

(3) Signaux d'indication: forme générale rectangulaire, étant entendu que certains signaux de direction sont constitués par des rectangles terminés en pointe de fléché.

Les dimensions des signaux sont variables suivant la complexité du schéma représentant l'intersection, suivant le nombre de noms de localités à y inscrire et suivant le nombre de lettres que comportent ces noms.

Les signaux de direction comportant un seul nom de localité seront bilingues, dont les caractères arabes doivent figurés sur la partie supérieure du signal.

Lorsqu'on doit signaler au moins deux directions, les inscriptions dans chaque langue se feront sur deux signaux d'instincts. Les inscriptions du signal supérieur seront en caractères arabes, les inscriptions du signal inférieur seront caractères latins.

Les inscriptions des signaux seront soumises à l'agrément de l'administration.

Les supports des signaux permanents seront constitués par des fers en U.P.N. (galvanisés) dans les conditions suivantes:

－ Signaux n'ayant aucune dimension supérieur à 0.70m: fer en U de 80mm au moins,

－ Signaux dont la plus grande dimension est comprise entre 0.70 et 125mm: fer en U de 80mm à 120mm de largeur suivant le cas,

－ Signaux dont la plus grande dimension supérieure à 1.25m: deux fers en U de 80mm à 120mm de largeur suivant le cas.

Les portiques et les potences simples de signalisation à double poutre réalisés en acier type Fe430275 ou alliage léger d'aluminium et galvanisé au chaud ou aluminium 6005 pour les profils et 5086 pour les tôles.

La base de sujétion des portiques et des potences aux fondations seront d'acier galvanisé ou de tôles d'aluminium avec boulons d'ancrage.

信号标志应遵守甲方的指示并且符合 1974 年 7 月 15 日相关部门在《道路信号标志》中的说明。

需要完成的任务如下：

• 用作临时和最终垂直信号（标志）、警示信号（标志）、地名指示信号（标志）以及路界信号（标志）的器材的提供和存放；

• 用作立柱锚定台基的混凝土和装置的生产、运输和施工；

• 用供应的构件进行安装；

• 安装并在工程结束时，拆除在施工路界范围内设置的界标和现有无用的信号（标志）。

在招标文件和合同文件中，以及在施工过程中所使用的（技术）术语，就是在关于道路垂直信号（标志）的法国标准中，首先是在法国标准 NF P 98–501 关于《概述》中所使用的术语，但下面补充，修订或详细说明的除外。

方向信号（标志）（SD 型）：方向信号（标志）是指 D 型或 KD 型信号（标志）的总称。

SD1 型方向信号（标志）牌：设在一个或两个共用立柱上的方向信号（标志）的总称而这些立柱安设在路肩上，其高度从行车路面部分的平面上方高度为 1.00m 而长度为小于或等于 2.5m。

SD2 型方向信号（标志）牌：设在一个共用立柱上的方向信号（标志）的总称，而这些立柱安设在路肩上，其高度从行车路面部分的平面上方高度为 2.30m，而长度为小于或等于 3.50m。

SD3 型方向信号（标志）牌：与前两种型号相同并安装在几个立柱上的方向信号（标志）的总称，长度为 2.5～7m 之间，也指安装在于高立柱、门（框）式信号支架或直角形信号支架上的信号（标志）总称。

这些产品必须是经过批准的产品（产品目录确认符合法国标准，并于 1998 年核准）。

信号牌由 2mm 厚的钢板或铝板构成。表面要做两层防锈处理。指示文字和标记要由油漆、涂漆或保护纸的反光材料制成。指示牌反面为灰色。材料不论是颜色还是形态，必须要耐用并且抗腐蚀。

每种种类的信号牌不同的形状如下：

（1）危险警示牌：等边三角形（边长为 1.00m）。

（2）除私人领土标示牌之外的管理标示牌，圆形（直径为 0.70m）。

优先标志的形状可变：

－ 等边三角形 = 边长为 1.00m

－ 正方形 = 边长为 0.5m

－ 八边形 = 标牌高度为 1.00m

（3）指示标牌：普通长方形，一般指示方向的标牌由长方形，尾端为箭头组成。

指示牌的尺寸是可变的，与所表示交叉点图解的复杂度、记录的地点名称的数量以及这些名称所包含的字母数量有关。

只包含一个地点名称的方向指示牌要用双语标注，阿拉伯字母要在指示牌的上部。

当指明至少两个方向时，两种指示都要用每种语言说明。指示牌上部用阿拉伯语文字，下部用拉丁文字。

指示牌的说明文字都要取得相关部门的批准。

在以下情况中，永久信号牌的立柱要由 UPN（镀锌）铁制成：

－ 任意边长都不超过 0.7m 的信号牌：最少 80mm 的 U 形铁；

－ 最大边长在 0.7～125mm 之间的信号牌：视情况而定，宽度为 80mm 到 120mm 的 U 形铁；

－ 最大边长大于 1.25m 的信号牌：视情况而定，两块宽度为 80～120mm 的 U 形铁。

门（框）式信号支架或单一直角形信号支架的双梁信号装置用 Fe430275 类型钢材或热电镀轻质铝合金制成，或表面用 6005 铝制，护栏板采用 5086 制。

底座的门（框）式信号支架或直角形信号支架的基座用镀锌钢材制或者用带有锚固螺栓的铝制护栏板。

7.1.1　Signalisation de la route　道路信号装置

La signalisation destinée à l'intention des usagers de la route comprend:

－ Exceptionnellement, des panneaux de danger;

－ Des panneaux d'interdiction et restriction comme ceux qui interdisent aux usagers de prendre les bretelles d'échangeur à contresens, seront considérées conventionnellement.

－ Des panneaux de fin d'interdiction ou de restriction normalement associés aux panneaux évoqués ci-dessus;

- Des panneaux d'indication,

- Exceptionnellement des balises;

- Des bornes, qui par dérogation aux principes généraux énoncés ci-dessus, seront formées, contrairement aux dispositions de l'instruction, d'un panonceau porté par un poteau métallique et indiquant seulement le point kilométrique;

- Des panneaux de direction et de localisation.

A l'exception de ces derniers et des bornes, les panneaux seront du type prévu par le Code de la Route et de la dimension dite grande par la même instruction. Ils seront posés sur supports métalliques en bordure de la route, sur les bermes extérieures.

Les panneaux de direction et de localisation seront du type autoroutier conformément à l'instruction interministérielle relative à la signalisation en vigueur en Algérie.

Les panneaux de direction avancés et les panneaux de localisation seront posés en bordure de la route comme spécifié ci-dessus; les panneaux de direction seront posés sur portiques au-dessus des chaussées de la route ainsi que les panneaux avancés annonçant un poste de péage.

信号装置的目的在于让道路使用者明白：

- 危险信号牌的特殊情况；

- 禁止和限制信号牌，旨在禁止使用者错误地使用那些惯例上可以使用的互通式匝道。

- 禁止和限制信号牌通常与以上提到的信号牌组合使用；

- 指示信号牌；

- 路界标志的特殊情况；

- 以上说明的一般规则的例外情况和与指示条文的相反情况下，界标由一个金属支柱的支撑型标识组成并且只指明公里数；

- 方向和地点指示牌。

除了以上最后一种情况和界标外，信号牌都应满足《道路准则》规定的类型以及以上所述的尺寸。将其放置在金属立柱上，立于路边，外护坡肩之上。

方向和地点指示牌的类型，要符合阿尔及利亚现行关于指示牌的相关部门指示。

前进方向指示牌和地点指示牌按以上规定所述置于道路边缘，指示牌要放置于道路路面上的直角形信号支架之上，对于指示收费站的前进指示牌也是如此。

7.1.2 Signalisation de direction à l'extérieur de la route 道路外的方向信号装置

- Aux débouchés des bretelles d'échangeurs et sur les voies rétablies sont implantés des panneaux directionnels courants conformément aux plans de signalisation.

- Le jalonnement en direction de la route est fait à l'aide d'une présignalisation par panneaux conformément aux plans de signalisation, avec les destinations par la route écrites en lettres blanches.

- Aux embranchements des bretelles menant vers la route sont posés des panneaux conformément aux plans de signalisation, mais à lettres blanches sur fonds bleu.

－在位于重建道路上的互通式匝道的出口处安置符合信号装置计划的普通方向指示牌。

－道路的方向标杆要用符合信号装置计划的预先做标记的牌子制作而成，并带有用白色字母书写的道路终点。

－将符合信号装置计划的指示牌安置在导向道路的匝道交界处，蓝底白字。

7.2　PROVENANCE ET QUALITÉ DES MATÉRIAUX　材料来源和质量

Les prescriptions du Cahier des Charges d'homologation des panneaux de signalisation du 26 juillet 1985.

参见 1985 年 7 月 26 日信号（标志）牌核准细则里的规定。

7.2.1　Aciers　钢材

Les aciers employés pour la construction des superstructures seront choisis parmi les nuances et qualités définies par le titre III du fascicule 4 du CPC.

Les qualités retenues sont les suivantes:

● constructions boulonnées ou rivées: toutes qualités;

● constructions soudées: qualités 3 ou 4.

L'utilisation de la qualité 2 pourra être admise pour des supports tubulaires soudés en usine, ne comportant comme élément rapporté soudé qu'une embrase avec gousset de renfort.

上部结构建筑所使用的钢材，要在通用技术规范（CPC）第四分册第三章中确定的型号和质量中选择。

所要求的质量如下：

● 拴接结构或铆接结构：所有级别；

● 焊接结构：3 级或 4 级。

2级产品可以用在工厂焊接的钢管立柱上，作焊接连接件，只用在带加固节点板的卡箍上。

7.2.2　Alliages d'aluminium　铝合金

Les alliages d'aluminium utilisés pour la construction des composants d'ouvrages peuvent être choisis parmi ceux qui sont désignés dans le tableau ci–après:

用于构造物组成的铝合金，可以在下表中列举的合金中选择：

FAMILLE 系列	DESIGNATION 名称
1–Alliages corroyés 　　Aluminium–Magnésium(Al – MG) 锻接合金 铝 – 镁（AL–MG） Aluminium – Silicium　　　Magnésium 　　（AL Si – Mg） 铝 – 硅　镁（AL–Si–Mg） Aluminium – Zinc　　　Magnésium 　　（Al – ZN – Mg) 铝 – 锌　镁（Al–ZN–Mg） 2–Alliage de fonderie 煅接合金	5754 (AG3 M) 5086 (AG4, 5 MC) 5086 (AG4 MC) 6005A (A – SG – 0,5) 6060 (A – Gs) 6061 (A – Sg) 6082 (A – SGM 0,7) 7020 (AZ5G) A S 13 A S 7 G A Z 5 G

Le soudage de l'alliage 7020 est interdit:

- Caractéristiques

NFA 57702   Produits de fonderie coulés par gravité

NFA 50411   Barres, fils, tubes profilés

NFA 50451   Tôles, disques, bandes, flanc

NFA 57101   Dimensions et tolérances des tôles courantes laminées à froid

NFA 03251   Essais de traction

Les alliages d'aluminium désignés ci-dessus doivent être conformes aux normes en vigueur suivantes:

- Appellation

NFA 02104 Désignation numérique des aluminiums et alliages de transformation

- États

NFA 02006 Désignation conventionnelle des états de livraison

Les alliages d'aluminium devront satisfaire aux conditions suivantes d'allongement minimal à la rupture:

- six pour cent (6%) pour les alliages corroyés;

- deux pour cent (2%) pour les pièces moulées.

Ces conditions d'allongement minimal ont pour but de permettre une adaptation plastique convenable dans les zones de concentration de contraintes.

Les normes NFA 50411, 50451 et 57702 donnent les allongements des alliages d'aluminium et les conditions dans lesquelles ces allongements sont mesurés.

禁止对合金 7020 进行焊接:

- 特性

NFA 57702   由重力浇铸产品

NFA 50411   圆钢、钢丝，型钢管

NFA 50451   板材，圆板，带钢，腹板

NFA 57101   冷压通用材料的尺寸及允许误差

NFA 03251   拉力试验

上面所提及的铝合金须满足以下现行标准。

- 名称

法国标准 NF A 02104 铝和变性合金的数字名称。

- 状态

法国标准 NF A 02006 交货状态的议定名称。

铝合金必须满足以下断裂时的最小延伸长度规定:

- 锻接合金为 6%;

- 铸件为 2%。

这些最小延伸长度规定的目的是，能够适应应力集中区域合适的塑性改变。

法国标准 NFA50411、50451 和 57702 提供了铝合金的延伸和测量延伸的规定。

7.2.3 Boulonnerie 螺栓制品

Les boulons d'assemblage pour les structures en aluminium devront être:

- soit des boulons en acier galvanisés à chaud;
- soit des boulons en acier inoxydable Z6 CN 18 – 8 ou 18 – 10 défini par la norme NFA 35572;
- soit des boulons en alliage d'aluminium 7075 anodisés colmatés au bichromate de potassium et imprégnés à la lanoline.

Les boulons qui assembleront les pièces participant à la résistance d'ensemble de la structure devront avoir un diamètre supérieur ou égal à 12millimètres.

Les boulonneries enterrées seront protégées de la corrosion par une peinture adéquate (COALTAR par exemple).

用于铝结构的组装螺栓应该是：

- 钢制热电镀的螺栓；
- 法国标准 NF A 35572 确定的 Z6 18–8 或 18–10 的不锈钢螺栓；
- 或者是用放在重铬酸钾溶液里进行阳极（氧化）处理并放在羊毛脂里浸润过的 7075 铝合金螺栓。

组合参与结构整体抗力的主要构件的螺栓，直径应该大于或等于 12mm。

组合参与结构整体抗力的主要构件的螺栓，直径应该大于或等于 12mm。埋在地下的螺栓制品要喷刷适合的涂料（例如煤焦油）来防腐蚀。

7.2.4 Tiges d'ancrage 锚定杆

Les tiges d'ancrage seront en acier et auront un diamètre minimal de vingt sept (20) millimètres. L'utilisation d'aciers normalisés AFNOR et non définis ci–dessus, sera soumise à l'agrément du Maître de l'ouvrage.

锚定杆为钢制，其最小直径为 27mm。使用法国标准化协会（AFNOR）的标准化钢材和上述未指定的钢材，都必须提交甲方批准。

7.2.5 Tracé （构件的）走向线

Le tracé des pièces devra être tel que les différentes sollicitations n'entraînent pas de concentration de contraintes; en particulier, les changements brusques de sections et les angles vifs rentrants en zone sollicitée seront proscrits.

构件的走向线应该遵循各种应力不会集中的原则，尤其是断面的突然改变和进入应力区的锐角，是被禁止的。

7.2.6 Épaisseurs minimales 最小厚度

L'épaisseur minimale sera de:

- 2mm pour les tôles en acier;
- 2mm pour les tôles en aluminium.

最小厚度为：

- 钢板最小厚度为 2mm；
- 铝板最小厚度为 2mm。

7.2.7 Protection des ouvrages 结构物的防护

Les panneaux, les balises, les mats et les supports seront inoxydables par nature ou traitement.

信号牌、路界标志、高立柱标志和立柱，按其性质和处理（方式），应该是不生锈的。

7.2.7.1 Ouvrages en acier 钢制结构物

La protection des ouvrages en acier sera faite soit par galvanisation à chaud et peinture en usine, soit par métallisation recouverte de peinture. La protection anti corrosion des éléments d'ouvrage sera réalisée après leur complet achèvement.

对于钢结构物的防护，是通过在工厂里进行热电镀和油漆来实现，或通过喷镀金属再油漆来完成。结构物的构件防腐蚀保护，则须在结构物全部完工后才可实施。

7.2.7.2 Protection par galvanisation à chaud et peinture en usine 工厂热电镀保护和油漆防护

a) Galvanisation à chaud

La galvanisation sera réalisée par immersion dans le zinc fondu conformément aux prescriptions de la norme NFA 91121.

La qualité du zinc devra être conforme à celle de la norme NFA 55101 pour du zinc de première fusion et d'une classe au moins égale à la classe Z6. Le revêtement sera au minimum de cinq grammes (5) par décimètre carré simple face.

La mise en œuvre de la galvanisation ne devra pas donner aux pièces une flèche de déformation supérieure à trois (3) millimètres de leur longueur.

L'Entrepreneur pourra redresser les pièces par un recuit qui ne doit en aucun détériorer la galvanisation.

Toute pièce redressée par une action mécanique à l'aide d'une presse ou autre matériel sera refusée.

b) Mise en peinture en usine

La préparation de surface de l'acier galvanisé pour mise en peinture sera obligatoirement réalisée au trempé par voie chimique. Les produits utilisés ainsi que le processus de préparation seront soumis à l'agrément du Maître de l'ouvrage/BCS.

Le système de peinture et le procédé de mise en œuvre seront soumis à l'agrément du Maître de l'ouvrage/BCS étant précisé que l'épaisseur minimale sera de cinquante (50) micromètres.

a）热电镀

根据法国标准 NF A 55101 的规定，热电镀是通过浸入熔化锌液内来完成。

锌的质量必须符合法国标准 NF A 55101 中关于第一次熔化锌的要求，其级别至少不低于 Z6 级。镀锌层锌含量，单面每平方分米至少为 5g。

实施电度的构件变形挠度，不得大于其长度的 3mm。

乙方可以通过退火进行纠正，但不得对电镀造成任何损害。

通过压力机或其他器械校正的各种构件，将被拒绝使用。

b）工厂油漆

用于油漆的电镀钢材表面必须通过化学方法淬火来清理。所用的产品和表面清理方法，须提交甲方批准。

油漆设备及其实施方法必须交由甲方 /BCS 审批，并明确最小厚度为 50μm。

7.2.7.3 Protection par métallisation et peinture 喷镀金属防护和油漆保护

Cette protection sera obligatoirement effectuée en usine.

Le décapage de l'acier sera réalisé soit par voie chimique, soit par projection d'abrasif.

Le métal d'apport pour métallisation sera:

● soit du zinc;

● soit un alliage zinc–aluminium.

L'épaisseur du revêtement métallique sera au minimum de cent vingt (120) micromètres.

这项防护工作必须在工厂里做。

钢材表面清理，要通过化学方法或喷射磨料方法除垢。

用于金属喷涂的填充金属为：

● 或者是锌；

● 或者是锌铝合金；

金属镀层的最小厚度为 120μm。

7.2.7.4 Mise en peinture 喷油漆

Le système de peinture et le procédé de mise en œuvre seront soumis à l'agrément du Maître de l'ouvrage étant précisé que l'épaisseur minimale du revêtement de peinture sera de quatre vingt (80) micromètres.

油漆设备及其实施方法要提交甲方批准，同时明确油漆层的最小厚度为 80μm。

7.2.7.5 Ouvrages en aluminium 铝结构物

Il ne devra pas y avoir de contact direct entre les alliages d'aluminium et les métaux ferreux et ceux–ci devront être, soit peints, soit galvanisés, soit métallisés. Pour les contacts avec d'autres métaux, le constructeur devra préciser dans une notice jointe à sa note de calcul les dispositions prévues pour éviter le contact direct entre métaux différents.

铝合金与含铁金属之间不应该直接接触，而且这些含铁金属应该油漆或者镀锌或者喷镀金属。

对于与其他金属的接触，乙方应该在一份附有计算书里的说明书里，详细说明为避免不同金属之间的直接接触考虑采取的措施。

7.2.7.6 Parties d'ouvrage en contact avec le béton 与混凝土接触的结构物

Toutes les parties d'ouvrages, embases des supports en contact avec le béton des massifs de fondation devront être peintes.

Les ouvrages en acier recevront, outre la protection par galvanisation ou métallisation, une couche de peinture bitumineuse. Il en sera de même de pièces de scellement dans les parties vues.

Les ouvrages en alliage d'aluminium recevront sur les faces situées au contact du béton une couche de peinture bitumineuse.

结构物、立柱底座等的所有部分，凡是与台基混凝土相接处的部分都必须油漆。

除了电镀和喷镀金属来保护外，钢质结构物须涂一层沥青漆。

铝合金结构物与混凝土接触面须涂一层沥青漆。

7.2.8 Subjectiles（信号标志）板面

• tôle d'aluminium de 20 à 25/20e pour l'ensemble des panneaux à fixer sur supports traditionnels de section 80 x 40, 80 x 80 ou Ø 60, en acier galvanisé;

• une variante en tôle d'acier pourra être présentée pour les panneaux de police;

• profilé d'alliage d'aluminium (PAL) pour tous les panneaux n'entrant pas dans la grille de dimensions standards définie au fascicule spécial n° 85-43 bis relatif aux modalités d'homologation.

• 20 至 25/20 的铝板用于固定在传统立柱上的信号板，传统立柱为镀锌钢制，截面为 80×40，80×80 或直径 60。

• 警示牌可用钢板做。

• 对于所有不属于标准尺寸格条的信号板，要使用铝合金型材（PAL），标准尺寸的格条，参见第 85-43 专用分册之一关于核准程序里的规定。

7.2.8.1 Structure 结构

Tous les panneaux à l'exception de ceux construits à partir du profilé d'aluminium (PAL) ainsi que ceux à dos fermé dénommés "CAISSON PLAT", devront être équipés à l'arrière d'une ou plusieurs glissières constituant raidisseur et dispositif de fixation sur support traditionnel 30 x 40 ou 80 × 80.

Toute autre technique de fabrication devra faire l'objet d'un agrément préalable du Maître de l'ouvrage.

Pour augmenter la rigidité du panneau, le fournisseur pourra proposer soit la technique du double bord tombé, soit la solution du Jonc constitué d'un profilé d'alliage d'aluminium ceinturant l'ensemble du décor.

L'épaisseur des panneaux à caisson plat pourra varier entre 50 et 70mm.

除了由铝型材或者用背面封闭，称为"平藻井"所制作的信号板外，其他信号板在后面必须配备一个或多个滑槽（这些滑槽构成了信号板的加强槽），和 30×40 或 80×80 传统立柱上的固定装置。

所有其他制造技术必须事先得到甲方的同意。

为了加强信号板的刚性，供货商可以建议使用双折边技术或者使用 JONC 解决方案，该方案用铝合金型材来做装饰边。

平藻井的信号板厚度为 50 ~ 70mm。

7.2.8.2　Dispositifs de fixation des panneaux sur supports traditionnels 80 × 40, 80 × 80 et Ø 60 en acier galvanisé　**在传统镀锌钢制** 80 × 40，80 × 80 **及直径** 60 **立柱上信号板的固定装置**

Le dispositif de fixation sera constitué soit d'une bride en tôle d'acier galvanisé ou d'inox, soit par un profilé d'alliage d'aluminium prenant fixation par l'intermédiaire de boulons et écrous sur la glissière fixée à cet effet à l'arrière du panneau. La boulonnerie devra être traitée contre la corrosion de façon à assurer une durabilité du produit fini de 7 ans minimum. Les matériaux doivent être les mêmes que ceux qui sont utilisés pour les objectifs et les supports. Les systèmes de fixation ne doivent pas comporter d'éléments provoquant une protubérance même minime du revêtement côté décor.

固定装置，由镀锌钢板或不锈钢钢板制的法兰盘构成，或者由铝合金型材构成，通过在信号板后面的固定滑槽上螺栓和螺母连接。螺栓制品必须经过防腐蚀处理，以保证产品至少 7 年的使用寿命。

用于信号板和立柱的材料必须一样，固定装置不应该带有引起饰边侧覆盖表面层突起的构件，即使这突起很小。

7.2.8.3　Traitement　（**信号面板**）**处理**

Tout panneau subira un dérochage de sa surface avant de recevoir un décor par quelque procédé que ce soit.

所有的信号面板在不论用何种方式安装边饰前，都要进行清理。

7.2.8.4　Revêtement　**覆盖表面层**

Les revêtements des panneaux seront rétro–réfléchissants de classe II.

La rétroréflexion d'un signal sera obtenue par application d'un film adhésif thermoréactivable homologué définitivement à 10 ans.

De même que pour les films de classe I l'emploi du procédé « film + encre + vernis » dans la réalisation d'un ensemble devra être homologué dans sa totalité et sous une seule marque.

En règle générale, lors de la composition d'un texte ou autre décor sur un film de classe I ou II, il est fait obligation au fournisseur d'utiliser des composants homologués de même marque afin d'assurer une parfaite compatibilité des produits entre eux.

Sauf indication contraire, il ne sera mis en œuvre qu'un même type de film par panneau. Les films mis en œuvre ne pourront provenir que du même type de film par panneau. Les films mis en œuvre ne pourront provenir que du même fabricant pour l'ensemble de la signalisation fournie.

Au cas où les signaux seraient fabriqués par collage sur un support de substance réflectorisée ou non (dûment homologuée), un soin tout particulier sera apporté à ce collage qui devra, en particulier, résister aux agents chimiques naturels ainsi qu'à tout essai d'arrachage manuel.

信号板覆盖表面层为 2 级后反光材料。

信号的反射通过使用一种热激活粘膜来实现，该粘膜最终核准有效期为 10 年。

同样，对于一级薄膜，在整个制造过程中使用《薄膜＋墨水＋清漆》的制作方法必须得到批准，而且全部只能用一个品牌。

按一般规则来说，在一级或二级薄膜上组成内容或其他装饰，供货商有义务使用同样品牌已核准的构件，这样就可以保证产品之间的相容性。

除非有相反的指示，在一块信号板上只能使用一种型号的薄膜，所使用的薄膜必须与信号薄膜来源相同，对于整个信号标志所使用的薄膜，只能来自一家厂商。

如果标示是粘在反光或者不反光的支板（必须是被批准的）上面，必须对该粘连层进行特别的处理，因为该粘连层必须能抵抗自然化学物质的侵袭以及各种人为的撕扯实验。

7.2.9　Emballages des fournitures　供应件的包装

Panneaux traditionnels　传统信号板

Les panneaux devront être soigneusement emballés soit séparément, soit par groupe de deux, face contre face avec entre elles une feuille protectrice de film ou décor. Les panneaux de type « caissons plats » devront être emballés séparément, protégeant tant la face avant que la face arrière.

信号板需要分别仔细包装，即每 2 块为一组，板面要面对面放，中间加一层保护纸或装潢纸膜。

"平藻井"信号板必须单独包装，以保护它的前后两面。

7.2.10　Supports　立柱

7.2.10.1　Généralités　概述

Chaque panneau est supporté:

• soit par un ou deux supports de section creuse, carrée ou rectangulaire, dont l'extrémité supérieure est capuchonnée;

• soit par deux ou trois supports qui peuvent alors être en forme de I.

Le dédoublement du support est obligatoire pour les panneaux d'indication ou de direction de longueur supérieure ou égale à 1.20mètre.

L'Entrepreneur précisera pour chaque type de support d'un moment résistant fléchissant maximum donné, le type de support homologué utilisé.

每块信号板，通过以下的方式支撑：

• 通过一根或两根正方形或长方形的立柱，其上端用盖帽罩住。

• 或者是通过两根或三根可以合在一起的立柱。

对于长度大于或等于 1.20m 的方向牌或指示牌必须将立柱分成两部分。

乙方要详细说明每种类型立柱的最大给定弯曲力矩和所用核准的立柱类型。

7.2.10.2　Définition des actions　作用力定义

Les supports, les signaux et les massifs d'ancrage devront résister aux efforts dus à la neige et au vent sans rupture, ni déformation. En particulier, les boulons devront comporter un système de blocage qui les rend indémontables sous les vibrations dues aux rafales, ou du fait d'une dilatation différentielle dans les cas d'une platine rapportée n'ayant pas la même nature de matériau que le support.

Les actions sont les suivantes:

◆ actions de longue durée:

• charges permanentes:

Les charges permanentes sont introduites en tant qu'actions de longue durée. Elles sont calculées en prenant comme masse volumétrique:

– pour l'acier: sept virgule quatre vingt cinq (7.85) tonnes par mètre cube;

– pour l'alliage: deux virgule sept (2.7) tonnes par mètre cube;

– pour le béton armé: deux virgule cinq (2.5) tonnes par mètre cube;.

– pour le béton non armé: deux virgule deux (2.2) tonnes par mètre cube;

• charges cycliques – températures

Les valeurs caractéristiques des actions de longue durée de la température sont celles qui correspondent aux dilatations linéaires relatives suivantes:

– pour l'acier: + 3.104;

– pour l'alliage aluminium: + 7.104;

◆ actions de courte durée

On admettra que le vent souffle dans une direction horizontale, et que la valeur nominale de la pression sur toute la surface normale à sa direction peut atteindre cent trente Déca Newton par mètre carré (130 DaN/m^2) pour tous les panneaux situés à 1 ou 2.30mètres du sol.

La surface totale à prendre en compte est celle des panneaux de signalisation et celle de l'ouvrage non masquée par eux.

L'excentrement des efforts dus au vent sur les panneaux de signalisation sera augmenté dans le sens le plus défavorable de dix pour cent (10%) de la hauteur du panneau par rapport à sa valeur théorique.

Les règles de conception et les méthodes de calcul résulteront de l'application:

• du titre V du fascicule 61 du CPC pour les ouvrages en acier;

• des règles de conception et de calcul des charpentes en alliage d'aluminium du DTU travaux de bâtiment, pour les ouvrages en alliage d'aluminium.

立柱、信号板和锚定台基，必须能抵御雪和风产生的作用力而不断裂、不变形，尤其是那些螺栓，必须带有锁定装置，该装置在相连侧板和立柱不是同质材料的情况下产生差别膨胀时或由于一阵狂风而产生振动时，使螺栓也不会掉出来。

作用力包括：

◆ 长期作用力

• 恒载（固定荷载）

恒载是由长期作用力而产生，恒载是按以下密度进行计算：

－钢材：7.85t/m^3；

－合金：2.7t/m^3；

－钢筋混凝土：2.5t/m^3；

－无筋混凝土：2.2t/m^3。

● 循环荷载—气温

气温长期作用力的特性数值，是与以下相关的线性膨胀值有关：

－钢材：±3.104

－铝合金：±7.104

◆ 短期作用力

可以假设风从水平方向吹来，迎风面整个额定面积上的风压额定值，对于所有离地1～2.3m 高的信号板来说，可以达到 1 300N/m^2。

要考虑的总面积为信号板的面积和没有被起遮住的结构物的其他部分面积。

风力所引起的信号板的偏心度与其理论值比，以其高度10%的速度朝不利方向增长。

设计规则和计算方法采用：

● 对于钢制结构物，通用技术规范（CPC）第 61 分册第 5 章；

● 对于铝合金结构物，房建工程（DTU）铝合金屋架的设计和计算规则。

7.2.11　Hauts-mâts, potences et portiques　高柱，直角信号支架和门（框）式信号装置

Sans objet.

没有说明。

7.2.12　Massifs de fondation　（立柱）基座

Les prescriptions générales relatives à la nature et la qualité des matériaux entrant dans la composition des bétons sont décrites dans le livret C. Les caractéristiques particulières des matériaux à mettre en œuvre sont précisées dans l'article 11 Qualité des bétons.

混凝土组成材料的种类和质量有关的一般规定，在 C 册中有说明。

所使用材料的特性在第 B5.1 条《混凝土质量》中有详细说明。

7.3　MODE D'EXÉCUTION DES TRAVAUX　施工方式

7.3.1　Piquetage – Implantation　标桩—定位

Les panneaux et balises seront implantés conformément aux plans d'exécution.

Avant le début des travaux, l'Entrepreneur procédera à un piquetage sur le terrain de la ligne d'aplomb verticale de l'axe des signaux. Ce piquetage sera fait à partir d'un bord ou de l'axe de la chaussée. Ce piquetage ne sera enlevé qu'au fur et à mesure de l'avancement du chantier de pose.

Avant le piquetage de chaque panneau de direction, l'Entrepreneur soumettra à l'accord du Maître de l'ouvrage le profil en travers d'exécution (à l'échelle 1:500). Ce profil en travers repérera, s'il y a lieu, les ouvrages d'évacuation des eaux et les glissières de sécurité, les réseaux, les massifs de fondation et le ou les supports du panneau concerné.

L'exécution et la mise en place ne seront entreprises qu'après l'accord du Maître de l'ouvrage sur le piquetage.

信号板和路界标均按施工图实施。

施工开始前，乙方要按信号装置轴线垂直线方向在地面标桩，标桩从路面中心线或边线开始，随着安装工程的进展，这些标桩将逐步拔除。

在给每块方向指示牌标桩之前，乙方须向甲方提交施工横断面图（1∶500 的比例），以征得甲方同意。该横断面图，如有必要的话，应标注可能的排水构造物、安全护栏，管线和信号板的立柱。

在进行标桩和安装施工之前，要征得甲方的同意。

7.3.2　Massifs　（立柱）基座

7.3.2.1　Exécution des fouilles des fondations　基坑开挖

Le projet d'exécution prévu au livret A doit comporter les volumes de massif pour chaque classe de support, pour les principales configurations soit 20%, 60%, 100% de butée et pour deux types de sols (pression limite inférieure et supérieure à 5 bars).

Il est précisé qu'une couche superficielle épaisse de 1m sur les talus de déblais ou de remblais doit être considérée comme supportant une pression limite inférieure à 5 bars.

Exécution des fouilles

Les fouilles sont exécutées avec des moyens adaptés à l'environnement de celles

ci. L'exécution des fouilles ne doit causer aucune dégradation à l'ouvrage principal ou à des équipements. Les formes prévues dans le projet d'exécution de l'entreprise doivent être respectées et les arrondis sont interdits.

Le revêtement des accotements et des trottoirs sera soigneusement découpé à la scie rotative. Le fond de forme sera soigneusement réglé et compacté.

Les matériaux excédentaires seront transportés à la décharge. Avant de couler les massifs, l'entreprise préviendra le Maître de l'ouvrage qui pourra procéder à la vérification de la conformité des fouilles.

A 册中规定的施工设计，应包括每种级别立柱基座的体积、对主要地形加设 20%、60%、100% 支撑时的基座体积，以及在两种类型的土壤（土压力上下限为 5 巴）时的基座体积。

明确指出的是，在路堑或路堤边坡上厚度为 1m 的表层应该被认为可以支撑下限为 5 巴的压力。

基坑开挖：

基坑开挖需采用适合该环境的设备，开挖不能对主体工程或（信号）设施造成任何损坏，乙方在施工设计中确定的（开挖）底面，必须得到遵守，不得增加扩大。

对路肩和人行道的铺面层，要用旋转锯来仔细的切开，基坑底部需仔细校正和压实。

多余的材料必须运送到弃料场，在浇注台基之前，乙方要预先通知甲方，甲方将要对基坑的合格性进行检查。

7.3.2.2 Exécution des bétons des massifs 基座混凝土施工

Bétons et mortiers

Le béton des massifs de fondation sera coulé à pleines fouilles et mis en place par vibration.

La température au-dessous de laquelle la mise en place du béton ne sera autorisée que sous réserve de l'emploi de moyens et procédés préalablement agréées par le Maître de l'ouvrage est fixée à + 5℃.

Lorsque la température, mesurée sur le chantier, sera inférieure à 0℃, le bétonnage sera formellement interdit. L'emploi d'un accélérateur de prise chargé en chlorure de sodium dans le béton entourant directement des parties d'ouvrage en alliage est interdit.

Réglage des massifs

Pour chaque type de support il sera utilisé un massif type dont les dimensions ne dépendent que du moment résistant du type de support employé, même si ce moment est supérieur à celui qui résulte des panneaux réellement supportés.

Tant pour des raisons de sécurité que pour des raisons esthétiques, le niveau supérieur des massifs de fondation devra être inférieur de 0.20mètre à celui du sol fini. Les goujons et écrous seront noyés de brai dans un tube PVC et devront être facilement accessibles pour une vérification.

Le vide de 0.20m d'épaisseur au-dessus du massif sera comblé et revêtu avec les mêmes matériaux que ceux entamant le massif (terre végétale, GNT et bicouche, etc.).

Les massifs de fondation auront la forme d'un parallélépipède.

混凝土和灰浆：

基础混凝土要满基坑浇筑，通过振捣到位。

甲方规定的最低浇注时的温度为 +5℃，低于这个温度下浇注，必须要采取（特别）手段和方法，该手段和方法要事先报甲方批准。

在工地测量的温度低于零度的话，严禁浇筑混凝土。严禁在合金部分直接围绕的混凝土里使用含氯化钠的速凝剂。

基座校准：

对于每种类型的立柱，将采用的标准台基，其尺寸仅取决于所采用立柱的阻（抗）力矩，即使该力矩比实际支撑的信号板的力矩大。

无论是出于安全或是美观的理由，基座的上部标高必须比最终地面标高低 0.20m。地脚螺栓和螺母要放在聚氯乙烯（PVC）套管里浸入沥青，并且要容易检查。

基座上部厚度为 0.20m 的空处，须使用与开始做台基时相同的材料进行填充。（植被土、未处理砂砾料和双层表处等）。

基座要做成平行六面体的形状。

7.3.2.3 MISE EN PLACE DES SUPPORTS 立柱安装

Les supports uniques pour panneaux de type SP ou SD1 sont directement scellés dans le béton avant qu'il ait commencé sa prise.

Les supports standards, doubles ou triples, sont mis en place dans des réservations exécutées avec des fourreaux en PVC durant la mise en place du béton.

Le calage est exécuté avec du sable propre. Une fermeture sur 10cm est exécutée avec un béton maigre dosé à 100kg par mètre cube.

对于 SP 或 SD1 型信号板用的单独立柱，在混凝土开始凝固之前嵌入混凝土里。

标准立柱，双立柱和三立柱，则在套上 PVC 管后，在混凝土施工时嵌入已做好的预留处。

固定则用干净的砂子来楔住，要做 10cm 的封层，用每立方米 100kg 水泥用量的贫混凝土浇筑。

7.3.2.4　SIGNALISATION VERTICALE REGLEMENTAIRE　规定的垂直信号牌

Les panneaux réglementaires, devant être mis en place par l'Entrepreneur, seront implantés aux emplacements définitifs, comme indiqués dans les plans de signalisation ou marqués par l'Ingénieur.

Les supports seront scelles dans du béton RN.10.

La fondation aura les dimensions de 0.35×0.60 de profondeur. Elle fera saillie de 0.10m sur le niveau du sol et se terminera par une pointe de diamant à quatre faces. Avant le début effectif des travaux de mise en place l'Entrepreneur procédera aux piquetages de la ligne d'aplomb vertical de l'axe des panneaux et des supports.

应由乙方放置的规定信号牌要安置在指定位置，按照信号装置计划中的规定或由监理批准。

立柱用 RN 10 混凝土砌筑。

基座的尺寸为 0.35×0.6 深，露出地面 0.10m 并且顶面有四个锚固螺栓。在工程实施正式开始之前，乙方在信号牌和立柱中轴线的垂直线上标桩。

7.3.2.5　SIGNALISATION VERTICALE AUTOROUTIERE　高速公路垂直信号牌

Les panneaux de signalisation seront attachés soit sur des portiques ou des potences portées conformes aux plans de signalisation et documents de l'avant-projet détaillé.

Il faut que les flèches de direction soient au-dessus des voies.

Les fondations des portiques seront réalisé avec béton RN27 et l'exécution sera comme le béton armé avec FeE40a acier, doivent être justifiées par l'Entrepreneur par des calculs statiques.

Au dessus des surfaces roulables une hauteur libre jusqu'aux panneaux doit être assurée (5.25mm).

信号牌要置于门（框）式支柱或直角形支柱之上，要符合信号装置计划和初步设计文件。

方向箭头应在路面之上。

直角形支架的底座用 RN27 混凝土制作，施工参照带有 FeE40a 钢材的钢筋混凝土施工，由乙方通过静力计算确认。

在行车路面上，要保证信号牌与路面之间有足够的高度（5.25mm）。

7.3.2.6 SIGNALISATION TEMPORAIRE DU CHANTIER 工地临时信号牌

L'Entrepreneur titulaire du marché, doit assurer la signalisation du chantier, afin de prévenir les usagers de l'existence des travaux perturbant la circulation. L'Entrepreneur sera tenu responsable des accidents dus à une mauvaise signalisation.

– Signalisation diurne

Avant le chantier, sera disposé un panneau annonçant la nature des travaux et la distance sur laquelle l'automobiliste trouvera le chantier. Puis tous les cent (100) mètres, des panneaux réglant la vitesse et les interdictions (vitesse, stationnement) seront disposés. La vitesse doit être limitée de façon à permettre un arrêt de la circulation si les travaux obligent le passage des voitures de façon alternée au niveau du chantier.

Si l'emploi des feux tricolores est réalisable, un panneau indiquera à 100mètres avant les feux tricolores, l'Entrepreneur disposera deux employés à chaque bout du chantier, réglant ainsi l'alternance des passages de véhicules.

Ces employés devront être munis de drapeaux rouges et de dossards phosphorescents.

– Signalisation nocturne

La signalisation devra être efficace et, en plus de la disposition de panneaux sur le tracé annonçant le début et la fin des travaux, l'Entrepreneur devra disposer tous les dix mètres, en bordures de la voie circulée, des catadioptres et des feux rouges tous les 30mètres, ou des lampes tempêtes, ou mieux encore des lampes clignotantes tous les 40mètres, pour les parties signalées en alignement droit. Le jalonnement des biseaux sera assuré au moyen de lampes espacées tous les 5mètres. La signalisation nocturne devra être mise en place juste après l'arrêt quotidien des travaux, et l'Entrepreneur devra en vérifier le bon fonctionnement et l'efficacité. La vitesse des véhicules sera limitée à 40 Kilomètres / heure.

乙方要确保有工地信号牌以告知使用者存在阻碍通行的工程。

由于错误的信号牌导致的交通意外由乙方负责。

– 日间信号牌

在工地前，应放置表明工程性质以及告知驾驶者离工地距离的信号牌。每隔100m，应放置规定速度和限制条件（速度、停车）的信号牌。如果在工地处需要车辆交替通过，为使交通能暂停，应限制车速。

如果可实行红绿灯，应在红绿灯100m前设置信号牌，乙方也需在工地每端安排两名员工指挥车辆的交替通行。

员工需配备红色旗子和磷光号码牌。

– 夜间信号牌

信号牌要有效，除了在道路上放置说明工程开端和结尾的信号牌之外，乙方应对直线标记的部分，在行车道边缘每隔10m放置反射镜，每隔30m放置红灯或暴风雨预警灯，更好的话可每40m放置闪灯。要通过每间隔5m放置灯的方式来保证斜坡的立标桩。

夜间信号牌应在工程日常停止之后放置，乙方应保证其正常运作及其有效性。车速要限制在 40km/h。

7.4　CONTRÔLE　监督（检查）

7.4.1　Généralités　概述

Les contrôles à effectuer porteront:

• sur la nature des éléments fournis et sur leur homologation. L'Entrepreneur vérifiera que les divers éléments fournis sont conformes aux éléments ayant fait l'objet d'un certificat d'homologation. Tout élément non homologué sera immédiatement refusé et remplacé au frais de l'Entrepreneur.

• sur la qualité d'exécution du travail effectué: le contrôle portera aussi bien sur la qualité des éléments fabriqués en usine que sur la qualité d'exécution des travaux de mise en place des ensembles de signalisation. Le Maître de l'ouvrage pourra faire remplacer aux frais de l'Entrepreneur tout élément défectueux. Il pourra exiger une modification de la pose des ensembles en cas d'erreur d'implantation.

• sur les mentions figurant sur les décors des panneaux: les tailles de lettres, espacements entre les différents éléments, les erreurs constatées seront relevées sur place.

要实施的监督（检查）包括：

• 所提供构件的性质和他们的批准书：乙方要检查所提供的各种构件均为批准证书上的构件，所有未被批准的构件，将立即被拒收并由乙方自费更换。

• 对于已完工工程的质量：既要对工厂所产生构件的质量，又要整个信号标志的安装施工质量进行监督（检查），甲方可要求乙方自费更换所有损坏的构件。在定位有错误时，可要求对整个信号牌的安装位置进行修正。

• 信号板上布置的内容：字母的大小、间距，所确认的错误要当场去除。

7.4.2　Contrôle d'identification des matériaux et fournitures à mettre en œuvre　对要使用的材料和用品的鉴定监督（检查）

Tous les matériaux employés par l'Entrepreneur et non dénommés au présent CCTP doivent être de la meilleure qualité, sans aucun défaut nuisible à la bonne exécution et à la bonne sécurité des ouvrages. Leur provenance doit toujours être justifiée et ceux qui ne présentent pas les garanties jugées nécessaires par le Maître de l'ouvrage seront refusés. Toutes les fournitures, matériels et produits sont avant leur emploi, présentés à la réception du Maître de l'ouvrage.

Tous les matériaux dont les caractéristiques ne sont pas définies dans le présent CCTP font l'objet de la part de l'Entrepreneur d'une demande d'agrément de provenance au Maître de l'ouvrage précisant, le cas échéant, les conditions de préparation par ses soins ou d'achat à un fournisseur.

Toute déclaration ou demande d'agrément devra être faite en temps voulu pour respecter les délais d'exécution du marché et dans tous les cas au plus tard trente jours (30) avant l'utilisation envisagée des matériaux proposés.

Ces essais, effectués en cours d'exécution des travaux, ont pour objet de permettre de vérifier que les fournitures approvisionnées par l'Entrepreneur ont les qualités constantes et conformes à celles acceptées lors de l'agrément.

Dans le cas de refus des fournitures, celles-ci sont transportées hors du chantier par les soins et aux frais de l'Entrepreneur dans le délai qui sera fixé lors de la décision du refus.

Faute par l'Entrepreneur de se conformer à cette décision, il pourra être procédé d'office à leur transport hors du chantier par le Maître de l'ouvrage, aux frais, risques et périls de l'Entrepreneur, sans qu'une mise en demeure préalable soit nécessaire.

乙方所使用的而在专用技术条款中并未指定的所有材料，必须是最优质的，对工程的良好实施和安全无损害。材料来源必须予以认定，那些不能提供必要证明的材料，将被甲方拒绝。

所有用品、材料和产品在使用前，必须交给甲方验收。

乙方须将所有未在本专用技术条款中描述其特性的材料，交给甲方对其来源进行批准。需要时，还要自己说明这些材料准备或向供货商购买的情况。

各项征求同意的声明或请求，应当在适当的时候提出，以便遵守合同工期，并且在各种情况下，最晚要在预计使用该种材料前 30 天提出。

在施工阶段进行的这些试验，目的在于检查承包商供应的材料质量稳定，且与许可时相一致。

在供货物品被拒收的情况下，那么乙方必须在拒绝决定规定的时间内，自费将其运送出工地。

在乙方没有遵守这项决定时，甲方将可以行政决定方式将其运出工地，费用和风险由乙方承担，无须事先预告。

7.4.3　Contrôles de la protection　防护监督（检查）

L'Entrepreneur a en charge les contrôles définis ci-après.

乙方负责以下规定的监督（检查）。

7.4.3.1　Galvanisation et métallisation　镀锌和喷镀金属

a) Contrôle du métal d'apport: le Maître de l'ouvrage se réserve le droit de faire procéder à des analyses chimiques du métal d'apport.

b) Contrôle de l'aspect et de l'adhérence: le Maître de l'ouvrage/BCS se réserve le droit de contrôler l'aspect et l'adhérence du revêtement de zinc conformément aux normes françaises en vigueur.

c) Contrôle de l'épaisseur du revêtement: le contrôle de l'épaisseur sera effectué par mesures magnétiques conformément au mode opératoire défini par le § 3.11 de la norme NFA 91201.

Le résultat des mesures effectuées sera interprété conformément au 3e alinéa du § 3.11 de la forme précitée. En cas de rejet par le Maître de l'ouvrage/BCS pour insuffisance d'épaisseur, l'Entrepreneur pourra demander un contrôle en laboratoire suivant les essais définis par la norme NFA 91121. L'échantillon à analyser sera constitué par trois fractions de la pièce choisie par le

Maître de l'ouvrage.

a）监督（检查）填充金属：甲方保留对充填金属进行化学分析的权力。

b）监督（检查）外观和粘着力：甲方 /BCS 保留根据现行法国标准对镀锌层外观和粘着力监督（检查）的权力。

c）监督（检查）镀层厚度：镀层厚度，根据法国标准 NF A 91201 第 §3.11 条中规定的操作方法，用磁性测定方式来做。

测定结果要按以上方式第 §3.11 条第三段中要求表达出来。如果厚度不够而遭到甲方 /BCS 拒收，那么乙方将可请求试验室，按照法国标准 NF A 91.121 规定的试验进行监督（检查），要分析的样品将根据甲方选择的构件分三批来做。

7.4.3.2 Peinture complémentaire 补充油漆

a) Contrôle de l'aspect: la couche de peinture devra présenter un aspect bien lisse, sans coulure et parfaitement opaque.

b) Contrôle d'épaisseur: le contrôle de l'épaisseur du revêtement « peinture » sera effectué par mesures magnétiques suivant les modes opératoires peinture du LCPC.

a）监督（检查）外观：油漆层外表应当光滑无痕，完全不透明。

b）监督（检查）厚度：油漆层厚度，按照法国道路桥梁中心试验室（LCPC）关于油漆操作方法规定，通过磁性测定方式进行。

7.4.3.3 Contrôle de réception de la signalisation 信号设施验收监督（检查）

Les panneaux de signalisation fournis par l'Entrepreneur font l'objet des contrôles suivants:

a) À la réception sur le chantier:

• contrôle du numéro et validité de l'homologation;

• contrôle d'aspect;

• contrôle de l'homologation et de la provenance des films.

b) À la mise en service:

• contrôle du message et de l'aspect général;

• contrôles dimensionnels des ensembles (hauteur sous panneaux, dimensions des panneaux, lettrages, espacements, composition générale, etc.);

• contrôle de visibilité de nuit: rétroréflexion, luminance.

由乙方提供的信号标志要做以下监督（检查）：

a）在工地验收时

• 监督（检查）批准件号及有效期；

• 监督（检查）外观；

• 监督（检查）薄膜的产地和批准证书。

b）在投入使用时

• 监督（检查）内容和总体外观；

• 监督（检查）整体尺寸（信号板下高度、信号板尺寸、字母标写情况、间距、整体构成等）；

• 监督（检查）夜晚可视度：反射、亮度。

8.0 SIGNALISATION HORIZONTALE 水平信号设施（路面标记标线）

8.1 GÉNÉRALITÉS 概述

Les travaux comprennent:

• le nettoyage et le balayage des chaussées sur les zones d'application des produits;

• le prémarquage;

• la fourniture et mise en œuvre de signalisation horizontale en peinture réflectorisée de couleur blanche certifiée avec une durée de vie de 24mois;

• la fourniture et la mise en œuvre de signalisation horizontale temporaire à l'aide de bandes préfabriquées collées et de peinture réflectorisée de couleur jaune certifiées;

• l'effaçage du marquage provisoire;

• la fourniture et la pose de réflecteurs et jalonneurs en rives de chaussées et sur les bretelles;

• la fourniture et la pose de balises et balisettes;

• la fourniture et la pose de plaques de repérage diverses;

• la fourniture et la pose de plots rétroréfléchissants;

• la fourniture et la pose d'écrans anti-éblouissement;

• la fourniture et mise en œuvre de marquage visible de nuit par temps de pluie, bénéficiant d'une autorisation d'emploi;

• les flèches de direction et de rabattement;

• les marquages spéciaux;

• l'ensemble des zébras, remplissage d'îlots, lignes de «stop» et de «cédez le passage», passages piétons, *parkings* et inscriptions diverses sera réalisé en peinture réflectorisée de couleur blanche certifiée avec une durée de vie de 48mois;

• le balisage.

L'unité de largeur pour la signalisation horizontale est de:

• **U = 7.5cm** sur l'Autoroute et les bretelles des diffuseurs, des nœuds autoroutiers et d'entrée/sortie sur aires, à l'exception des bretelles précisées ci- dessous;;

• **U = 6cm** sur les bretelles de sortie de l'Autoroute après les péages, sur les bretelles d'entrée de l'Autoroute avant les péages et sur les RN;

• **U = 5cm** sur toutes les autres routes qui ne sont pas nationales.

工程包括：

• 在使用产品的路段内，对路面进行打扫、清理；

• 预先做标记；

- 使用寿命为 24 个月的有合格证书的反光白漆的供应和实施；
- 使用预制胶带和有合格证书的黄漆，胶带和黄漆的供应和划线；
- 去除临时标记；
- 路面边缘的和连接线的反射镜和路界标的供给和安装；
- 路界标和小界标的供给和安装；
- 各种标记板的供给和安装；
- 反射点的供给和安装；
- 防眩板的供给和安装；
- 雨天夜晚可视标线，有使用许可证；
- 方向箭头和转弯箭头；
- 特殊标线；
- 全部斑马线、安全岛、停止线和让行线、人行道、停车场和其他标示，均要用一种有效期为 48 个月的有合格证明的白色反光油漆；
- 车道标志。

路面标线宽度单位为：

- 7.5cm，在高速公路和高速公路分道连接线和枢纽上以及停车场出入口，但下面所述的连接线除外；
- 6cm，高速公路收费站出口连接线上，在进入收费站前高速公路的连接上以及国道上；
- 5cm，在除国道外的所有道路上。

8.2　PROVENANCE ET QUALITÉ DES MATÉRIAUX　材料来源和质量

Les produits de marquage utilisés pour la réalisation de la signalisation horizontale devront provenir de fournisseurs titulaires du droit d'usage de la marque «NF –Équipements de la route».

Les récipients ou emballages des produits de marquage utilisés sur le chantier devront obligatoirement porter l'étiquetage prévu au Cahier des Charges de certification et notamment:

- le nom du fabricant et son numéro d'homologation;
- le nom du produit et son numéro d'admission;
- la date de fabrication du produit et sa date limite d'emploi;
- le numéro du lot de fabrication du produit.

Les autres matériaux et fournitures à mettre en œuvre proviendront de fournisseurs agréés par le Maître de l'ouvrage.

Préalablement à toute mise en œuvre, l'Entrepreneur soumettra à l'approbation du Maître de l'ouvrage les produits et matériels qu'il souhaite utiliser sur le chantier.

Les produits de marquage utilisés seront obligatoirement certifiés NF par l'ASQUER (Association pour la Qualification des Équipements de la Route) et inscrits au répertoire des produits certifiés NF – Équipements de la route 1998.

Les fiches techniques et attestations de droit d'usage des produits que l'Entrepreneur propose d'utiliser seront transmises au Maître de l'ouvrage pour approbation.

Par dérogation à cette règle, il pourra être demandé à l'Entrepreneur de mettre en œuvre des produits non certifiés mais bénéficiant d'une autorisation d'emploi en tant que produits de marquage visible de nuit par temps de pluie.

Les peintures devront être d'excellente qualité et rester visible le plus longtemps possible。

A cet effet, on procédera à l'exécution d'une planche d'essais à l'aide de peinture de diverses origines: on peindra des bandes perpendiculairement à l'axe de chaussée sur une portion de la route très circulée, déjà revêtue d'un tapis d'enrobés. Les peintures, présentant la meilleure résistance à l'issue de plusieurs mois, seront retenues par le maître de d'ouvrage.

用于路面标记标线的产品，应该由拥有 NF（法国标准）标志权的供货商来提供。

工地上所使用的标线产品的容器和包装品上，必须要带有合格证细则上规定的标签，尤其是要有：

- 生产厂家名称及许可证号；
- 产品名称及准许进入编号；
- 产品生产日期及有效期；
- 产品生产批次号。

其他要使用的材料和用品，要来自甲方批准的供应商。

在所有产品使用之前，乙方必须将其想要在工地上使用的产品和材料报甲方批准。

所使用的标线产品，必须要符合《道路装备鉴定协会》（ASQUER）认可的法国标准（NF），并进入 1988 年道路装备 – 法国标准认证产品目录。

乙方建议使用的产品技术说明书和使用权证明书，须报送甲方批准。

作为该项规定的特例，乙方可以要求使用没有认证，但有使用许可证的雨季夜晚可视标线产品。

使用的油漆必须要有极好的质量并且尽可能长时间的不褪色。

因此，借助不同来源的油漆在试验段施工：在已经铺设了沥青层、交通量大的路段的路面中轴线的垂直带刷油漆。在几个月之后仍保持最好抗力的油漆将被业主批准使用。

8.3 MODE D'EXÉCUTION DES TRAVAUX　工程实施方式

Tous ces travaux de marquage seront conformes aux normes NF ou homologuées.

所有标记工程都必须符合法国标准或者已批准的标准。

8.3.1 Nettoyage et balayage de la chaussée　路面打扫和清理

Une réception préalable à la remise des plates-formes à l'Entrepreneur du présent Marché sera effectuée contradictoirement entre l'Entreprise et le Maître de l'ouvrage/BCS, celui-ci ayant alors six (6) jours pour procéder au nettoyage des chaussées.

Le balayage général de la chaussée pour l'élimination des poussières et gravillons est à la charge de l'Entrepreneur et sera effectué autant de fois que nécessaire avant l'application de tout produit de marquage.

Les chaussées seront nettoyées par balayage et arrosage, au plus, 24 heures avant l'application des peintures. Ce nettoyage sera contrôlé par le maître de l'ouvrage.

在本合同乙方交出工作面之前，由甲方/BCS 和乙方共同进行验收。这样，乙方有 6 天的时间，对路面进行整体清扫工作。

对路面进行全面清扫，以去除尘土和细粒碎石，由乙方承担，在路面实施标记标线之前，清扫次数按需要而定。

最多在上漆的 24h 之前，路面通过清扫和洒水进行清理。此清理过程由甲方进行监督。

8.3.2 Effacement de marquage existant　去除现有标记标线

Aux raccordements avec les chaussées en circulation, l'effacement de signalisation horizontale temporaire sera à réaliser, ainsi que l'enlèvement de bandes préfabriquées.。

L'effacement des bandes se fera par l'un des procédés suivants, obligatoirement soumis à l'agrément préalable du Maître de l'ouvrage/BCS:。

● application d'un produit chimique suivi d'un lavage et d'un brossage des chaussées (un essai *in situ* sera demandé);

● décapage par projection d'un produit abrasif (sable, grenaille, etc.) en présence d'eau;,

● décapage par projection d'air chaud à grande vitesse accompagné d'un raclage et d'un brossage pour les produits épais.

L'agrément d'un procédé par le Maître de l'ouvrage/BCS ne dégage pas l'Entrepreneur de son obligation de résultat quant à la qualité de l'effacement et à la préservation de l'intégrité du revêtement support du marquage à effacer.

在与现通车道路的连接处，要去除临时标记标线和预制胶带。

去除胶带按以下方法之一进行，也必须事先提交甲方/BCS 批准。

● 使用化学洗涤产品，然后对路面刷洗（需要进行现场试验）;

● 喷射磨料（沙子，钢粒等）去污，同时用水清洗;

● 对于粘厚物质，用高速热气喷吹，并用刮刀和刷子去污。

甲方/BCS 同意的任何一种方法，并不意味着乙方不用考虑清扫的质量，以及保证要去除标线的路面铺面层的完整性。

8.3.3 Prémarquage　预先标线

Le prémarquage des bandes sera effectué par filet continu. Il représentera l'axe de la bande axiale et le bord intérieur des bandes de rive, le cas échéant.

L'Entrepreneur ne devra, en aucun cas, changer l'axe de référence en cours de travaux.

Le prémarquage portera sur les bandes axiales et sur les bandes de rive, le cas échéant.

Le prémarquage des marquages spéciaux sera effectué par un filet continu matérialisant le contour extérieur de ces marquages.

Les flèches de direction ou de rabattement et les inscriptions diverses seront positionnées lors du prémarquage par un filet figurant la base de ces éléments.

通过连续细线条来实现划线带的预先标线。需要时，预先标线可以划在划线带的中轴线上和路边线的内侧。

任何情况下，乙方在施工期间不能改变标准参照轴线。

需要时，预先标线，可以划在路面中心线划线带上和边线带上。

特殊标记线的预先划线，可用连续细线条标划在这些特殊标线的外侧四周。

方向箭头或转弯箭头和其他各种标示，在预先标线时，用细线条划出这些标示的基础，以确定其位置。

8.3.4　Application des produits　（路面油漆）产品使用

L'Entrepreneur procède immédiatement avant l'application du produit au nettoyage des parties de chaussées devant recevoir le marquage.

Toute application de marquage sur chaussée humide est interdite.

Aucune application de produit n'est tolérée en dehors des conditions limites d'hygrométrie et de température indiquées aux certificats d'homologation.

Le matériel employé pour l'exécution des bandes est soumis à l'agrément du Maître de l'ouvrage/BCS et doit présenter les caractéristiques minimales imposées ci–après:

- être un engin automoteur à conducteur porté;
- être muni d'un système de malaxage du produit dans la cuve de la machine;
- être muni d'un indicateur précis de la vitesse d›avancement pour la gamme de vitesses usuelles de travail, soit 4 à 10km/h pour la peinture, et 2 à 4km/h pour les enduits à froid;
- être muni d'un système de saupoudrage des microbilles assurant l›homogénéité de la rétroréflexion sur toute la largeur et toute la longueur de la bande;
- pouvoir réaliser les largeurs de bandes longitudinales en une seule passe.
- système de modulation automatique ou semi–automatique Le marquage des chaussées ne sera réalisé qu'après un délai de 15 jours après la mise en oeuvre des enrobés.

La rétroréflexion sera conforme aux caractéristiques portées sur la fiche technique de certification.

En particulier, le dosage en microbilles sera au moins égal à celui porté sur cette fiche.

Il est rappelé à ce titre que les produits rétroréfléchissants doivent être utilisés avec la même nature de microbilles que celle utilisée lors de la certification et désignée sur la fiche technique de certification. Il est également rappelé qu'un produit non rétroréfléchissant certifié mis en œuvre avec l'adjonction de billes de verre certifiées n'est pas considéré comme un produit rétroréfléchissant certifié.

Tous les engins de mise en œuvre de signalisation horizontale seront systématiquement précédés et suivis à 150mètres au maximum et à 50m minimum, par deux véhicules équipés des panneaux AK5, munis de *triflashes* clignotants, d'un panonceau K4 «marquage» et d'un ou deux gyrophares oranges. Ils progresseront avec les feux de route allumés. Les mêmes matériels devront équiper le camion applicateur. Pendant le temps de séchage des peintures et enduits, l'Entrepreneur est tenu de protéger de la circulation le marquage frais au moyen de procédés à soumettre à l'agrément du Maître de l'ouvrage.

在使用路面油漆之前，乙方要立即对要划线的路面部分进行清扫。

禁止在潮湿路面上划各种标线。

超出大气湿度极限条件和许可证标定的温度时，绝不允许使用该产品。

划线所使用的机械，要提交甲方 /BCS 批准，该机械必须具有下面最低要求的特性：

- 是带驾驶楼的自行式机械。
- 在机械的喷漆压力罐里装备一套搅拌装置。
- 装备一个精密速度指示计，以指示行进速度，即油漆为 4 ~ 10km/h、冷涂料为 2 ~ 4km/h。
- 装备一个洒布（玻璃）微珠的装置，以保证在划线带整个长度和宽度的范围内反射均匀性。
- 能够实现纵向划线带的宽度一次刷成。
- 调色装置为全自动或半自动。

标线只能在铺设沥青混凝土 15 天之后进行。

反射性应该与合格证技术说明书上的性能吻合。

尤其是微珠的用量，至少应该与说明书所提及的用量相等。

对此应当要注意的是，反光产品应该使用和在认证时所用的并在技术说明书上写入的微珠相同的产品，同时还要注意的时，有合格证书的非反光产品，添加有合格证书的微珠，不会被视为合格的反光产品。

所有的路面划线机，相隔最多 150m，最少 50m 距离，前后要有两辆车，一辆车上装有 AK5 型三色闪光灯的信号牌，另一辆车上装有 K4 型《划线》号牌和 2 个橙色旋转灯。同样的器具要装备在划线卡车上。在油漆和涂料的干燥时间内，乙方要采取措施，保护新刷标线不受交通的损坏，保护方法需提交甲方批准。

8.3.5　Marquages temporaires　临时标线

La durée de vie homologuée pour les peintures jaunes destinée au marquage temporaire est de 6mois minimum.

用于临时标线的黄色油漆，批准的使用寿命至少为 6 个月。

8.4　CONTRÔLE　监督（检查）

8.4.1　Journal de chantier　施工日志

L'Entrepreneur doit faire figurer sur ce journal:

- les quantités journalières utilisées des différents produits y compris les microbilles avec références des lots de produits utilisés;
- les surfaces journalières marquées avec l'indication de repérage de ces surfaces;
- le réglage des machines d'application. Cette liste n'est pas exhaustive.

乙方应当在其施工日志上注明：

- 每天使用的各种产品的数量，包括微珠数量，和所有产品批次号码；
- 每天划线的面积以及这些面积标示说明；
- 使用机器的校正。该清单不一定要很详尽。

8.4.2 Contrôle d'identification des matériaux et fournitures à mettre en œuvre **对要使用材料和用品的鉴定监督（检查）**

Le Maître de l'ouvrage/BCS pourra prélever, pendant toute la durée du chantier et sans avoir à en aviser au préalable l'Entrepreneur, un emballage complet et fermé de produits (à défaut cinq (5) échantillons de un (1) litre de produit) et le cas échéant de diluant correspondant.

En ce qui concerne les microbilles, les prélèvements consisteront en deux (2) échantillons d'un (1) litre pris dans deux sacs différents, non entamés. Les essais sur échantillons comporteront:

(i) Pour les produits de marquage (peintures et enduits):

• une détermination de la teneur en extrait sec;

• une détermination de la teneur en cendres.

(ii) Pour les microbilles:

• une détermination de la granulométrie;

• une détermination du pourcentage de défauts.

Dans le cas où les produits ne répondraient pas aux prescriptions de certification, ils seraient immédiatement retirés des lieux de stockage du chantier, après relevé des paramètres d'identification de fabrication.

L'Entrepreneur devra alors fournir au Maître de l'ouvrage/BCS la liste exhaustive des zones d'application du produit incriminé et procéder à ses frais à l'effacement du produit répandu et au rétablissement du marquage avec un produit conforme.

在整个施工期间，甲方 /BCS 可以不用预先告知乙方，抽提一包完整的密封的产品（如果没有 5 份 1L 样品可提取），需要时，也可抽提一包相关的稀释剂。

至于微珠，则要从 2 个未打开的不同的袋子里抽取 2 份 1L 的样品。对样品的实验包括：

（ⅰ）对于划线用的产品（油漆和涂料）

• 确定干提取物的含量；

• 确定灰含量。

（ⅱ）对于微珠：

• 粒度测定；

• 损坏度测定。

在出现产品不合格的情况下，在抄录制造数据后，要立即将这些产品从工地仓库里清除出去。

此时，乙方应该向甲方 /BCS 提交一份使用这些不合格产品区域的清单，并且对这些区域自费把已撒布这些产品的标线抹掉，并用合格的产品重新恢复标线。

8.4.3 Contrôle d'exécution **施工监督（检查）**

8.4.3.1 Contrôle de dosage **用量监督（检查）**

Les dosages seront contrôlés, au cours d'application par pesée, et immédiatement après application, de plaques de contre-matériau de 1.50 × 0.30m sur lesquelles la peinture sera appliquée dans les mêmes conditions que sur les chaussées. Le nombre de plaques ne pourra excéder une plaque par kilomètre de bandes.

(i) Contrôle journalier

Si les dosages moyens journaliers relevés en produits secs ou microbilles sont inférieurs de plus de vingt pour cent (20%) aux dosages prévus, l'Entrepreneur procède à ses frais à

(ii) Contrôles inopinés

Le Maître de l'ouvrage contrôle en cours d'application le poids de produit sec répandu (ou dosage sec) par pesée après le séchage du produit, d'éprouvettes en polyéthylène de 3/10mm d'épaisseur et de 0.66m de longueur préalablement tarées. Chaque contrôle porte sur la moyenne de trois (3) éprouvettes.

Si le dosage sec relevé est inférieur de plus de dix pour cent (10%) aux dosages prévus, l'Entrepreneur procède à ses frais à l'application d'une couche supplémentaire dans un délai ne devant pas dépasser une demi-journée après que les résultats des contrôles et les reprises à effectuer lui sont notifiés.

Le poids de microbilles répandu pour assurer la rétroréflexion est contrôlé, de la même manière qu'au premier alinéa ci-dessus, par différence de pesée entre une éprouvette réalisée avec microbilles et une éprouvette réalisée sans microbilles.

Si le poids de microbilles est inférieur de plus de dix pour cent (10%) aux dosages prévus, l'Entrepreneur procède à ses frais à l'application d'une couche supplémentaire de produit (peinture ou enduit selon le cas) et de microbilles dans un délai ne devant pas dépasser une demi-journée après que les résultats des contrôles et les reprises à effectuer lui sont notifiées.

L'Entrepreneur consignera les procès-verbaux de pesée et aura à sa charge le rétablissement de la continuité du marquage.

在使用期间通过过秤对用量进行监督，在使用之后立马放置 1.5m × 0.30m 的远离材料的牌子，此牌子用与路面相同的油漆书写。每 1km 不超过 1 个牌子。

（ i ）日常监督（检查）

如果日常对于干品或微珠抽取的平均用量，与规定用量相比低出 20% 以上，乙方要在得到监督（检查）结果通知后，在不超过半个工作日的时间内，用合格品材料再补铺一层。

（ ii ）突然监督（检查）

甲方在施工过程中，对摊铺的产品（油漆或涂料）干重量（或干用量），通过称重来进行监督（检查），这些油漆盛放在试管里，试管用聚氯乙烯制成，厚 3/10mm，长 0.66m，要预先称毛重，每次检查取三个试管的平均值。

如果所测定的干用量低于规定用量的 10% 以上，乙方在得到检测结果和要重做的通知后，在不超过半个工作日的时间内再补铺一层。费用自理。

为保证反光度，对已撒布的微珠重量要进行监督（检查），检查的方式和上面第一行

393

的一样，通过多次对已装微珠的试管和未装微珠的试管称重来测定。

如果微珠的重量低于规定用量的 10% 以上，乙方在得到检测结果和要重做的通知后，在不超过半个工作日的时间内自费补铺一层产品（视情况而定，油漆或涂层）和微珠。

乙方要签署称重纪要而且负责恢复标线的连续性。

8.4.3.2 Contrôle des largeurs de bandes 划线带宽度的监督（检查）

Le Maître de l'ouvrage effectue des contrôles occasionnels des largeurs de bandes continues et discontinues. Chaque contrôle comporte dix (10) mesures par kilomètre de bande appliquée.

Si la largeur moyenne donnée par ces dix mesures est inférieure à la largeur prescrite:

◆ de plus de dix pour cent (10%), l'Entrepreneur procède à ses frais, à une nouvelle application de produits dans un délai ne dépassant pas une demi–journée après notification des résultats de contrôle et des reprises à effectuer.

甲方对连续和断续划线带的宽度进行随机监督（检查）。每公里划线带检查 10 次。

如果这 10 次测得宽度的平均数据小于规定的宽度：

◆ 超过 10%，乙方在得到检测结果和要重做的通知后，自费在不超过半个工作日内用材料重新做一次。

8.4.4 Contrôle de réception 验收监督（检查）

Le Maître de l'ouvrage effectue des contrôles occasionnels des modules des bandes discontinues. Chaque contrôle comporte dix (10) mesures d'élément de « plein » et dix (10) mesures d'éléments complets « plein + vide » effectuée sur un kilomètre de bande appliquée.

(i) si la moyenne arithmétique des valeurs absolues des écarts des longueurs de « pleins » par rapport à la longueur théorique:

◆ est supérieure à dix pour cent (10%) de la longueur théorique, la longueur de bande discontinue concernée sera refusée.

(ii) Si la moyenne arithmétique des valeurs absolues des écarts de longueur de module complet « plein + vide » par rapport à la longueur théorique:

◆ est supérieure à dix pour cent (10%) de la longueur théorique, la longueur de bande discontinue concernée sera refusée.

La réception des travaux peut être prononcée lorsque les résultats des contrôles effectués ci–avant ont été acceptés par le Maître de l'ouvrage/BCS.

Le niveau de service du marquage au sol doit présenter les caractéristiques moyennes ci–après：

● degré d'usure: note supérieure ou égale à 6 sur l'échelle d'usure du LCPC 75;

● rétroréflexion: supérieure ou égale à 150mcd x lx −1 x m −2 (millicandelas par lux et par mètre carré);

● glissance: supérieure ou égale à 0.45 SRT

Les contrôles consistent à réaliser par l'Entrepreneur conformément aux modes opératoires du L.C.P.C. et pour chaque demi–journée de travail:

- 1mesure de rétroréflexion comportant vingt (20) lectures judicieusement réparties le long des bandes;
- 2mesures de glissance comportant cinq (5) lâchers du pendule par mesure;
- 2mesures du degré d'usure.

Aucun contrôle ne peut comporter moins de:

- 5mesures de rétroréflexion;
- 10mesures de glissance;
- 10mesures du degré d'usure.

Pour les largeurs de bande supérieure à 0.15m, le contrôle doit intéresser également le profil en travers du marquage.

Chaque marquage spécial est passible du nombre de mesures imposées pour une demi-journée de travail.

La valeur retenue pour chaque mesure de rétroréflexion et de glissance est égale à la moyenne arithmétique des valeurs du nombre de lectures qui la composent sans que vingt pour cent (20%) de ces lectures puissent avoir une valeur inférieure à:

- pour la rétroréflexion: 100mcd x lx −1 x m −2 pour la glissance: 0.40 SRT;
- pour l'usure: 4 à l'échelle LCPC 75 .

En cas de mauvais résultat pour une mesure, on réitère la mesure à proximité immédiate. Si cette nouvelle mesure est également mauvaise, le contrôle s'arrête et la section correspondante (1/2 journée de travail) est rejetée.

Si la nouvelle mesure est correcte, le contrôle doit porter sur la totalité des mesures effectuées y compris celle qui s'était révélée insuffisante.

Un contrôle n'est acceptable que si la moyenne arithmétique des valeurs des mesures de rétroréflexion, de glissance et d'usure qui le composent satisfait aux conditions définies en début de cet article.

Dès lors qu'un contrôle est jugé inacceptable, l'Entrepreneur procède à ses frais sur la totalité de la section contrôlée dans le délai qui lui est imparti à l'application d'une nouvelle couche d'un produit homologué soumis à l'accord du Maître de l'ouvrage/BCS et au dosage figurant au certificat d'homologation du produit s'il est accepté.

甲方对断续划线段进行随机监督（检查），每次检查包括在 1kg 划线段内进行 10 次《实线》测量和 10 次《实线＋空线》测量。

（ⅰ）如果与理论长度相比，《实线》长度误差绝对值的算术平均数：

- 比理论长度多出 10% 以上，相关的断续划线带的长度将拒收。

（ⅱ）如果与理论长度相比，《实线＋空线》长度误差绝对值的算术平均数：

- 比理论长度多出 10% 以上，相关的断续划线带的长度将拒收。

当甲方 /BCS 接受了上述监督（检查）的结果后，工程可以被宣布验收。

路线标线的工作水平，必须达到以下平均参数值：

- 磨损程度：根据法国道路桥梁中心试验室（LCPC）75 磨损级别，分值大于或等于 6 级；
- 反光度：大于或等于 150mcd / (lx · m²)；
- 滑动性：大于或等于 0.45 SRT。

根据 LCPC 操作方法，每半个工作日，由乙方实施的监督（检查）主要如下：

- 1 次反光度测量，包括沿划线段合理分布的 20 次判读；
- 2 次滑动性测量，每次测量包括 5 次测锤松摆；
- 2 次磨损度测量。

每次监督（检查）不得少于：

- 5 次反光度测量；
- 10 次滑动度测量；
- 10 次磨损度测量。

对于宽度超过 0.15m 的划线带，监督（检查）同样还应包括标线的横断面。

每个特殊的标线应该以半个工作日规定测量次数为准。

反光度和滑动性每次测量所得值，要与其组成的判读次数的算术平均值相等，而这些判读数值的 20% 不低于：

- 反光度：100mcd / (lx · m²)；
- 滑动度：0.40 SRT；
- 磨损度：在 LCPC75 磨损级别，分数为 4 级。

在结果不好的情况下，要立即在附近重新测量。

如果这个新测量的结果一样不好，监督（检查）要停下来，相关路段（1/2 个工作日）将被拒收。

如果这个新测量的结果合格，监督（检查）要对所有的测量结果展开，包括之前认为不够的测量。

监督（检查）只有在所测量的反光值、滑动值和磨损度的算术平均数值，满足本条开头规定的条件时，才可以接受。

如果检查结果不通过，乙方必须自费在规定的时间内，对所测全部路段重新铺一层，重铺层所用材料应提交甲方批准，用量必须按照甲方 /BCS 接受的许可证上说明的用量。

9.0 PORTAILS 正门

L'implantation des portails sera Proposée par l'entrepreneur et soumis à l'approbation du Maître de l'ouvrage/BCS.

Le positionnement des portails devra suivre les principes d'accessibilité à l'autoroute en permettant aussi la réalisation des taches d'entretien.

Ces portails ne concernent pas les zones d'installation de chantier, lesquels seront fournis et posés par l'Entrepreneur et à ces frais.

Les caractéristiques des portails sont les suivantes:

• portails à double battant en acier galvanisé soudé;

• largeur totale d'ouverture: 7.00mètres;

• cadre, poteaux et jambes de force en tubage d'acier galvanisé soudé de diamètre extérieur minimal de 100mm.

• épaisseur mini de paroi de tubage sera de 4mm;

• hauteur (hors sol) de poteaux de support sera de 2.20m;

• hauteur de cadre est de 2.00m;

• panneaux de l'intérieur des cadres seront en grillage galvanisé, le diamètre minimal de fil de grillage sera de 3mm, le maillage de grillage sera de 50mm x 50mm;

• poteaux seront munis de corniche galvanisée soudée avec trois pivots par montant;

• serrurerie sera en acier galvanisé, prélubrifié et étanché; cinq jeux de clefs à remettre au Maître de l'ouvrage pour chaque portail.

Les spécifications de galvanisation sont identiques à celles des glissières de sécurité.

Avant la commande des portails, l'Entrepreneur soumettra à l'approbation du Maître de l'ouvrage/BCS les plans de fabrication.

乙方要建议大门的位置并取得甲方/BCS的同意。

大门的安防要符合进入高速公路的一半规则，同时也要能允许维护工作的进行。

正门并不涉及工地建点区域，后者将由乙方提供并承担费用。

正门的特点如下：

• 正门为双扇镀锌焊接门扇；

• 打开总宽度为7m；

• 门框架，门柱和斜撑要用镀锌焊接钢管，钢管外部直径最小为100mm；

• 管壁最小厚度为4mm；

• 门柱的（地面以上的）高度为2.20m；

• 门框高度为2m；

• 门框内部的护板为镀锌铁丝网，铁丝网线最小直径为3mm，网格为50mm×50mm；

• 门柱要装备镀锌钢制插销，每个门柱带有3个插销；

• 门锁为镀锌钢制，预先上油、密封，每个正门须交给甲方5套钥匙。

电镀的技术要求与安全护栏电镀的技术一样。

在订购正门之前，乙方要将制造图纸提交给甲方/BCS批准。

10.0 CLÔTURES 围栏

Pour raisons de sécurité tout le projet devra être clôturé,

Les clôtures seront de type herbagère d'une hauteur hors sol de 1.44m et seront constituées de six (6) rangs de fils de ronces posés sur des piquets de bois (acacia, chêne ou châtaignier), espacés de deux mètres cinquante (2.50m) d'axe en axe, et reprises en tension tous les soixante mètres (60m) par piquet d'arrêt.

Le fil de ronces sera en acier galvanisé de type 16.2.10B soit deux (2) picots espacés de dix (10) centimètres, jauge de 16, classe B: Norme AFNOR A.91.131. Ces fils seront fixés aux piquets par l'intermédiaire de « clous cavaliers » (crampillons de 40mm) en acier d'au moins de même qualité. Les fils seront mis en œuvre côté riverain et devront pouvoir coulisser dans les crampillons.

Le rang inférieur de ronces sera à vingt (20) centimètres du sol, le rang supérieur à dix (10) centimètres du haut des piquets, l'espacement entre les rangées de ronces étant régulier.

Les fils seront fixés aux piquets sur la génératrice extérieure de l'emprise. Les piquets intermédiaires de deux mètres (2.00m) de hauteur (1.50m hors sol et 0.50m de fiche), auront un diamètre entre 10cm à 12cm.

Les piquets d'arrêt et d'angle de deux mètres quarante (2.40m) de hauteur (1.60m hors sol et 0.80m de fiche) auront un diamètre entre 18 et 20cm. Ils seront renforcés par des jambes de force de mêmes caractéristiques (section et nature) que les piquets intermédiaires.

出于安全考虑，整个项目都要被围住。

牧场型围栏，离地高度为 1.44m，由 6 排带刺铁丝组成，安装在木（洋槐、橡木、栗树）桩上，每根木桩的轴与轴之间距离为 2.50m，每 60m 用固定桩拉紧。

带刺铁丝为 16.210B 型镀锌钢制，每 2 个尖刺之间的距离为 10cm，按照法国标准 AFNOR A.91.131，为 B 型 16 位。这些铁丝通过中间的扒钉（U 形钉）固定在木桩上，扒钉为钢制，质量至少与铁丝质量相同，铁丝要安设在路边居民一侧，并能在扒钉内滑动。

刺铁丝下面一行离地 20cm，上面行从木桩上端量起为 10cm，每行之间间距均匀。

铁丝固定在占用地界外侧母线的木桩上，这些中间桩高度为 2m（离地 1.5m，木桩 0.5m），木桩直径为 10 ~ 12cm。

固定木桩和角桩，高度 2.4m（其中离地 1.6m，木杆 0.8m），木桩在 18cm 到 20cm 之间，这些木桩通过与中间桩特性相同（截面，种类）的斜撑来加固。

10.1 MODE D'EXÉCUTION DES TRAVAUX 施工方式

10.1.1 Dépose des clôtures existantes 拆除现有围栏

Toutes les clôtures subsistantes se trouvant à l'intérieur de l'emprise des travaux seront déposées au démarrage du chantier. Avant toute dépose ou ouverture de clôtures existantes subsistant dans l'emprise des travaux, l'Entrepreneur devra s'assurer que la continuité des clôtures a été rétablie.

所有在工程范围内仍然存在的围栏，将在工地开工时拆除。在拆除或打开所有现存于工地范围内的围栏前，乙方应该保证围栏的连续性得到恢复。

10.1.2 Implantation des clôtures 围栏的定位

Les clôtures seront implantées, conformément l'indiqué au respectif dossier d'étude de clôtures, approuvé par le Maître de l'ouvrage/BCS.

D'une façon général, l'implantation des clôtures sera conforme la polygonal des emprises, à la limite de l'emprise des travaux et des propriétés riveraines, sauf situations particulières comme est le cas des chemins parallèles d'accès aux parcelles.

Le Maître d'ouvrage pourra demander la construction de voies en terre pour désenclaver les terrains ou les propriétés. Ces travaux seront payés au prix du bordereau.

Lors de l'implantation des clôtures, l'Entrepreneur vérifiera le bornage des emprises à partir de la polygonale secondaire.

围栏的安置要符合围栏设计文件所指出的要求，并且由甲方 /BCS 同意。

通常情况下，围栏的安置要符合征地的形状，工程地界的边界以及路边居民的领地边界，除非情况特殊，如有平行入口的平行道路。

为取得去工地或领地的通路，甲方可要求乙方在工地上修便道。此项工程的费用根据清单支付。

在围栏定位时，乙方要从次级导线出发，检查工程地界的桩位。

10.1.3　Pose de piquets　木桩安装

Le fonçage des piquets sera exécuté soit à la masse pneumatique, soit par tout autre moyen laissé à l'initiative de l'Entrepreneur, mais soumis préalablement à l'agrément du Maître de l'ouvrage/BCS.

Le défaut de verticalité des piquets ne devra pas excéder cinq centimètres (5cm) par mètre. Le défaut d'alignement ne devra pas excéder dix centimètres (10cm) par rapport à l'alignement théorique, et la clôture ne devra en aucun cas dépasser l'extérieur des emprises.

Si la nature du sol rencontré ne permet pas un fonçage suffisant, l'Entrepreneur proposera à l'agrément du Maître de l'ouvrage/BCS une solution de scellement.

La difficulté des travaux due à la variation des caractéristiques du sol ne donnera lieu à aucune plus-value.

木桩基础开挖，通过空气锤或者通过乙方倡议的其他各种方法来完成，但是事先都必须提交甲方 /BCS 批准。

木桩垂直度误差，每米不得超过 5cm，（纵向）直线误差与理论直线相比，也不能超过 10cm，围墙在任何情况下，也不能超过路界的外部边界。

若土壤性质不允许打桩，乙方要向甲方 /BCS 推荐一种固定办法。

土壤性质的变化给工程带来的困难，不能要求任何追加费用。

10.1.4　Raccordement aux clôtures existantes　与现有围栏的连接

Lors de la pose des clôtures, l'Entrepreneur procédera au raccordement de celles-ci avec les clôtures existantes (clôtures mises en place par les riverains, par les gestionnaires de voies publiques, etc.). À l'intersection des deux clôtures, sera mis en place un piquet d'arrêt de deux mètres quarante (2.40m) de hauteur, maintenu par des jambes de force orientées suivant l'angle de raccordement.

在围栏修建期间，乙方要将新建圆栏与现有围栏进行连接（包括沿线附近居民所建围栏，公路管理人员所建的围栏等）。

在两个围栏的交接处，须打一根高度为 2.40m 的止动木桩，该桩根据连接角度，用斜撑来加固。

11.0 QUALITÉ DES BÉTONS 混凝土质量

Tableau 8.1 Tableau récapitulatif des bétons à mettre en œuvre
表 8.1 要施工的混凝土汇总表

BÉTON 混凝土	CLASSE 级别	CONSISTANCE 粘稠度	DIAMÈTRE MAXI DES GRANULATS (MM) 骨料的最大直径（mm）	CIMENT 水泥	
				DOSAGE MINI (KG) 最 小 用 量（kg）	TYPE 类型
Forme de propreté 基础垫层	Ba	F	31.5	250	CPA CEM I 42.5
Enrobage de fourreaux pour tronçon de glissières démontables et abaissables 安全护栏可拆卸、可降低段上的套管保护层	Ba	TP	25	250	CPA CEM I 42.5
Longrines support de glissières métalliques, longrines d'assises de barrières béton, massifs de fondation de signalisation verticale 金属护栏立柱基础梁，混凝土栅栏的基础梁，垂直信号设施的基座	B30	P	25	370	CPA CEM I 52.5 PM
Barrières en béton adhérent 高握固力混凝土栅栏	B30	P	25	370	CPA CEM I 52.5 PM

Légende:
F = béton de consistance ferme
P = béton de consistance plastique
TP = béton de consistance très plastique
图表说明：
F = 坚实稠度混凝土；
P = 塑性稠度混凝土；
TP = 极塑性稠度混凝土。

B.6　Environnement et paysage

环境和景观

PRÉAMBULE　前言

L'Entrepreneur est tenu derespecter les exigences environnementales découlant des lois et règlementsen vigueur (cf. articles 3.6, 3.10 et 10). En ce sens, il devra préparer un plan de respect de l'environnement conforme aux exigences de l'article 10.2 du livret A. L'Entrepreneur doit également consulter les études d'impact sur l'environnement préparées à l'étude d'avant-projet détaillé (APD).

承包商要遵循现行法律法规中有关环境的要求（参照条款 3.6、3.10 和 10）。从该层面看，承包商要准备一份符合 A 册条款 10.2 要求的环保计划。同时，承包商还应进行用于编制详细初步设计的研究。

1.0　QUALITÉ　质量

Les dispositions générales appliquées en matière de qualité sont décrites dans le livret A du Cahier des clauses techniques particulières (CCTP).

Le plan d'Assurance de la Qualité (PAQ) devra traiter en particulier des travaux suivants:

¨implantation et contrôle géométrique;

¨exécution des fouilles et des déblais en petite masse;

¨remblaiement derrière la semelle de fondation;

¨mise en œvre de coffrage, des armatures et du béton;

¨pose et scellement des platines d'ancrage et des poteaux HEA;

¨mise en œvre des cuves préfabriquées;

¨réalisation des revêtements des bassins;

¨réalisation des équipements des bassins;

¨engazonnement hydraulique;

¨plantation des arbustes;

¨reboisement.

关于质量方面执行的一般规定，在专用技术条款 A 册已作了描述。

质量保证计划特别要处理下面各项工程：几何定线和监督（检查）；少量的开挖和挖方；基础底板后面回填；安装模板、钢筋和浇筑混凝土；锚固板和 HEA 柱的安装和固定；安装预制槽；沉淀池底面铺筑；沉淀池设施安装；洒水种草；种植小灌木；植树。

2.0　ENVIRONNEMENT　环境

Les dispositifs adoptés vis-à-vis du respect de l'environnement devront respecter les spécifications détaillées dans le livret A du CCTP.

为保护环境所采取的措施，要遵守专用技术条款 A 册里的详细技术要求。

3.0 ÉTUDES D'EXÉCUTION 施工设计

Les dispositions générales appliquées en matière de plans d'exécution et des notes de calcul sont décrites dans le livret A du CCTP.

在施工图纸和计算说明书方面执行的一般规定，在专用技术条款 A 册已作描述。

4.0 DOSSIER DES OUVRAGES EXÉCUTÉS 已完工工程文件

Le descriptif des pièces relatives aux ouvrages exécutés est fourni dans le livret A du CCTP.

关于已完工工程的相关文件说明书，在专用技术条款 A 册中已提出。

5.0 CONSISTANCE DES TRAVAUX 工程内容

Les travaux concernant l'environnement et le paysage sont généralement proposés par l'Entrepreneur pour approbation par le Maître de l'ouvrage. Ils comprennent notamment:

- ◆ les systèmes de protection des eaux de surface et souterraines:
  - ■ biefs de confinement;
  - ■ fossés subhorizontaux enherbés (FSE);
  - ■ bassins multifonctions.
- ◆ les bassins de décantation temporaires;
- ◆ les écrans antibruits;
- ◆ la végétalisation:
  - ■ arborescente;
  - ■ baliveaux;
  - ■ arbustive;
  - ■ arbrisseaux;
  - ■ engazonnement;
- ◆ les clôtures et les portails.

Tous les matériaux entrant dans la constitution des ouvrages seront fournis par l'Entrepreneur. Tous les matériaux devront faire l'objet de propositions d'agrément par l'Entreprise au Maître de l'ouvrage. L'Entrepreneur sera tenu de justifier à tout moment la provenance des matériaux au moyen de lettres signées du fournisseur ou par toute autre pièce en tenant lieu.

L'Entrepreneur prendra toutes les précautions nécessaires pour qu'aucun dommage ne soit causé aux réseaux souterrains de toute nature. Elle devra éventuellement prendre toutes les mesures nécessaires pour le soutien de ces canalisations et de ces conduites.

Les épuisements de toute nature, quel que soit l'afflux d'eau pendant les travaux, sont à la charge de l'Entreprise.

Les matériaux à mettre en œuvre seront systématiquement soumis à l'approbation du Maître de l'ouvrage/BCS. Pour ce faire, l'Entrepreneur présentera au Maître de l'ouvrage les fiches techniques, le certificat de conformité aux normes et les résultats d'essais complémentaires qui pourraient s'avérer nécessaires. De façon générale, il appartiendra à l'Entrepreneur et à ses frais de justifier que les matériaux qu'il souhaite mettre en œuvre ont les qualités requises pour leurs emplois.

关于环境和景观工程，通常由乙方提议并由业主批复。这些工程特别包括：
- ◆ 地表水和地下水的保护系统：
  - ▪ 封闭引水渠；
  - ▪ 有草的近似水平排水沟；
  - ▪ 多功能沉淀池。
- ◆ 临时滗析盆；
- ◆ 噪声隔板；
- ◆ 植物覆盖：
  - ▪ 乔木；
  - ▪ 幼树；
  - ▪ 小灌木；
  - ▪ 灌木；
  - ▪ 植草；
- ◆ 栅栏和大门。

所有施工用建筑材料均由乙方提供。乙方推荐的所有建筑材料要得到甲方同意。乙方一定要在任何时候都能证明所使用材料的来源，证明方法是提供供货商的签名信件或其他各种必要的文件。

乙方要采取各种预防措施，避免任何地下管线受到损坏。乙方要采取各种必要措施保护地下管道和管线。

施工中涌现的各种水，都要由乙方负责采用各种排吸方法将其排出。

使用的材料要系统的提交业主或者监理批准。为此，乙方要向甲方提供技术说明书、符合标准的证书，以及可能有必要的补充试验结果。总之，乙方要向甲方证明他希望使用的材料符合规定的质量要求，所发生的费用由乙方自理。

6.0　ÉCRANS ANTIBRUITS　噪声隔板

6.1　GÉNÉRALITÉS　概述

Les écrans antibruits seront préférablement composés de massifs en terre récupérés des déblais recouverts de 200mm de terre végétale et engazonnés. Dans certains cas limités, des panneaux préfabriqués pourront être utilisés après approbation du Maître de l'ouvrage.La position des écrans antibruits est à confirmer aux études d'exécution.

噪声隔板最好是由大量挖方土堆积而成，覆盖 200mm 的植被土，并种草。

在某些限制的情况下，这些预制的隔板在甲方同意后可以被使用。

噪声隔板的安装位置根据施工设计来确认。

6.2 PANNEAUX PRÉFABRIQUÉS 预制噪声隔板

Les éléments préfabriqués proviendront obligatoirement d'usines agréées par le Maître de l'ouvrage/BCS.

L'Entrepreneur justifiera pour chaque type de panneau (absorbant ou réfléchissant) la:

¨stabilité (résistance au vent);

¨résistance aux intempéries, gel/dégel (PV d'essai) et sels de déverglaçage;

¨durabilité (bonne résistance aux impacts de pierre et rayonnement UV);

¨sécurité au feu (PV d'essai);

¨non toxicité des fumés (PV d'essai);

¨faible réflexion de lumière.

Les panneaux absorbants devront répondre aux critères suivants en plus de ceux mentionnés ci-dessus:

¨rendement en transmission, classement B3 et B4 selon la norme NF EN 1793-2;

¨rendement en absorption, classement A2 à A4 selon la norme NF EN 1793-2;

¨efficacité sur l'ensemble du spectre routier.

预制件必须来源于业主或者监理认可的厂家。

乙方对每种隔音板（吸音板或反射板）都要证明其：稳定性（风阻力）；对恶劣天气的抗力，抗冻力 / 抗化冻力（试验记录）和除冰盐；耐用性（抗石击性强，防紫外线照射强度）；防火安全（试验记录）；烟雾无毒性（试验记录）；不反光。

吸声板除上述要求外，还要满足下列要求：根据法国标准 NF EN 1793-2，传输效率达到 B3 和 B4 级；根据法国标准 NF EN 1793-2，传输效率达到 A2 和 A4 级；对整个道路频谱的有效性。

6.3 POTEAUX, PLATINES, BOULONS D'ANCRAGE 立柱，隔板和锚固螺栓

Toutes métalleries seront en acier galvanisé, les spécifications techniques de galvanisation mentionnées au livret B.5concernant les glissières de sécurité métalliques, seront appliquées.

所有器材均为镀锌钢制，都要执行 B5 分册中关于金属安全护栏镀锌的技术要求。

6.4 BÉTON, COFFRAGE ET ARMATURES 混凝土、模板和钢筋

Les spécifications techniques mentionnées au livret B.5 (équipements) seront appliquées pour la réalisation des semelles et des longrines des écrans antibruits.

实施噪声隔板的底层和基础要执行 B5 分册（信号设施）中的技术要求。

6.5 FOUILLES ET REMBLAIEMENT DE FOUILLES 开挖和基坑回填

Les spécifications techniques mentionnées au livret B.3 (assainissement, réseaux) seront appliquées pour les fouilles et le remblaiement des fouilles des semelles de fondations des écrans antibruits.

噪声隔板基础底层开挖和基坑回填，要执行 B3 分册（排水、管网）中的技术要求。

7.0 PROTECTION DES EAUX DE SURFACE 地表水保护
7.1 GÉNÉRALITÉS 概述

Conformément aux réglementations algériennes pour la protection des cours d'eau, les bassins derécupération et de traitement seront réalisés dans l'objectif d'éviter le rejet direct des polluants dans lemilieu naturel. Le niveau de sophistication des équipements des dispositifs est fonction de la sensibilitédu milieu naturel. Les zones de sensibilité sont divisées en quatre (4) catégories et pour chaque catégorie, des dispositifs de protection sont prévus.

根据阿尔及利亚水流保护规定，修建回收和处理池的目的是，避免把各种污染物直接排放到自然界中，水池设施的精密程度与自然环境的敏感性有关。

敏感区域分为四个种类，针对每个种类，保护装置是有规定的。

Catégorie 种类	Zone de sensibilité Dispositif de protection 敏感区域的保护设施	Dispositif de protection 保护设施
1	Très fortement sensible Bassin de traitement 极强敏感度	Bassin de traitement 处理池
2	Fortement sensible 最敏感	Fossé subhorizontal enherbé (FSH) 铺草的近水平排水沟
3	Moyennement sensible 中度敏感	Bief de confinement 封闭引水渠
4	Peu ou pas sensible 轻度或者不敏感	Aucun dispositif, le rejet devra être diffus 无设施，排放物可以扩散

Les zones très fortement sensibles sont celles pouvant entraîner une pollution des eaux servant à l'alimentation humaine.

Des fossés longitudinaux de pied de talus sont prévus dans les zones urbaines, agricoles outoute autre zone sensible afin de protéger ces éléments des eaux de ruissellement.

a) Zones peu ou pas sensibles (classées comme vertes dans le dossier cartographique présenté en annexe).

Dans ces zones, il est considéré que la pollution de type chronique (ou de fond) n'a pas d'impact sur la ressource en eau soit parce que les produits sont en faible concentration ou bien qu'ils se fixent généralement dans les premiers décimètres du sol naturel. Lors d'un déversement accidentel, il peut donc être admis que l'intervention curative est suffisante (par curage ou création de barrières hydrauliques). Aucun aménagement particulier n'est donc prévu.

b) Zones moyennement sensibles (classées jaunes)

Dans ces zones, les ouvrages correcteurs qui sont proposés (en dehors des contraintes topographiques) sont constitués de biefs de confinement d'une capacité de 40m^3. Ces ouvrages seront généralement revêtus de terre végétale qui est ensuite ensemencée afin de permettre dans une certaine mesure la fixation de polluant éventuel. La perméabilité de ces sites est de l'ordre de $\leqslant 10^{-6}$ m/s. Le volume mort accumulé est alors généralement évacué par évaporation, infiltration ou utilisé par la végétation aquatique qui se développe dans les bassins.

Lorsque l'incident au potentiel polluant intervient pendant une pluie, il est admis que:

◆ la dilution permet au milieu d'absorber les polluants;

◆ les séquelles éventuelles pourront alors être traitées de façon curative.

c) Zonesfortement sensibles (classées rouges)

En dehors des contraintes topographiques, il est proposé d'équiper ces zones avec des fossés subhorizontaux enherbés (FSE) ayant les caractéristiques suivantes:

◆ confinement d'une pollution par temps de pluie. Les capacités de rétention du FSEcorrespondent à 30m^3 associés au volume d'une pluie bimestrielle de deux (2) heures. Le volume mort procure une inertie compatible avec un délai d'intervention d'une (1) heure environ pour fermer la sortie du FSE;

◆ écrêtement éventuel en fonction des contraintes hydrologiques du milieu récepteur;

◆ perméabilité $\leqslant 10^{-7}$ m/s sur le site.

d) Zones très fortement sensibles (classées noires)

Dans ces zones, l'ouvrage de traitement proposé consiste en un bassin multifonction capable de:

◆ confiner une pollution par temps de pluie. Les capacités de rétention du bassinmultifoncti oncorrespondent à 30m^3 associés au volume d'une pluie biennale de 2heures afin;

■ d'écrêter les pluies (le plus souvent une pluie décennale, mais selon les enjeux en aval, on pourra choisir d'optimiser les débits écrêtés au regard des contraintes hydrologiques du milieu récepteur);

■ d'avoir une perméabilité inférieure à 10^{-7} m/s sur le site;

■ d'assurer la décantation.

Cette géométrie favorise la décantation et la fixation de la pollution chronique par

Bief de confinement

Ce type de dispositif sera employé dans des zones moyennement sensibles. Les caractéristiques des biefs sont les suivantes:

◆ volume: 40m^3;

◆ longueur: 80m;

◆ largeur de base: 1.25m;

◆ capacité d'écrêtement: néant.

Fossé subhorizontal enherbé (FSE)

Ce dispositif sera employé dans les zones fortement sensibles. Les caractéristiques des fossés sont les suivantes:

- ◆ volume: calculé pour le ruissellement d'une averse bimestrielle (P0.2 de 2 heures);
- ◆ longueur: > 80m;
- ◆ largeur de base: variable;
- ◆ capacité d'écrêtement: limitée;
- ◆ volume d'eaux mortes: 30m^3.

Bassin multifonction

Les bassins multifonctions placés avant le point de rejet assurent de multiples fonctions: écrêtement des débits, traitement de la pollution chronique et confinement de la pollution accidentelle. Le mode de fonctionnement de bassin est résumé ci–dessous:

- ◆ la pollution par temps sec (bassin vide): la pollution pénètre dans le bassin, elle est stockée dans le volume d'eaux mortes. Le service d'entretien ferme la vanne en aval puis la vanne en amont lorsque la totalité des polluants est arrivée dans le bassin;
- ◆ la pollution concomitante avec un épisode pluvieux: la pollution est stockée dans le bassin en mélange avec les eaux pluviales. Le service d'exploitation dispose d'une (1) heure pour fermer la vanne en aval et ainsi confiner la pollution dans le bassin. La vanne en amont actionnée, le dispositif de déviation évacue les eaux de ruissellement et évite un fonctionnement par surverse du bassin;
- ◆ les débits de ruissellement des eaux pluviales de la plateforme autoroutière ne sont généralement pas directement admissibles en termes quantitatif par le milieu récepteur. L'ouvrage implanté avant le point de rejet a pour rôle de stocker temporairement un certain volume de ruissellement qui sera restitué progressivement avec un débit écrêté compatible avec les capacités d'accueil du milieu récepteur. Cette limitation conduit à stocker dans le bassin le volume excédentaire pour rejet ultérieur;
- ◆ la capacité d'accueil des milieux récepteurs est déterminée en fonction des sensibilités hydrologiques, ainsi que des risques d'érosion et d'inondation. Les limites de rejet fixées (débit de fuite) sont fonction des conditions hydrauliques actuelles du milieu récepteur;
- ◆ le volume des bassins sera calculé pour une averse biannuelle de deux (2) heures (P2 = 55mm), le volume sera augmenté au cas où la fonction d'écrêtement du ruissellement sera nécessaire.

Les croquis préliminaires des différents dispositifs sont joints en annexe.

Le tableau suivant présente les mesures spécifiques à la protection des nappes aquifères et superficielles.

Les implantations des bassins définitifs seront établies aux études d'exécution. L'Entrepreneur effectuera le complément des études d'APD pour la conception spécifique de chaque bassin et soumettra le dossier de complément à l'approbation du Maître de l'ouvrage.

De plus, l'Entrepreneur est tenu de réaliser et d'entretenir des bassins de décantation provisoire des eaux de ruissellement de chantier durant la phase de construction.

Les implantations des bassins provisoires seront proposées par l'Entrepreneur et seront approuvées par le Maître de l'ouvrage.

Les bassins de décantation provisoires seront remblayés à la fin de chantier ou serontagrandis et équipés pour devenir des bassins définitifs.

最敏感的区域为那些会导致人类饮用水污染的地方。

为了保护这些水流环境，边坡底部的纵沟在城市区域、农业区域和其他敏感区域已有规定。

a）轻度或者不敏感区域（按照附录中制图材料的绿色部分分类）

在这些区域，要考虑长期的污染（或者主要的污染）对水资源没有影响，因为这些产品积聚能力差，或者它们只是将自然土的表面几分米固定住了。当有意外溢流的时候，要能采取足够有效的干预措施（通过挖清或者建造水利屏障）。因此，不用任何特殊的治理。

b）中度敏感区域（按黄色部分分类）

在这些区域，提议的修正工程（除了地形限制外）为建造一个容量为40m³的封闭引水渠。这些工程通常铺盖植被土，然后在上面播种使其起到固定可能的污染物质的作用。这些地方的渗透率≤10^{-6}m/s。这些累积的水通常是通过蒸发，渗透或者是被水池中生长的水生植物所吸收的方式来进行排放。

当下雨时会产生的潜在污染事故，要能进行以下操作：

◆ 在吸收污染物的地方能够对污染物进行稀释；

◆ 对于可能产生的后果要能通过有效的方式进行处理。

c）强敏感度区域（按红色部分分类）

除了一些地形的限制，建议在这些区域配备具有以下特征的有草的近乎水平排水沟：

◆ 下雨天能对污染物进行封闭。对于两个月一次并持续两个小时的降雨，该排水沟要拥有30m³的滞留能力。

◆ 根据接收环境的水文限制进行可能的调平。

◆ 现场渗透率≤10^{-7}m/s。

d）极其敏感区域（按黑色部分分类）

在这些区域，建议的处理工程为一个具有以下功能的多功能水池：

◆ 下雨天时可以封闭污染物。对于两年一次并持续两个小时的降雨，多功能水池要拥有30m³的滞留能力。这是为了：

■ 调平雨水（通常，对于十年间的雨水，根据下游的重要性，在接收环境的水文限制这个问题上，我们可以选择使流量的调平最优化）；

■ 现场渗透率低于10^{-7}m/s；

■ 确保滗析功能。

封闭引水渠：

这种类型的设施将应用在中度敏感区域。这些引水渠的特征如下：

◆ 容积：40m³；

◆ 长度：80m；

◆ 基础宽度：1.25m；

◆ 调平能力：无。

铺草的近水平排水沟：

这个设施用在强敏感度的区域。这些排水沟的特征如下：

◆ 容积：按每两个月一次的大雨流量计算（两小时的 P0.2）；

◆ 长度：＞80m；

◆ 底部宽度：可变化的；

◆ 调平能力：有限的；

◆ 死水容积：30m³。

多功能水池：

多功能水池安装在出水口前，它确保多重功能：调平流量，处理长期的污染和封闭意外的污染。水池的运转模式总结如下：

◆ 干燥天气时的污染（水池为空）：污染渗入到水池中，并储存在死水里。当所有的污染物进入到水池中时，清洁部门先关掉下游的阀门，再关掉上游的阀门。

◆ 多雨时期伴随的污染：污染混合着雨水储存在水池中。操作部门拥有一个小时的时间关掉下游的阀门将污染物封闭在水池中。上游阀门是被控制的，分流设施排放流水和避免水池的溢流口运作。

◆ 通常，高速公路路基的雨水流量不允许直接通过接收环境量化。在出水口前实施的工程是为了暂时储存一些水流量，使其能逐渐排放调平的水流量，同时与接收环境的接受能力相容。这个限制会导致水池中为今后的排污储存过量的水。

◆ 接收环境的接受能力根据水文敏感度以及腐蚀风险和洪水来确定。固定的排放限制（流失量）和接收环境的水文条件有关。

◆ 水池的容积按照一年两次并持续两个小时的大雨来计算（P2 = 55mm），如果径流的调平功能是必需的，那么容积将会增加。

不同设施的初步草图已附在附录中。

下面的表格展示了保护含水层和低水位的特殊措施。

（最终水池的建造要根据施工设计来确定。）乙方要对每个水池的专项设计，在详细初步设计文件里进行补充，并将设计文件提交甲方批准。（并且），必须在施工期间建造并维修工地水流的临时沉淀池。乙方要对临时水池位置提出建议，并报甲方批准。临时沉淀池在工程结束时要填平或扩建，配备设施成为最终水池。

7.2　OUVRAGES EN BÉTON (PRÉFABRIQUÉS OU COULÉS EN PLACE) 混凝土构造物（预制或现场浇筑）

Les spécifications techniques mentionnées au livret B.3 (assainissement, réseaux, protections hydrauliques) seront appliquées.

执行 B3 分册（排水、管网，水利保护）中规定的技术要求。

7.3　TERRASSEMENTS EN PETITE MASSE POUR BASSINS MULTIFONCTIONS, BASSINSTEMPORAIRES, BIEFS DE CONFINEMENT ET FSE　针对多功能水池，临时水池，封闭引水渠和有草的近水平排水沟的小规模土方工程

Les spécifications techniques mentionnées au livret B.3 (assainissement, réseaux, protections hydrauliques) seront appliquées. Les matériaux de remblais de digue auront des caractéristiques conformes aux prescriptions du livret B.2 relatives aux remblais routiers.

执行 B3 分册（排水、管网、水利保护）中规定的技术要求。防水堤填方材料要符合 B2 分册关于道路填方里规定的性能要求。

7.4　REVÊTEMENT DES BASSINS MULTIFONCTIONS, FSH ET BIEFS DE CONFINEMENT　多功能水池铺砌，有草的近水平排水沟和封闭引水渠

Le revêtement des talus intérieurs des bassins est composé de:

◆ fossé subhorizontal enherbé (FSE) et biefs de confinement;

■ 30 à 40cm d'argile;

■ 20 à 30cm de terre végétale ensemencée;

◆ bassin multifonction;

■ une couche d'argile compactée assurant l'étanchéité sur 30cm d'épaisseur;

■ une couche de géotextile sur l'argile;

■ une couche d'enrochements légers non liés, sur 30cm d'épaisseur posée sur géotextile.

Argile

L'étanchéité des bassins définitifs est assurée par une couche d'argile compactée, de provenance des déblais argileux.

La perméabilité du revêtement réalisé devra être inférieure à 10^{-8}m/s. Afin d'atteindre cet objectif, l'Entrepreneur vérifiera préalablement sur trois (3) essais que la perméabilité en laboratoire du matériau proposé, mesurée selon la méthode de Darcy (échantillons compactés à l'Optimum Proctor), est inférieure à 10^{-9}m/s. La méthode d'essai sera soumise à l'approbation du Maître de l'ouvrage.

En complément à ces essais, l'Entrepreneur fournira dans sa demande d'agrément trois (3) analyses granulométriques et trois (3) IP ou VBS, afin de caractériser le matériau lors de l'approvisionnement sur le site. L'Entrepreneur vérifiera la conformité du matériau livré (par tranche de 150m³) avec ces caractéristiques lors d'essais d'identifications.

Géotextile

Le géotextile est un produit certifié dans le cadre de la certification ASQUAL des géotextiles; les caractéristiques requises pour ce type d'ouvrage sont définies dans le livret B.3 (assainissement, réseaux, protections hydrauliques).

Enrochements légers libres Les matériaux seront fournis par l'Entrepreneur, se référer au livret B.3 pour les spécifications.

Piste de digue des bassins

Une piste de digue est à réaliser autour des bassins revêtue de 0.15cm de GNT 0/31,5 et enduit bicouche; la largeur de piste sera de 5.00m.

Rampe d'accès au bassin

Cette rampe fournira l'accès au fond du bassin pour les engins d'entretien, la rampe sera revêtue de 0.30cm d'enrochements légers liés.

水池内部斜坡铺砌包括：

- ◆ 铺草的近水平排水沟和封闭引水渠；
- ▪ 30～40cm 的黏土；
- ▪ 20～30cm 播种的腐殖土；
- ◆ 多功能水池；
- ▪ 一层压实黏土层，30cm 厚，以保证水池密封性；
- ▪ 一层土工布层，铺放在黏土层之上；
- ▪ 一层薄的填石层，互不相连，30cm 厚，铺放在土工布上。

黏土：

最终水池的密封性由压实黏土层来保证，黏土取自黏土挖方料。

所做铺砌层的透水性应低于 10^{-8}m/s。为达到此标准，乙方要对所推荐材料在试验室作的三次试验预先进行检查，按照 DARCI 方法（葡氏最佳含水量时压实的试件）测定的透水性要低于 10^{-9}m/s，试验方法要提交甲方批准。

作为这些试验的补充，乙方在申请批准信中要提交三份颗粒级配分析和三份塑限或 VBS 报告，以说明材料的性质；对运到现场的材料，乙方要对交付材料进行合格性检查（每批材料 150m³ 检查一次），要与鉴定试验用的材料性质相符。

土工布：

土工布是 ASQUAL 认证范围内的认证产品。B3 册（排水、管网，水利保护）规定了该类工程所要求使用的产品特性。

薄填石层：

材料由乙方提供，参考 B3 册中的技术要求。

水池（防护）堤护道：

在水池四周要修建防护堤护道，护道上铺设 15cm 厚的 0/31.5 的未处理砂砾料，然后再进行双层表处，护道宽 5m。

进入水池的坡道：

坡道通向水池底部，即便维护时机械进入，坡道要铺上一层薄的填石，0.30cm 厚。

7.5 ÉQUIPEMENT DES BASSINS　水池设备

7.5.1 Séparateurs des hydrocarbures　油水分离装置

Les séparateurs des hydrocarbures seront implantés à l'aval des bassinsmultifoncions.

Les séparateurs des hydrocarbures seront en béton armé à doubles chambres, une chambre pour éléments filtrants et une chambre pour le réservoir de récupération des hydrocarbures.

Les équipements des bassins sont les suivantes:

¨élément filtrant marque certifiée NF;

◆ obturateur à flotteur certifié NF;

¨échelons galvanisés espacés de 0.30m;

¨régulateur de débit à flotteur;

¨dispositifs de levage et de blocage de régulateur de débit;

¨deux (2) regards de visite avec des tampons en fonte 250kN certifié NF.

油水分离装置安装在多功能水池的下游。油水分离装置用钢筋混凝土制成，分两间，一间放滤元件，一间用于储存回收的油料。

水池设备如下：

过滤元件，有符合法国标准（NF）的认证标记；

◆ 浮漂筏塞，有符合法国标准（NF）的认证标记；

镀锌阶梯，间距 30cm；

浮漂流量调节器；

流量调节器的抬升和堵塞装置；

两个检查井，铸铁井盖，有符合法国标准（NF）的认证标记，重量 250kN。

7.5.2 Vannes murales　壁式截流门

Les regards siphoïdes seront équipés de vannes murales destinés à la vidangedu bassin.

Les vannes seront en fonte ou en acier galvanisé, dispositif d'entraînement en crémaillère ou en manivelle.

Les produits doivent être certifiés NF.

虹吸口备有壁式截流门，用于水池排水。壁式截流门为铸铁或镀锌钢制，驱动装置为齿条或曲柄。产品应有符合法国标准（NF）的认证标记。

7.5.3 Vannes en bastaings　厚木板截流门

Les vannes en bastaings seront utilisées pour isoler les bassins en cas de pollution accidentelle. Ces vannes sont toujours associées avec un fossé de dérivation.

Les vannes en bastaings seront en bois traité et stabilisées de dimensions 30mm × 100mm × 1 500mm.

Le cadre de support sera en profilé U galvanisé de 35mm d'ouverture. Cinq (5) planches de bastaings seront nécessaires pour l'obturation d'un fossé de dérivation.

厚木板截流门，在偶然出现污染时用于隔离水池，厚木板截流门始终要与分流槽相连。

厚木板截流门用经过处理的木板，尺寸稳定在 30mm×100mm×1 500mm。

支撑架为 U 形镀锌钢，备有 35mm 的开口。截流门需要用 5 块厚木板，堵住分流槽。

7.5.4 Regards siphoïdes   虹吸口

Cet équipement concerne les bassins de prétraitement, les regards siphoïdes sont de deux (2) tailles: grand modèle pour le débit de surverse de 500 lits/s et petit modèle pour débit de surverse de 250 lits/s.

Un regard siphoïde en béton armé (profondeur entre 2 et 3m) est composé de:

◆ ouvrage d'entrée avec murs en aile d'ouverture 45° ;

● seuil de rétention;

● lame siphoïde de déshuilage;

◆ orifice de vidange de 200mm de diamètre;

● cinq (5) échelons en acier galvanisé;

● cloison surverse;

● couverture en caillebotis 100kN;

● réservation pour canalisation de sortie (400mm de diamètre pour le petit modèle et 600 pour le grand modèle).

该设施涉及预处理池，虹吸口有 2 块麻布，大的用于 500L/s 的溢流口，小的用于 250L/s 的溢流口。

钢筋混凝土的虹吸口（深度在 2～3m 之间）包括：

◆ 入口处砌成八字墙，开度为 45°；

● 蓄水口；

● 除油虹吸薄片；

◆ 直径 200mm 的排水口；

● 5 级镀锌钢阶梯；

● 溢流口隔板；

● 100kN 重的格子盖板；

● 预留出口管道（小型的直径为 400mm，大型的直径为 600mm）。

8.0 VÉGÉTALISATION   绿化

8.1 ÉTUDES PRÉALABLES   预先研究方案

L'Entrepreneur devra remettre au Maître de l'ouvrage au plus tard trois (3) mois avant le début de la première période propice aux travaux de végétalisation, une étude préalable définissant les éléments permettant d'optimiser la formulation des mélanges ou association d'espèces.

Cette étude consistera en une analyse:

● des paramètres climatiques portant sur le macroclimat et le microclimat;

• des paramètres édaphiques portant sur la roche mère et du substrat et tenant compte des caractéristiques morphologiques des sites;

• des analyses de sol prélevé in situ nécessaires à la caractérisation physicochimique du substrat sont à la charge de l'Entreprise;

• du milieu biotique qui comportera la description du cortège floristique local et régional;

• des précisions sur des périodes d'intervention les plus favorables à la réussite de la végétalisation;

• des procédures;

• des espèces à ensemencer et/ou à planter, la formulation des mélanges et/ou des associations et leur dosage et leur densité par unité de surface sur la base d'une faculté germinative à 100%;

• de leur localisation sur la base d'un plan détaillé;

• des engrais et des fixations à utiliser et leurs dosages;

• des fertilisations d'entretien avec leur périodicité.

L'étude devra tenir compte de l'objectif principal de stabilisation de talus et des modalités d'entretien et de la végétalisation envisagée.

L'étude préalable sera réalisée par un consultant dont la qualification devra être soumise à l'agrément du Maître de l'ouvrage au cours de la période de préparation.

Le tableau ci-dessous précise les différents types d'espèces végétales à mettre en œvre dans le cadre du présent marché.

Le zonage de chaque type de plantation sera précisé par le Maître de l'ouvrage.

乙方应最晚在适合绿化工程的第一阶段开工前 3 个月，向甲方提出研究方案，该项研究能够确定各种树草品种最优化的组合和配备。

研究方案主要是分析：

• 以宏观气候和微观气候为基础的天气指数；

• 母岩和下部地层的土壤参数，并考虑当地生物形态特性；

• 对提取现场必要的土壤，进行下部地层物理化学特性分析由乙方负责；

• 生物环境的分析，包括当地和地区的花卉伴生情况；

• 明确说明进行绿化的最佳时期；

• 各种程序；

• 每块地要播种和 / 或种植的树草种，在发芽率为 100% 的基础上，各种树草组合和 / 或配备的配合比以及在单位面积上的用量和密度；

• 根据详图确定它们的位置；

• 要使用的化肥和固定设施及其用量；

• 按照它们（生长）周期定期施肥。

研究方案应考虑到边坡稳定的主要目标、维护以及考虑的绿化方式。

预先研究方案要由有资质的顾问专家完成，其资质要在准备阶段提交甲方批准。

下表明确了本合同要使用的不同种类的树草种。

每个种植区域将由甲方明确。

Tableau 8.1 Tableau récapitulatif, travaux de végétalisation
表 8.1 绿化工程一览表

Espèce 品种		Type d'espèce 种类	Nombre/surface(u/m^2) 单位面积棵（株）数	Emprise deréférence 参考使用范围
Arborescente 乔木	Pin et conifères 松树和针叶树	Pinus halepensis (Pin d'alpes) 阿尔卑斯松 Punis pinea (pin pignon ou pin parasol) 意大利五针松 Pinus maritima (pin maritime) 南欧海岸松 Pistacia lentiscus(lentisque,···) 乳香黄连木	1u/10m^2	Alignement au sommet et pied de talus, zones de dépôt 坡顶、坡脚直线段，弃土地区
	Angiospermes 被子植物	Euclyptus globuleuse (Eucalyptus,etc.) 小球状桉树 Eucalyptusamygdalina (Eucalyptus,.) 杏仁状桉树 Robinia pseudo–accacia (Robinier) 洋槐 Cupressus taxodium (Cyprès chauve) 秃顶（扁）柏	1u/10m^2	Alignement au sommet et pied de talus, zone de dépôt 坡顶、坡脚直线段，弃土地区 Réhabilitation des empruntes 取土坑恢复地区
Baliveaux 幼树		Acer campestre (············)●洋苏木 Betula verrucosa (··········)●桦木 Prunus avium (············)●李树	1u/2m^2	Talus de déblais 路堑边坡 embellissements des modelés et merlons 挡土墙突起处和碟齿带美化
Arbustive 小灌木		Nerium oleander (···················) 欧洲夹竹桃 Pistacia lentiscus (lentisque ··············) ● 乳香黄连木 Tamarix gallica L (···············) ● 圣柳 ● Laurus nobilis (laurier) ● 月桂树 Spartium juceum (················) ● 细茎针草 Salix alba (Saules) ● 杨柳树 Sambucus nigra (················) ● 西洋接骨木 Crataegus oxyacanthe (···················) ● 山楂树 Prunus spinosa (···················) ● 枣子树 Populus alba (················) ● 垂柳 (Populus alba) Ulmus minor (················) ● 榆树	1u/m^2	En talus de remblais 路堤边坡 Crêtes de talus 边坡顶 En talus de déblais 路堑边坡 Zones de dépôt 弃方地区 Réhabilitation d'empruntes 路堤边坡取土坑恢复地区

Espèce 品种		Type d'espèce 种类	Nombre/surface(u/m^2) 单位面积棵（株）数	Emprise deréférence 参考使用范围
灌木	Arbrisseau	Sambucus racemose (··················) 总状花序 Eleagnus angustifolia (··················) 狭叶沙枣	1u/1.5m^2	Talus de déblais, 路堑边坡 embellissements des modelés et merlons 挡土墙突起处和碟齿带美化
植草	Engazonnement	Dactylis glomerata ●鸭茅属植物 Lolium perenne ●黑麦草 Poa pratensis ●六月禾 Medicago lupulina ●天蓝 Trifolium repens ●小三叶草 Trifolium pretense ●大三叶草 Malva sylvestrys (mauve sylvestre) ●森林锦葵 Polygonum aviculare ●蓼科植物 Papaver rhoeas ●罂粟 Bellis perennis ●雏菊	10u/m^2	Talus Remblais 路堤边坡 Talus Déblais 路堑边坡 Couvre sol su replat 重新平整地面 Zones de dépôts 弃土地区 Cunettes et fossés 排水沟和边沟

8.2 REBOISEMENT 植树

L'objet des travaux consiste en la plantation d'arbres:

- zones de dépôt définitif;

- zones d'emprunts dans le cadre de réhabilitation de ces zones;

- différentes zones délaissées le long de l'autoroute ou rétablissements;

- pieds de talus de remblais;

- sommets de talus de déblais.

Les prestations à exécuter au titre des plantations d'espèces arborescentes sont les suivantes:

- zonage, métré et plans des travaux exécutés;

- procéder à l'ouverture de trou de dimension proportionnée au pain de terre;

- élimination des branches sèches ou des racines brisées;

- plantation définitive des plants avec leur pain de terre ou en phytocellule, avec la certification d'origine de la graine, ayant une hauteur minimum de 0.50m, en raison de un (1) exemplaire par 10m^2;

- recouvrement avec du sol végétal (non au-delà du collet);

- arrosage;

- effectuer un recouvrement de la partie supérieure du trou avec un matériau apte à maintenir un certain degré d'humidité du sol;

- après le remplissage, le niveau des trous doit rester inférieur à celui du terrain environnant.

L'Entreprise choisira quatre (4) espèces différentes parmi les espèces mentionnées dans le tableau récapitulatif et justifiera son choix dans le rapport d'études préalables; le choix doit être approuvé par le Maître de l'ouvrage avant le commencement des travaux.

该项工程的目的主要是植树：

- 在最终弃土地区植树；
- 在取土地区平整恢复后植树；
- 在高速公路沿线被废弃地区和恢复地区植树；
- 在路堤边坡坡脚植树；
- 在路堑边坡坡顶植树。

乔木类树木种植的要求如下：

- 确定种植区域，进行施工测量和编制施工图；
- 根据土块大小相宜尺寸，开挖树坑；
- 清除枯树枝和破碎树根；
- 按照土块或植物群落情况，最后种植树苗，树苗按照每 $10m^2$ 种植 1 株。而且要有树种原产证书，高度至少 0.5m；
- 用植被土覆盖（不超过根茎）；
- 浇水；
- 坑上部再用能够保持一定湿度的土壤进行覆盖；
- 填充后，树坑的位置低于周围地面。

乙方在上面一览表中选择 4 种不同的植物，并在预先研究方案中说明理由。开工前，乙方做出的选择要经过甲方批准。

8.3　PLANTATION DE BALIVEAUX, ESPÈCES ARBRISSEAUX ET ARBUSTIVES　幼树、灌木和小灌木的种植

Pour l'instabilité des talus (les sols médiocres et vulnérables), le traitement par plantation de type arbustive, constitue la solution de stabilisation de ces talus et assure le maintien du drainage le long des talus.

À cet effet, le choix devra se porter sur les espèces ayant une capacité d'absorption maximum (notamment pour les pluies torrentielles et exceptionnelles).

L'objet des travaux consiste en la plantation des espèces mentionnées, dans le tableau récapitulatif, sur les talus de remblais et de déblais afin de prévenir l'érosion des talus.

Les plantations de type baliveaux et arbrisseaux ont une vocation d'embellissement et esthétique, elles seront implantées en zones visibles le long des talus en déblais ou des replats et délaissés le long de l'autoroute ainsi que sur les merlons et les modelés paysagers.

Les prestations à exécuter au titre des plantations de ces espèces sont les suivantes:

- zonage, métré et plans des travaux à exécuter,
- préparation des zones à planter (si nécessaire) par girobroyage des surfaces envahies par des adventices;
- procéder à l'ouverture de trou de dimension proportionnée au pain de terre;

- élimination des branches sèches ou des racines brisées;

- plantation définitive des plants avec leur pain de terre ou en phytocellule, avec la certification d'origine de la graine, avec une hauteur minimum de 0.30m;

- recouvrement avec du sol végétal (épaisseur appropriée);

- arrosage;

- effectuer un recouvrement de la partie supérieure du trou avec un matériau apte à maintenir un certain degré d'humidité du sol (par exemple paillage);

- après le remplissage, le niveau des trous doit rester inférieur à celui du terrain environnant.

L'Entreprise choisira parmi les espèces mentionnées dans le tableau récapitulatif et justifiera son choix dans le rapport d'études préalables; le choix doit être approuvé par le Maître de l'ouvrage avant le commencement des travaux.

由于边坡具有不稳定性（土壤贫瘠、脆弱），通过种植小灌木类植物进行处理，是一种稳固（土壤）的解决方案，并保证整个边坡的排水。

因此，选择的树种要选具有极大的吸收能力的品种（尤其是对大雨和暴雨的吸收能力）。

工程的目的主要是，在路堤和路堑边坡上，种植上面一览表中提及的树木，以防止边坡被侵蚀。

种植幼树和灌木有美化和美感作用，种植在沿路堑边坡、高速公路沿线恢复平整地区和弃土地带的可视区域。

这些种类树木的工程包括：

- 确定种植区域，进行施工测量和编制施工图；

- 清理要种植的地区，如果有必要，用旋回破碎机把被杂草侵蚀的地区平整好；

- 根据土块大小相宜尺寸，开挖树坑；

- 清除枯树枝和破碎树根；

- 按照土块或植物群落情况，最后种植树苗，而且应有树种原产地证书，高度至少 0.3m；

- 用植被土覆盖（不超过根茎）；

- 浇水；

- 树坑的上部用能够保持一定湿度的土壤进行覆盖；

- 填充后，树坑的位置低于周围地面。

乙方要在上面的一览表中选择不同的植物，并在预先研究方案中说明理由。开工前，乙方做出的选择要经过甲方批准。

8.4 ENGAZONNEMENT 种草

8.4.1 Objet des travaux 工程目的

L'objet des travaux est l'engazonnement hydraulique des talus de remblais et de déblais, merlons, modelé de terrassement et de dépôts, bassins de prétraitement et fossés de l'autoroute et des rétablissements de communication, sur terre végétale ou terrain meuble non revêtu.

高速公路的路堤和路堑边坡，挡墙的突起处和碟齿处，预处理水池和边沟处，在植被土上或松软的没有铺面的土地上洒水种草。

8.4.2 Nature des travaux **工程性质**

Les prestations à exécuter au titre des engazonnements hydrauliques sont les suivantes:

• zonage, métré et plans des travaux exécutés;

• préparation des zones à semer (si nécessaire) par girobroyage des surfaces envahies par des adventices;

• semis des zones;

• arrosage;

• reprise des surfaces mal venues après enherbement;

• fauchage d'entretien.

La fourniture des pièces justificatives (étiquettes, enveloppes de sac d'engrais, bordereaux de livraison, journaux de chantiers, plans de zonage), sera exigée avant ou après intervention en fonction du type de pièce.

洒水种草包括的工程如下：

• 确定区域，进行施工测量和编制施工图；

• 清理要种植的地区，如果有必要，用旋回破碎机把被杂草侵蚀的地区平整好；

• 在区域内播种；

• 浇水；

• 种草后对不平的地面进行平整；

• 割草养护。

根据文件类别，在开工前或开工后必须要提供证明的文件有：化肥包装袋、标签、发货单，施工日记，确定区域的平面图。

8.4.3 Qualité **质量**

Les dispositions générales appliquées en matière de qualité sont décrites dans le livret A.

Le Plan d'Assurance Qualité explicite les dispositions adoptées par l'Entrepreneur pour obtenir la qualité et les modalités des contrôles interne et externe de sa production.

Il précise pour chaque tâche et étape du processus d'engazonnement hydraulique le type, la nature et la fréquence des contrôles.

Les phases du contrôle à réaliser par l'Entreprise sont:

◆ fournitures:

• semences:

– contrôle interne des quantités utilisées, consignes au responsable suivi chantier et au semeur, enregistrement dans un registre journalier,

– contrôle externe du fournisseur: vérification que les sacs sont livrés fermés cousus avec le certificat indiquant le mélange prévu;

• amendement organique:

– contrôle interne des quantités utilisées, consignes au responsable suivi chantier et au semeur, enregistrement dans un registre journalier;

– contrôle externe du fournisseur: vérification que les sacs sont livrés fermés;

• amendement minéral:

– contrôle interne des quantités utilisées, consignes au responsable suivi chantier et au semeur, enregistrement dans un registre journalier;

– contrôle externe du fournisseur: vérification que les sacs sont livrés fermés;

• additif colloïdal:

– contrôle interne des quantités utilisées, consignes au responsable suivi chantier et au semeur, enregistrement dans un registre journalier;

– contrôle externe du fournisseur: vérification que les conditionnements sont fermés d'origine et de la conformité des caractéristiques par rapport au présent CCTP;

• cellulose:

– contrôle interne des quantités utilisées, consignes au responsable suivi chantier et au semeur, enregistrement dans un registre journalier;

– contrôle externe du fournisseur: vérification de l'origine des balles et de la conformité des caractéristiques par rapport au présent CCTP;

• fixateur:

– contrôle interne des quantités utilisées, consignes au responsable suivi chantier et au semeur, enregistrement dans un registre journalier;

– contrôle externe du fournisseur: vérification que les conditionnements sont fermés d'origine et de la conformité des caractéristiques par rapport au présent CCTP;

◆ mise en oeuvre:

• contrôle interne pour chaque campagne de semis:

– étalonnage préalable (1 à tous les 10 ha par type de zone à semer) enfonction des caractéristiques de l'engin utilisé et du mélange à semer; ilsera enregistré dans un rapport d'étalonnage du matériel;

– avantmétré des zones à semer;

– aérification des surfaces couvertes par rapport aux quantités de fournitures mises en œuvre. 检查供播种的数量和覆盖面积是否相一致。

关于质量方面执行的一般规定，在 A 册中已作了描述。

质量担保计划要阐明乙方为保证质量采取的措施，以及对其生产进行内部监督（检查）和外部监督（检查）的程序。

该项计划要对每项任务、洒水植草过程的每一个阶段、进行监督（检查）的类型、性质和次数作出详细说明。

由乙方要做的监督（检查）阶段如下：

◆ 供货

• 种子：

– 对使用数量进行内部监督（检查），并通知工地跟踪负责人和播种人，记入施工日记；

– 对供货商进行外部监督（检查）：检查包装袋是否完好无损，是否缝有合格证书，证书上要说明规定的混合品种。

● 有机肥料：

– 对使用数量进行内部监督（检查），并通知工地跟踪负责人和播种人，记入施工日记；

– 对供货商进行外部监督（检查）：检查包装袋是否完好无损。

● 矿物质肥料：

– 对使用数量进行内部监督（检查），并通知工地跟踪负责人和播种人，记入施工日记；

– 对供货商进行外部监督（检查）：检查包装袋是否完好无损。

● 胶质添加剂：

– 对使用数量进行内部监督（检查），并通知工地跟踪负责人和播种人，记入施工日记；

– 对供货商进行外部监督（检查）：检查包装袋是否密封、出自原产地，检查是否符合本专用技术条款规定的特性。

● 纤维素：

– 对使用数量进行内部监督（检查），并通知工地跟踪负责人和播种人，记入施工日记；

– 对供货商进行外部监督（检查）：检查包装袋是否密封、出自原产地，检查是否符合本专用技术条款规定的特性；

● 固着剂：

– 对使用数量进行内部监督（检查），并通知工地跟踪负责人和播种人，记入施工日记；

– 对供货商进行外部监督（检查）：检查包装袋是否密封、出自原产地，检查是否符合本专用技术条款规定的特性。

◆ 施工

● 每次播种工作都要进行内部监督（检查）：

– 根据设备特性和要播种的混合品种进行预先定量校定（每10亩播种地检查一次）；计入设备定量校定报告；

– 对要播种区域进行初步测量；

– 检查供播种的数量和覆盖面积是否相一致。

8.4.4　Points critiques et points d'arrêt　控制点和停止点

Le Plan d'Assurance Qualité précisera les points critiques et les points d'arrêt. Il intégrera notamment les points définis dans le tableau ci-après. Ce tableau ne constitue qu'une liste minimum et non exhaustive. Il devra être complété par l'Entrepreneur en phase de préparation lors de l'établissement de son PAQ.

质量保证计划将明确指出控制点和停止点，尤其是要把下表中确定的各个点融入进来。

下面这个表格只是一份最基本的且不详尽的表格，乙方应在编制自己的质量保证计划的准备阶段，将这个表格补充完善。

Tableau 8.2　Points critiques et points d'arrêt

表 8.2　控制点和停止点

Tâche (pointe sensible) 任务	Points critiques levés par le contrôle interne（乙方）内部监督（检查）提出的控制点	Points d'arrêt levés par le contrôle externe 外部监督（检查）提出的停止点	Points d'arrêt levés par le Maître de l'ouvrage 甲方监督（检查）提出的停止点	Délais de préavis en jours ouvrés 预先通知期限：工作日
Travaux préparatoires 准备工作				
–Visite de chantier 参观现场	×	×	×	5
–Rédaction du programme d'intervention et du PAQ 起草施工计划和质量保证计划	×			
–adoption du programme d'intervention et du PAQ 通过施工计划和质量保证计划	×	×		
Semis 播种				
–Doucements d'exécution 施工文件				Cf. Livret A 见 A 册
–Visa du Maître de l'ouvrage 甲方批准	×	×	×	
–Contrôle avant métré des surface 面积初测前监督（检查）	×	×	×	5
–Commande auprès des fournisseur 向供货商订货	×			
–Réception de matériaux et fournitures 材料和供货验收	×	×	×	2
–Provenanc et qualité 产地和质量				
–Obtention des autorisations de prélèvement d'eau 获得取水样许可证	×			
–Élaboration des fiches techniques de dosage de matières 制定材料用量技术说明书	×			
–Délimitation des ouvrages en fonction de la nature des sites 根据现场特性划定工程范围	×			
–Adaptation des matériels à l'accessibilité des sites 选择合适机械进入现场	×			
–Réalisation du mélange en cuve avant étalonnage 定量校定前在料斗中混合	×			
–Étalonnage du matériel 设备定量校定	×	×	×	2

423

Tâche (pointe sensible) 任务	Points critiques levés par le contrôle interne（乙方）内部监督（检查）提出的控制点	Points d'arrêt levés par le contrôle externe 外部监督（检查）提出的停止点	Points d'arrêt levés par le Maître de l'ouvrage 甲方监督（检查）提出的停止点	Délais de préavis en jours ouvrés 预先通知期限：工作日
−Autorisation d'intervention et adaptation de la signalisation (Plan santé sécurité) 施工许可证和设立适合的信号牌（健康安全计划）	×			
−Vérification des dosages à l'avancement des travaux 随工程进展检查用量	×			
−Homogénéité du mélange projeté sur la surface semée 在播种面积上喷撒混合物的均匀性	×			
−Fourniture des bons de livraison et étiquettes produits 提供供货单和产品标签	×	×	×	2
−Rédaction fiches journalières de mise en oeuvre journal de chantier 编制每日生产任务书－施工日记	×		×	2
−Élaboration des contrôles de mise en oeuvre 拟定施工监督（检查）	×	×	×	2
Métrés des surfaces enhgerbées et fourniture des plans des travaux exécutés 测量已铺草皮面积和提供已施工图纸	×	×	×	5
Période de garantie 担保期				
−Visite annuelle d'évaluation des semis 年度检查评估种苗情况	×	×	×	5
−Définition des zones de reprise éventuelles et constat 确定要返工补种的区域并做纪录	×	×	×	2
−Réalisation des regarnissages définis au constat 按纪要规定补苗	×	×	×	2
−Réception définitive 最终验收	×	×	×	5

8.4.5 Spécification des matériaux 材料技术要求

Tous les matériaux entrant dans les opérations de végétalisation (semences, fertilisants, additifs, etc.) sont fournis par l'Entreprise.

424

Les mélanges de semences tiennent compte en priorité des critères suivants:

◆ caractéristiques du milieu;

◆ objectifs d'intégration de la voie dans l'environnement (paysage, biocénose, etc.);

◆ modalités d'entretien de la végétation envisagées par le futur gestionnaire des voies.

L'Entreprise précisera après études préalables la constitution du mélange, le choix à effectuer parmi les espèces mentionnées dans le tableau récapitulatif.

L'Entreprise devra justifier de la provenance de chacune des espèces incluses dans les mélanges.

Les différents mélanges devront être certifiés par le fournisseur, en pourcentage et avec indication sur les étiquettes des noms latins et des cultivars.

Sur l'ensemble des zones à engazonner, il sera appliqué un amendement d'origine animale de préférence fientes de volailles aux doses définies dans le tableau ci-dessous.

La dose de matière sèche minimale est de 89%.

La fertilisation minérale réalisée lors des semis sera de type à libération progressive pour l'azote.

Un additif colloïdal sera épandu. Il s'agira d'un produit sous forme liquide composé de colloïde organique (à base d'algues) ou de synthèse riche en vitamines et en acides aminés, destiné de part ces propriétés, à augmenter la capacité de rétention en eau et la capacité d'échange du sol.

La cellulose sera à fibres longues, pâte mécanique vierge. Les déchets de papeterie sont prohibés.

Le fixateur sera de viscosité > 1.000centipoise, rétention > 700%, matière sèche > 80%, pouvoir collant > 1,8 Pascal/seconde.

所有绿化工作所用材料（种子、肥料、添加剂）均由乙方提供。

种子混合首先要考虑以下几条标准：

◆ 环境特征；

◆ 将道路与环境融为一体的目标（生态景观）；

◆ 道路未来经营者对植被的维修方式。

乙方在研究方案作出后，要明确指出种子混合物的成分，要在上面一览表中提到的树种里进行选择。

乙方应该对种子混合物中的每种树种来源出具证明。

各种种子混合物应由供货商出具证明，说明百分比，带有标签，标签上有拉丁名称。

在全部要种草的区域内，要按照下表中确定的用量使用动物有机肥，最好是家禽肥料。

干料用量最少为89%。

播种时用的含矿物质肥料，要是逐渐释放氮气型的。

将播撒的胶质添加剂，是一种液态产品，含有有机胶质（藻类）或富含维生素和氨基酸的合成物，旨在增加蓄水能力和土壤置换能力。

纤维素是长纤维的，纯机制膏体，禁止使用纸屑。

固定剂的黏度大于1.000厘泊，保持量大于700%，干料大于80%，粘结力大于1.8Pa/s。

8.4.6 Mode d'exécution de travaux　工程施工方式

Le planning des travaux dépendra des conditions climatiques, de l'état d'avancement des travaux de terrassement et des zones. Les dates de réalisation des travaux, proposées par l'Entrepreneur seront soumises à l'agrément du Maître de l'ouvrage.

Avant le début des travaux, un avant-métré devra être effectué par l'Entreprise et validé par le Maître de l'ouvrage. Il servira de base aux achats de fournitures.

Les surfaces à prendre en compte devront faire l'objet d'un métré contradictoire après travaux.

Les travaux sont réalisés impérativement en présence du Maître de l'ouvrage ou d'un expert habilité par ce dernier à en assurer le contrôle, à la demande du Maître de l'ouvrage.

Les travaux d'engazonnement seront consignés dans le journal de chantier.

Un fauchage d'entretien sera réalisé dans les six (6) mois suivant la date du semis à l'exception des dépôts et autres surfaces rétrocédés à l'agriculture et des dépôts de terre végétale.

Les modalités de fauchage mécanique (pareuses ou tondeuse automotrice) ou manuel, sont laissées à l'appréciation de l'Entreprise, dans les limites d'une non-dégradation des terrains et de leurs abords et d'une efficacité compatible avec les spécifications du CCTP.

La date d'intervention pour le fauchage sera soumise à l'agrément du Maître de l'ouvrage.

Avant le début des travaux, un avant-métré devra être effectué par l'Entreprise.

L'Entreprise devra pouvoir à tout moment justifier auprès du Maître de l'ouvrage ou de son représentant, les caractéristiques des produits (quantités/qualités, etc.) et des semences utilisées. Pour cela, elle devra fournir au Maître de l'ouvrage les doubles des bons de livraison des semences et des produits.

Avant le début du chantier, l'ensemble des matériaux devra être stocké dans un lieu déterminé par l'Entreprise et avoir été approuvé par le Maître de l'ouvrage ou son représentant.

L'ensemble des fournitures (semences, produits, etc.) devront avoir été approuvées par le Maître de l'ouvrage ou son représentant avant le début des travaux.

Les surfaces à prendre en compte devront faire l'objet d'un métré contradictoire après travaux.

工程进度表取决于气候条件、土方工程和种植区的工程进展状况。乙方提交的施工日期要经甲方同意。

在开工前，甲方要进行初步测量，测量结果要得到甲方批准，作为供货采购的参考基础。

要考虑的种草面积，应在工程结束后双方共同进行测量。

工程必须由甲方或由甲方授权的一名专家在场时进行施工，以便按照甲方的要求进行监督（检查）。

植草工程要记录在施工日记里。

播种之日 6 个月后进行除草养护，但弃土堆、其他转用农业的面积以及植被土弃土堆除外。

是采用机械（铡草机或修整机）方式或是人工方式除草，由乙方自己决定，但不能毁坏土地以其周边，其性能要符合专用技术条款的技术要求。

除草日期要经甲方同意。

在开工前，乙方要进行初测。

乙方应该在任何时候都能向甲方或甲方代表提供证明，证明其所使用的产品和种子的特性（数量/质量）符合要求。为此，乙方要向甲方提供种子或产品交货单的副本。

在开工前，所有材料都要存放在乙方确定的地方，该地方应事先由甲方或其代表批准。

全部供货（种子、产品）都要在开工前由甲方或其代表批准。

要考虑的（种植）面积，要在施工后由双方共同测量。

8.4.7　Contrôle de la végétalisation　绿化监督（检查）

L'Entreprise s'engage à l'obtention d'un couvert végétal d'au minimum 80% de la surface engazonnée Les zones présentant un taux de couverture non conforme, devront être réengazonnées. Au terme du délai de garantie, les surfaces de pelade ne devront pas dépasser 5% des surfaces totales; chaque pelade ne pouvant excéder 1m^2.

乙方承诺要种草面积至少达到80%的覆盖率，达到不到植被覆盖率的区域要重新植草。

在担保期到期时，斑秃面积不得超过总面积的 5%，每块斑秃之地不得超过 1m^2。

8.5　GARANTIE　担保期

Le délai de garantie expire deux (2) ans après la date d'effet de la réception définitive des travaux de végétalisation, objet du présent marché.

Pendant ce délai, l'Entreprise est entièrement responsable de la végétalisation et doit assurer l'arrosage si nécessaire, les ensemencements supplémentaires ainsi que les remplacements des plantes malvenues.

Durant la période d'application de la garantie, les interventions que l'Entreprise jugera bon d'effectuer afin de pérenniser les plants devront avoir reçu l'accord du Maître de l'ouvrage/BCS.

Durant cette période, le Maître de l'ouvrage/BCS pourra demander à l'Entreprise d'intervenir à nouveau à ses frais sur les zones qui présenteraient une déficience de pérennisation.

本合同标的绿化工程最终验收之日后 2 年内为担保期。

担保期间，乙方承担绿化工程的全部责任。如果必要，还要保证浇水、补充播种以及替换生长差的种苗。

担保期间，乙方为使植物的长久生长而认为有必要采取的行动，要得到业主或者监理的同意。

担保期间，业主或者监理可以要求乙方就不利于植物长久生长而出现的缺陷进行补救，费用由乙方承担。

9.0 CLÔTURE ET PORTAILS 围栏和正门

Des clôtures et des portails doivent être posés à la limite d'emprise de l'autoroute. La description technique des clôtures et des portails est jointe aux articles 9 et 10 du livret B.5.

围栏和正门要安装在高速公路的征地范围内。围栏和正门的技术说明附在 B.5 册条款 9 和 10 中。

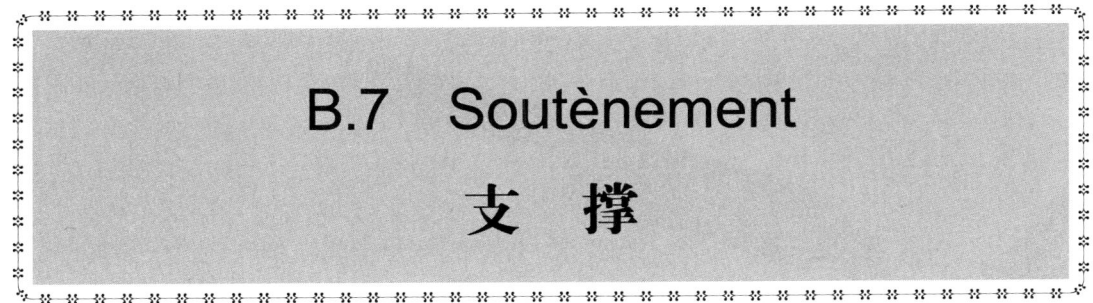

B.7　Soutènement

支　撑

1.0 GÉNÉRALITÉS 概述

Les travaux de confortement concernent soutènement comprennent:

♦ la définition des travaux et l'établissement du projet d'exécution,

♦ l'amenée à pied d'œuvre et le déplacement sur le chantier de tout le matériel, engins, dispositifs de toute nature permettant la mise en œuvre en talus des éléments d'ancrage, des matériaux, outillage, etc., le repli en fin de chantier et la remise en état des lieux,

♦ la purge éventuelle préalable des blocs rocheux instables qui pourraient subsister après les travaux de terrassements au droit des talus à traiter,

♦ la fourniture et l'exécution d'ancrages passifs en acier H.A, scellés au ciment avec plaque et écrou, suivant les spécifications et implantations définies au projet d'exécution approuvé par le Maître de l'ouvrage,

♦ la fourniture et la mise en place de grillage de protection ancré,

♦ la fourniture et la mise en œuvre éventuelle de béton projeté au cas où des zones particulièrement altérées seraient rencontrées,

♦ Le dégagement et l'évacuation des matériaux provenant des travaux de purge ainsi que des matériaux éboulés éventuels sur les zones à traiter pendant la durée des travaux, et leur mise en dépôt sur des sites agréés par le Maître de l'ouvrage,

♦ la fourniture et la mise en œuvre des dispositifs de signalisation et de protection de chantier,

♦ d'une manière générale, tous les travaux et fournitures ainsi que les études nécessaires à la réalisation complète du projet tel qu'il est défini par les pièces et plans du présent marché.

De plus il est spécifié que sont à la charge de l'Entreprise les essais d'études, de convenance, de contrôle et d'information sur les mortiers et coulis.

支撑加固工程包括:

♦ 确定工程内容及编制施工方案。

♦ 施工进场，运送所有施工设备、机械及各类装置到现场，进行坡面施工的锚固构件，材料及工具等，施工完成后撤离现场并恢复场地。

♦ 事先清理那些不稳定的石块，这些石块可能是土方工程完工后残留在要清理边坡面上的。

♦ 高强钢筋的供应、被动锚固施工，使用钢板、螺母和水泥进行固定，均要符合甲方批准的施工计划中所确定的位置和技术要求。

♦ 锚固型钢筋保护网的供货及安装。

♦ 对于可能遇到的风化岩石等特别区域将使用喷射混凝土的供货和施工。

♦ 清除在施工过程中所拆除的材料以及可能产生坍方的材料，并堆放在业主同意的地点。

♦ 提供并安装信号装置和工地保护装置。

♦ 总之，整个项目实施所必须的所有工程、供货、设计以至于图纸均由本合同确定。

此外，施工方还必须自费进行砂浆和灰浆的研究性实验、适用性实验、检测试验及各种数据实验。

2.0 QUALITÉ 质量

Les dispositions générales appliquées en matière de qualité sont décrites dans le livret A du CCTP.

有关质量方面的一般规定，已经在专用技术条款 CCTP A 册里做了描述。

3.0 ENVIRONNEMENT 环境

Les dispositifs adaptés vis-à-vis du respect de l'environnement devront respecter les spécifications détaillées dans le livret A du CCTP.

为保护环境所采取的措施，要遵守专用技术条款 CCTP A 册里的详细技术要求。

4.0 ÉTUDES D'EXÉCUTION 施工设计

Les dispositions générales appliquées en matière des plans d'exécution et des notes de calcul sont décrites dans le livret A du CCTP.

在施工图纸和计算说明书方面执行的一般规定，在专用技术条款 CCTP A 册已作描述。

5.0 DOSSIER DES OUVRAGES EXÉCUTÉS 已实施工工程文件

Le descriptif des pièces relatives aux ouvrages exécutés est fourni dans le livret A du CCTP.

已实施工程的相关要求资料，已经在专用技术条款 CCTP A 册做了描述。

6.0 CONSISTANCE DES TRAVAUX 工作内容

Le présent livret présente les systèmes de soutènement provisoire et permanent proposés pour la construction de l'autoroute.

Ceux-ci comprennent notamment mais non limitativement:

- ◆ soutènement provisoire:
  - ▪ palplanches métalliques;
  - ▪ pieux fores;
  - ▪ blindage;
    béton projeté
- ◆ soutènement permanent:
  - ▪ végétalisation;

- béton projeté avec treillis, clous et/ou épingles;

- grillage boulonné (pour le roc);

- gabions;

- renforcement par géotextile;

- murs en béton;

- géotextiles alvéolaires;

- enrochements;

- terre armée;

- parois composites;

- talus;

- maçonnerie moellons.

De plus, les éléments suivants seront également utilisés pour la stabilisation des talus :

- tranchée drainante;

- masque poids drainant;

- éperons et épis drainants

- drains subhorizontaux.

L'Entrepreneur prendra toutes les précautions nécessaires pour qu'aucun dommage ne soit causé aux réseaux souterrains de toutes natures. Elle devra éventuellement prendre toutes les mesures nécessaires pour le soutien de ces canalisations et de ces conduites.

Les épuisements de toute nature, quel que soit l'afflux d'eau pendant les travaux, sont à la charge de l'Entreprise.

Les matériaux à mettre en œuvre seront systématiquement soumis à l'approbation du Maître de l'ouvrage. Pour ce faire, l'Entrepreneur présentera au Maître de l'ouvrage/BCS les fiches techniques, les certificats de conformité aux normes et les résultats d'essais complémentaires qui pourraient s'avérer nécessaires. De façon générale, il appartiendra à l'Entrepreneur et à ses frais de justifier que les matériaux qu'il souhaite mettre en œuvre ont les qualités requises pour leurs emplois.

本册包含了公路建设所需要的临时支撑和永久支撑系统。

这些包括但不限于：

- 临时支撑：

- 钢板桩

- 钻孔桩

- 板桩

喷射混凝土。

- 永久防护：

- 植物化

- 覆盖了格栅、钉子和铁销的喷射混凝土

432

- 螺栓固定的防护网（防护岩石）
- 石笼
- 土工布加固
- 混凝土墙
- 蜂窝状土工布
- 防冲乱石地基
- 加筋土
- 混合墙体
- 筑堤
- 瓦砾碎石砌体

此外，以下元素也被用于边坡稳定：

- 排水沟渠
- 木质排水罩
- 排水扶垛或排水脊
- 近水平排水沟

承包商要采取一切必要的预防措施，以确保地下自然网不被破坏；同时，应采取一切必要措施来支撑这些沟渠和管道。

所有进场的设备都要得到业主的许可。为保证得到实施，承包商应将所有的技术卡片、符合技术规范的证明、测试结果等都上交给业主或监理。总之，承包商要保证其将要使用的设备质量是完全满足工作需要的。

Nature des matériaux 材料属性	Provenance 来源
Acier pour ancrages 锚钢 Produits de cellment pour ancrages 锚用产品 Grillage de protection 保护格栅	Fournisseur agréé par le Maître d'Ouvrage 经业主同意的供应商

7.0　PROVENANCE DES MATÉRIAUX　材料来源

Les provenances des matériaux nécessaires aux travaux de confortement devront être soumises à l'agrément du Maître de l'ouvrage suivant les dispositions prévues par le CCAP. Les matériaux indiqués ci-après auront les provenances désignées ci-dessous:

材料来源必须严格符合业主在专用行政条款中要求的以下内容：

材料应按照以下格式进行填写：

8.0　PALPLANCHES MÉTALLIQUES　钢板桩

Les spécifications concernant les palplanches sont présentées aux articles 2.6.1 et 2.31du livret C.2.

钢板桩的规定在 C2 册 2.6.1 和 2.31 章节有表述。

9.0 PIEUX FORÉS 钻孔桩

Les spécifications concernant les pieux forés sont présentées aux articles 3.4 et 3.21.1.5du livret C.2.

钻孔桩的规定在 C2 册 3.4，3.,31 和 1.5 章节有表述。

10.0 DRAINS SUBHORIZONTAUX 近水平的排水沟

Les nappes perchées se trouvant dans les zones en déblais devront être récupérées par l'intermédiaire de drains subhorizontaux de diamètre entre 50 et 100mm munis de chaussette en géotextile contenant des matériaux drainants.

挖方区的滞水层通过一个由土工布包裹的直径为 50~100mm 的管道进行排水。

11.0 GÉOTEXTILE 土工布

Les spécifications concernant les géotextiles sont présentées à l'article 16.2.1 du livret B2.
土工布的规定在 B2 册 16.2.1 章节有表述。

12.0 BÉTON PROJETÉ 喷射混凝土

Les spécifications concernant les Béton projeté sont présentées à l'article 3.21.1.3 du livret C.2.
喷射混凝土的规定在 C2 册 3.21 和 1.3 章节有表述。

12.1 MISE EN ŒUVRE DE BÉTON PROJETÉ 喷射混凝土的使用

La mise en œuvre de béton projeté ne concerne que des zones où la roche est particulièrement altérée et où les travaux de purge ne permettent pas d'atteindre le rocher sain sans réalisation d'excavations locales importantes.

Le type de traitement et l'étendue des zones à stabiliser seront soumis à l'accord préalable du Maître de l'ouvrage.

L'Entrepreneur proposera par ailleurs à l'agrément du Maître de l'ouvrage le nombre et l'épaisseur des couches envisagées.

Avant projection du béton sur la surface du talus, l'Entrepreneur veillera à ce qu'il n'y ait, ni suintement d'eau, ni trace de glace. Il sera procédé à une purge «douce» pour faire tomber les paquets de terrain qui ne demanderaient qu'à tomber sous l'effet de la projection.

Des dispositions seront proposées par l'Entrepreneur pour arrêter le béton en haut du talus comme par exemple une taille arrondie du terrain, puis une découpe du béton projeté, ou un coffrage en surplomb et un cloutage de faible longueur.

Avant projection de béton sur une couche déjà durcie, il sera procédé à un lavage du parement de la couche précédente.

On veillera à ce que la température du parement ne soit pas trop froide après une nuit de gel, ce qui peut nécessiter, soit d'attendre un réchauffement naturel, soit de laver le parement à l'eau chaude.

La projection de béton devra être interrompue par forte pluie ou par forte chute de neige.

喷射混凝土只适用于岩石风化或岩石质量不良的情况下。

采取措施的类型以及将达到区域稳固的程度，要事先经得业主同意。

此外，对于喷射混凝土的厚度和数量，承包商要经得业主的认可。

在斜坡面进行喷射之前，承包商要保证没有渗水，没有冰迹。进行清理，除去容易坠落的土块，防止因进行混凝土喷射而坠落。

承包商需要采取一定措施以固定高斜坡上的混凝土，例如圆形的土块，切割喷射混凝土，悬垂模板，长钉子固定。

在混凝土已经硬化的层面上进行喷射，要先对以前的层面进行清洗。

经过夜晚的冷冻，混凝土表面温度不能过低，否则，需要通过自然加热，或使用热水浇筑表面进行升温。

遇大雨或大雪要中断混凝土喷射。

12.2　RÉSISTANCE DU BÉTON PROJETÉ　喷射混凝土强度

Les prescriptions correspondantes sont données dans les livrets C et D du présent CCTP auquel il est fait renvoi.

内容查阅 CCTP，C.D 两部分相关内容。

12.3　CONTRÔLE DES PRESCRIPTIONS　规定检查

Le mode opératoire du prélèvement d'échantillons sera conforme à celui défini au paragraphe 9.2 des recommandations du Groupe de travail n°6 de l'AFTES relatives à la technologie et à la mise en œuvre du béton projeté telles qu'elles sont parues dans le supplément au n° 117 de mai–juin 1993: projection de 0.15m de béton dans des bacs posés presque verticaux et présentant un fond d'au moins $0.25m^2$ de superficie (0.50m × 0.50m ou 0.60m × 0.40m).

取样的步骤应符合 AFTES Groupe de travail 第六条，第 9.2 节关于技术实施及喷射混凝土施工的 1933 年 5–6 月的 117 号补充内容：喷射 0.15m 的混凝土在垂直放置的最小面积为 $0.25m^2$ (0.50m × 0.50m ou 0.60m × 0.40m) 的槽板上。

13.0　TREILLIS SOUDÉS　焊接网

Les spécifications concernant les Treillis soudés sont présentées à l'article 3.21.1.2 du livret C.2

焊接网的规定在 C2 册 3.21.1.2 章节有表述。

14.0 ANCRAGES ACTIVES 主动锚固

14.1 DISPOSITIONS GENERALES 概述

Les normes suivantes en vigueur:

- ◆ Euro-code 7, Section 8, Ouvrages de Soutènement
- ◆ BS EN 1537 «2000 »

Seront appliquées par l'Entrepreneur pour:

- ● Le dimensionnement des ancrages,
- ● Les diamètres des forages,
- ● Les considérations relatives à l'exécution des ancrages,
- ● Les essais sur les ancrages,
- ● Les essais de convenance,
- ● Les essais de réception,
- ● La surveillance de l'exécution

Les ancrages avec tous leurs accessoires seront du type: permanent avec protection contre la corrosion.

Les ancrages à exécuter peuvent être utilisés comme soutènement permanent.

Les méthodes et équipements de forage seront ajustés au type de terrain, aux longueurs, aux inclinaisons et tolérances imposées et devront réduire au minimum la détérioration des caractéristiques mécaniques de la fondation.

Le boulon des ancrages sera fait, de préférence, avec du coulis à base de ciment ou des résines, l'utilisation du mortier étant aussi admise, dès que de grandes absorptions résultant des vides du massif surviennent. Si le matériau de scellement est du coulis à base de ciment ou du mortier, le scellement sera toujours exécuté sous pression – injection. A l'effet, l'Entreprise est tenue d'utiliser des équipements et des accessoires qui permettent d'injecter ces matériaux, quand même ils présentent des consistances diverses et contiennent de sables à différentes granulométries. La composition du coulis et le type de ciment seront adéquats aux conditions concrètes de l'ouvrage et à la vie utile imposée par les ancrages, devant être conforme au spécifié dans le point 2.5.2.3 du livret C2.

La protection contre la corrosion de l'armature et de la tête seront ajustées aux conditions concrètes de l'ouvrage et à la vie utile imposée par les ancrages.

L'équipement d'injection/scellement d'ancrages aura obligatoirement les caractéristiques qui garantissent leur fiabilité dans l'exécution des coulis, permette l'introduction de critères d'interruption et fasse le registre informatisé des paramètres suivants: date, identification du forage, phase d'injection, heure de début et durée, code du matériau/mélange à injecter, critère d'interruption d'injection, pression et débit d'injection (avec possibilité de représentation graphique), quantités totales de coulis injecté et pression finale atteinte.

L'Entreprise devra présenter à l'Ingénieur, pour analyse et approbation, au minimum 30 jours à l'avance par rapport à la date prévue pour l'exécution des ancrages, les éléments suivants concernant les caractéristiques et la technologie d'exécution des ancrages qu'il se propose d'utiliser, notamment:

◆ Type d'ancrages à utiliser, avec une description détaillée, incluant notamment les matériaux constituants, dimensionnements globaux, épaisseurs, tolérances, etc., devant inclure des certificats de garantie des matériaux respectifs ;

◆ Méthode et équipement de forage;

◆ Composition et type de ciment du coulis de scellement;

◆ Protection des armatures contre la corrosion ;

◆ Équipements d'injection/scellement.

Si ces éléments ne sont pas remis dans le délai mentionné, l'Entreprise pourra être obligée à reporter la date de début des travaux à une période considérée adéquate par l'Ingénieur et, dans ces conditions, l'Entreprise n'en peut présenter aucune réclamation.

L'Entreprise est ténue d'exécuter des essais de contrôle de qualité et d'assurance d'efficience des ancrages, notamment:

◆ contrôle de qualité des composantes (aciers, mortiers, coulis, résines, etc);

◆ essais préalables;

◆ essais de contrôle.

使用技术规范：

◆ 规范 Euro-code7，第 8 章，桥梁支撑部分。

◆ 规范英国标准 BS EN1537，2000 版

承包商将按照以下要求执行：

◆ 锚的尺寸

◆ 钻孔的直径

◆ 锚固施工的注意事项

◆ 锚固实验

◆ 实验范围

◆ 实验的验收

◆ 施工监督

锚固配件类型要求：抗腐蚀的永久使用特性

锚固施工将作为永久支撑工程进行。

钻探方法和机械设备要与土地类型、长度、倾斜度及允许公差相适应，以便最大限度地减少对地基的物理性损害。

进行螺栓固定时，优先使用水泥或树脂进行灌注，也可以使用砂浆。水泥或砂浆灌浆要在有压状态下进行，即喷射灌注。事实上，因为灌浆材料的种类繁多，沙子骨料级配不同，承包商都必须配备相应的设备和配件以便进行喷射注浆。水泥砂浆的配合比要

符合结构物的具体情况以及锚固所要求的有效寿命，相关规范请参见本册 C2，2.5，2.3 章节内容。

防止钢筋腐蚀和端部的保护要跟结构物的具体情况以及锚固所要求的有效寿命相符合。

通过锚固喷射设备的有效功能控制，和引进终止标准和以下信息参数记录以保证砂浆灌注的可靠性：时间、钻孔辨识、注射阶段、开始时间、持续时间、材料型号、混合物、注入中断、压力、喷射量（可以用图形表示）、灌浆总量和最终达到的压力。

承包商需要至少提前 30 天向工程师提交分析锚固报告，以便得到许可；内容主要包括施工特点及技术方面内容：

◆ 锚固设备类型要有详细的描述，特别是材料的构成、整体的大小、厚度、公差等，要包括各种材料的质保书。

◆ 钻探设备及方法。

◆ 水泥灌浆的组成和类型。

◆ 钢筋不受腐蚀的防护。

◆ 喷射和灌注设备。

如果以上信息未在规定时间内送达，承包商必须推迟开工时间直到工程师同意为止，在这种情况下，承包商不能得到任何索赔。

承包商须进行质量检测实验，特别是以此保证锚固效率：

◆ 各类组件的质量检查（钢材、砂浆、灰浆、树脂等）

◆ 预先测试

◆ 检查 / 控制测试

14.1.1　Armatures　钢筋

14.1.1.1　Recommandations particulières　特别建议

Les barres d'ancrages doivent être propres, non corrodées, sans aucune présence de matière limitant leur adhérence (produit gras (graisse, gas–oil), terre (cuttings), peinture, etc.).

La partie extérieure au sol de la barre, ainsi que son écrou et les éventuelles pièces de liaison doivent impérativement être protégées de la corrosion (peinture, galvanisation, etc.). Les pièces peuvent être préparées avant leur approvisionnement sur le chantier.

Certains dispositifs de préparation des barres s'avèrent souvent nécessaires:

◆ Les centreurs à plaquettes ou à corbeilles: ils évitent que les barres soient en contact tangentiel avec le trou de forage ce qui entraîerait dans des forages horizontaux ou peu inclinés, une absence de coulis de ciment sur la longueur de la barre (risque de corrosion et de mauvaise adhérence); L'écartement moyen à prévoir entre distanceurs est d'environ 2.5 à 3mètres ;

◆ Les tubes d'injection ou canules: Ils permettent d'amener le coulis jusqu'au fond du trou. D'un diamètre intérieur faible (13 ou 19mm), ils nécessitent l'utilisation d'un coulis de ciment exempt de grumeaux. Un plastifiant peut s'avérer utile pour les ancrages de grandes longueurs. Ce tube en plastique, fixé directement sur l'ancrage par l'intermédiaire de ruban adhésif ou d'un fil de frette, doit être coupé en biseau à son extrémité avec, sur le dernier mètre, quelques entailles favorisant l'écoulement ;

　◆ Les centreurs obligatoirement à plaquettes doivent être fixés sur la gaine avec la présence d'un second tube évent pour le coulis formant pontage ;

Les barres d'ancrage devront être scellées complètement sur toute leur longueur et à la profondeur prévue. Les plaques de blocage en acier galvanisé $200 \times 200 \times 10$mm devront être correctement bloquées sur le rocher après scellement. L'extrémité des barres devra être protégée contre la corrosion (exigences fixées par la norme EN −14490).

锚固用钢筋必须保持干净，没有腐蚀迹象，无任何限制钢筋附着力的物质［油脂产品 (黄油、柴油)，泥土（岩屑），涂料等］。

裸露在土壤外面的钢筋以及螺帽和可能的连接配件必须进行腐蚀保护（涂料，镀锌等）。零配件可以在工地使用前就准备好。

钢筋的一些初加工设施是需要的：

　◆ 板状或者筐状扶正器：它们可以避免钢筋和钻孔间的切面接触，切面接触会造成在水平的或者是有些倾斜的钻孔里面浇注水泥的时候，没有浇到全部的钢筋长度上（会有被腐蚀的风险和黏着力差）；规定的定距块之间平均间隔约为 2.5 ~ 3m。

　◆ 注浆管或者套管：可以使砂浆直达孔的底部。它们的内径很小（13mm 或者 19mm），需要使用无凝块的水泥浆。对于较长的锚固，可以使用增塑剂。这种塑料管被切成斜断面，在最后一米的时候切几个凹口，并通过胶带或者箍丝直接固定在锚定装置上，有助于水泥浆流动。

　◆ 板状扶正器必须要固定在套管上，并且要有第二根带出气孔的管子使水泥浆形成桥接。

锚固用钢筋应全长度打入预定深度，固定钢板采用 $200 \times 200 \times 10$ 的镀锌钢板，应在密封后完全固定在岩石上。钢筋的末端应进行防腐处理 (按照 EN−14490 标准规定的要求)。

14.1.2　Produits de scellement pour ancrages passifs　被动锚固用封固材料

L'Entrepreneur proposera à l'agrément du Maître de l'ouvrage/BCS une fiche d'identification des produits de scellement définissant:

　◆ les constituants (ciment, bentonite, adjuvants et charge éventuelle);

　◆ la formule avec les tolérances de dosage et le poids spécifique correspondant, les caractéristiques de base (fluidité, exsudation mesurée sur éprouvette de 0.30m de hauteur, durée d'injectabilité en fonction de la température, résistance en compression simple mesurée sur des moules cylindriques de faible section);

　◆ les autres caractères (retrait, absorption capillaire, fin de prise);

les modifications du temps de prise en fonction de la température, accélération du début de prise pour une température du coulis de 30℃, retard de la fin de prise pour une température du coulis de 5℃;

les modalités de livraison et de stockage sur le chantier, y compris les précautions à prendre par temps chaud ou froid;

les modalités d'exécution des épreuves d'étude, de convenance et de contrôle.

Dans le cas où l'Entrepreneur se proposerait d'utiliser des produits de scellement prêts à l'emploi, il devra fournir au Maître de l'ouvrage/BCS, à l'appui de sa demande d'agrément, les fiches techniques établies par le fabricant définissant de manière précise: la nature, la composition, les conditions de mise en œuvre et les performances des produits concernés.

•Stockage des produits de scellement

L'Entrepreneur devra veiller à ce que les conditions de stockage des produits de scellement sur le chantier soient effectuées de manière à assurer une protection efficace contre toutes causes susceptibles d'altérer leurs caractéristiques et leurs conditions de mise en œuvre, en particulier la protection contre l'humidité des mélanges secs ou des ciments conditionnés en sacs. Le Maître de l'ouvrage/BCS se réserve le droit de refuser les produits de scellement ayant fait l'objet d'une protection insuffisante sur le chantier.

•Eau de gâchage

La consommation d'eau est à la charge de l'Entrepreneur, ainsi que l'analyse de l'eau utilisée le cas échéant. L'eau devra avoir les qualités physiques et chimiques fixées par la norme NFP 18.303. Elle sera propre, exempte de matière organique, de produits chimiques, de sulfate et de chlorure.

乙方将向业主或者监理提供一张密封材料质量鉴定记录卡，以征得其同意，该卡上要确定：

◆ 组成成分（水泥，膨润土，添加剂及可能的其他材料）；

◆ 配比和允许误差以及相关的比重，基本技术特性（流动度、在0.30m高的试件上测得渗透度、随温度而变化的喷射持续时间、在小截面圆筒型模上测得抗纯压强度）；

◆ 其他特性（收缩，毛细吸收，终凝）。

随温度变化的凝结时间的修改，当灰浆的温度达到30℃时，加快初凝，当灰浆的温度为5℃时，推迟终凝；

工地上的交货及贮存方式，包括在天热或天冷时应采取的防护措施；

研究性试件，适应性试件及检测用试件的实施方式。

在乙方向业主或监理方推荐准备使用的密封材料时，他必须同时提交一份报批申请，并附上生产商提供的技术说明书，说明书中应该明确说明：材料性质，组成成分，有关产品的使用条件及使用效果。

• 封固材料的贮存

乙方应注意工地上使用的密封材料的贮存条件，应采取措施以杜绝任何可能损害材料特性和使用条件的情况，并实行有效保护，同时应特别注意干燥混合物和密封袋装水泥的防潮。业主或监理方有权拒绝使用工地上保护不好的材料。

• 拌合用水

乙方负责提供工地用水，必要时包括水的分析。工地用水质量应符合法国标准NF P 18.303关于物理、化学方面的规定。水应该清洁，不含有机物、化学物质、硫酸盐和氯化物。

14.1.3　Mode d'exécution des travaux　工程施工方式

14.1.3.1　Conditions d'Injection　注浆条件

Pour les scellements d'ancrages profonds (> ~5m), ou subhorizontaux, il est impératif de réaliser l'injection sous pression depuis le fond du forage: on utilise pour cela un tube d'injection de résistance suffisante (22 bars généralement) et de diamètre d'environ 16 à 20mm, relié à une pompe et à un touret d'injection.

Lors de l'injection le tube est retirer progressivement afin de ne pas le laisser au contact de l'armature, ce qui réduirait son adhérence. Il est toléré de fixer le tube solidement à la barre (fil de fer).

L'extrémité du tube est coupée en biseau et on réalise des entailles sur le dernier mètre inférieur, afin de faciliter l'injection et de parer à un risque d'obturation lors de sa mise en place en forage.

La mise en place de centreurs distanceurs est recommandée pour les ancrages de profondeur supérieure à 3 / 4m ; ils permettent de garantir un enrobage uniforme de la barre. On peut les placer à raison d'un centreur tous les 2.50m environ, avec un minimum de deux centreurs pour les ancrages courts (3 / 4m).

Dans le cas de roches fissurées et / ou fracturées, il est recommandé de mettre en place une "chaussette" dans le forage, c'est-à-dire une gaine géotextile extensible (du type tissé), qui permet de maîriser les quantités de coulis injecté (réduction des pertes d'injection) et d'assurer la continuité du scellement. Dans ce cas, les centreurs doivent impérativement être fixés sur la gaine.

Dans le cas des terrains grossiers avec des cailloux et blocs anguleux (éboulis par exemple), il est recommandé d'utiliser des gaines géotextiles non extensibles (du type cousu) qui offrent une meilleure résistance à l'arrachement ; leur diamètre doit correspondre exactement au diamètre du forage, et les centreurs distanceurs doivent être positionnés par-dessus.

En complément de ces systèmes de tube d'injection et/ou de chaussette, il est nécessaire de leur associer un dispositif particulier pour éviter leur poinçonnement au contact des centreurs: double tube assurant le pontage.

对于深处的锚固（＞~5m），或者近乎水平的锚固密封，必须从钻孔底部开始增压完成注浆：使用一根能足够抗压的注浆管（通常为 22 bars），直径大约 16 ~ 20mm，并连接到泵和注浆卷车上。

注浆期间，要逐步将管子取出，避免其与钢筋的接触，降低钢筋的黏结力。允许把管子牢牢地固定在钢筋（铁丝）上。

管子的末端切成斜断面，在小于最后 1m 的时候切一些凹口，这是为了方便注浆和进行钻孔施工时避免闭塞的风险。

建议给深度超过 3/4m 的锚固安装扶正器定距块以保证钢筋保护层的均匀。可以根据一个扶正器大约 2.50m 来安装，对于深度浅（3/4m）的锚固最多有两个扶正器。

　　在岩石有裂缝和 / 或断裂的情况下，建议在钻孔中放置一个布制滤袋，也就是说，一种可伸展的土工布套（编织类型），它可以控制注浆的数量（减少注浆损失）和确保封固的连续性。在这种情况下，扶正器一定要固定在土工布套上。

　　在地面比较粗糙，带有小石子和有棱角的岩块（如崩塌物）的情况下，建议使用不可伸展的土工布套（缝合类型），它可以提供一个很好的路面剥落抵抗力；土工布套的直径要正好符合钻孔的直径，扶正器定距块要安放在其上面。

　　作为注浆管和 / 或布制滤袋系统的补充，需要把它们连接到一个特殊的设备上，避免接触到扶正器时的冲压；两个管子确保桥接。

14.1.3.2　Opération de forage　钻孔操作

Des fiches de forage doivent être réalisées par le chef foreur, elles doivent impérativement mentionner:

- La situation de l'ancrage et son identification,
- La date du forage,
- La date d'injection,
- La longueur de forage,
- Le diamètre du forage,
- La nature du terrain d'ancrage:
- Coupe géologique complétée par avis qualitatif sur le comportement mécanique des terrains (résistance à la foration).
- Les caractéristiques de l'armature mise en place: diamètre, longueur, type,
- Les éventuelles anomalies détectées,
- La position d'éventuelles zone faillées ou fracturées, etc.
- Le matériel de forage utilisé,
- La description des cuttings de forage, prélevés et stockés en cas d'anomalie,
- La quantité de produit de scellement mis en oeuvre.

Ces documents doivent être intégrés au dossier de récolement.

钻孔卡片要由钻孔负责人完成，并必须提到以下内容：

- 锚固位置和鉴定。
- 钻孔日期。
- 注浆日期。
- 钻孔长度。
- 钻孔直径。
- 锚固地的性质特征：
- 关于地层力学性能（钻孔抵抗强度）质量意见的补充地质剖面图。
- 需安装的钢筋特征：直径、长度、型号。
- 可能检测到的不正常情况。
- 可能的断层或者断裂区等。

◆ 使用的钻探设备。

◆ 钻孔岩屑的描述，如果有异常情况，要进行岩屑取样和储存。

◆ 施工用到的封固材料数量。

这些文件要包含在竣工文件中。

14.1.3.3　Exécution des ancrages　锚固施工

La longueur nominale des ancrages passifs est définie comme étant égale à la longueur de la partie scellée dans le rocher désignée par "profondeur" ou "longueur d'ancrage". La longueur totale d'une barre d'ancrage est supérieure à sa profondeur d'une quantité égale à la longueur de la partie filetée située à l'extérieur du trou; cette dernière est égale à 0.20m environ.

La largeur de l'espace annulaire est mesurée par rapport au diamètre extérieur maximum de la barre ou des manchons de raccordement éventuels; la barre étant en position centrée dans le forage.

Avant introduction du mortier de scellement les trous de scellement devront être nettoyés à l'air comprimé.

Le trou de scellement d'un ancrage devra avoir une longueur légèrement supérieure à la profondeur de l'ancrage pour permettre dans tous les cas le scellement de la barre sur la longueur nominale prévue.

Le diamètre de foration devra avoir un diamètre minime d'accord avec le défini on le Project.

Après nettoyage et contrôle des trous de scellement, le mortier de scellement sera injecté en fond de trou au moyen d'un tube plongeur retiré progressivement au fur et à mesure du remplissage de manière à obtenir un remplissage complet du scellement exempt de poches d'air. Afin d'assurer un scellement complet de la barre dans les zones particulièrement fracturées, un manchon géotextile sera mis en oeuvre. En fin de mise en place de la barre, le mortier de scellement doit déborder du trou d'ancrage qui ne doit présenter aucun défaut de remplissage.

Toute autre disposition d'exécution des scellements devra être soumise à l'agrément préalable du Maître d'Ouvrage.

La position, l'orientation et l'ordre d'exécution des ancrages devront être conformes au projet d'exécution visé par le Maître d'Ouvrage.

Toute modification par rapport au projet d'exécution visé devra faire l'objet d'un accord préalable du Maître d'Ouvrage. En particulier, l'attention de l'Entrepreneur est attirée sur le respect strict du phasage des opérations. Le respect du phasage défini au projet pourra nécessiter l'exécution et le scellement des ancrages dans un ordre déterminé et au fur et à mesure de leur réalisation. Le Maître d'Ouvrage se réserve la possibilité de modifier en cours de travaux le phasage d'exécution des ancrages, en particulier pour tenir compte des adaptations nécessaires en fonction de l'avancement du chantier.

La préparation et la mise en place des mortiers de scellement devront être conformes aux fiches techniques des demandes d'agrément approuvées par le Maître d'Ouvrage. L'attention de l'Entrepreneur est attirée sur le respect de la régularité de la préparation. En particulier, les moyens utilisés sur chantier pour la préparation des mortiers de scellement devront permettre d'assurer de manière correcte la régularité de la préparation. Ils devront comporter des moyens de dosage suffisamment précis et fiables, par pesée ou mesure de volume étalonné.

被动锚固的标称长度，即为嵌入到岩石中的那部分的长度，也称为"深度"或"锚固长度"。锚固钢筋的总长度要大于其深度一定数量，即加上留在孔外需加工螺纹部分的长度。这段长度大约为 0.20m。

环形空间的宽度，将根据钢筋的最大外径或可能用到的连接套管的直径来进行测量；钢筋应放置于钻孔的正中位置。

在灌入密封砂浆之前，应先用压缩空气对钻孔进行清扫。

锚固孔应稍深于待锚固的深度，以便于钢筋在任何情况下都能被嵌入到规定的标称深度。

钻孔的最小直径要和项目定义的相一致。

对钻孔进行清扫及监督（检查）后，将密封砂浆用一根潜入管子自孔底循序灌入，以能够完全灌满，不留气泡。为保证钢筋完全被密封，尤其是岩层断裂区域内的密封，将使用一个土工布衬套。在钢筋置入后，砂浆要溢出钻孔外，不得出现任何未填满的现象。

其他的所有密封施工方式，均应事先得到甲方的批准。

锚固的位置、方向及施工顺序均应符合事先取得甲方批准的施工计划。

对于已取得同意的施工计划的各种变更，都应事先征得甲方的同意。尤其是，乙方应严格遵守各个操作步骤。遵守计划中确定的施工步骤，将要求施工和锚固密封按照已确定的施工顺序并随着施工进度有序进行。甲方将保留在施工过程中修改锚固施工步骤的可能性，特别是根据整个工程的施工进度进行必要的调整。

密封用砂浆的准备与实施，均应符合甲方已批准的技术说明书的规定。乙方应注意遵守准备工作的规则。尤其是，工地上准备密封砂浆所使用的设备，必须以准确的方式保证准备工作规则的执行，应包括有足够准确可信的配量设备，即通过称重或标准容积测定。

14.1.3.4   Contrôles   监督（检查）

14.1.3.4.1   Essais de contrôle des coulis et mortiers   砂浆和灰浆的检查实验

14.1.3.4.1.1   Pour les coulis   针对砂浆

Les contrôles suivants s'imposent:

• Les résistances minimales doivent être les suivantes:

– R_c (7 jours) > 25MPa

– R_c (28 jours) > 35MPa

– Rapport E/C < 0.4

• Les essais de contrôle de la qualité du coulis doivent comprendre au minimum, en sortie de lance d'injection:

– Réalisation d'une série de 6 éprouvettes à chaque poste d'injection, dimensions (diamètre x hauteur) Ø4 × h 8cm (moule pvc), pour mesures de la résistance à la compression Rc à 7 et 28 jours.

– Contrôle de la fluidité sur site au moyen d'un cône de Marsh d'ajustage calibré Ø10 ou 14mm, selon la prescription du fournisseur. Il suffit de chronométrer le temps mis par un litre de coulis pour passer au travers de l'ajustage.

Pour les coulis Les contrôles suivants s'imposent:

Une étude de composition et de résistance doit systématiquement être fournie par l'entreprise, et avoir fait l'objet d'un agrément par un laboratoire.

Les résistances minimales doivent être les suivantes:

– Rc (7 jours) > 25MPa –Rc (28 jours) > 35MPa

– Rapport E/C< 0.4

• Les essais de contrôle de la qualité du mortier doivent comprendre au minimum:

– Réalisation d'une série de 6 éprouvettes, dimensions (longueur x largeur x épaisseur) 4 x 4 × 16cm, pour mesures de la résistance à la compression à 7 et 28 jours.

必须要做以下检查：

• 下述部分为最小的抗压强度：

– R_c（7 天）> 25MPa

– R_c（28 天）> 35MPa

– 报告 E/C< 0.4

• 砂浆的质量检测实验至少要包括从喷浆管出来的时候：

– 每个注浆位置要完成 6 个试样，按照体积为（直径 × 高度）ϕ4 × h 8（pvc 模子）来测量 7 天和 28 天的抗压强度。

– 现场用 Marsh 筒进行砂浆流动性的检测，根据供应商的说明，校准标准直径为 10 或者 14mm。通过调整，只须测试一升砂浆通过的时间就够了。

对于砂浆必须要做以下检查：

成分和强度研究要由乙方系统地提供，并要被一个实验室认可同意。

下述部分为最小的抗压强度：

– R_c（7 天）> 25MPa

– R_c（28 天）> 25MPa

– 报告 E/C< 0.4

• 砂浆的质量检测实验至少要包括：

– 完成 6 个试样，体积为（长 × 宽 × 厚度）4cm × 4cm × 16cm，用于测量 7 天和 28 天的抗压强度。

14.1.3.4.2 Essais de conformité et de contrôle des ancrages　吻合性实验和锚固检查

Les essais d'ancrage sont nécessaires à différents stades du projet, on distingue:

L'essai préalable: il est effectué bien avant le démarrage du chantier, pour valider la technologie d'ancrages, s'assurer de la capacité de l'ancrage dans le cas de sols reconnus très médiocres, ou encore pour des chantiers de grande ampleur. La réalisation et l'interprétation des essais préalable, le tout selon les recommandations de la norme EN 14490 ;

L'essai de contrôle: cet essai non destructif est réalisé sur les ancrages faisant partie intégrante de l'ouvrage, le valeur de l'effort axial de traction de l'essai est fixée contractuellement en fonction de l'effort auquel sera soumis l'ancrage en condition ELS (État Limite de Service). La réalisation et l'interprétation des essais de contrôle, le tout selon les recommandations de la norme EN 14490;

锚固实验对于项目的不同阶段是必须的，区别：

预先的实验：在工地开工前就进行，这是为了使锚固的工艺有效，确保在土地状况不太好的情况下的锚固能力，或者针对规模大的工地。预先实验的完成和解析等都要遵循 EN 14490 标准中的建议要求；

检查实验：这个无破坏性试验是在整体结构物的锚固上完成的，实验的轴向拉力数值根据锚具在 ELS（极限使用状态）条件下承受的力来确定。检查实验的完成和解析等都要遵循 EN 14490 标准中的建议要求。

14.1.3.5 Protection contre la corrosion　抗腐蚀保护

Les parties métalliques doivent être protégées par la galvanisation: décapage mécanique et galvanisation à chaud (normes NF A 35–503, A 91–121 et A 91–102), avec une couche de zinc minimale de 80 à 120microns (selon les risques d'agressions atmosphériques). L'assemblage de pièces galvanisées ou métallisées ne pourra se faire qu'avec des boulons ou écrous galvanisés ou cadmiés. Les tiges ou boulons d'ancrages noyés dans le béton devront être galvanisés sur toute leur partie extérieure et sur 5 à 10cm dans le béton. Si les opérations de montage entraînent accidentellement des impacts, il sera impératif d'appliquer une peinture de protection.

金属部分要进行镀锌保护：喷砂清理和热镀锌（NF 标准 A 35–503, A 91–121 和 A 91–102），锌层为 80 ~ 120μm（根据大气侵蚀的风险度）。

镀锌或者呈金属光泽的部件只能用镀锌或者镀镉的螺栓或者螺母装配。埋入混凝土里的锚杆或者锚栓的所有外面部分和混凝土里面 5–10cm 处必须进行镀锌。如果安装操作时意外地引起碰撞，那么必须使用保护涂料。

15.0　GRILLAGE BOULONNÉ (POUR ROC)　用螺栓固定的铁丝网（用于岩石部分）

Les grillages de protection mis en place seront du type grillage triple torsion.
保护铁丝网的类型为三拧铁丝网。

15.1　MAILLE TRIPLE TORSION　三拧网格

La maille de triple torsion est composée de fil métallique galvanisé GALFAN (Zn95Al5 et additions de Lanthanium et Cérium), généralement plastifié avec du PVC gris. Las caractéristiques des mailles devront satisfaire aux prescriptions établies par la norme UNE–EN 10223–3. On admet une tolérance du diamètre du fil métallique de +/–0.05 pour un diamètre de 2.0mm, de +/–0.06 pour un diamètre 2.7mm et de +/–0.7 pour un diamètre de 3.0mm ; on admet une tolérance de la maille de +16%, –4%.

Le fil métallique est galvanisé de type Galfan (Zn95Al5), classe A tableau 2, selon la norme UNE–EN 10244–2.

Les valeurs de résistance de la maille satisfont la norme ASTM A 975. On les mesure en kN par mètre linéaire grâe à la machine de traction et l'outillage adjoint.

Le Punch Test est un essai qui donne une valeur de la résistance à la perforation. On prend l'échantillon de maille de fil métallique de Triple Torsion (1.82m de long x 0.91m de large) et on le fixe fermement sur les quatre faces, provoquant ainsi une élongation de 10%. Par la suite et au moyen d'un poinçn circulaire de 305mm on applique une charge progressive au centre de l'échantillon jusqu'à ce que se produise la perforation de celle–ci.

三拧网格是由镀锌 GALFAN（Zn95Al5 和镧与铈的添加物）金属线组成，用灰色 PVC 整体外塑封。

网格的特征应符合 UNE–EN 10223–3 规范的规定。金属线直径误差：对于直径 2mm，误差为 +/–0.05；对于直径 2.7mm，误差为 +/–0.06；对于直径 3mm，误差为 +/–0.07。网格误差范围为 +16%，–4%。

根据 UNE–EN 10244–2 规范的要求，金属线为 Galfan（Zn95Al5）镀锌，A 级目录 2。

网格强度值应符合 ASTM A 975 规范的要求。使用牵引机械和辅助设备测量网格每延米的强度（kN）。

冲击试验（Punch 试验）是检测网格的抗钻孔强度值。取三拧金属线的网格样品（1.82m 长 × 0.91m 宽），将样品四面固定，并牵拉 10% 左右。用 305mm 的圆冲头连续在样品中间施加压力，直至出现孔洞。

TYPES ET CARACTÉRISTIQUES 类型和特征				
CONCEPTS 内容	TYPE DE MAILLE 网格类型			
	5×7	8×10	8×10	8×10
Fil métallique 金属线	13	16	16+PVC	17
D fil métallique (mm) 金属线直径（mm）	2,0	2.7	2.7/3.7	3.0
Epaisseur minimum de recouvrement Zn95Al5g/m² Zn95Al5 涂层最小厚度	215	245	245	255
Résistance moyenne rupture traction en kN/ml 张拉断裂平均强度 kN/ML	L:33.74 T:20.73	L:42.30 T:20.40	L:42.30 T:20.40	L:51.10 T:26.30
Poids grillage kg/m² 铁丝网重量 kg/m²	1.13	1.35	1.60	1.67
Punch Test (kN) 冲击试验（KN）	14.7	23.6	23.6	26.7

Montage:

1. Préparation de l'ancrage: Sur la partie antérieure du bord supérieur du talus, à une distance comprise entre 2 et 4m, au moyen d'un alignement de piquets en acier de 12 à 25mm de diamètre et de longueur variant entre 0.80 et 1.25m, selon la hauteur et les caractéristiques du talus. En terrains rocheux, les piquets sont plantés dans des orifices pratiqués dans la roche et postérieurement assurés par bétonnage. Quand leurs caractéristiques présentent peu de résistance, les piquets doivent être mis en place sur une courroie de béton de 200kg/cm^2 de dosification, de 0.25 à 0.50m de large et de 0.75 à 1.25m de profondeur. La distance entre piquets d'ancrage doit être d'1m.

2. Ancrage du grillage: Il est effectué au moyen de l'attache de plusieurs mailles à chaque piquet. On conseille de mettre en place une barre continue ou un câle d'acier, fixé aux piquets de couronnement, sur lequel on doit fixer le grillage.

3. Déploiement: Une fois montés la toile ou les rouleaux, ceux-ci sont déployés jusqu'à la partie inférieure du talus et on coud entre elles les bordures de chaque rouleau avec du fil métallique de mêmes caractéristiques.

4. Fixation du grillage au talus. Si la configuration des travaux le requiert on plantera des piquets de fixation en quinquonce sur la superficie recouverte.

En couronnement on pourra mettre en place des barres horizontales d'acier entourées avec la maille ou attachées aux piquets pour une meilleure répartition des efforts de traction. Au pied du talus, il est à conseiller de mettre en place un tube d'acier entouré de la maille.

1. 准备锚固装置：在边坡顶部边缘的前部，距离在 2～4m 之间，根据边坡高度和特征，将直径 12～25mm，长度在 0.8~1.25m 左右的铁桩按直线安装。对于岩石地质，将铁桩安装在已经钻好的孔洞内，然后再浇注混凝土。如果铁桩强度不够，就将铁桩安装在宽 0.15～0.5m，深 0.75~1.25m 的混凝土带上，该混凝土带的配比为200kg/cm^2。各锚固桩之间的距离应为 1m。

2．金属网的锚固：将多个金属网网格绑定在一个桩上。建议将一个连续的杆或钢缆固定在环形的固定桩上，再将金属网固定在这个桩上。

3．铺开：将金属网或金属网卷搬运至坡顶，再将之铺开至到边坡的下部，并用相同的金属线将各个金属网卷边缘绑扎。

4．将金属网固定在边坡上。如果工程施工地势有需要，将固定桩以交错的方式安装在表面上。

如果以环形方式安装固定桩，就可以使用环形的横向钢杆和网格固定在一块或者为了使张拉力更好的分散，将横向钢杆固定在固定桩上。坡脚的话，建议安放一个钢管并用金属网格包裹。

16.0　GABIONS　石笼

Les spécifications techniques concernant les gabions sont présentées aux articles 2.30 et

3.21.3 du livret C.2.

关于石笼的技术规格在 C.2 册第 2.30 条和第 3.21.3 条规定中有介绍。

17.0　RENFORCEMENT PAR GÉOTEXTILE　用土工布加固

Les spécifications techniques concernant les renforcements par géotextile sont présentées au livret B.2.

关于用土工布加固的技术规格在 B.2 册中有介绍。

18.0　MURS EN BÉTON ARMÉ　钢筋混凝土墙

Les spécifications techniques concernant les murs en béton armé sont présentées au livret C.2.

关于钢筋混凝土墙的技术规格在 C.2 册中有介绍。

19.0　ENROCHEMENTS　填石

Les spécifications techniques concernant les enrochements sont présentées aux articles 2.4 et 3.3 du livret C.2 ainsi qu'à l'article 9 du livret B.3.

关于填石的技术规格在 C.2 册第 2.4 条和 3.3 条规定以及 B.3 册第 9 条规定中有介绍。

20.0　TERRE ARMÉE　加筋土

Les spécifications techniques concernant les murs en terre armée sont présentées à l'article 3.21.2 du livret C.2.

关于加筋土墙的技术规格在 C.2 册第 3.21.2 条规定中有介绍。

21.0　PAROIS COMPOSITES　混合式挡墙

Les spécifications techniques concernant les parois composites sont présentées à aux articles 3.21.1 du livret C.2. 关于混合结构壁的技术规格在 C.2 册第 3.21.1 条规定中有介绍。

22.0　MURS A TALUS　边坡墙

Les murs a talus peuvent être utilisés pour les murs de faibles hauteurs.

边坡墙可以用于高度较低的墙。

23.0　MAÇONNERIE MOELLONS　片石挡墙

Les murets décoratifs de faibles hauteurs peuvent être composés de maçonneries moellons.

装饰用的低高度矮墙可以由片石组成。

24.0 PRESCRIPTIONS APPLICABLES À L'EXÉCUTION DES CONFORTEMENTS 适用于加固施工的有关规定

24.1 DOCUMENTS À FOURNIR PAR L'ENTREPRENEUR 乙方应提供的文件

Dans les conditions définies au livret A du présent CCTP, l'Entrepreneur devra soumettre au Maître de l'ouvrage/BCS en trois exemplaires:

le programme d'exécution détaillé des travaux de confortement,

un mémoire technique sur les méthodes et moyens envisagés: le mode d'exécution des ancrages ainsi que les matériels prévus,

le mode d'exécution des purges manuelles,

les dispositifs de protection provisoire à mettre en œvre pendant les travaux de purge notamment,

les propositions relatives à la composition des mortiers de scellement.

les plans d'exécution comprenant:

L'implantation des différents dispositifs de confortement (ancrages passifs, grillage de protection) sur supports photographiques couleur, avec indications de leurs caractéristiques (ϕ, longueur, etc.),

les profils des talus au 1:100comportant les dispositifs de confortement en coupe et faisant apparaîre les principales anisotropies de la roche,

les plans de détail des ancrages, systèmes d'assemblage et système de fixation inférieure,

l'avant−métré des travaux.

Le Maître de l'ouvrage/BCS les retournera à l'Entrepreneur soit visés, soit s'il y a lieu, accompagnés de ses observations, dans les conditions définies au livret A du présent CCTP.

根据本专用技术条款 A 册中规定的条件，乙方应向业主或者监理提供下列文件一式三份：加固工程的详细施工计划；拟采用的施工方法和设备的技术说明书；锚固施工方法及拟用设备；人工清理施工方法；在清理过程中实施的临时保护措施；有关封固砂浆成分的建议。

施工图包括：

在彩色相纸上标出各种加固装置（被动锚固，保护网），并标明其特性（直径，长度等）；包括加固装置剖面图的 1/100 边坡断面图，并标明岩石的主要各向异性锚固详图、安装方式及内部固定方式；工程的初步测量。

业主或者监理将按照本专用技术条款 A 册中规定的条件，如果同意就将此文件批复给乙方，否则就提出修改意见。

24.2 TRAVAUX DE PURGE 清理工程

Les travaux de purge des talus rocheux subverticaux font partie des terrassements et notamment des travaux de finition associés aux tirs de prédécoupage. Toutefois, au cas où des blocs instables à court terme subsisteraient sur les zones à traiter, ceux-ci seront purgés à l'aide de moyens manuels. Ces travaux de purge seront limités à l'élimination des éléments les plus instables ou les plus déconsolidés répartis sur l'ensemble des différents compartiments sans création de surplomb. En particulier, l'attention de l'Entrepreneur est attirée sur le fait que les travaux de purge n'ont pas pour objectif d'éliminer toutes les masses rocheuses susceptibles d'être déstabilisées, mais de parvenir par l'élimination sélective des éléments les plus déconsolidés à un risque d'instabilité moindre. Ce travail nécessitera une attention et une compétence particulière de la part des équipes. Il devra en outre être exécuté avec précaution pour éviter de déstabiliser les éléments voisins; l'utilisation d'explosif pour les travaux de purge est strictement interdite.

几乎垂直岩石边坡的清理工程，属于土方工程的一部分，尤其是属于预切割爆破后修整工程的一部分。但是，在待清除区域内的可能残留的不稳定石块，要通过人工清理出场。该项工作，仅限于清除那些最不稳定的或者分布在不同坡面上但尚未构成垂直悬挂的最不牢固石块。特别是乙方要注意，清除工作并非是清除所有可能不稳定的大石块，而是通过有选择地清除，将不稳定的危险因素降到最低。

该项工作需要施工队伍的特别注意和技术能力。此外，该项工作应小心进行以防邻近石块松动；并严禁在清理工作中使用炸药。

25.0 AUTRES SYSTÈMES DE STABILISATION 其他的稳定系统

Les autres systèmes de stabilisation comprennent:

◆ tranchées drainantes: les tranchées drainantes sont présentées à l'article 10.2.2 et 10.3.2 du livret B.3;

◆ masques poids drainants: des masques drainants mis en œuvre sur les talus de passages supérieurs en présence de nappe non rabattue de façon définitive ou en présence de venues d'eau ponctuelles (cf. article 2.4.6.1 du livret C.2).

◆ assises drainantes: des assises drainantes sont prévues sous les fondations supérieures (semelles ou radiers) en présence de nappe non rabattue, de façon provisoire et/ou définitive (cf. article 2.4.6.2 du livret C.2); 排水底面层：排水底面层使用在浅基础（基础板或整片基础）下面，由于地下水位没有降低，可以临时和 / 或最终使用。

◆ drains subhorizontaux: les drains subhorizontaux sont utilisés pour les drainages à l'arrière des murs de soutènement et des parois en béton projeté (cf. article 10 du livret B.7);

◆ éperons et épis drainants.

其他的稳定系统包括：

◆ 排水沟：排水沟在 B.3 册第 10.2.2 和 10.3.2 规定中有所介绍。

◆ 排水盲沟：排水盲沟使用在上跨线桥的边坡上，在该边坡上，由于没有最终降低地下水位而有地下水出现或者定时有水出现。（参照 C.2 册第 2.4.6.1 条规定）。

◆ 排水底面层：排水底面层使用在浅基础（基础板或整片基础）下面，由于地下水位没有降低，可以临时和 / 或最终使用。（参照 C.2 册第 2.4.6.2 条规定）。

◆ 近似水平的排水沟：近似水平的排水沟用于挡土墙和喷射混凝土壁后面的排水（参照 B.7 册第 10 条规定）。

◆ 堆垛排水。

26.0　Auscultation　听音试验

Les spécifications techniques concernant l'auscultation des talus et des soutènements sont présentées à aux articles 10.0 du livret D.2.5.

关于边坡和挡土墙的听音试验的技术规范在 D.2.5 册第 10.0 条规定中有所介绍。